上海社联年鉴

上海社联年鉴

2014

上海市社会科学界联合会　编

上海人民出版社

韩 正

徐 麟

繁荣社會科学
江泽民

桑玉成
秦绍德

沈国明
刘世军

世军

11 月 27 日，市委书记韩正同志和市委常委、宣传部部长徐麟等市领导莅临市社联调研工作。市委副秘书长、研究室主任张道根，市委副秘书长王为人，市委宣传部副部长李琪等出席会议。市社联主席秦绍德，党组书记、专职副主席沈国明，党组副书记、专职副主席桑玉成，专职副主席刘世军，以及本市学者代表参加座谈。

8月10日，由上海市社联与上海市政府发展研究中心、上海现代服务业联合会等共同承办的“中国经济50人论坛（2013•上海）研讨会”在上海科学会堂举行。本次论坛的主题是“上海加快开放促改革的重点任务与路径”。市委副书记、市长杨雄出席并致辞。市社联主席秦绍德，市社联党组书记、专职副主席沈国明，党组副书记、专职副主席桑玉成，专职副主席刘世军出席会议。中国经济50人论坛学术委员会委员许善达主持研讨会。中国经济50人论坛学术委员会委员、国务院发展研究中心研究员吴敬琏作主旨演讲。

9月23日，第九届全国人大常委会副委员长彭佩云同志莅临市社联，调研人口计生工作。左学金、谢玲丽、孙常敏、彭希哲、王桂新、任远、桂世勋、周海旺、高尔生等专家学者参加座谈。市社联党组书记、专职副主席沈国明主持会议，市社联党组副书记、专职副主席桑玉成，专职副主席刘世军及社联处以上干部列席会议。

上海市“中国特色社会主义与中国梦”
理论研讨会
2013年6月17日
秦绍德

徐麟

李琪

6月17日，市委宣传部、市社联、市中国特色社会主义理论体系研究中心、市中国特色社会主义研究会在市社联联合召开“中国特色社会主义与中国梦”理论研讨会。市委常委、宣传部长徐麟出席并讲话。市社联主席秦绍德出席会议。潘世伟、刘世军、王国平、杨俊一、童世骏、冯俊、杨洁勉在研讨会上作了交流发言。本市部分高校、市委党校和社科研究部门的理论工作者和有关方面负责人参加会议。

12月6日，中共中央委员、中央社会主义学院党组书记叶小文同志应邀来到社联，为本市社科界专家学者深入解读十八届三中全会精神，展望中国新一轮改革之路。

8月14日，上海现代服务业联合会会长周禹鹏、副会长周伟民、副秘书长陈虎祺莅临社联调研。社联党组书记、专职副主席沈国明与到访嘉宾举行座谈。

12月25日，市十三届人大常委会副主任、市消保委主任杨定华同志莅临社联开展调研。

6月23日，上海市社联开展“四个中心”建设系列学术茶座第四次研讨活动，围绕“以人为本、与事匹配——上海国际航运中心建设推进机制问题”开展研讨。市政协副主席周汉民、中国海上搜救中心总值班主任智广路、商务部反垄断局崔书锋处长、市城乡建设和交通委员会副主任袁嘉蓉、市高级人民法院副院长盛勇强作主旨发言。市社联党组书记、专职副主席沈国明出席会议并致辞。

开幕式
致辞
上海市社会科学界联合会
主席
秦绍德 教授

主持人
上海市社会科学界联合会
党组书记、专职副主席
沈国明 研究员

11月6日，市社会科学界第十一届学术年会大会在上海展览中心举行。市委宣传部副部长李琪出席开幕式并讲话。市社联主席秦绍德致开幕词。市社联党组书记、专职副主席沈国明主持开幕式。市社联党组副书记、专职副主席桑玉成，市社联专职副主席刘世军出席会议。开幕式上，颁发了本届年会优秀组织奖和优秀论文奖，并发布了上海市社联“年度推介论文”。本次学术年会由年会大会、学科专场、主题专场活动组成，年会主题是“中国梦：道路•精神•力量”。裴长洪、王新奎、简大年、石磊等专家学者围绕中国（上海）自由贸易试验区的创新与建设等问题先后做大会主旨演讲。部分社联副主席、常委，部分高校和科研院所、党校、部队院校、党政研究机构相关负责人，部分学会负责人，新闻媒体、学术期刊相关负责人和哲学社会科学工作者代表共400余人出席了大会。

5月25日，第12届上海市社会科学普及活动周开幕式暨东方讲坛·经典艺术系列讲座特别活动在上海贺绿汀音乐厅举行。市社联党组书记、专职副主席沈国明主持开幕式。市社联主席秦绍德致辞并宣布活动周开幕。700多位专家学者、学会干部和市民听众踊跃参加了开幕式活动。

10月31日，社联召开第六届委员会第六次全体会议。社联主席秦绍德出席会议并讲话。市委宣传部副部长李琪主持会议。社联党组书记、专职副主席沈国明作工作报告。社联党组副书记桑玉成传达了市委《关于王国平等同志任职的批复》。社联副主席陈昕、冯俊、童世骏、李友梅、谈敏、吕贵和150余位社联委员及委员代表出席了会议。大会投票表决市委党校副校长王国平同志、上海师范大学校长张民选同志、上海市教委副主任高德毅同志当选第六届社联副主席。

12 月 9 日，社联召开上海市社会科学界联合会第六届委员会第七次全体会议。社联主席秦绍德致辞。市委宣传部副部长李琪出席会议并讲话。社联党组书记、专职副主席沈国明传达了韩正同志来社联调研时重要讲话精神。社联党组副书记、专职副主席桑玉成主持会议，并通报了市社联党的群众路线教育实践活动情况。

9 月 24 日，社联召开六届八次主席会议暨常委会会议。社联主席秦绍德出席会议并讲话，社联党组书记、专职副主席沈国明报告社联前一阶段主要工作和四季度工作安排，社联副主席桑玉成、刘世军、张济顺、李友梅、彭希哲、冯俊、胡伟，社联常委杨洁勉、张幼文、张云、熊月之、俞新天出席会议。

6月3日，市社联举行党组中心组学习扩大会，中欧国际工商学院院长、市政协原副主席朱晓明作了题为“数字化服务经济年代的上海：‘大云平移’助力转型与创新”的专题报告。社联党组书记、专职副主席沈国明主持会议；党组副书记、专职副主席桑玉成，专职副主席刘世军，社联副主席潘世伟、李友梅，常委马伊里、张云、徐永祥，部分所属学会负责人，社联机关、刊业中心负责同志出席会议。

6月8日，市社联与市委党校政治学部举办“深化司法体制改革”专题研讨会。本次会议是市社联“创新驱动转型发展”与“全面建成小康社会”专题系列研讨会之一。市社联党组副书记、专职副主席桑玉成出席会议并讲话。

5月24日，市社联召开“社会多元、社会矛盾与公共治理研究”专题研讨会，本次会议是市社联“全面建成小康社会”系列专题研讨之一。市社联专职副主席刘世军出席会议并讲话。

5月27日下午，市社联召开“国际金融体系变革与上海金融中心建设研究”专题研讨会。本次会议是上海市社联“创新驱动转型发展”与“全面建成小康社会”专题系列研讨会之一。

6月6日，市社联与上海交通大学马克思主义学院举办“社会风尚与道德领域突出问题专项治理研究”专题研讨会。本次会议是市社联“创新驱动转型发展”与“全面建成小康社会”专题系列研讨会之一。

6月22日下午，上海市社联与中国浦东干部学院经济管理教研部举办“‘第三次工业革命’与上海产业布局研究”研讨会。本次会议是上海市社联“创新驱动转型发展”与“全面建成小康社会”专题系列研讨会之一。

6 月 27 日，市社联与上海师范大学商学院举办“创新驱动转型发展中的地方政府”专题研讨会。本次会议是上海市社联“创新驱动转型发展”与“全面建成小康社会”专题系列研讨会之一。市社联党组副书记、专职副主席桑玉成出席会议并讲话。

7 月 13 日，市社联与复旦大学经济学院、复旦大学企业研究所联合举办“创新转型：国资国企的角色与功能”专题研讨会。本次会议是上海市社联“创新驱动转型发展”与“全面建成小康社会”专题系列研讨会之一。市社联党组副书记、专职副主席桑玉成出席会议并讲话。

6月7日，市社联与上海社会科学院经济研究所举办“社会公平与收入分配问题研究”专题研讨会。来自上海社会科学院、复旦大学、上海交通大学、上海财经大学等院校的近20位学者与会发言，市政府发展研究中心上海发展战略研究所的同志参加交流。会议由市社联专职副主席刘世军主持，市政府发展研究中心主任周振华、上海社会科学院党委书记潘世伟出席会议并讲话。

5月27日，市社联开展沪上学人思想系列学术茶座第三期活动，召开“刘放桐学术思想座谈会”。市社联专职副主席刘世军主持会议，党组副书记、专职副主席桑玉成介绍沪上学人思想系列学术茶座的开展情况。刘放桐先生与会。复旦大学哲学学院教授孙向晨、袁新、俞吾金、汪堂家、莫伟民以及中国浦东干部学院常务副院长冯俊、市委宣传部理论处处长季桂保、上海社会科学院俞宣孟研究员、华东师范大学郁振华教授参与研讨。

6月25日，市社联举办沪上学人思想系列学术茶座的第四场活动，召开“张薰华学术思想座谈会”。市社联主席秦绍德出席会议并讲话，复旦大学文史研究院院长、文科科研处处长杨志刚与会并致辞。张薰华先生亲临会场。本市相关学科的资深学者洪远朋、尹伯成、严法善、焦必方、李慧中、龚晓莺、黄文忠、鞠立新等就张薰华先生的崇高学术声誉、学术贡献和学术人格等作了深入的交流发言。

10月25日，市社联举办“沪上学人思想”系列学术茶座的第七场活动，召开“钱谷融学术思想座谈会”。95岁高龄的钱谷融先生亲临会场。来自市作协、复旦大学、华东师范大学等高校和出版机构的专家学者参加研讨。市社联党组书记、专职副主席沈国明为会议致辞，党组副书记、专职副主席桑玉成主持会议，专职副主席刘世军参与交流。

7月6日，市社联举办上海市马克思主义研究二季度论坛，论坛主题为“社会主义核心价值观培育：维度与领域的拓展”。市社联党组书记、专职副主席沈国明和南京政治学院上海校区主任王忠致辞，市委宣传部副部长李琪出席会议并讲话。来自复旦大学、华东师范大学、上海交通大学、同济大学、市委党校及南京政治学院的70多位学者与会。

7月12日，市社联举行《上海局处级干部人文社会科学知识与素养调查》项目成果研讨会。市社联专职副主席刘世军主持会议。市委党校社会学部主任马西恒教授汇报调查成果，市委宣传部理论处处长季桂保、上海党建文化研究中心常务主任张克文、市委党校三分校校长朱亮高、市公务员局综合处处长翁春来、市委组织部干教处窦德才、《组织人事报》总编李微等作专家点评。市社联党组副书记、专职副主席桑玉成，市领导科学学会会长奚洁人，市委党校副校长郭庆松出席并讲话。

12 月 24 日，上海市社会科学界纪念毛泽东同志诞辰 120 周年理论研讨会在市社联举行。会议由市社联党组副书记、专职副主席桑玉成主持，市社联主席秦绍德、专职副主席刘世军出席会议，党组书记、专职副主席沈国明作会议总结。姜义华、齐卫平、张云、刘杰、杨元华、徐建刚作主旨发言。上海社科界专家学者与相关学会代表 100 余人参加会议。

1月20日 市社联召开“弘扬知青精神，建设社会主义新农村暨徐桔桔、贾爱春返乡当村官事迹座谈会”。市现代服务业联合会会长周禹鹏、上海东北经济文化发展促进会常务副会长齐路通出席会议，市社联党组书记、专职副主席沈国明主持会议，黑河市市委常委、组织部长李文华，逊克县委书记张晓燕，上海第二工业大学党委书记、上海市知青历史文化研究会会长阮显忠分别致辞。

5月15日 市社联与中国浦东干部学院科研部举办“信息时代的民意表达、甄别和吸纳问题”研讨会。本次会议是上海市社联“创新驱动 转型发展”与“全面建成小康社会”专题系列研讨会之一，来自中国浦东干部学院、复旦大学、上海交通大学、上海市委党校等院校的近10位学者发言。市人大研究室、市政协研究室、市政府新闻办公室研究室、市文明办调研处、上海人民广播电台《市民与社会》等单位的领导与会并作交流。市社联专职副主席刘世军出席会议并讲话。

6月8日，市社联举行“东方讲坛‘中国梦’宣讲活动备课会”。会议由市社联党组书记、专职副主席沈国明主持。市委党校袁秉达、市委党史研究室袁志平、上海交通大学胡涵锦、同济大学李占才、普陀区桃浦镇紫藤苑居民区党总支部书记杨兆顺作交流发言。市委宣传部副部长李琪出席并对宣讲工作提出要求。

6 月 27 日，部分省市社科联办公室工作交流会在上海举行。北京、天津、重庆、江苏、浙江、安徽、福建、江西、山东、新疆等省区市派员参会。上海市社联党组书记、专职副主席沈国明，党组副书记、专职副主席桑玉成，专职副主席刘世军出席会议并讲话。

8 月 7 日，市社联召开处以上干部参加群众路线教育实践活动动员暨年中工作务虚会。社联主席秦绍德，党组书记、专职副主席沈国明，党组副书记、专职副主席桑玉成，专职副主席刘世军及社联处以上干部出席会议。

11 月 5 日，上海发展研究基金会隆重举行“上海发展研究基金会成立 20 周年研讨会。开幕式上，上海市副市长时光辉、国务院发展研究中心副主任张军扩发表了致辞。上海市社会科学界联合会主席秦绍德到会致辞祝贺。

当代世界讲坛系列演讲
The Contemporary World Studies Speaker Series

中国与中东欧国
China's Relations with Central&Eastern
共中央对外联络部当代世界研究中心
共上海市委宣传部
2013年11月10日 中国·上海
2013, Shanghai, China

当代世界讲坛系列演讲
The Contemporary World Studies Speaker Series
中国与中东欧国家的关系
China's Relations with Central&Eastern European Countries
主办单位:
承办单位:
2013年11

中国与中东欧国家
China's Relations with Central&Eastern
中共中央对外联络部当代世界研究中心
中共上海市委宣传部
承办单位:
2013年11月10日 中国·上海
2013, Shanghai, China

11月10日，当代世界讲坛第五场系列演讲在市社联大楼群言厅举行，演讲的主题为“中国和中东欧国家的关系”。此次演讲嘉宾是克罗地亚前总统梅西奇。中方演讲嘉宾、中共中央对外联络部当代世界研究中心副主任胡昊阐述了深化中克两国友谊与合作的重要性。市社联专职副主席沈国明主持会议，中共上海市委宣传部副部长李琪致欢迎辞。本市及长三角省市政府机关、学术界及企业界会议代表百余人聆听演讲。

5月28日，亚洲协会名誉会长卜励德（NICHOLAS PLATT）出席在市社联群言厅举行的《中美关系中的“中国男孩”——卜励德回忆录》中文版首发式，并作“中国的过去和现在”专题报告。本次报告会暨回忆录首发式由市社联与市人民对外友好协会、上海社科院等共同主办。市社联党组书记、专职副主席沈国明，上海社科院副院长王振、市友协副会长周亚军、上海人民出版社总编辑王为松出席会议。

11 月 15 日，日本早稻田大学教授田山辉明在社联作“日本老龄化问题研究”专题讲座，市社联专职副主席沈国明主持会议。市劳动和社会保障局社会保险科学研究所副所长戴律国、华东师范大学钟仁耀与主讲人展开学术对话。甘维刚、李子苇等专家学者与政府有关部门工作人员聆听讲座。

6 月 28 日，市社联举办“马基雅维利和现代国家”学术报告，主讲人为那不勒斯东方大学教授 CARLO VECCE。市社联党组书记、专职副主席沈国明出席会议。市社联专职副主席刘世军作点评。意大利驻沪总领事馆文化处文化专员卡萨齐以及市社联机关干部、上海社科院师生近四十人出席会议。

10 月 19 日至 20 日，由上海市社会科学界联合会《学术月刊》杂志社、上海大学马斯托禁毒政策研究中心、英国格拉斯哥卫生和医疗保健社会史中心联合主办的“国际卫生组织和医疗卫生史”国际学术研讨会在上海大学举行。来自美国、英国、法国、德国、日本、印度、澳大利亚等国和中国大陆、台湾、香港共五十余位学者参加会议。

4月26日，市社联与上海市核电办公室的党建共建结对签约仪式在秦山核电站举行。市社联党组副书记、专职副主席、社联机关党委书记桑玉成，市核电办主任吴正扬分别代表各自单位，签署机关党建共建结对协议书。

5月31日，市社联办公室联合支部与黄浦区人大常委会机关党支部党建共建结对签约仪式在市社联本真堂举行。市社联党组书记、专职副主席沈国明出席仪式并讲话。黄浦区人大常委会副主任张武平主持会议。

5月3日 市社联办公室联合支部与淮中社区青年座谈会在上海团校举行。市社联党组副书记、机关党委书记桑玉成出席会议并讲话，机关党委副书记张勇主持活动。原长宁区区委书记、长宁区机关工委常务副主任李仁杰作主题演讲。市教卫工作党委办公室副主任赵靖茹、黄浦区瑞金街道团委书记毛洪波、市社联办公室联合支部青年代表、淮中社区青年代表先后发言。市社联机关党委副书记、市社联办公室联合支部书记吴伟余，青年党员代表及淮中社区干部、联建单位代表近四十人参加座谈会。

10月15日，市社联召开党的群众路线教育实践活动第一环节专题讨论会。宣传部第一督导组组长张止静作工作部署。市社联党组书记、专职副主席沈国明对第一环节开展的各项学习教育活动作了总结，并通报了社联领导班子查找四风突出问题和即知即改工作的情况。市社联党组副书记、专职副主席桑玉成对第二环节的工作进行布置并提出要求。服务对象、机关干部、群众代表等12位同志作交流发言。

5月6日，市政府办公厅副局级巡视员王永鉴应邀来到市社联，作有关公文写作与处理的专题辅导报告。市社联党组书记、专职副主席沈国明主持报告会，党组副书记、专职副主席桑玉成，以及社联机关、事业单位等三十余人出席会议。

10月25日，专事美国房产税制研究的美籍华裔学者蒋明教授应邀来社联作“中美房产税制比较及政策建议”专题讲座，介绍美国房地产税收领域最新动态，并结合中国国情对有关政策进行分析。

目 录

年度工作要览

NIAN DU GONG ZUO YAO LAN

2013年，上海市社会科学界联合会在市委、市委宣传部的领导下，紧紧围绕坚持和发展中国特色社会主义，深入学习贯彻党的十八大和十八届一中、二中、三中全会精神，以邓小平理论、"三个代表"重要思想和科学发展观为指导，围绕市委十届三次、四次全会提出的目标和任务，深入开展党的群众路线教育实践活动，进一步完善"五大公共平台"，团结凝聚社科界"五路大军"，巩固马克思主义在意识形态领域的指导地位，推动中国特色社会主义理论体系创新，服务上海"四个率先"与"创新驱动、转型发展"工作大局，取得了一定的成绩。

一、坚持推进中国特色社会主义理论体系创新，为实现"中国梦"提供理论支持和精神动力

市社联认真贯彻党的十八大精神，按照市委、市委宣传部的各项部署和要求，积极推动宣传思想文化工作，以实现中华民族伟大复兴的历史使命，团结引领上海社科界广大专家学者，着力巩固马克思主义在意识形态领域的指导地位，巩固全党全国人民团结奋斗的共同思想基础。

一是紧扣"中国梦：道路·精神·力量"的主题，抓好第十一届学术年会的改革创新工作。本届年会由年会大会、学科专场、主题专场三大板块构成，共召开10场主题专场研讨会，12场学科专场研讨会，收到应征论文579篇。300余位学者与会并作主题报告或专题评论，100余家高校、科研院所和社联所属学会，2 600多名专家学者和青年学生参与年会活动。《中国社会科学报》先后以10个专版报道年会活动，《解放日报》、《文汇报》、《社会科学报》等主流媒体也对本届年会进行了专门报道。

二是组织社科界深入学习宣传研究党的十八大精神，编撰"全面建成小康社会"重大理论问题系列研究报告。社联在工作中始终以学习贯彻党的十八大精神为主线，积极开展相关重大理论问题的研讨。编撰"全面建成小康社会"重大理论问题系列研究报告。共征集到96个项目，从中选出15项专题报告，由上海主要社科院校、科研机构的专家学者牵头承担。报告内容涉及人口迁移、地区差异、社会公平、公共治理、社会风尚、反腐战略、信息时代的民意表达、干部选拔、社会自治、可持续发展研究、依法治国、政治体制改革、上海金融中心建设、上海产业布局、农业现代化与城镇化协调发展等重大理论问题。首批10部研究报告年底由上海人民出版社出版。

三是组织社科界深入学习贯彻习近平同志"8·19讲话"精神。分别在8月22日和9月4日两次召开"学习全国宣传思想工作会议精神"座谈会，组织社科界老中青代表召开座谈会，学习研究习近平同志重要讲话精神。在9月24日召开的社联六届八次主席会议暨常委会会议上，将传达、贯彻"8·19"讲话精神列入主要议程，要求本市社科界各学术社团党工组负责人和学科领军人物要务必坚持"三个自信"，做到守土有责、负责、尽责。整个学界队伍比较好体现了主流意识为主调的精神风貌。

四是举办"全市马克思主义研究论坛"，加强马克思主义中国化的研究和宣传。分别围绕"中国特色社会主义道路自信、理论自信、制度自信与中国经济学理论创新"、"社会主义核心价值观培育的维度与领域拓展"、"马克思主义与民族复兴"等主题举办季度论坛，

与会学者500多人次。召开主题为“坚持和发展中国特色社会主义”的青年论坛，吸引到100多位青年教师、博士生的参与。与有关单位联合编撰《上海市马克思主义理论研究2012年度报告》，28万余字书稿现已出版。

五是围绕中国特色社会主义理论体系创新，认真开展其他年度重点工作。社联举办“坚持和发展中国特色社会主义”年度主题征文活动，收到由35家学会推荐的682篇论文，从中遴选97篇报送市委宣传部，获宣传部颁发的征文活动优秀组织奖。以“‘双百愿景’与‘三个自信’”为主题，召开相关研讨会，论文作者和相关学会负责人逾120人与会。召开“上海市社会科学界学习党的十八届三中全会精神座谈会”，为组织本市专家学者进一步深入谋划改革路径与方案打好基础。召开“纪念毛泽东同志诞辰120周年”理论研讨活动，有关学会踊跃参与，取得良好纪念效果。社联专职副主席刘世军参加中宣部编撰的《中国特色社会主义学习读本》的起草和修改工作，以推进中国特色社会主义和中国梦的宣传教育为目标，高质量地完成了承担的任务，中共中央宣传部为此发来感谢函。

二、发挥社联“大平台”作用，集聚各路人才，服务科学决策

社联聚焦市委市政府重大战略决策，坚持问题导向、需求导向、项目导向，精心设计工作载体，着力发挥专家库、智囊团作用，以务实与创新并重的积极态度，引导专家学者与实务工作者打破单位、学科、行业界限，为解决上海经济社会发展进程中出现的具体问题群策群力，各展所长。

一是聚焦重大战略，细化研究目标，加大攻关力度。社联先后围绕“创新驱动、转型发展”与“全面建成小康社会”两大主题，举办系列学术活动15场，内容涵盖经济、金融、政治、社会、文化等领域十多项热门议题。社联邀请党政部门参与每一场研讨，帮助实务工作者分享成果、提出需求、结交朋友。社联还有效动员沪上高校科研队伍，就特定议题召开理论研讨会。活动成果通过《中国社会科学报》陆续刊出，向兄弟省市推介了上海经验。

二是针对自贸区建设，汇集精兵强将，组织专项研究。社联在推进工作时，还注意既要抓好面上工作，又要在重点工作中有所突破。社联参与承办“中国经济50人论坛”，就上海如何依托“四个中心”和自贸区建设深化改革展开研讨，市长杨雄出席并致辞，吴敬琏等作主旨演讲。召开“中国(上海)自贸试验区建设研讨会”。举办重点专题学术茶座，探讨上海国际航运中心和自贸区建设面临的机遇和挑战。邀请裴长洪、王新奎、简大年、石磊等自贸区研究领军人物出席学术年会大会并发表主旨演讲，本市社科工作者与媒体代表400余人与会。开展自贸区研究课题与研讨项目专项评审工作，对30项入选课题和15项入选活动予以立项资助。

三是探索党政领导与专家面对面交流互动的有效机制。今年，社联邀请到市委书记韩正，市委常委、宣传部长徐麟等市领导来社联调研工作，并与学者代表就当下经济运行中社会成员普遍关心的问题进行探讨。韩正同志对社联举办的研讨活动给予高度肯定。第九届全国人大常委会副委员长彭珮云同志也在今年早些时候莅临社联，围绕人口计生调研工作与沪上学者展开深入探讨。通过为“官学互动”营造环境、提供条件、搭建平台，社联在推动科学决策、民主决策方面取得新的进展，对枢纽型社会团体的组织职能有了更

深一层的体现。

四是定期举办“学术茶座”，为本埠学者加强合作创造条件。社联继续办好专题系列季度茶座，广泛汇集各界专才与实务工作者，深入探讨上海“四个中心建设”面临的机遇和挑战，并从“区域化党建与领导方式现代化”、“发展社会组织与社区自治共治”等角度切入，就如何“推进社会发展与创新社会管理”展开学术争鸣。“星期五学术茶座”原则上每周开展，现已成为沪上知识分子加强联系、切磋交流的重要平台。社联今年还创设“沪上学人思想”月度茶座，认真总结、推介上海老一代学术大师在学术上的建树，通过《社会科学报》专版刊发每期成果，昭励青年学者求真务实，勤勉治学。

三、 履行枢纽型社会组织职能，引导学术社团服务中心工作

社联围绕党的十八大报告中关于社会组织建设的一系列新要求，努力推进社科类社会组织健康有序发展，对本市学会与民办社科机构进行精细化管理，推动本市近两百家学术社团在建言资政、引导舆论、凝聚共识、创新哲学社会科学、搭建中外民间外交桥梁等工作承担更多职能。

一是举办第七届学会学术活动月。活动月期间共组织 109 个学术社团开展 169 场学术活动，其中跨学会学术活动 24 场，学会青年学者活动 19 场。

二是建立健全学会建设激励机制。积极推进学术社团党建工作，举行 2013 年度学术团体负责人会议暨党建工作会议，明确党工组发挥做核心，管大事，抓导向的作用，着力将学术社团建设成党的理论工作和群众工作的重要阵地。落实基础学科学会学术活动、社科热点“一月一会”、学会青年学者论坛、学会重大学术项目、跨学会学术活动以及“党的十八大精神”理论研究课题项目资助。颁布 2012 年度第六届“学会学术活动月”优秀组织奖和组织奖、2012 年度《社联通讯》“十佳”学术活动综述和积极投稿奖。

三是提高学术社团服务管理水平。完成共 176 个社团与民办社科研究机构网上年报审核、修改、数据汇总和年检初审工作。完成“达标学会”年度考核初审、抽查、复审，通过 131 个。启动“社联民间组织管理系统”试运行。

四是认真做好学术社团调研工作。参与“加快培育发展社会组织”有关调研，提交所属社团服务和管理情况、党政领导兼职情况以及所属社团党建工作的调研报告，提出相应工作建议；参与宣传思想文化系统调研并参与起草报告；组织经济类部分学会座谈会；组织参与“发展社会组织与社区自治共治”调研会；组织农村经济学会走访调研；组织社团能力建设课题研究；开展所属社团党建工作调研和境外学术交流情况调查；全面了解全国性社团在沪情况；法学会港澳台法律研究会将研究成果《特别行政区制度与我国基本政治制度研究》呈送全国人大常委会张德江委员长和李源潮副主席等中央领导同志。

五是激发社团学术能量，促进跨学会、跨学科、跨国界交流。在社联的积极支持和关心引导下，今年本市学术社团共举办学术年会 12 场、研讨会 52 场，开展其他学术活动 28 次。社联领导分头参与学会理事会等 22 次，组织跨学会学术活动 13 次。在这些学术社团中，有的整合高校、媒体资源，深入总结、阐述坚持和发展中国特色社会主义取得的成功经验，以社科界的声音，向社会各界传播正能量。有的联合兄弟学会共同阐发“中国梦”的

时代主题，凝心聚力，扩大共识，承担起以社会主义核心价值体系引领社会思潮、凝聚社会共识的政治责任。

四、扎实推进社会化宣教工作，使社科普及平台成为传播先进文化的重要阵地

社联今年大胆创新工作载体，开拓社科普及新阵地，以东方讲坛为例，全年举办各类讲座 1 900 多场，直接听众近 30 万人次；播出广播版讲座近 80 场，二次传播受众超过 1 300 万人次；新增社区文化活动中心举办点 26 家，举办点总数达 378 家；增补讲师 100 人，讲师总数达 647 名；更新选题 195 个，更新率达 65%。

一是全力抓好年度重点宣讲任务。东方讲坛深入开展党的十八大精神群众性主题宣传教育活动，打破区县界别，配送优秀师资，形成全市大宣教合力，共举办宣讲活动 1 500 余场，覆盖全市 17 个区县所有街道乡镇，直接听众逾 18 万人次，掀起了基层干部群众学习贯彻党的十八大精神的新热潮。认真组织"中国梦"主题群众性基层宣传教育活动，动员优秀群众宣讲员、专家学者、先进典型、高级政工师、爱国主义教育基地讲解员等宣讲团成员，赴全市各区县社区文化活动中心开展宣讲 358 场，激励人们建设美丽上海、共圆"中国梦"。自贸区挂牌后，第一时间推出《中国（上海）自由贸易试验区 150 问》，帮助社会各界理解这一重大举措的战略意义。依托东方讲坛举办专题系列讲座，组织专家到区县图书馆、街道社区、高校普及自贸区知识，录制播出广播版，赢得热烈社会反响。

二是举办第 12 届上海市社会科学普及活动周。以"传递正能量、共圆'中国梦'"为主题，举办市级活动、学会特色活动、区域特色活动、东方讲坛特别版、媒体宣传、社科普及系列读物漂流等 6 大板块 300 余项科普活动，社联所属学术社团和百余家单位、600 多名社科专家积极参与，直接受众超过 9 万人次。

三是东方讲坛坚持需求导向，细分受众人群。"东方讲坛在郊区"系列讲座在实践中不断完善，被列入本市文化"常下乡"项目之一，获"市群众文化优秀活动项目"称号。举办"进军营"、"进校园"、"职业生涯"、"创业生涯"、"四季养生"等系列讲座，受到了基层干部群众的欢迎和好评。东方讲坛举办"经典艺术"、"美术大课堂（社科版）"等系列讲座，并在重大节庆期间，推出"三八妇女节特别讲座"、"第 15 届上海读书节系列讲座"、"上海市民文化节系列讲座"、"2013 年国际茶文化节系列讲座"，营造了浓郁的节庆文化氛围。举办 34 场学术讲座，学术观点摘要经《学术月刊》、《文汇报》"学人版"与社联新媒体平台转载，有效提升了社科普及工作的学术传播力。

四是创新科普工作手段和领域，不断丰富活动载体和形式。东方讲坛官方网站全年编发讲座通讯 420 余篇，"社科视窗"编发微博 2 500 余条，新媒体传播效应日渐凸显。深入开展社科普及系列读物漂流活动，以"读书的力量、知识的力量、思想的力量——这就是我们的正能量"为主题，在区县图书馆、社区阅览室、部队、学校、职工书屋等单位开设漂流点 86 个，漂流图书 6 300 多册，回收漂流卡 500 余张，活动入选第十五届上海读书节示范引领项目。启动年度社科普及读物出版资助招标工作，新增中国特色社会主义理论和"中国梦"主题宣传教育通俗理论读物的出版资助。继续面向本市不同人群开展人文社会科

学知识与素养调查工作，继上海局处级干部调查之后，启动上海白领阶层调查，不断深化科普监测评估，提高社科普及针对性与科学性。

五、坚持打造学术名刊，完善成果发布机制

1. 社联坚持打造一流社科成果发布平台，着力发挥学术名刊交流信息、推介成果、决策咨询的作用

《学术月刊》本年度评价结果优异，主要媒体转载、摘要量连续第七年蝉联第一，在第三届中国学术期刊评价中被评为RCCSE中国权威学术期刊A+，列社科综合类(2013—2014)第二；在2012年度"人文社科综合性期刊"与"社科院、社科联主办综合性期刊"全文转载排名中，转载率位列第二，转载量位列第一，综合指数位列第一。在2013全国百强社科期刊评选中本刊荣登榜单，系上海地区仅有的三家社科期刊之一。该刊全年发稿242篇，约410万字，所载论文既有反映基本学科理论创新与学术思想争鸣之作，也有研究改革发展重大现实问题的深入之作，引起学术界与二次文献媒体的广泛关注。今年该刊先后举办"古代中国与东亚世界"、"国际卫生组织与医疗卫生史"、"全球视野下的中国研究"、"当前中国美学文艺学理论建设"等高水准学术研讨会，现已启动与《光明日报》、中国人民大学等单位合作的"年度十大学术热点"评选活动，学界影响力与日俱增。

《探索与争鸣》今年围绕党的十八大提出的目标和命题，聚焦反腐败、反特权、福利制度、居民收入倍增计划等影响国计民生的话题，既为社会的健康发展把脉，也为观念创新提供争鸣的舞台，全年共发表稿件290篇，约220万字，刊物排名在各类榜单中位居前列，被国家社科基金资助部门评为年度优秀。该刊坚持遴选重要课题，组织跨学科研究；注重话题策划的前沿性和引领性；着力加强专题研究；不断完善"本刊特稿"、"圆桌会议"、"学术争鸣"等特色栏目；开辟"海外思潮"栏目，举办"转型期中国式婚姻焦虑"、"中英马克思主义美学双边论坛"等国际研讨会，推动有说服力、感染力、影响力的中国话语体系形成；加强对青年学者的挖掘和培育，召开青年新锐会议，择优在"青年论坛"栏目刊发学界新秀的论文。

今年《学术月刊》与《探索与争鸣》强强联合，共同研究制订"学术期刊出版工作改革建议"，举办旨在调研明年选题与中长期发展战略的研讨会，为推动两大名刊优势互补、资源整合进行了新的探索。

2.《上海思想界》进行全新改版，为社科理论界积极参与中国改革历程、参与国家急迫需要的基础理论建设提供重要平台

《上海思想界》经改版，形成专报、内参和月刊三个平台。专报旨在如实反映学界对现实问题和思想意识形态问题的意见建议，报送部分市委常委、市委宣传部副部长，以及社联主席和党组领导，已获中央政治局委员以上两人次批示。截至11月底，共发13期，其中3期为中宣部舆情信息局约稿，1期被全国政协全文选用，1期获原上海市委常委杨晓渡同志批示。

内参旨在为上海决策层提供参考资料，到11月底共出9期，发放范围为上海决策层、社联全体委员、上海部分高校领导、京沪部分专家学者等，获原上海市委常委、原市纪委书

记杨晓渡同志批示 1 期;获上海市副市长翁铁慧同志批示 1 期。

《上海思想界》改版以来激起全国热烈反响,提升了上海社科界的整体形象。吉林省社科联、四川社科院、天津社科院来信称赞;河南人民出版社来电表达合作意向;四川、浙江两省社科联希望扩大寄送范围;《社会科学报》、《上大学报》给予高度评价。

六、 抓好机关建设,打造高效团队

社联紧紧围绕“群众路线教育实践活动”的工作主基调,在市委、市委宣传部的领导下,深入推进学习型、服务型机关建设,为内部管理、人才培养等工作打开了新局面。班子成员都能做到清正廉洁,拧成一股绳,努力埋头工作,群众对班子满意度较高。

1. 扎实推进党的群众路线教育实践活动

社联作为第一批开展教育实践活动的单位,从 8 月 9 日召开动员会议以来,按照市委和市委宣传部的工作要求,认真落实各环节工作。一是加强学习,打牢思想基础。社联党组主动与党员干部认真学习贯彻习近平总书记有关讲话精神,认真完成规定内容的学习,召开学习交流会,主动增加自学书目。领导班子坚持先学一步、学深一步,班子成员为机关干部上党课,并以普通党员的身份参加了支部学习。

二是开门搞活动,全面听取意见。通过座谈会、个别访谈、赴联系点调研等形式,广泛征求工作对象、服务对象、机关干部群众、老领导、所属单位负责人等意见建议,撰写《社联领导班子“四风”方面突出问题》后,以专题讨论会的形式听取群众意见,聚焦突出问题。

三是开展谈心活动,认真对照检查。领导班子成员之间、班子成员和分管部门同志之间、领导干部与党员群众之间,开展谈心交心,深入分析问题。班子成员和处级干部认真撰写个人对照检查材料,召开民主生活会,以整风精神开展批评与自我批评,形成共识、一同提高。

四是以问题为导向,坚持边查边改。领导班子和各部门对征求到的意见建议及时进行分析研究,提出改进办法和措施,从服务对象和机关工作人员感受最直观、反映最集中的问题抓起,能解决的马上行动,一项项抓整改,一件件抓落实。

社联现已向社联全体干部通报领导班子民主生活会情况,并对教育实践活动第三环节工作进行动员部署,确保把整改项目和措施落到实处。

2. 顺利完成社联副主席增补工作。经社联第六届委员会第六次全体会议表决,市委党校副校长王国平同志、上海师范大学校长张民选同志、上海市教委副主任高德毅同志当选第六届社联副主席。吕贵、李进、张济顺、莫负春等 4 位同志分别因到龄退休和工作变动,不再兼任社联副主席。

3. 竞争性选拔干部,推动人才梯队建设。为进一步推进社联干部人事制度改革,拓宽选人用人视野,吸引更多优秀人才,社联采用竞争性选拔方式,请本市有关高校、科研单位和党政机关组织部门根据岗位任职条件和资格推荐部分处级领导岗位拟任人选,在组织推荐的基础上,进行面试和考察考核,从高校引进 2 名处级干部。同时,机关在民主推荐的基础上提任 3 名处级领导干部,调整和充实了处级领导岗位。按规定做好干部职务晋升工作,3 名处级干部和 5 名科级干部晋升了职务,进一步调动了干部的积极性。

4. 加强机关内部建设,努力构建和谐社联。加强学习型机关建设,大力倡导读书学习之风、调查研究之风,使学习成为社联工作者的自觉追求。邀请市政协原副主席朱晓明、早稻田大学副校长田山辉明等专家学者来社联开设讲座。建立社联合唱团,凝聚机关人心、提振团队士气。举办丰富多彩的工会活动,以"书香传递"系列接力赛等简朴而不失活泼的方式,进一步密切社联与联建单位的联系,加强干部职工的团队精神和协作意识。

2013 年工作体会

社联今年在继续完善"大平台"功能的基础上,紧密结合上海社科研究的新特点,围绕思想宣传工作的新任务,对工作机制和载体进行了一些探索和创新。回顾今年工作,具体有以下几点体会:

1. 上海学界在应用理论研究方面的优势,是社联服务党和政府中心工作的坚实基础。社联今年针对上海"四个中心"建设、全面建成小康社会等重大现实课题,结合自贸区建设等当前重点工作,组织动员本市多家院校、科研机构、学术社团共同攻关,形成科研合力与梯队接力,发扬了本市社科界务实、创新的优秀传统。在成果发布与转化方面,社联继续加强"学术茶座"、"社联专报"等学术品牌服务中心工作的能力,同时对《上海思想界》进行改版扩容,形成了"月刊"、"专报"、"内参"三位一体的建言资政平台,及时向有关部门报送社科成果,为党和政府研判舆情、科学决策提供了重要智力支撑。

2. 推动"官学互动"机制化、常态化,是社联扩大本市应用理论研究优势的关键方式。今年,韩正等市领导,以及第九届全国人大常委会副委员长彭珮云同志莅临社联调研工作,倾听了专家学者的意见和呼声。韩正同志在调研时对建立党政部门与沪上社科工作者交流的常态机制表示支持,并布置一系列课题,希望社联组织力量深入研究。社联整合学会管理与科研组织两大平台资源,围绕上海发展战略研究,精心设计"四个中心建设"、"创新社会管理"等系列学术活动,动员实务人员与专家学者共聚一堂,交流思想,通过促进决策咨询服务的供需沟通,减少了社科界低水平重复研究,提高了研究者服务经济社会发展大局的水平。

3. 加紧对社会成员普遍关心的问题推出有说服力的理论成果,是当前形势下社联责无旁贷的任务。针对主流意识形态影响力不足,缺乏解疑释惑能力的现状,社联第一时间召集沪上学者学习研究习近平同志"8·19"讲话精神,特别要求各学术社团党工组负责人提高政治责任感和现实意识;同时积极创新社科普及方式,努力适应新形势下思想宣传工作。社联直接抓好《中国(上海)自由贸易试验区 150 问》的组织编写工作,回应了各地干部群众深入了解自贸区政策与特点的需求;该书一经推出,好评如潮。东方讲坛在市委、市委宣传部的统一部署下,细分受众群体、挖掘优秀讲师、创新活动载体,面向全市各行各业、各区县乡镇宣讲党的十八大和十八届三中全会精神,大力开展全市"中国梦"主题群众性基层宣讲系列活动,充分发挥传播正能量、巩固主流意识形态地位的作用。社联推动官方微博建设,以年轻人喜闻乐见的语言,抢占新媒体阵地,为打开宣传思想工作新局面进行了有益的尝试。

4. 发挥好上海学界的国际影响力，既是实施国家战略的迫切需求，也是增强城市文化软实力的必经之路。为积极应对意识形态“西强我弱”的现状，社联结合上海学者海外联系多的优势，动员所属社团、刊物加强国际学术交流，在民间外交领域进行了新的探索。社联承办“中国和中东欧国家的关系”论坛，邀请克罗地亚前总统梅西奇在社联群言厅发表演讲，阐述促进中国与中东欧国家友好合作的战略意义。

5. 深入开展党的群众路线教育实践活动，是社联进一步推动“学者之家”建设的重要契机。社联在宣传部督导组的指导下，严格落实教育实践活动的各项规定动作，认真对待社科界的每一条意见建议，扎实推进“学术年会”、东方讲坛、社联网站的改革与创新，切实提高机关服务与管理水平，为启动“社科交流中心”项目，深化“学者之家”建设打好了基础。社联要以开展本次教育实践活动为契机，就怎样更好地调动知识分子积极性进行深入思考，通过融管理于服务，推动机关工作去行政化，进一步提升在社科界的影响力和号召力，发挥好枢纽型社会组织联系社科研究五路大军，服务党和政府中心工作的重要作用。

社联重要活动

SHE LIAN ZHONG YAO HUO DONG

领导调研

市委书记韩正前往市社联调研

市委书记韩正11月27日在市社联调研时指出，学习贯彻落实党的十八届三中全会精神是当前的头等大事，在国家全面深化改革的进程中，上海要当好改革攻坚的排头兵和创新探索的先行者，希望市社联充分发挥已有优势，更好发挥三方面作用，形成更多有说服力的理论成果，团结起更多社科界专家学者，为实施国家战略、为推进全市重点工作凝聚起广泛共识。

韩正同志和市委常委、宣传部部长徐麟等市领导来到社联，察看了藏书室、科普工作处、东方讲坛办公室、《上海思想界》编辑部、科研组织处等，与工作人员亲切交谈，了解市社联的工作情况。

座谈时，韩正同志指出，上海社会科学界基础理论研究与时俱进、学科学者相互包容、应用成果十分明显，当前要进一步在三个方面发挥更大作用：第一，充分发挥已有优势，特别是应用理论研究能力强、成果多的优势，着力对社会成员特别是青年人普遍关心的问题加强研究，形成具有说服力的理论成果，提高解疑释惑的本领；第二，充分发挥社联大平台的作用，使社联成为社科学者之家，广泛团结各方面专家学者，为国家发展、实施国家战略发挥上海应有的作用；第三，充分发挥为全市重要发展战略、重要工作凝聚共识的作用，对社会成员普遍关心的问题做出正面回答。希望社科界专家学者围绕上海文化体制改革、国资国企改革、中国（上海）自由贸易试验区建设以及社会管理和社会发展、法治建设、政府职能转变等课题，进行前瞻研究、提出建议。同时对"学者之家"建设，对建立党政部门与沪上社科工作者交流的常态机制也表示支持。

徐麟指出，要按照韩正书记的要求，围绕中国特色社会主义的主题和主线，结合中央对上海的要求，组织社科界积极开展有关工作，真正贯彻好中央精神。要紧紧围绕上海改革开放的模式，结合上海学界的全球视野，使上海的经验和成果对全国的发展起到更积极的作用。要推动"学者之家"的建设，落实学者交流的场所，完善领导同志与专家学者有效沟通的机制。

市社联主席秦绍德就当前学习落实党的十八届三中全会精神提出了建议。他还提出，在社会治理方面，应更多地发挥社联这样的群众团体的作用。

市社联党组书记、专职副主席沈国明汇报了市社联的基本情况和主要特点。他指出，上海社科研究有三个特点，其一是应用理论研究实力强；其二是学者顾大局、识大体，超越

“左右”之争;其三是学者海外联系多,视野开阔。社联要扬长避短用好这些特点,针对意识形态领域的现状,即主流意识形态影响力不足,党的意识形态主流理论缺乏解疑释惑能力的情况,引导和团结社科界承担责任,进行理论创新,凝聚社会共识。接下来,社联要为学习、宣传、贯彻三中全会精神做好各项工作,动员和组织专家学者深入研读全会《决定》,参与未来 30 年上海发展战略研究,积极开展自贸区研究,搭建好领导同志与学者交流的平台。同时,社联要不断提高服务本市社科工作者的水平,切实将社联打造成“学者之家”。

市委副秘书长、研究室主任张道根,市委副秘书长王为人,市委宣传部副部长李琪等领导出席会议。社联党组副书记、专职副主席桑玉成,社联专职副主席刘世军,本市社科界经济、金融、社会、政治等相关学科领域的学者参加座谈。

第九届全国人大常委会副委员长彭佩云同志莅临市社联调研

9月23日，第九届全国人大常委会副委员长彭佩云同志莅临上海市社联，调研人口计生工作。上海社科院经济研究所所长、研究员左学金，上海市人口计生委原主任谢玲丽，上海市人口学会会长、上海市计生协会副会长孙常敏，上海市社联副主席、复旦大学公共管理与公共政策研究基地主任、教授彭希哲，复旦大学人口研究所所长、教授王桂新，复旦大学人口研究所副所长、教授任远，华东师范大学人口研究所终身教授、上海市老年学学会副会长桂世勋，上海社科院城市与人口发展研究所副所长、副研究员周海旺，上海市计划生育科学研究所研究员高尔生参加座谈。上海市社联党组书记、专职副主席沈国明主持会议，党组副书记、专职副主席桑玉成，专职副主席刘世军出席，社联处以上干部列席。

彭佩云同志在听取与会专家学者的发言后表示，希望学术界继续对当下人口计生工作面临的重大现实问题加强研究，在目前全面深化改革的形势下，进一步解放思想，为中央科学决策提供智力支撑。

学习贯彻中央和市委重要会议精神

社联召开上海市社会科学界学习党的十八届三中全会精神座谈会

11 月 15 日下午，上海市社会科学界学习党的十八届三中全会精神座谈会在社联六楼群言厅举行。座谈会由社联党组书记、专职副主席沈国明主持，社联专职副主席刘世军，本市社科界政治、经济、社会等相关领域专家学者、学会代表 60 余人出席会议。

座谈会上，与会专家学者认真学习了三中全会公报精神，畅谈了学习体会，中欧国际工商学院名誉院长刘吉教授等 8 人做了交流发言。与会者一致认为，党的十八届三中全会是在我国改革开放关键时期召开的一次重要会议，深入研究了全面深化改革若干重大问题，提出了全面深化改革的目标、路径、原则和要求，是全面深化改革的又一次总部署、总动员，将对中国发展产生巨大深远的影响。

一、三中全会公报目标明确、重点突出、亮点纷呈、路径清晰，是全面深化改革的纲领性文件，在建设中国特色社会主义历史进程中具有里程碑意义。中欧国际工商学院名誉院长刘吉教授提出，全会公报“不负众望”，是一份马克思主义的历史性文件，充分体现马克思主义的基本原理和中国当前实践的密切结合。首先是旗帜鲜明地坚持了中国特色社会主义道路，其次是把经济体制改革作为重点，明确“市场在资源配置上起决定性作用”，第三是强调了全面性的改革，对于当代中国碰到的所有问题，都给了应该改革的回应。社联专职副主席刘世军认为，党的十八届三中全会从两点上看就能够载入历史史册。第一是对于改革开放的全新定位，公报指出改革开放是党和人民事业大踏步赶上时代的重要法宝，党的历史上曾有三大法宝的提法，这次又将改革开放视为一大法宝，将对改革开放的认识提高到了一个新的历史高度；第二是将改革开放和中国梦相连接，要实现中华民族伟大复兴的中国梦就必须坚持改革开放。

二、全会强调了改革的“系统性、整体性、协同性”，提出“推进国家治理体系和治理能力现代化”，在市场经济、民主政治、社会建设等方面有重大理论突破。上海大学邓伟志教授指出，国家治理要有理论的指导，全会在理论上有很多突破。要在强调稳中求进的同时，也要强调或更要强调“进中求稳”；在强调社会以人为本的同时，也要强调人要以社会为本；在强调建设法治政府的同时，也强调透明政府建设。华东师范大学文军教授认为，全面深化改革的重点是经济体制改革，但经济改革与社会领域也密不可分。要真正落实好经济改革，就不能仅从单一经济的角度出发，不能脱离社会的和政治的关系处理。治理体制的发展完善实质上就是要处理好三个关系，即经济关系、社会关系、政治关系，应进一步完善社会治理体制，培养广泛的社会参与机制。

三、市场在资源配置中的作用从“基础性”上升到“决定性”，公报中的新提法意味着今后在更广泛的领域、在更加重要的行业都将进一步扩大市场配置资源的作用，逐步减少政府对资源配置的直接干预。上海社科院钟祥财研究员认为，全会在新的社会历史条件下提出经济体制改革是全面深化改革的重点，就是强调要进一步从计划、从政府走向市场，充分发挥市场在资源配置中的决定作用，要进一步深化对国有企业改革的研究，推进市场化改革和国有企业管理体制和利益分配体制改革。复旦大学张晖明教授提出，全会公报的核心和灵魂就是改革，改革是创新的驱动力，今后在政府职能转变、国有企业改革以及政府和市场关系的调整上都将会释放出新空间、取得新进展。

四、全会公报体现了中央以开放促改革，以改革促发展的决心，其中特别提到了要加快推进自贸区建设，让人备受鼓舞。上海社科院张幼文研究员指出，全会公报除了总体上提“改革开放”之外，有四个地方提到了“开放”。其核心就是要适应经济全球化新趋势，“用开放倒逼改革”，深化经济体制的改革。自贸区建设是党中央、国务院作出的重大决策，是上海发展的“重中之重”，上海应在自贸区建设的诸多领域率先改革、取得突破。通过自贸区先行先试，为全国深化改革和扩大开放探索新途径、积累新经验。上海要先拿出办法和经验，在其他地方实现可推广、可复制。

五、学习贯彻落实全会精神，社科界责任重大。与会专家学者一致认为，要深入贯彻落实党的十八届三中全会精神，社科界需要统一思想，凝聚共识，紧紧围绕全面深化改革的重点和核心，紧密结合上海改革发展的实际，进一步推进理论和实践创新，认真完成三中全会提出的各项改革课题的研究任务，开展更为深入、全面的研究工作，共同推进社会科学繁荣，进而推进经济和社会的发展，为上海改革开放事业做出更大贡献。

市社联召开多场专题会议　学习传达习近平总书记在全国宣传思想工作会议上的重要讲话

8月下旬,市社联通过举行中心组专题学习会议、思想理论界专家学者座谈会等形式,学习传达习近平总书记在全国宣传思想工作会议上的重要讲话(简称“8・19讲话”)。社联党组书记、专职副主席沈国明,社联党组副书记、专职副主席桑玉成,社联专职副主席刘世军,社联各处室负责同志,以及复旦大学、华东师范大学、上海交大、市委党校、上海师范大学、上海社科院的专家学者,部分宣传系统的老干部、老领导出席会议。与会专家学者认真学习了习近平总书记“8・19讲话”的主要内容,并就贯彻落实市委、市委宣传部的安排和部署,结合上海思想理论工作者的思想和工作实际,进一步巩固马克思主义在意识形态领域的指导地位,做好意识形态建设工作,全力实现上海哲学社会科学事业繁荣发展发表了意见和建议。

与会专家学者高度评价了习总书记“8・19讲话”,认为讲话高屋建瓴、统筹全局,既坚持了马克思主义基本原理,又充分考虑到改革开放的现实需要,辨证处理了意识形态发展过程中坚持与发展马克思主义的复杂关系。有学者指出,“8・19讲话”既与“右”的否定马克思主义、挑战社会主义基本制度的极端思潮划清了界限,也与“左”的无视改革开放的历史要求,不解决现实问题的错误思潮划清了界限。有学者说,“8・19讲话”积极理性,开拓了意识形态沿着马克思主义方向创新的空间,能够被大多数思想理论工作者和宣传干部接受。“8・19讲话”辩证处理了意识形态和中国改革开放各个要素之间的复杂关系,澄清了知识界的一些模糊认识,起到了“稳定军心”的作用。

与会专家学者认为,贯彻落实习总书记讲话精神,需要认真思考和回应当下意识形态领域一些重要的理论和实践问题,做到积极稳妥,切实防止片面性。一是全面学习理解讲话关于“既不走邪路,也不走老路”、“既要守土有责、守土负责、守土尽责,又要开拓创新”的理论表述,防止用一种倾向掩盖另一种倾向的做法,避免造成思想理论界新的混乱。二是处理好正面宣传和多元竞争的关系,在加强正面宣传的同时,直面多媒体时代各种思潮相互碰撞、相互竞争的状况,大胆创新理念,主动回应现实。三是要依靠各部门的协同努力,实现主流意识形态和党的建设、反腐败工作相协调。四是寻求意识形态最大多数人的共识,应当是我党意识形态建设的重要目标。当前,党的“核心价值建设”缺少着力点,信仰缺失成为当代中国可能引发危机的社会性问题。做好意识形态工作,不能只是“眼睛朝上”,也要“走群众路线”。

社联召开六届八次主席会议暨常委会会议学习传达习近平总书记在全国宣传思想工作会议上的讲话精神

9月24日，社联召开六届八次主席会议暨常委会会议，学习传达、贯彻落实习近平总书记在全国宣传思想工作会议上的讲话精神。社联主席秦绍德出席会议并讲话，社联党组书记、专职副主席沈国明报告社联前一阶段主要工作和四季度工作安排，社联专职副主席刘世军传达习总书记“8·19讲话”精神，社联党组副书记、专职副主席桑玉成主持会议。社联副主席张济顺、李友梅、彭希哲、冯俊、胡伟，社联常委杨洁勉、张幼文、张云、熊月之、俞新天出席会议。

沈国明书记指出，今年以来市社联重点做好以下工作：一是推进学术研究和交流重点项目。筹备学术年会，深入开展“创新驱动 转型发展”大讨论，举办马克思主义研究论坛，推出《上海市马克思主义理论研究2011年度报告》，不断完善“学术茶座”品牌项目，改版《上海思想界》。二是推动社团日常管理科学化、规范化。完成所属学术社团年报审核并评选“达标学会”，开展“发展社会组织与社区自治共治”等专题调研工作，举办跨学会学术活动，引导学术社团开展国际学术交流活动，服务上海国际文化大都市建设。三是创新活动载体巩固社科普及新阵地。东方讲坛举办各类讲座1 232场，直接听众超过18万人次，播出广播版讲座41场，二次传播受众超过700万人次。继续完善“社科视窗”社科普及新媒体平台，开展社科普及系列读物主题漂流活动，推进《上海局处级干部人文社会科学知识与素养调研》项目。四是打造一流学术期刊。《学术月刊》连续七年蝉联全国主要学术媒体转载、摘要量第一。《探索与争鸣》助推对重大现实和理论问题的探索，为专家学者关注现实、服务实践提供平台。五是抓好干部队伍管理和社联自身建设。掀起学习贯彻党的十八大学习活动，推进机关党建机制化工作，规范机关内部管理。

沈国明书记指出，今年四季度市社联要重点做好以下工作：一是继续认真学习贯彻习总书记“8·19讲话”精神，组织所属学术社团，举办百场学会学术活动月系列活动。二是筹备召开上海社科界学术年会。三是继续举办“上海社联. 学术茶座”。四是举办上海社科界“纪念毛泽东诞辰120周年座谈会”。五是开展“中国梦”主题宣传教育活动。六是推进社科普及检测评估工作。

秦绍德主席在讲话中指出，习总书记讲话廓清了当前思想理论界的迷雾，是加强意识形态建设和做好宣传思想工作的动员令。当前，上海社联要把学习习总书记重要讲话作为最重要的政治任务，深入思考讲话的时代背景，准确把握讲话对国内形势、思想舆论界态势产生的影响和意义，为提升党在意识形态领域的战斗力，巩固党在宣传思想主阵地特别是互联网舆论平台的领导权和话语权多做工作。

秦绍德主席指出，社联要紧密结合自身工作特点和社科工作者思想工作实际，凝聚上海马克思主义研究力量，系统研读马克思主义原典和中国化最新成果，讲好中国故事，凝聚走中国道路、实现“中国梦”的社会共识。要坚定立场，旗帜鲜明地坚持舆论斗争，做到守土有责、负责、尽责。社联要在服务中引导好学术团体，团结好广大社科工作者，发表正面意见、形成正面成果，妥善处理宣传有纪律和学术无禁区、服务和引导的关系，不断改善上海社科界学术大家庭的环境和氛围。

在座谈交流中，与会专家学者发表了学习习总书记讲话的观点和体会。有专家认为，我们要正确把握全球化和西方化的界限，在向西方学习中保持头脑清醒。有专家指出，意识形态建设的根本原则就是掌握领导权、管理权和话语权。有专家认为，加强意识形态工作必须要把主流话语转化为可以被全党干部、群众理解并认同的语言，特别要针对不同人群采用不同的话语体系。有专家认为，意识形态工作的关键是要掌握一支值得信赖、有战斗力的队伍，把目光投向年轻人，借助新媒体平台开展舆论斗争。有专家指出，社联工作要与中央要求对接，社科工作者定位要准，加强对提升软实力、话语权的研究，建设国际学术交流平台。

市社联召开第六届委员会第七次全体会议

12月9日下午，社联召开上海市社会科学界联合会第六届委员会第七次全体会议，学习贯彻党的十八届三中全会精神，传达韩正同志在社联调研时对新一年全市社科工作提出的要求和期待。社联主席秦绍德致辞。市委宣传部副部长李琪出席会议并讲话。社联党组书记、专职副主席沈国明传达了韩正同志来社联调研时重要讲话精神。社联党组副书记、专职副主席桑玉成主持会议，并通报了市社联党的群众路线教育实践活动情况。

社联主席秦绍德认为在全国都在贯彻党的十八届三中全会精神之际，韩正同志到社联调研，是在贯彻精神的过程中寄希望于社联，寄希望于上海社会科学界，是希望在贯彻十八届三中全会决定的过程中、进一步深化改革的各个方面，上海社会科学界能够发挥更大的作用，意义深远。在三中全会召开前的一年，思想界的危机感十分强烈，中国改革开放到了关键时刻，悲观和颓丧情绪比比皆是。十八届三中全会的召开将阴霾之感一扫而光，可以说是中央向全国发出了全面深化改革的进军号，开启了新的改革的窗口，非常鼓舞人心。这次的《决定》有三个特点，第一个是务实，第二个是全面，第三个是非常重改革的根本，即下一轮的改革要从制度上、从国家治理上加以根本的改革。

他强调，社会科学界要进一步凝聚共识，《决定》要真正落实到行政上，就必须理论上加以论证，实践上形成共识，然后才能获得更大的推动力。接下来应当在五个方面凝聚共识。一是共识要凝聚到完善与发展中国特色社会主义制度、推进国家治理体系和治理能力现代化的全面深化改革的总目标上。二是共识要集中到“三个解放”上来，即进一步解放思想，进一步解放和发展社会生产力，进一步解放和增强社会活力。三是要凝聚到以经济体制改革为重点，发挥经济体制改革的牵引作用上。四是要凝聚到坚持社会主义市场经济改革的方向上来。五是要凝聚到以促进社会公平正义、增进人民福祉为改革的根本出发点与落脚点上。在凝聚共识上，上海理论社科界首先要为各项改革提供正确的理论指导和理论支撑，许多具体改革、制度设计仍需要充分论证，需要学术界深入探讨，进一步深化共识，避免误读。其次是要为上海的重要发展战略与重点工作凝聚共识。

他最后强调，在新一年里，社联要抓住优势、抓住机遇，推动学界站在国家战略的高度研究实际问题；加大力度支持基础理论的研究；发挥平台作用，借助上海社科界包容度大的特点，吸引全国、乃至世界的观点集聚争鸣。

市委宣传部副部长李琪对如何优化加强社联自身工作，做好2014年各项工作提出三点意见：

一要以增强三个自信为主题，为完善发展中国特色社会主义，贡献上海社科理论界的学术智慧。进一步提升上海社科理论界运用马克思主义世界观、方法论解析中国现代化进程中的中国问题的能力，增强三个自信，特别是理论自信，真正形成理性的认知、理性的概括、理性的思考。

二要以推进全面深化改革，抓好上海文化体制改革为目标，为提升上海的文化软实力提供智力支撑。市社联要充分发挥学会文化载体功能，创新文化软实力的工作方法，开拓工作途径，为年轻的精英人才打造更大的展示平台，努力在文化软实力建设方面形成上海的路径、上海的模式，进一步扩大上海影响力。

三要以上海社科交流中心为抓手，做大做强社科公共服务平台。社联要继续发挥好服务全社会，服务社科界，服务于市委市府的重大决策咨询的作用，为上海哲学社会科学的发展作出贡献。

社联党组书记、专职副主席沈国明传达了韩正同志来社联调研时重要讲话精神，他说韩正同志强调上海社会科学界要进一步在三个方面发挥更大作用：第一，充分发挥已有优势，特别是应用理论研究能力强、成果多的优势，着力对社会成员特别是青年人普遍关心的问题加强研究，形成具有说服力的理论成果，提高解疑释惑的本领；第二，充分发挥社联大平台的作用，使社联成为社科学者之家，广泛团结各方面专家学者，为国家发展、实施国家战略发挥上海应有的作用；第三，充分发挥为全市重要发展战略、重要工作凝聚共识的作用，对社会成员普遍关心的问题做出正面回答。希望社科界专家学者围绕上海文化体制改革、国资国企改革、中国（上海）自由贸易试验区建设以及社会管理和社会发展、法治建设、政府职能转变等课题，进行前瞻研究、提出建议。

社联党组副书记、专职副主席桑玉成通报了社联开展党的群众路线教育实践活动的情况。从 8 月 9 日召开动员会议以来，市社联按照市委和市委宣传部的工作要求，认真落实学习教育、征求意见，查摆问题、开展批评与自我批评各个环节的工作。社联通过学习读本、听取意见，对照检查出了包括在遵守党的政治纪律和贯彻中央八项规定上以及“四风”方面的突出问题，并针对问题，提出了六个方面十八项整改措施。包括：加强班子建设，形成工作合力；加强谋划与评估，推进品牌建设，提高工作实效；加强规范管理，一手抓建章立制，一手抓执行监督；积极进取，努力开拓新的工作载体；加强内部管理，提高制度执行力；加强队伍建设，提高服务基层的理念和能力。

下一步，社联将着力抓好整改落实、建章立制工作。社联会把群众路线教育实践活动作为新的起点，抓好整改落实、专项整治和制度建设，着力在解决问题上下更大功夫，认真把整改项目和措施落到实处。

与会代表们还对社联工作提出了意见和建议，希望社联进一步发挥“联合体”优势，明确功能定位，强化自身特色，成为有影响力和竞争力的思想库、智囊团；希望可以建立起学界与决策层的对话制度，讲形势、交任务、出题目，达到知情明政的目的；进一步利用社联的平台优势，为上海学界多层次、多体系交流提供条件。

围绕上海经济社会发展大局，贡献社科工作者智慧和力量

——社联召开第六届委员会第六次全体会议

10月31日，社联召开第六届委员会第六次全体会议，汇报近期社联工作和明年工作打算，表决新增社联副主席人选，动员社科工作者围绕全市中心工作，开展决策咨询服务工作，为上海改革开放贡献智慧和力量。社联主席秦绍德出席会议并讲话。市委宣传部副部长李琪主持会议。社联党组书记、专职副主席沈国明作工作报告，向与会人员介绍了“面向未来30年的上海”发展战略大讨论工作方案。社联党组副书记桑玉成传达了市委《关于王国平等同志任职的批复》。社联专职副主席刘世军宣布了大会投票表决结果。上海市城市规划设计研究院周文娜高级工程师介绍了“面向未来30年的上海发展战略大讨论”上海城市发展课题前瞻情况。社联副主席陈昕、冯俊、童世骏、李友梅、谈敏、吕贵和150余位社联委员及委员代表出席了会议。

经过大会投票表决，市委党校副校长王国平同志、上海师范大学校长张民选同志、上海市教委副主任高德毅同志当选第六届社联副主席。原市委党校常务副校长、市马克思主义研究会会长吕贵同志，原上海师范大学校长、市毛泽东思想研究会会长李进同志，原华东师范大学党委书记张济顺同志，原市教卫党委副书记莫负春同志等4位同志分别因到龄退休和工作变动，不再兼任社联副主席。

沈国明书记在工作报告中指出，今年十个多月，市社联在市委、市委宣传部的领导下，以学习宣传贯彻党的十八大精神为主线，高举中国特色社会主义伟大旗帜，团结、依靠社科界五路大军，不断创新五大公共文化服务平台，努力发挥枢纽型社会组织作用，服务上海创新驱动、转型发展大局，主要工作推进平稳，进展顺利，达到预期的目标。

沈国明书记指出，2014年市社联要继续坚持以学习贯彻党的十八大和即将召开的十八届三中全会精神为主线，以党的群众路线教育实践活动为契机，在上海科学发展、改革开放的大局下思考和行动，推动社联公共平台建设取得新成绩。要推动和引导学会开展跨学会研讨活动，对符合申报条件的活动予以资助。要着重围绕“面向未来30年的上海”发展战略大讨论、中国（上海）自贸区建设等重大理论和实践问题，推动所属学术社团开展专题研究，策划、举办系列专题研讨活动，充分发挥社联的咨询服务功能。要按照市委、市委宣传部的安排和部署，依托东方讲坛，面向基层实际需求，继续开展全市“中国梦”主题群众性基层宣讲系列活动，宣讲党的十八届三中全会精神。要继续深入持续开展党的群

众路线教育实践活动，努力转变作风，落实整改，解决突出问题，建立长效机制。

秦绍德主席在讲话中指出，社联要按照中央指引的方向，加强对即将召开的党的十八届三中全会精神的传达、学习，加强对一系列重大理论问题和现实问题的研究。要认真学习贯彻习近平同志在中央宣传思想工作会议上的讲话精神，凝聚上海马克思主义研究的力量，要用深入浅出的语言，讲好中国故事，凝聚起坚持走中国道路、实现“中国梦”的共识。社联要在服务中引导好各学会团体的工作，营造健康、包容、活跃学术氛围。

李琪副部长在讲话中指出，习近平总书记最近一系列重要讲话，为我们勾画出未来发展的目标和方向。“8・19讲话”强调，经济建设是党的中心工作，意识形态工作是党的一项极端重要的工作。湖北讲话强调把握全面深化改革的重大关系，处理好解放思想和实事求是的关系、整体推进和重点突破的关系、顶层设计和摸着石头过河的关系、胆子要大和步子要稳的关系、改革发展稳定的关系。这些都是习总书记从历史唯物论、辩证唯物论，对今后发展格局的规划，对于坚定道路自信、制度自信、理论自信，开创现代化建设新局面，具有十分重要的指导意义。

李琪副部长在讲话中指出，党的历届三中全会都讲改革，但是现在谈改革意义不一样。我们要从实现“双百愿景”的历史大跨度，描绘未来宏伟蓝图，制订改革开放的新方案，这需要吸纳各界智慧、集思广益。我国现代化建设已经取得了举世瞩目的成就，站在了世界中心舞台并成为主角，今后要充满自信，以全球大国的面目出现在世界面前。当前，新一轮改革开放遇到了方方面面新的挑战，面临的任务将更加艰巨、困难会比过去更多。在党的十八届三中全会召开之际，我们要组织社科工作者，认真传达、学习、宣传、贯彻习总书记重要讲话精神，动员广大社科工作者积极投入“面向未来30年的上海”发展战略大讨论，深化相关研究工作，为推进改革开放贡献智慧和力量。

凝心聚力攻坚克难，实现上海社科事业新跨越

——社联举行六届七次主席会议暨常委会会议

2月4日，市社联召开六届七次主席会议暨常委会会议，市委宣传部副部长李琪，社联主席秦绍德出席会议并讲话，社联党组书记、专职副主席沈国明作社联年度工作报告，社联党组副书记、专职副主席桑玉成主持会议。社联副主席潘世伟、刘世军、李友梅、吕贵、何勤华、周振华、陈昕、彭希哲、李进，社联常委熊月之、张幼文、吴友富、吴晓明、张云、张颖出席会议。与会专家审议2012年社联工作情况汇报和2013年工作要点，并就进一步做好社联工作发表意见和建议。

沈国明在报告社联工作时指出，过去的一年，市社联在市委、市委宣传部领导下，着力深化公共平台建设，努力探索社科繁荣发展新路径。一是掀起迎接学习宣传贯彻党的十八大热潮。开展“学习贯彻党的十八大精神”系列研讨交流活动，组织编撰“全面建成小康社会重大课题”系列研究报告，举办5批千余场东方讲坛主题宣讲报告会。二是创新学术研究和交流形态举办学术盛事。坚持在传承基础上创新举办第十届学术年会，机制化举办“马克思主义研究论坛”，多次邀请市领导到会与沪上学者进行深度交流研讨，组织开展“中国特色社会主义理论体系与科学发展”主题征文活动，创办了全新的应用研究成果交流平台“学术茶座”和“上海社联·星期五学术茶座”等学术交流新平台。三是以提供服务为工作抓手强化学会学术功能。坚持依法依规推进所属学术社团规范化建设。聚焦年度重大纪念日举办“纪念《上海公报》发表40周年学术讨论会”、“纪念中日邦交正常化40周年国际学术研讨会”、“纪念《在延安文艺座谈会上的讲话》发表70周年”青年学者论坛等学会活动。努力创新学会学术交流与互动形式，多个学会联合举办了6场参与面广、影响力大的跨学会学术活动。四是着力开展面向基层群众的社会化宣教和社科知识普及活动。东方讲坛共举办讲座2 241场，直接听众35万人次，播出广播版讲座近80场，二次传播受众超过2 500万人次。举行含6大板块共300余项活动的第11届上海市社科普及活动周。开展第二批上海市社会科学普及读本系列出版资助工作。在新浪网开设社科普及官方微博“社科视窗”。五是提升学术成果发布评价平台影响力。认真做好第九届邓小平理论研究和宣传、第十一届哲学社会科学优秀成果评奖。社联所属刊物《学术月刊》、《探索与争鸣》均获得国家社科基金资助。《学术月刊》刊发文章被全国各学术传媒转载、摘要量实现全国排名“七连冠”。《探索与争鸣》取得了新闻出版局考核编核优秀，光明日报排名第9、中南财大评估中心排名第14，蝉联第五届华东地区优秀期刊。六是优化干部队伍建设，提高服务保障能力。以“强组织、增活力，创先争优迎十八大”为主题，以开展

"基层组织建设年"活动为抓手，深化党员先进性、纯洁性教育，营造良好机关文化氛围，切实增强干部队伍的凝聚力、创造力和服务保障力。

沈国明指出，2013 年是全面贯彻落实十八大精神的开局之年，是实施"十二五"规划承前启后的关键一年，是为全面建成小康社会奠定坚实基础的重要一年。市社联要紧紧围绕学习贯彻十八大精神的工作主线，全力做好以下各项工作：一是要组织社科界开展宣传贯彻十八大精神的理论研讨活动，广泛发动、组织开展由社会各界参与的"创新驱动转型发展"大讨论。二是要创新上海社科界学术年会举办工作，精心策划年会各学科专场和大会主题，促进多学科协同共建。三是要构建学术研讨和交流系列活动新平台，邀请市委、市政府领导以及相关职能部门负责同志与社科界专家学者进行对话和交流，继续举办"学术茶座"、"星期五学术茶座"。编撰《上海学术报告(2012)》，编发《上海思想界》，反映和推介上海专家学者具有原创性的学术观点。四是要推动上海马克思主义研究论坛常态化，推出《马克思主义研究年度报告》等成果。五是要以制度建设为抓手，进一步推动所属学会和民办社科研究机构建章立制，提高学术社团建设和管理的规范化水平。六是要集聚科普工作品牌和平台优势，扩大东方讲坛举办点的覆盖面，充分发挥讲坛公共文化服务的宣教阵地作用。七是要实施学术期刊"精品工程"，保持和提高《学术月刊》、《探索与争鸣》的办刊质量，确保刊发论文的转载率在全国学术期刊界的领先优势。八是要加强社联机关建设，将社联真正建成"社科之家"。九是要以工作实绩办好俭朴的社联成立 55 周年活动。

秦绍德主席在讲话中指出，2012 年社联在市委宣传部领导下，在广大社科工作者支持下，做了大量工作。2013 年要围绕学习贯彻党的十八大精神这条主线，紧紧联系当前思想理论活跃复杂的形势，深入研究阐释、大力宣传普及中国特色社会主义理论，协同整合社科界"五路大军"力量，发挥好社联的重要作用。一是要眼睛向下，把服务工作做得更好。社联作为学术性群众团体，要为广大社科工作者和学术单位倾力服务，把服务工作做得好不好作为衡量工作的主要标准，团结、动员社科界，共同做好发展繁荣上海社科事业这篇文章。二是工作要多一点创新。要在多年工作的基础上，勇于自己否定自己，在形式和内容上大胆创新，推动社联工作迈上新台阶。

李琪副部长在讲话中对做好社联工作提出两点要求：一是要围绕中国特色社会主义主线，加强社科研究、学科建设和理论创新。中国特色社会主义是个大题目，党的十八大提出了一套全新的理念和话语体系，包括道路自信、理论自信、制度自信，最后落脚点都在理论自信上。广大理论工作者、社科工作者肩头的担子很沉。我们要对政治、经济、文化、社会、生态"五位一体"布局作具体展开，特别是新门类、新领域、新课题值得深入研究，不断丰富和完善中国特色社会主义话语体系，为实现三个"自信"作出新贡献。二是要精心策划工作抓手，全力做好基础工作。要建设"学术茶座"、学术沙龙等理论品牌；要抓好理论基础建设，做到基础研究和应用研究、传统学科和新兴学科、教学与科研相结合，系统酝酿、协同推进；要加强理论宣传工作，让理论创新成果深入群众，讲坛普及工作要有新突破新跨越；要加强理论队伍建设，培养青年社科工作者，持续推出"社科新人"；要加强理论载体建设，为推介和评价社科创新成果提供渠道和舞台。李琪副部长要求，社联要进一步协调、凝聚、整合社科界各方力量，做到"理论、知识、文化"，"学人、思想者、智囊团"两个"三位一体"，共同实现上海社会科学事业新发展。

社联群众路线教育实践活动

群众路线教育实践活动:启动

2013年7月15—18日,作为本市第一批开展党的群众路线教育实践活动单位,市社联召开群众路线教育实践活动科普工作者座谈会、专家学者座谈会、学会负责人座谈会和机关干部座谈会。党组书记、专职副主席沈国明,党组副书记、专职副主席桑玉成,专职副主席刘世军分别主持会议,并认真听取服务对象对社联工作的意见建议,认真查找社联机关、领导班子和党员干部在"四风"方面存在的问题和不足,为增强教育实践活动的针对性和实效性打好基础。7月24日,市社联成立党的群众路线教育实践活动领导小组及办公室。领导小组由市社联党组书记、专职副主席沈国明担任组长,党组副书记、专职副主席桑玉成,专职副主席刘世军担任副组长。组织人事处处长张勇担任办公室主任。

8月2日,市委宣传部群众路线教育实践活动督导组组长张止静、副组长沈卫星一行莅临市社联,听取市社联党组书记、专职副主席沈国明关于社联教育实践活动前期准备工作的情况介绍。督导组就如何进一步做好筹备和动员工作,确保实践教育活动开好局、起好步,向市社联提出意见建议。

群众路线教育实践活动:动员会

8 月 7 日,市社联召开处以上干部参加群众路线教育实践活动动员暨年中工作务虚会。社联主席秦绍德,党组书记、专职副主席沈国明,党组副书记、专职副主席桑玉成,专职副主席刘世军及社联处以上干部出席会议。会议重点围绕社联如何开展好群众路线教育实践活动进行动员。以“盘点回顾、谋划鼓劲”为基调,对上半年社联主要工作和下半年工作的安排作总结谋划。会议强调,要严格对照“四风”问题改进工作作风,务必贯彻落实好“八项规定”,切实增加教育实践活动的针对性和有效性,做到两手抓、两不误、两促进。要紧贴社科工作实际,避免工作的事务化与行政化。要着力围绕下半年党的群众路线教育实践活动、党的十八届三中全会、纪念毛泽东诞辰 120 周年、全国思想工作会议等社科界的大事,及时了解、把握思想理论界的舆情、关注上海社科界各团体和主要学者对重大理论问题与社会特点问题的看法和态度,在常规工作中提高敏锐性和清醒度。其次,强化角色意识和责任意识,注重在服务中加强引导。通过加强党在思想理论战线上的工作主导权,进一步发挥好社联思想库、智囊团的作用。会议提出下半年社联要按照“三个高质量”和“两个并重”的工作要求,稳步推进各项工作:一是高质量地做好群众路线教育实践活动;二是高质量地办好学术年会和学会学术活动月活动;三是高质量地办好《学术月刊》、《探索与争鸣》、《上海思想界》三份刊物。与此同时,科普工作要深广并重;学会、办公室、社科会堂要做到优质服务和有效管理并重。会议认为,要加强青年人才的培养。要多关注上海年轻学者的成长与发展,要通过一定的形式,建立一定的制度,形成有利于培养年轻学者的环境。要加强对青年干部的培养和使用,给青年干部压担子、提要求,鼓励他们自我加压,通过理论学习,提升社联青年干部与社科界专家学者对话交流的能力。下半年度社联要继续推动五大公共平台建设;抓好学术茶座的特色创新、对外国际学术交流中心筹建;年会推荐论文等工作,形成工作新亮点。此外,应站高一步,先行一步,要推进干部选任、网站管理、信息报送、预算执行、国资管理等工作。

8 月 9 日,市社联召开深入开展党的群众路线教育实践活动动员大会,全面启动、部署教育实践活动。市委宣传部第一督导组组长张止静出席会议并作重要讲话,市社联党的群众路线教育实践活动领导小组组长、党组书记、专职副主席沈国明作动员讲话。会议由市社联党组副书记、专职副主席桑玉成主持。会议对社联领导班子和领导干部进行民主评议。市委宣传部第一督导组成员、社联全体党员干部、社联离退休老同志代表、社联所属单位主要负责人共 48 人出席会议。

群众路线教育实践活动:系列党课首讲

8 月 30 日,市社联举行群众路线教育实践活动系列党课首讲,由社联教育实践活动领导小组组长、党组书记、专职副主席沈国明主讲,主题为“坚持党的群众路线　守土有责负责尽责　扎实做好社联工作”。社联教育实践活动领导小组副组长、党组副书记、专职副主席桑玉成主持会议。沈国明同志首先传达了习近平总书记在全国宣传思想工作会议上的重要讲话。沈国明同志指出,习总书记的讲话高屋建瓴,站在战略和全局的高度,以世界眼光看待意识形态工作,形势判断符合实际,所提要求具体明确,对新闻、出版、文艺、理论各界的工作,有很强的现实指导意义。他要求社联党员干部深入学习贯彻习近平总书记重要讲话精神,结合正在开展的党的群众路线教育实践活动,深入调研,以改革创新的精神推进社联工作,增强主动性、掌握话语权,着力提高服务质量和水平,努力开创上海宣传思想文化工作新局面。沈国明同志结合工作实际,与大家交流三点学习体会:一、充分认识“意识形态工作是党的一项极端重要的工作”。沈国明同志指出,党的历史经验证明,要建立政权、巩固政权,必须掌握枪杆子和笔杆子。一个政权的瓦解往往是从思想领域开始的。他为社联党员干部讲述了他在 20 世纪 90 年代末出访东德和苏联时的亲身感受,并通过引用雅科夫列夫《一杯苦酒》、埃贡·克伦茨《89 年的秋天》、奥巴马《无畏的希望》、尼克松《1999 不战而胜》等大量书籍资料,阐明观点:政治动荡、政权更迭可能在一夜之间发生,但思想演化是个长期过程。思想防线被攻破了,其他防线就很难守住。早在抗日战争时期,毛泽东同志的《论持久战》就为我们树立了理论统一思想的成功典范;20 世纪 80 年代末的“真理标准大讨论”是一次思想大解放,是一次马克思主义思想路线的教育运动。每一次大的思想解放,必然关系人民群众的切身利益,因而得到广大人民群众的拥护和积极参与。群众积极参与是每一次思想解放的明显特点,是思想解放能够取得成功的基本原因。中国共产党能不能打仗,新中国的成立已经证明了;能不能搞建设搞发展,改革开放的推进也已经说明了;但是,能不能在日益复杂的国际国内环境下坚持住党的领导、坚持和发展中国特色社会主义,这个还需要我们一代又一代的共产党人继续做出回答。二、把握方向,守土尽责,团结和组织上海学术界凝心聚力,推动经济社会发展。沈国明同志指出,社联作为市委和宣传部领导下的承担一定管理职能的部门,作为党的理论工作者、党的干部,我们一定按照“守土有责、守土负责、守土尽责”的要求,充分发挥学术交流、学会管理、决策咨询、科学普及、成果评价五大公共平台作用,团结和组织上海学术界凝心聚力,推动经济社会发展。社联的党员干部在大是大非面前,除了做到旗帜鲜明、立场坚定,还应及时掌握意识形态领域新动向新情况、社会热点民生问题,如在社会思潮方面，要了解“新民主主义”、“宪政之争”、“薛蛮子事件”；在社会管理方面，要关注网络动态、群体性事件、动拆迁、社会保障、食品安全、物业管理；在上海发展方面，要关注自贸区探索、四个中心建设、行政审批改革、产业转型、十三五规划、发展战略大讨论等等，自己首先要了解，然后才能引导社科界回应上海经济发展面临的新问题新挑战。从这个角度来讲，我们做的还很不够，距离党和人民对我们的要求还有很大的差距，社联的联系面、团结面还应进一步扩大，要多同社科界专家学者交朋友，最大限度把他们团结凝聚在党的周围。三、结合实际，深入检查，开展好群众路线教育实践活动。本次教育实践活动要着眼于自我净化、自我完善、自我革新、自我提高，以“照镜子、正衣冠、洗洗澡、治治病”为总要求。社联的党员干部，要对照改进作风要求，在宗旨意识、工作作风、廉洁自律上摆问题、找差距、明方向；要勇于正视缺点和不足，敢于触及思想、正视矛盾和问题，以整风的精神开展批评和自我批评，深入分析发生问题的原因，清洗思想和行为上的灰尘，保持共产党人政治本色。沈国明同志希望社联的同志能以此活动为契机加强学习提高本领，在了解社会现实的同时，每位同志都要奋发有为，争取在学术特长上都要有几把“刷子”而非“本领恐慌”。通过大家的共同努力，树立为社科工作服务的工作导向，把服务群众同教育引导群众结合起来，把满足需求同提高素养结合起来，将社联打造成“风清气正、行胜于言”的学习型机关。

群众路线教育实践活动:走访市委党校

9 月 4 日,市社联党组书记、专职副主席沈国明,党组副书记、专职副主席桑玉成,群众路线教育实践活动领导小组办公室主任张勇、副主任吴伟余一行走访市委党校,就查摆社联“四风”问题征求意见建议。市委党校常务副校长王国平,科研处处长梅丽红,哲学教研部主任张春美,社会学教研部主任马西恒,人力资源测评研究中心主任毛军权,马克思主义研究院常务副院长、市马研会秘书长王建国,研究生部主任罗峰,公共管理教研部容志,哲学教研部王强等参加座谈,围绕“反四风”议题主要向社联提出意见建议:针对“形式主义”,党校同志认为:一是要改进载体,务求实效,丰富学术平台的功能和层次。学术年会方面,可深入探索主题与活动对接的机制,针对年会征文入选文章过多过滥的现象,分清等次、好中选优,同时完善征文激励机制。评奖方面可瞄准精品,设置各领域“最佳”奖项,着力使精品脱颖而出。二是要在开局内容上再下功夫,立足于上海改革的前沿,勇于开拓学术新路,进一步践行“走转改”精神,直面重大理论现实问题,定期组织调查研究。研讨不宜只顾应景应时,应形成专题系列,不断提高学术活动含金量。针对“官僚主义”,党校同志建议采用更灵活的工作机制,不断推进“社科工作者之家”建设,多从社科工作者的角度考虑问题、开展工作。一是下大力气培养新人,加强人才梯队建设。目前社联学术活动老面孔多、青年人少,建议为新秀提供平台、经费等方面的支持,帮助年轻人在一些专场活动中挑大梁。还可邀请著名学者向青年学人传授治学经验,探索传帮带的新形式。二是可以将信息化建设作为增长点,加强社联服务能力。丰富网站功能,融入新媒体元素,使网络平台不只用于发布信息,更成为学者寻求机遇、开拓视野的桥梁和窗口。要利用好网站和期刊等媒介,加强对优秀学术平台的宣传推广,使广大学人在积极参与中崭露头角。针对“享乐主义”,党校同志鼓励社联勇于探索、勤于实践,谨防“高原现象”。其一,要扎实做好促进学术交流的基本功,积极创造思想碰撞的条件。以资助小型专题会议为切入点,加强讨论、交流;通过购买服务,把会议做小、做精。其二,既要加强同国外及港澳台学界的交流,也要用心提高在长三角区域的影响力、辐射面,逐步形成以上海为中心的学术高地。其三,要努力整合学术资源,多鼓励跨学科交流协作,落实“学术群众”路线。其四,要正视学术社团发展不平衡的问题,引入优胜劣汰机制,想方设法调动学会与民办社科机构积极性。关于“奢靡之风”问题,党校同志希望社联防微杜渐,合理配置资源,从精简学术年会等活动的开支做起,将节省下的经费,投入到专题沙龙、座谈等更具实效的学术活动中去。党校同志希望社联通过扎实有效地组织“反四风”活动,对重点问题进行聚焦与剖析,着力提高处以上干部的素质能力。社联与会人员认真听取上述意见建议,表示将从实际工作抓起,切实转变机关作风,建立健全长效机制,将群众路线教育实践活动总要求落到实处。

群众路线教育实践活动:系列党课第二讲

9月5日,市社联举行群众路线教育实践活动系列党课第二讲,由社联教育实践活动领导小组副组长、党组副书记、专职副主席桑玉成主讲,主题为“当前党群关系特征分析”。一、以群众路线教育实践活动为契机,唤起领导干部的责任意识。这些年来,我们党在领导全国人民致力于改革开放、推动经济发展和社会发展等方面,取得了举世瞩目的成就。广大党员、干部在改革发展稳定各项工作中冲锋陷阵、忘我奉献,发挥了先锋模范作用,赢得了广大人民群众肯定和拥护。同时,面对世情、国情、党情的深刻变化,精神懈怠危险、能力不足危险、脱离群众危险、消极腐败危险更加尖锐地摆在全党面前,党内脱离群众的现象大量存在。桑玉成同志从习近平总书记开展群众路线教育讲话中三个“必然要求”引申开去,结合邓小平同志1980年“8·18”讲话,指出我们每一个党员特别是党员领导干部,必须对我们党的健康发展和我们国家的文明进步担负起切实的责任。这一次群众路线教育实践活动,当是唤起这种责任意识的重要契机。二、四种考验、四大危险以及“四风”的问题揭示了党所面临的重大问题。桑玉成同志认为,开展好群众路线教育实践活动,首先要搞清楚的是党员干部所存在的问题究竟是什么。两年前,在我们党成立90周年大会上,胡锦涛同志代表党中央指出了党所面临的四种考验,即执政考验、改革开放考验、市场经济考验、外部环境考验,以及所面临的四大危险,即精神懈怠、能力不足、脱离群众、消极腐败。党的十八大进一步指出,这四种考验是长期的、复杂的,这四大危险更加严峻地摆在我们的面前。这一次,习近平同志又更加具体地指出了形式主义、官僚主义、享乐主义、奢靡之风的问题。这四种考验、四大危险以及“四风”,深刻揭示了党所面临的重大问题。三、党群关系的基本状况,完全决定于“党”自身。桑玉成同志指出,我们党的群众路线以及由此而形成的良好的党群关系,是在革命时代得以形成并得到发展的。在党获得了执政地位之后,其政治地位发生了根本性的变化,实质为执政主体与社会公众的关系。党群关系在很大程度上表现为公共利益与私人利益的关系问题。马克思主义的观点认为,利益关系是说明一切社会现象的基本问题。党管经济,党管干部,党管人才,等等,都使党与公共利益融合到了一起。与此相反,群众则相对游离于公共资源以及公共利益之外。这样,就形成了党所代表的公共利益与群众的私人利益之间的矛盾。按照毛泽东同志《矛盾论》中的观点,“党”是党群关系之“矛盾”的“主要方面”,决定着党群关系的基本面貌。从根本上来说,党群关系的基本状况,完全决定于“党”自身,取决于党的纲领、党的组织、党的制度与行为。今天的党群关系,是在全球化、开放性的环境中的党群关系,现在面临到了市场经济的时代,党自身、以及党所赖以生存的外部环境,都发生了深刻的变化。

所以我们在分析、把握党群关系的时候，完全不能就党群关系本身而谈论党群关系，而应该注意到更为复杂的环境系统。四、对症下药，努力在解决“病源”上解决问题。桑玉成同志认为，所谓的“四风”仅仅是病症，而不是病源或者说病根。要使党的群众路线实现常态化、取得长效，需要在以下三个重点领域有实质性的推动：一是党内民主的发展。政治民主是现代国家政治发展的重要基础。在我国，从邓小平强调没有民主就没有社会主义开始，我们党一直坚持民主政治的政治发展导向。但是在推进民主的进程中，采取怎样的战略和策略，尚未形成一致并且成熟的看法。其中有一种观点就是：通过党内民主来推进政治民主。党内民主需要有制度性的建构。这些制度包括：组织领导体制；党员权利保障制度；党内选举制度和党代表制度；党内决策制度与党的各级委员会制度。要通过良好的制度设计来解决党内的领导体制和决策体制问题。二是干部制度的改革。干部制度改革是伴随着我国改革开放的进程而不断地得到推进的。从我国废除领导干部终身制，到国家公务员制度的建立，以及提高领导干部选拔任用机制的竞争性、公开性因素等等，都有了长足的进展。但是，干部制度中存在的一些根本性问题，尚没有得到实质性的解决。三是反腐败与廉政建设。腐败的问题是影响我们党自身发展以及有效执政治国的重大因素，也是广大人民群众所关切的首要问题。反腐败的有效性可以有两个方面的思考角度：首先应解决权力的程序性、规范性、透明度问题；其次要从加强教育、引导和控制出发，努力提高领导干部个体的道德素养和道德水平。

群众路线教育实践活动:走访华东师范大学、华东政法大学

9月5日,市社联群众路线教育实践活动领导小组组长、党组书记、专职副主席沈国明,活动领导小组副组长、专职副主席刘世军带队,专程走访华东师范大学、华东政法大学听取服务对象、工作对象对社联领导班子和机关工作的意见建议。一、建议社联进一步夯实作风、注重实效。如社科普及,东方讲坛要在提高长效性、提升公众知晓率上多下功夫,将更多的视频、文字资料在社联网站上显现;要精心策划学术年会大会发言、主题专场,选择一些适合跨学科交流、围绕学术热点的选题,从而提升其对学者的吸引力,形成特色保持优势;通过网络评审方式节约住宿费和交通费,从而让更多的全国知名专家参与社科评奖的评审环节。二、加强沟通协调功能,进一步提高服务水平和质量。如加强网站建设,及时更新信息、充实内容,与高校网站交流互动、信息共享;打造社联通讯网络版;学术茶座要发挥好社联超越某个高校或社科机构的资源整合功能;重视学会的网站建设工作;通过自身宣传,使高校的教师尤其是青年教师及时了解社联能提供的资源及服务。三、坚持工作创新,开拓新的工作领域。如引导鼓励所属学会参与学术年会、东方讲坛、科普活动周等活动;社科评奖在奖项设置上建议参照北京等全国其他省市;除了已有的社科评奖外,建议向有关部门申请增设省部级的社科终身成就奖和青年学者奖,由各学术社团推荐候选人;《学术月刊》在侧重文、史、哲、经等基础学科的现有模式下,可结合社会热点兼顾小学科或专业学科的成果发布;积极向有关政府决策机构推荐高校科研优秀成果,推动哲学社会科学科研成果社会化。社联领导表示对于听取的意见建议,将根据实际情况和可操作性,切实落实整改,不等待、不拖延、不推诿、不敷衍,做到即知即改、边整边改。与会的社联领导干部普遍感到,作为党和政府联系上海广大社会科学工作者的桥梁与纽带,高校学者是社联的主要服务对象、工作对象,通过实地走访交流座谈,既查找了“四风”问题,又拓宽了工作思路,收获很大。华东师范大学副校长范军、华东政法大学副校长顾功耘等高校领导,王立民、文军、胡范铸、程金华、王永杰、吴允峰、朱国华、顾红亮、罗培新、费斌、韩强等专家学者及社联有关处室主要负责人参加访谈。

群众路线教育实践活动:走访复旦大学

9月6日上午,社联党组书记沈国明、副书记桑玉成、副主席刘世军带队赴复旦大学走访,听取复旦大学各方面人士对社联领导班子四风方面及工作的意见。复旦大学副校长林尚立、文科科研处处长杨志刚、历史系主任章清、国关学院副院长苏长和及邹诗鹏、任远等学者就社联学术年会、学会工作、培养新人以及社联发展提出了很多有启发性的思路和建议。一、要以发展的眼光看待社联工作。有的专家学者指出,社联性质是群众团体、人民团体,天然就是群众组织,本来运行逻辑就应是走群众路线,所以社联搞群众路线教育实践活动与党政部门群众路线教育实践活动的逻辑是不同的,应该发挥社联的组织优势,更好地推动知识的繁荣,更好地服务学者。把本来不应该强调的行政逻辑转化为群众逻辑,改变过多强调行政逻辑的现象,如行政领导担任学术委员会和学会领导的现象。在组织架构上,其他省市社联有派出机构,上海社联没有,上海社联与群众团体的本质更接近,更容易直接联系群众,在与广大社科工作者的联系上这是制度上的优势。在学术引领上,社联应该鼓励学术本身接触社会,组织学者走出象牙塔,到实地调查研究。与学者直接建立交流平台,通过广泛的渠道把更多的社会科学工作者组织起来。社联也要重视地方性研究,发挥在这方面的引导作用。在学术成果展示上,建议社联每年把上海社科界最优秀的学术论文汇编成册,编写年度优秀论文集。社联也应该调研了解目前的学术生态状况:比如跨学科办会的情况;40岁以下年轻学者、青年教师的状态;上海聘请的海外学者情况等等。二、学会工作还有更多的发展空间。专家建议上海社联应该组织大学会联合,在学会能力建设上下功夫。社联横向联系各个单位,管理150多个学会,真正有影响力的学会较少,需要不同学科、不同学会之间的大联合的组织的形成。这种大联合的组织要推出标志性的任务,形成大学术生态,实行民间机构民主制管理,可以考虑设置轮值主席,在运作机制、投入方式、人才涌现方式上改变,使学会更加民主,更有活力。这种大联合对今后城市之间、国际之间的交流将会产生积极的影响。专家认为社科类学会活动质量还需再提升,学会活动活跃机制也要创新。目前有些学会活动较少,基本上是官员会长,退休人员参与学会,学会活动应景性较多,专业型、学术性的活动较少。在学术评价方面,现在学会是少数人活跃的组织,学术评价方面学会没有发挥出更权威、更专业的作用。社联近几年对学会的支持力度加大,使一些基础类学会活动有了明显改善。建议社联与学会共同谋划合作的平台,如建立类似上海史资料文献中心的学术共享平台,展现上海的风采和声音。学会工作也要开门办会,对内立足上海,加大与周边省份学会的研讨与合作。对外参与高质量国际研讨会。同时,学会也要考虑把非公经济、体制外的群体吸引进来。三、学术年会的学术含量有待提升。学术年会的运作方式应由外在性变为内在性，学术年会举办多年，内生性不强，原因是学会、学术机构等本身没有主动参与进来。所以建议年会由框架性变为注册性，关键看申报者的资质，学会、学校、研究团体、个人都可以申报。目前的专题会议由学者自己申请，质量相对较高。年会应该削减一些不必要的东西。如程序较多，从组织会议到宣传报道到出版文集中间需要很多精力和投入，应该把其中多余的、累赘的东西去除，鼓励合并，文集也应该走精品路线。征文可以少一些，建议编一本文集。在功能建设上，应发掘学术年会除了学术交流展示以外其他功能：如卖书、招聘人员等功能。四、青年学者的培养刻不容缓。40 岁以下文科人才相当不容乐观。所以社联应该让年轻人有更多的呈现空间。建议每年年底社联搞一场研究生专场年会。现在的学术会议过于行政化，反而学术内涵的东西被冲淡，青年人不感兴趣。社联在群众路线教育实践活动中要激活一些平台，鼓励自下而上的学术发展。如青年学社学术新人的产生机制应该推荐与自荐相结合。

群众路线教育实践活动:走访社科院

9月6日,市社联党组书记、专职副主席沈国明,专职副主席刘世军,组织人事处处长张勇等走访上海社科院,听取服务对象对社联工作的意见建议。社科院党委副书记、纪委书记洪民荣,社科院研究员、中国社会学学会副会长、上海社会学学会常务副会长卢汉龙,社科院研究员、中国中东学会副会长、上海世界史学会会长潘光,社科院研究员方松华参加访谈。社科院专家学者就社联如何破解形式主义提出多项建议:一是以学会建设为抓手,不囿于例常的年会、研讨会形式,积极改进、创新学术活动,切实提高学术理论水平。二是结合学术、学风建设,培养青年学者,着力改变学界青黄不接的现状。三是将科研组织新形态纳入工作框架,加强对民间社科机构和民间智库的工作覆盖,建立与网络独立知识分子的联系,不拘一格发掘新人。四是针对上海缺少大师、缺少亮点的状况,在营造学术氛围上多下功夫,吸引全国性学会的总部落户上海,积极提高上海社科影响力。访谈中有学者提出,社联要警惕学会管理工作中的官僚作风:比如评比、统计太多太滥,学会人员常须反复登门办理;比如窗口岗位有时无人值守,相关工作因而被迫延宕。此外,部分经济条件好的学会如不加强管理引导,可能露出享乐主义、奢靡之风的苗头。历年学术年会的环节过于繁冗、材料过于精美,似乎也有奢靡之嫌。沈国明表示,将根据此次访谈收集的意见建议,及时改进工作作风,提高业务水平,进一步加强与社科院的协作交流,共同推动“淮海学派”的建设。

群众路线教育实践活动:学习交流

9月11日,市社联召开教育实践活动学习交流会。市委宣传部第一督导组到会指导,组长张止静对社联教实活动提出要求。市社联党组书记、专职副主席沈国明,党组副书记、专职副主席桑玉成,专职副主席刘世军在会上发言,交流学习体会。市社联全体处以上干部参加会议。沈国明同志指出,群众路线是党的三大法宝之一,是党的生命线。战争年代,如果没有群众的理解和支持,党不可能取得政权;建设年代,如果没有群众的理解和支持,改革开放不可能取得预期成就。当前我党面临不少现实危险,贪腐、贫富差距和"四风"问题严重削弱了党的社会基础,疏远了党和人民群众的关系。面对日趋复杂的经济社会形势,我党要不断提高凝聚力、战斗力,通过积极开展党的群众路线教育实践活动,切实增强党员干部宗旨意识,发展党的各项事业。社联在这次教育实践活动中,召开了多场专题报告会、座谈会,开展较为密集的组织生活,由党组领导上党课,将《朱镕基上海讲话实录》纳入学习书目,切实提高了集中学习的成效。我会领导班子的成员深入走访有关高校与科研院所,广泛征求服务对象意见,紧扣"结合实际剖析"的工作要求,对本单位的"四风"问题进行了认真查找。社联各支部党员干部对存在问题落实"即知即改"要求,如学会处支部改进接待工作、规范工作用语、提高审批效率,科研处支部改革学术年会,科普处支部改进"东方讲坛"报销程序、方便举办点,办公室联合支部加强硬件维护与固定资产管理等。在接下来的教育实践活动中,社联党员干部还须进一步自我加压,力争使活动达到预期目标。桑玉成同志指出,新形势下的党群关系,实质是执政党与社会公众之间的关系。开展群众路线实践教育活动,首先要认清现代化、全球化、开放性的时代特点,认清党所面对的外部情势的变化和"主观世界"的问题,结合社联教育活动的实际,要做好三个"找到":一是找到真正的群众,了解社科界专家学者的所思所想,谨防党的话语与群众的话语分离;二是找到真正的问题,结合社联的角色定位、功能定位,查摆"四风"的不同表现形式;三是找到真正的责任和使命,发挥"学界统战部"的组织功能,广泛联系社科界工作者,向青年学者、海归人员介绍职能,提供服务。社联要通过诊断"四风"问题的"病症",从制度层面查找"病源",对症下药,使机关文化、工作作风得到真正改善。他强调,每一位党员干部都必须对党的生死存亡,对国家的文明进步担负起切实的责任;本次群众路线教育实践活动,是唤起这种责任意识的重要契机。刘世军同志指出,在社会科学界反对"四风",必须根据新的形势、特点和任务要求,切实做好知识分子工作。社联要充分认识知识分子队伍的新状况、新特点,把建设党的知识分子队伍作为意识形态建设的重中之重,使知识分子成为构建社会主义和谐社会的强大理论队伍;要继续贯彻"政治上充分信任,工作上放手使用，生活上关心照顾”的政策，深入了解广大专家学者的所思、所虑、所盼、所需，与他们推心置腹、坦诚相见；要形成宽容宽松的文化生态，尊重知识分子和文化人才的独立思考和批判精神，也要加强对文化生产主体的引导、教育和培养，使其文化精神产品更多地体现主流意识形态与核心价值观；要重视培养不同类型的知识分子，进一步加强对青年理论社科人才的培育和扶持。张止静同志指出，社联是我党联系社科界的枢纽型人民团体，要通过开展群众路线教育实践活动，进一步发挥凝心聚力的作用，调动起社科界五路大军服务本市中心工作的积极性；要组织和引导广大社科工作者深入研究党建理论，研究重大现实问题，回应党和人民对社会科学的迫切需求；要努力协助市委、市委宣传部了解社科界具体情况，重点调研青年人才的生存状态和思想认识，把党的关心传递到每一位社科工作者。下一步，社联要认真开好专题讨论会，找准主要问题，深挖问题根源，提出整改方案，力争在解决问题方面取得实效。

群众路线教育实践活动:第一环节专题研讨

10月15日,市社联召开党的群众路线教育实践活动第一环节专题讨论会。宣传部第一督导组组长张止静同志出席会议并作工作部署。部第一督导组成员、社联领导班子、处级干部、机关在职党员、所属单位负责人、服务对象及群众代表50余人参加会议。市社联党组书记、专职副主席沈国明对第一环节开展的各项学习教育活动作了总结,并通报了社联领导班子查找四风突出问题和即知即改工作的情况。他指出,社联坚持把解决问题贯穿于教育实践活动的始终,紧密结合社联实际,边学习、边查找、边改进,注重"实打实"的整改,发现什么问题就解决什么问题,不推诿、不扯皮、不敷衍,让群众看到变化、见到实效。活动中,社联领导班子和各部门对征求到的意见建议及时进行分析研究,及时提出相应的改进办法和措施,把学习教育与解决问题结合起来,与建章立制结合起来,做到两手抓、两不误、两促进。市社联党组副书记、专职副主席桑玉成对第二环节查摆问题、开展批评环节的工作进行布置并提出四点要求:一要认真梳理意见建议,找准找实突出问题;二要深刻剖析突出问题,抓好抓实对照检查;三要开展好批评和自我批评,确保专题民主生活会取得实效;四要精心组织各项活动,领导干部发挥表率作用。专题讨论中,服务对象、机关干部、群众代表等12位同志作交流发言,围绕领导班子查摆突出问题展开讨论,从加强机关建设、增强内部动力,开展分类管理、建立科学评价体系,处理好查找问题与总结经验之间的关系等方面建言献策,为社联第二环节找准突出问题、形成共识、落实整改打好思想基础。大家普遍认为,在第一环节中,社联领导班子在查找"四风"问题上,在思想认识上是十分重视的、明确的;在查找态度上是实事求是和认真负责的;查找"四风"的工作是扎实有效的;"四风"突出问题找得比较准比较实。有同志认为,社联在关心机关干部群众、特别是关心青年同志成长方面做得不够,建议党组领导能够经常性地到分管部门和各业务处室调查研究,主动听取工作汇报和意见、建议,了解具体工作进展情况,对相关业务工作多加指导和督促,帮助工作人员进一步开拓思路、扩展眼界、转变思维方式和工作方法,为青年同志提供更多业务培训、深入基层调研的机会。有同志认为社联出现种种"四风"问题,原因之一是对社联的本质还没有一个清醒的认识,功能定位上还比较模糊,建议在找到找准了突出的"四风"问题基础上展开深入剖析,查找到造成"四风"问题的思想源头。第一督导组组长张止静对社联在第一环节的工作给予充分肯定,她认为,社联领导班子对活动高度重视,认真组织实施,不敷衍、不走过场,第一环节的活动步骤清晰,安排有序,严格按照市委宣传部党的群众路线教育实践活动方案要求完成了各项工作。社联的专题讨论会既对第一环节工作进行了总结,又对第二环节工作进行了布置,交流发言的同志不仅提出意见建议，有直截了当的批评，有的意见相当尖锐，且深挖思想根源、提出解决方法，很多建议非常中肯，是一次高质量的专题讨论，达到了找准问题、形成共识的目标。她要求社联在第二环节要将民主生活会作为工作重点，认真制定方案、深入开展谈心交心，以整风的精神开展好批评和自我批评。同时要继续抓好即知即改，让群众看到转变作风，改进工作的决心和实际行动。

科研组织与决策咨询平台

KE YAN ZU ZHI YU JUE CE ZI XUN PING TAI

学术年会

贯彻国家战略要求　深化重大改革研究

——上海市社会科学界第十一届学术年会大会在上海展览中心隆重举行

11月6日下午，上海市社会科学界第十一届学术年会大会在上海展览中心隆重举行。中共上海市委宣传部副部长李琪出席开幕式并讲话。市社联主席秦绍德致开幕词。市社联党组书记、专职副主席沈国明主持开幕式。市社联党组副书记、专职副主席桑玉成，市社联专职副主席刘世军出席会议。开幕式上，颁发了本届年会优秀组织奖和优秀论文奖，并发布了上海市社联"年度推介论文"。

李琪在讲话中指出，上海社科界要明确繁荣发展哲学社会科学事业的重要职责和崇高使命，积极推动社会主义文化大发展大繁荣。要不断加强和深化中国特色社会主义道路、制度和理论体系的研究与总结，服务社会主义现代化建设事业。要凸显和体现哲学社会科学的实践价值，推动深化改革开放、推进科学发展重大课题的研究与阐释。要重视和加强对重大现实问题的学术关注，为上海的创新驱动、转型发展，为中国(上海)自由贸易试验区建设作出新的理论贡献。上海社科界要解放思想，凝聚力量，为上海的经济社会发展，更为上海文化的建设提供更多远见卓识的学术理论智慧。裴长洪、王新奎、简大年、石磊等专家学者围绕中国(上海)自由贸易试验区的创新与建设等问题先后做大会主旨演讲。

有专家提出自贸区扩大服务业对外开放的实践构想以及上海自贸区服务业扩大开放的措施建议，一是坚持对内对外统一开放。二是通过自贸区实现服务业开放的"条块结合"。三是进一步放宽自然人流动限制。上海自贸区应重点突破的行业为：航运服务业、航空运输服务业、电信服务业、教育服务业、医疗服务业，并需要进一步扩大金融开放。

有专家把上海自贸试验区解读为以开放促改革、促发展的国家战略。上海自贸区是新时期深化改革和扩大开放的要求，是应对国际经济形势变化的要求。自贸区面临的三大任务：一是转变政府职能，二是扩大服务业开放，三是提高贸易和投资便利化的程度。如何实施以开放促改革、促发展？必须把准自贸区试验区功能定位。以贸易的关境管理为改革重点，将单方的自主标准作为营商环境标准。改革实践的难点和突破口：一是高标准的投资准入管理。二是加快金融制度创新、增强金融服务功能。三是服务部门贯彻"一线放开，二线安全高效管住”的监管原则。四是由注重事先审批转为注重事中、事后监管。上海自贸区建设任重而道远，要根据先行先试推进情况及产业发展和辐射带动需要，逐步拓展实施范围和试点政策范围，形成与上海国际经济、金融、贸易和航运中心建设的联动机制。

有专家剖析了上海自贸区的国家期待。上海自贸区对已有的保税区和洋山深水港业务需要承载新的担当。它在新时期需要新的增长动力，新动力来源于创新。同时，上海“四个中心”需要自由贸易机制的驱动，政府与市场功能定位调整需要积极有效的试验。此外，升级版的中国经济需要更高的国际平台，中国企业需要灵活高效国际化的平台走出去，深水区的经济市场化改革需要新的倒逼机制，这些都是国家对上海自贸区更为深切的未来期待。另一方面，在自贸区建设推进过程中值得警醒的是：WTO 与 APEC 面临新的不确定性，以美国为核心的 TPP 等跨区域合作机制正挑战中国。中国需要新的贸易发展平台和多边谈判机制，全面改进开放发展的条件。必须明确的是：自贸区是自由贸易区，不是自由金融区。自贸区的主体是企业，不是政府。自贸区的重点是改革试验，而不是政策优惠。自贸区讲“自由”，但自贸区的自由不等于无管制。

学术年会由年会大会、学科专场、主题专场活动组成。本届年会的主题是“中国梦：道路·精神·力量”。围绕这一主题，年会设立了 12 个学科专场、10 个主题专场，专家学者分别就：“马克思主义与民族复兴”、“当代中国治理转型与社会组织发展”、“中国梦与中华复兴之路”、“政治共识与政治发展”、“新型大国关系的内涵与发展趋势”、“政府职能转变与企业管理创新”、“当代法治发展与传统中国法律文化价值”、“中国经济长期稳定增长与中国梦”、“人力资源强国建设与教育转型发展”、“大国崛起的价值论前提”、“中国文学走出去：机遇与挑战”、“中国梦引领下的大学生思想政治教育创新”等学术主题，展开了广泛深入的研讨。200 余位专家做了主题发言，参与年会活动的专家学者和青年学生等达到 2 630 余人。年会共收到应征论文 579 篇，出版了 60 余万字的大会文集。

部分社联副主席、常委，部分高校和科研院所、党校、部队院校、党政研究机构相关负责人，部分学会负责人，新闻媒体、学术期刊相关负责人和哲学社会科学工作者代表共 400 余人出席了大会。

上海市社联 2013 年度十大推介论文

"年度推介论文"是上海市社联 2013 年组织创办的学术活动，对本市学者年度内(2012 年 9 月—2013 年 8 月)发表于国内中文学术期刊的、引起学界高度关注的原创性学术成果作出推荐，旨在反映本市社科界学术发展水平，起到对学科建设的引领和导向作用。经本市社科界部分专家学者、社科类期刊主编、社联所属部分学会会长等投票推荐，本年度上海市社联"年度推介论文"篇目为：

《现代国家认同建构的政治逻辑》 林尚立

《城市规模与包容性就业》 陆铭等

《决定论与自由意志关系新探》 俞吾金

《"聊为友谊的比赛"——从陈垣与胡适的争论说到早期中国佛教史研究的现代典范》 葛兆光

《深刻认识当前中国社会改革的战略意义》 李友梅

《唐诗与意象艺术的成熟》 陈伯海

《教育神经科学：创建心智、脑与教育的联结》 周加仙

《新中国法学发展规律考》 何勤华

《〈自然〉杂志科幻作品考——Nature 实证研究之一》 江晓原等

《结构实力猜想：逻辑与命题》 辜学武

上海市社会科学界第十一届(2013)学术年会优秀论文

上海市社会科学界第十一届(2013)学术年会继续得到本市各高校、研究机构和广大专家学者的积极响应。今年年会组委会共收到应征论文579篇;与此同时,各学科专场也组织开展了论文征集。经12个学科专场的评审推荐,最终本届年会共有64篇优秀论文入选大会文集。

论道路自信、理论自信、制度自信的理论与实践基础	顾钰民
中国道路对发展中国家的示范效应	陈学明
东方社会理论视野中的中国特色社会主义道路自信	陈胜云
中国特色社会主义形态的整体性研究	袁秉达、杨旭
哲学视域中的人民主体	陈新汉
“四个特色”的内在逻辑	孙力
“异地高考”区域差异性背后的政策逻辑与策略建议	华桦
大众化阶段的人才供求态势与高等教育转型发展	胡瑞文、张海水、朱曦
我国在业人口受教育程度变动情况及未来展望	徐坚成、张爽
2020年我国教育经费投入强度需求预测及政策建议	王红
中美劳动人口受教育程度的现状比较与启示	张海水
为未来经济增长积累人力资本	蔡昉、王美艳
近代中国实业界之“中国梦”	朱荫贵
民族复兴与华侨华人——以近代上海为中心	戴鞍钢
李鸿章与上海近代科技文教的勃兴	徐锋华
国家主义现代化道路的历史作用及其局限性——俄罗斯的历史经验	余伟民
增强“中国梦”的精神力量——从“公益广告”的传布说起	窦丽梅
高罗佩对中国猿文化的阐释及其范式意义	施晔
作者与译者:一种不安、互惠互利,且偶尔脆弱的关系	[美]葛浩文著 王敬慧译
世界主义、世界文学以及中国文学的世界性	王宁
从莫言作品在法国的译介——谈中国文学的西方式生存	袁莉

中国文化走出去:理论与实践	谢天振
FDI、出口对中国省级经济增长的影响:基于空间面板模型分析	沈国兵、张鑫
对"特里芬两难"国际货币形成的检验——对贸易逆差的动态解读	丁剑平、楚国乐
制造业能否促进中国生产性服务业的国际竞争优势?——基于服务贸易竞争优势的决定因素分析	何骏
上海浦东新区建立自由贸易试验区对旅游服务贸易竞争力的影响	丁烨
中国代际流动性:基于食品消费与收入视角的研究	陈琳
气候治理与 WTO:两种国际贸易规则的制度安排及影响	闫海洲
转型期我国融资担保业的发展——比较制度分析视角	徐美芳
农民工就业满意度、永久性迁移与城镇化:模型与实证	程名望、史清华、潘烜
生产要素国际流动下的要素稀缺性与要素收益——兼论外资企业出口下的国际贸易收益	周琢
上海创新发展还缺了什么?一个基于"企业家资本"理论的解释	张亮亮、张晖明
创新集群跨区域协同创新网络对企业创新绩效的影响机制	解学梅
中国 IPO 市场周期:基于公共事件和政府择时的分析	金永红、焦之妍
组织即兴的维度构建与内隐结构:基于中国企业的实证研究	曹光明
信息类型和互动程度会影响企业微博的商业效果吗?——一个化妆品企业微博的实验研究	郑晓涛、赵金实、刘春济
外源融资方式对我国上市公司成长性的影响——基于零售业上市公司的数据分析	孙红梅、李君梅
我国财险公司偿付能力不足的风险预警	林燕
金融竞争力对区域经济转型发展的作用	王周伟、李三奎
低利率条件下我国显性存款保险制度	敬志勇
基于国际 ADR 经验构建多元化矛盾调处机制:理论价值与实践路径	刘中起
政务微博现存的问题及其对策	罗俊丽
从"凝闭"走向"开放":公共事件冲击下的政策体制转向	彭勃、杨志军
网络公众舆论的生成与网络公民的培养——以日本地震危机中的网络讨论为例	邵春霞
中国传统法制隐型系统功能和价值——以当代法治建设为视角	李瑜青
从法律激励看对中国法律文化传统的继承	倪正茂
民主法治建设要超越"官德"传统	蒋德海

中国传统法制中选任官吏的智慧与借鉴	吕铁贞
身份建构与社会信心:上海白领移民实证研究	丛玉飞
上海城郊“镇管社区”的路径选择与发展趋势——源于基层实践的中国式道路抉择	张晓杰
如何理解中国村落——以村落为中心的社区研究及其问题	黄锐
互惠式治理:社区治理的日常运作逻辑	陈朋
社会结构:一个概念的再考评	杜玉华
“中国梦”与新时期中国国际角色定位的内涵及意义	蔡亮、宋黎磊
中日钓鱼岛争端分析——基于日本战略文化的视角	聂奕龙
全球治理视角下的中国对非洲医疗援助	王畅、文少彪
后危机时代中国南南合作的战略依托与选择	孙伊然
海洋强国战略与上海	陈晔
“中国梦”与中国外交:世界贡献中国打造	方晓
构建新型大国关系视角下的中美太空领域博弈与合作	夏立平
避免全球性结盟分裂对抗是当代大国的历史使命——兼议新型大国关系的理论与实践	金应忠
国际秩序转变中的中美“新型大国关系”构建	仇华飞
国际体系权力来源变化视角下的美国国家安全战略调整与中美新型大国关系构建	王传兴
构建新型中日关系的路径思考	高兰

学术研讨

市社联召开"创新驱动、转型发展"座谈会

1月28—29日，市社联召开"创新驱动、转型发展"专家座谈会，作为大讨论系列活动之一，就上海如何在创新驱动、转型发展的关键时期保持忧患意识，进一步解放思想、改革开放，凝聚力量、攻坚克难，推进全面建成小康社会展开专题讨论。华东师范大学王家范教授、复旦大学姜义华教授、上海社会科学院副院长黄仁伟研究员、上海大学副校长李友梅教授、市政府发展研究中心副主任朱金海、华东理工大学曹锦清教授、上海师范大学萧功秦教授、上海社会科学院杨建文研究员、上海交通大学陈宪教授、复旦大学竺乾威教授、同济大学诸大建教授等近二十位不同学科领域的专家学者参与研讨。

（一）

与会专家提出，当前政府创新驱动、转型发展的突破重点主要放在经济领域，实质上，政治、社会、文化、生态等诸多领域都面临着转型的迫切需求。另外，在讨论转型发展时，可以尝试作分层探讨，比如将长期目标与短期目标分开，将总量目标和结构目标分开等，由此实现清晰的阶段任务。因此，创新驱动、转型发展实质上需要在多元领域、较长时间跨度、差异性空间格局中分类、分层讨论的。

与会专家指出，创新与转型不仅是上海发展的重要任务，党的十八大对国家发展全局提出的核心要求，如何将上海的创新驱动、转型发展与国家层面的战略紧密联系，有效对接，通过先行先试实现"四个率先"，是亟需破题的重要任务。这就需要深入理解上海与全国在创新驱动、转型发展实质上的关联与重点任务的区别。当前，转型发展的主要任务是突破"中等收入陷阱"，而上海实质上面临的是"后中等收入陷阱"的瓶颈，因此上海转型目标可以定义为突破"可持续发展陷阱"。为此，在指标设立上，可以借鉴国际大都市的发展标准，在"经济线"的基础上，增加"社会线"、"环境线"和"政治线"，以多维坐标评估转型的有效性，率先突破为全国提供包容性增长和绿色发展的有效经验。

与会专家提出了上海经济转型发展的几个内涵，一是内需导向型，在国民经济内需、投资、出口三驾马车中，重点培育内需对国民经济的贡献；二是服务导向型，这是由内需导向衍生出的，重点提升内需中的服务需求；三是民生导向型，以保障和改善民生为重点，提高人民的物质文化水平；四是低碳导向型，注重集约化生产和经济发展的外部性，注重可持续发展的、绿色的GDP。

(二)

企业家是创新驱动、转型发展的重要主体。在西方经济理论中,企业家(Entrepreneur)一词的原意即为创新精神,这种创新是将经济与技术结合,打破生产要素的常规组合,从而创造社会财富。根据奥地利学派的企业家才能与市场自发秩序理论,市场经济的本质就是企业家经济,经济科技创新的重要主体就是企业家。而真正的企业家在市场中是一个非常稀缺的群体,他们从创业到守业,需要经历风险偏好、多次试错、需求探索和自我约束几个阶段,能够在市场经济中存活的多是创新领域的佼佼者。

与会专家认为,探索企业家与政府的关系是破解市场与政府关系的一个有效视角。党的十八大报告中提出"经济体制的核心问题是处理好政府和市场的关系",这种关系很大程度上就是政府与企业家的关系。在我国,政府是关键资源的拥有者、国企国资的所有者、公共服务的提供者、游戏规则的制定者和执行者,企业家则是创业者、创新者和企业成长的推动者。在强政府和强国企的压力下,企业家的试错机会不多,创新的意愿难以得到有效的激励。如果说经济体制改革从根本上决定着中国创新驱动发展能否成功,那么,处理好政府和企业家的关系,培育创新驱动发展新动力就能有一个可靠的体制保障。

与会专家提出,应当以政府转型带动企业家精神发育。政府转型可以从政府行为的内容和边界两个角度来分析。从内容看,政府要从具体经济事务管理和国有企业管理中分离出来,从公共服务的配给者转变为公共需求的满足者,并进一步转变为需求的发现者、引领者和公共事务的协作治理者;从边界看,政府应当从传统的管制者转变为法治精神和公民的代理人,营造平等、自由、安全的环境,为企业提供稳定的政策及市场预期,以促进企业家精神的培育和发展。

与会专家指出,政府转型必须学会如何发现需求,以政策引领需求,从而体现政府的"企业家精神"。政府内部的能力禀赋、组织和机制设计的复杂性应该与社会的复杂性相对应,与此同时在对外的公共政策,则应具备简单易行的特征。从上海的发展阶段看,政府主导型要逐渐转向主要以政策和制度去塑造经济社会发展的方向。

(三)

经济增长越来越依赖于科技的进步与创新,发达国家科技进步对经济增长的贡献率通常在70%—80%,据测算,上海的科技进步对上海经济增长的贡献率是为56%,尽管领先于全国30%多的比例,但与发达国家相比,仍然有不小差距。纽约在2008年金融危机后提出了"继续发展知识经济,成就科技纽约城市"的提议,在纽约罗斯福岛建立了一个科技园,据预测,在未来35年里,这一宏伟蓝图将吸引400家公司入驻,创建2.2万个永久性就业机会,为建筑行业创造7 000多个就业机会,产生价值60亿美元的经济活动,为纽约市财政带来约1.2亿新税收。纽约模式的创新点主要为:一是新的研究模式,科技园把研究重点放在大公司都在致力于解决的实际问题上,改变以往由学术界确定研究重点的传统做法;二是新的人才培养模式,企业向学校委派驻校企业家和客座讲师,并为每个学生指定一位产业导师;三是政府的有限作用,政府给予大学充分的自主性,政府的作用主要在于协助大学完成其制定的目标。

与会专家提出，当今社会是一个知识创造财富的社会，上海创新驱动、转型发展的核心竞争力是科技，最大的资源是人力资源，而科技和教育结合的发展模式或许是上海成为科技之都的实践路径，这需要集中突破几个问题：一是如何整合现有的科技园区，上海目前有多个科技园区亟需进行资源整合和优化升级；二是如何吸引世界级的高科技企业落户上海，并由此来带动相关行业的发展；三是如何发挥上海的既有优势和它的吸引力，在高校和企业的合作中走出一条新路，改变目前学生培养的模式，使科技和高校的联动发展形成一种有益的互补和良性循环。

把上海建成一个科技之都是一个宏大的题目，需要多方策划。如果上海在科技创新领域里没有作为，那么上海在未来的发展中是没有竞争力的。上海没什么其他的资源，有的只是人力资源，这是上海最大的优势，而建立世界级科技和教育联动园区，将科技和全新的教育模式融合是能将这一优势发挥出来的唯一选择。

（四）

过去30年中国大规模工业化对土地和环境资源造成了巨大的影响，我国清水资源受到严重损害，亚洲水塔的永久冰川消失近20%，空气质量、食品安全都直接影响到百姓的生活质量和对未来社会发展的信心。当前，上海人均GDP已达1.2万美元，在已经率先实现“全面小康”的基础上，这一轮上海转型发展的目标应当是平衡发展和综合发展，可以考虑把经济发展和生态发展列为全市发展的双轮，一定程度上甚至应该将环境和生态发展置于经济发展之上，以此拉动整个城市的政治、经济、文化和社会建设。

与会专家提出，目前上海注册机动车保有量已达280万辆，未来十年常住人口还可能达到2 500—3 000万的生态极限，城市汽车拥有量翻番甚至翻两番的压力显而易见。这与生态环境、百姓健康的整体需求之间必将产生巨大矛盾。上海必须先行一步通过地方政策与地方立法促进电动汽车的发展，争取在10年内大规模淘汰现行技术标准的汽车。同时要认识到电动汽车技术的国际商机，上海的国企、民企以及合资企业绝不能错过这个机遇，瞄准世界一流的标准，抓住先机，尽快走向广阔的国际市场。

此外，有专家建议，鉴于当下人为活动污染，致使大气生态环境风险愈益凸显，“霾”害日深，上海应尽快建立具有权威的环境生态安全工作小组。

如何解决大城市食品摊贩管理难问题，实务部门与法律专家“联合会诊”

3 月 27 日，市社联就食品摊贩的行政执法等问题举行研讨会。来自市食安办，市法制办，市工商局，市质监局，杨浦、嘉定、奉贤的区食安办等单位的相关负责人和相关学者出席会议。

一、 存在问题

2012 年，全市符合区域规划、街镇登记、政府监管条件的食品摊贩约 4 000 余家，大量无证流动摊贩散布于城市的各个角落，其中又以夜排档安全隐患最大、遭市民投诉最多。

(一) “方便群众”与“不得扰民”之间存在矛盾

《上海市食品摊贩经营管理暂行办法》第 3 条规定：“设摊不得扰民及影响安全、交通、市容环境等”。但是实践中，摊点只有设在人流量较多的地方才有生意。为了不影响交通、市容环境，许多地方不得已采取少划或不划的方法，不能达到方便群众的目的。

(二) “总量控制”与“疏堵结合”之间存在矛盾

各区县对早餐点、菜摊的管理以“疏”为主，对夜排档的管理以“堵”为主。部分街镇认为对摊贩疏导后会导致摊贩总量增加，影响固定场所经营者的权益。

二、 意见建议

(一) 明确目标，完善制度

专家认为对食品摊贩的管理不可能做到食品安全、经营秩序、方便群众、交通市容面面兼顾，须明确“食品安全”为首要目标，在此前提下对相关制度进行调整。还应修改相应法条，尽快对现有法律、法规和规章进行梳理，及时立、改、废，减少交叉执法，减少空白领域，提高执法操作性；将各区县行之有效的做法在制度层面固定下来。

(二) 加强监管力度

专家认为对食品摊贩要改进监管方法。当前食品安全领域中过于偏重财产处罚，导致违规企业和个人将罚款作为成本换取违法机会。为此，上海应建立旨在消除违法能力和资格、将问责与财产处罚合为一体的综合处罚体系，同时，注重行政制裁与刑事处罚的衔接，以体现最严监管的要求。此外，还可借鉴北京、广州经验建立健全诚信档案，发挥“黑名单”作用。在许可环节要严格把关，对生产、流通和消费各环节要实现动态监管。政府力量不够，可引入社会力量，如第三方评估机构等。

专家建议，那些规模逐渐壮大的早餐点应予以保留；对于已纳入“正规军”的摊贩，也要通过市场之手优胜劣汰。同时要解决上海食品安全领域管理碎片化问题。应以新一轮机构改革为契机，在食品安全管理领域确立集权监管的指导思想。

对于夜排档等，可以借鉴“真新模式”、杨浦“高校模式”。也可借鉴摩洛哥马拉喀什、泰国清迈、台湾士林、江苏南通夜市的经验，在满足条件的区县开设具有上海文化特色的“城市夜市”，将城市“顽症”转化为城市风景线。

（三）加强培训宣传工作

以适当方式对媒体条线记者普及相关知识，在报道中尤其注意“食品安全”和“食品质量”的区别。可联合“东方讲坛”等宣教资源，开展市民食品安全知识的宣传普及活动，逐渐培养市民健康的食品消费习惯。

市社联开展“四个中心”建设系列学术茶座第三次研讨活动

1月13日,市社联召开“四个中心”建设学术茶座第三次活动,此次茶座的主题为“突破瓶颈、改革创新进一步推动上海国际航运中心建设问题与对策”。本市20余位航运、金融、贸易、法律领域的领导、专家围绕上海国际航运中心建设的目标与定位、优势与劣势、机遇与挑战等问题展开了热烈讨论。会议主要观点如下:

一、 上海建设国际航运中心需要同时保持忧患意识和战略自信

1. 上海建设国际航运中心十多年来取得的巨大成绩,是依靠改革开放带来的红利,更是因为我们始终保持忧患意识。我们对航运业发展的评估不能再局限于吞吐量、交易量、水水中转量等量化标准,必须着眼于金融衍生品的收益、法律政策软环境的配套,甚至是在国际航运市场的话语权和定价权,只有充分认识到差距才能不断进步。

2. 在国际经济形势和航运市场双重低迷的严峻形势下,目前上海建设国际航运中心确实存在发展的瓶颈,这一阶段上海在航运发展战略上要坚持创新驱动、转型发展,把目标放在做增量,而不是抢存量上。

3. 上海需要以大气谦和的精神迎接国内外竞争,就国内来看,正是因为华东地区是制造业高地,才能形成上海航运中心的地位,所谓江浙荣则上海兴,上海要真正建成国际航运中心,必须依托长江三角洲的经济发展,必须与兄弟省份共商合作发展大计;就国际而言,产业南移之后紧接着就是航运中心的南移,我们要有危机感、紧迫感,上海港后发制人必须谦虚学习新加坡、香港的经验,政府要扎实做好行业服务,才能吸引更多航运资源。

4. 上海具有经济、金融、贸易和航运四个中心得天独厚的资源优势,必须把握四个中心发展的内在规律和相互关系,将上海建成为国际航运市场的配置中心,成为总部集中地,这就需要我们形成价格发现机制和充满活力的政策配套。

二、 上海建设国际航运中心需要处理好的三对关系

1. 硬件加固与软件升级的关系

与会代表提出,尽管2012年上海港口吞吐量3 252.9万标准箱,仍居世界第一,新加坡以3 160万标准箱位居第二,但与2011年160万的差距相比,2012年两者的差距缩小为92万。与此同时,上海港2012年的增速为2.5%,而新加坡为5.9%。这需要引起我们

高度的警觉，航运业的发展有其自身的发展规律，伦敦、新加坡、香港都经历过从实体经济到服务经济逐渐转型的过程，上海在发展的过程中，不能够将全部重心都转向软件升级而忽视硬件建设，要保证实体量的稳定增长，要在固本求新中发展。

与会代表认为，航运中心的硬件与软件建设是一个相互带动的过程，比如，随着软件服务配套的增强，金融衍生品的增多、税收的优惠、法律政策体系的完善都能吸引更多的船舶公司到上海来注册，这自然能够带动港口的吞吐量和航运的硬件建设。

2. 顶层设计与底层支持的关系

与会代表指出，当前的航运中心建设一定要在国家层面上进行顶层设计，比如国内的几个航运中心需要差异化定位，上海港和周边兄弟省市的港口需要进行有效合作与优势整合，金融衍生品等的开发需要国家层面的软件协调。

当前上海国际航运中心的建设急需顶层推动与底层支持。航运的事权在中央，不在地方，上海必须由上层推动，去中央要政策、要实权才能够真正快速发展；上海的航运发展需要接地气才能有底气，目前缺少对航运业重要性的报导和宣传，上海的航运发展其实与百姓生活息息相关，但却远不如经济、金融受到关注，媒体的导向往往偏向于事故性和污染的报道，航运如果不能得到民众的认可和接受，很难真正在城市里扎根。

与会代表指出，上海航运发展最大的瓶颈是体制瓶颈，航运业的分工精细化程度和专业化程度比金融行业复杂得多，因此航运中心的功能整合必须依托于强有力的体制保障。建交委下仅有一个国航办在进行统筹整合上海的航运资源，上海需要建立一个能够牵头各个单位、整合各方资源的机构对航运中心建设进行整体协调和有序推进。

3. 完成国际接轨与争取国际话语权的关系

与会代表提出，目前，高端航运服务业已经陆续入驻上海，比如英国的劳合社等，但他们的核心业务却并没能真正落地运作，其中的瓶颈就是上海的政策与法律环境与国际没能接轨，光把机构引入上海是没用的，一定要在核心业务上与国际接轨。

中国在国际航运市场中的话语权很弱，2012 年上海的海事仲裁有 53 件，标的为 11 亿，而伦敦占全球海事仲裁案件的 70%—80%，而中方在伦敦的败诉率为 95%以上，许多案件完全是因为歧视而被判败诉。长期以来，“中国制造”的巨大输出能力和其国际话语权差距悬殊。西方发达国家在自身发展时使用较低的各类标准，而当制造业和航运业逐步向发展中国家转移时，又利用制订规则的权力，大幅提高各类标准，阻碍发展中国家获得更多利润。尽管《航运标准合同系列(上海格式)》于 2012 年 10 月正式出版，有助于企业防范法律风险，但是在众多国际标准合同中，仍然没有对上海的提示条款，我们在国际上的话语权仍然很弱。

与会代表提出要处理好创新突破与国际接轨的关系，国际航运中心的建设是有蓝本的，比如香港和泰国的自由港政策等，上海的发展要用国际化的视野来谋划制度设计，要在国际规则的框架内发挥创新能力，而不是急于突破国际框架。

与会代表认为，航运大国的核心能力是全球的投送能力，也就是航运资源的要素整合和全球配置能力，只有具备这个核心能力才能有国际航运市场上的发言权。围绕这个能力，需要进行功能性机构改革、功能性平台搭建、功能性项目创新、功能性政策配套。

与会代表就如何进一步推动上海国际航运中心建设，贯彻落实《上海市加快国际航运中心建设“十二五”规划》，提出了以下对策建议：

一、加快推进国际航运中心的软硬指标体系建设

国际航运中心的发展状况评估，不单要看著名轮班公司的注册数量、港口泊位数、吞吐量、水水中转量等硬件指标，更需要像伦敦一样成为世界航运交易等关节业务的神经节点。要有像新加坡、香港一样的亚洲航运中心软件，包括建立航运交易所、产权交易所、主要大宗产品交易所、海事仲裁院、理算中心、以及各种航运标准合同。上海在国际航运中心的建设中，必须建立全方位的指标体系，以指标建设带动软硬件同步升级，如可以加大力度建设航运金融、航运保险、航运服务、航运中介、航运咨询、航运政策、海事仲裁、航运法律、航运人才培养等软指标体系。

二、积极促成从“管理”到“服务”的政府职能转变

在上海国际航运中心的建设过程中，政府应该转换职能，变“管理”为“服务”，新加坡花了30年时间完成了从单一转口贸易经济到现代服务业经济全面发展的大跨越，它发展模式的主要特征就是政府的主导推动和积极服务。这对上海港的发展有很好的启迪，就是政府需要转变传统的管理思维，抓住上海的比较优势，真正从国际船舶企业的角度进行换位思考，以需求为本位提供优惠政策和良好的创新氛围，形成更多有吸引力的软件要素，吸引国际航运业入驻。

三、有效整合上海四个中心资源优势，带动航运中心产业链的优化升级

现代航运服务业并不是简单的水路运输概念，而是在国际航运物流产业价值链背景下，中游航运企业（资本密集型，如国际货物运输、大型国际油轮进出港服务等）通过整合上游航运衍生服务业（知识密集型，如航运融资、海事保险、海事仲裁、航运交易等）和下游航运辅助业企业的产品和服务（劳动密集型，如码头服务、集装箱堆场、仓储服务、货运代理、报关服务等），提供全套航运物流服务的产业集群。上海集四个中心的资源优势于一身，要抓住中央给予上海的先行先试政策和国际航运金融等服务业向上海转移的机遇，以经济发展、贸易增长、金融创新带动航运发展，使航运真正成为现代经济的载体。

四、全面完善法制建设，提供公平正义的航运发展环境

航运领域的法制建设既要学会做加法，又要学会做减法。所谓加法，就是要以确保交易公平为目标，完善船舶、物流、仓储、保险等海事领域的立法、修法，并且公平公正地进行司法与执法，同时培育航运法律服务行业，提供配套的海事法律服务；所谓减法，就是要减掉不符合市场经济、影响行业发展的法律法规，防止法律束缚行业发展，尽快使上海的经商法律环境与国际接轨。

五、 重点建立保税船舶登记制度在内的政策体系，吸引中资船舶回归本土

当前，仍有大量中资船舶登记在外国，2005 年至 2011 年 7 年间，进出上海港的国际航行船舶数量一直呈增长势头，但中国籍国际航行船舶所占比重逐年下降，中资外国籍国际航运船舶数量却平均每年递增约 100 艘。"方便旗船"的大量增加，导致国有资产失控、税源流失，也影响了造船业发展。上海目前已在洋山保税港区试点"保税船舶登记制度"，2012 年做成了 1 艘船，但这仍然远远不够。除了完善登记制度以外，还需要加强高端服务体系的配套，只有将法律服务、金融保险、评估咨询、交易鉴证等专业服务体系做强，才能吸引中资乃至外资船舶入埠。

六、 大力培养复合型航运人才，打造合理的人才梯队

目前，熟悉航运金融、航运咨询、海商海事、国际公约、航运交易等领域的复合型实践人才仍然稀缺，难以满足航运中心长远发展对人才的需要。中国大陆以海事为主要培养专业的仅有两所，分别是大连海事大学与上海海事大学。上海要用战略眼光尽快形成航运人才资源高地，重点培养航运复合型人才。

七、 加大对上海国际航运中心的宣传报道，形成港口对城市建设具有积极促进意义的舆论氛围

在上海四个中心中，国际航运中心的知晓率最低，普通百姓对航运中心的含义和意义不甚了解，各大媒体应当加大对航运中心的正面报道，营造港口建设对城市发展具有重要意义的民众共识基础和舆论氛围。

市社联开展“四个中心”建设系列学术茶座第四次研讨活动

6月23日，上海市社联开展“四个中心”建设系列学术茶座第四次研讨活动。上海市社联党组书记、专职副主席沈国明出席会议并致辞，上海市政协副主席周汉民、中国海上搜救中心总值班主任智广路、商务部反垄断局崔书锋处长、上海市城乡建设和交通委员会副主任袁嘉蓉、上海市高级人民法院副院长盛勇强等领导与会并作主旨发言。本次研讨活动的主题是“以人为本、与事匹配——上海国际航运中心建设推进机制问题”，与会者围绕上海国际航运中心和中国(上海)自由贸易试验区建设面临的机遇、挑战和政策建议等展开了深入研讨，提出了三条有针对性的政策建议：

第一，上海要把握好国际经济贸易东移、亚太地区海事争议激增的重要机遇，高度重视海事仲裁，力争将国家海事仲裁委迁往上海。海事仲裁是航运中心软实力的重要方面，比如伦敦作为世界级的航运中心，其海事仲裁协会就处理全球70%的海事案件。近年来，国际经济贸易东移，亚太地区海事争议激增，上海要把握这一难得机遇期，在立法、司法、交通等领域通力合作，高度重视发展海事仲裁，提升上海海事仲裁的国际地位。

同时，要强化上海集聚全国最优秀的海事仲裁要素，代表中国海事仲裁发展方向的优势基础，强化国际上将海事仲裁委设立在航运中心所在港口城市的通行惯例，争取国家有关部委及中国国际商会的支持，尽快将中国海事仲裁委迁往上海，进一步推动上海国际航运中心建设。

第二，上海要力争建立全国船员管理中心。中国船员数量居世界首位，现有船员165万人，占世界的三分之一。我国每年外派海员数量近10万人次，是世界海员劳务重要输出国之一。与会者指出，交通部已经把船员培训中心放到了浙江舟山，上海已经失去这次机遇，当务之急是要尽快研究、力争建立全国船员管理中心，市政府要下大力气，统筹市建交委、市人事局等相关职能部门，就建立船员市场，推进船员的信息化管理，建立全国船员管理中心等展开可行性政策研究。

第三，上海要研究如何突破现有行政框架推进洋山港三期建设，要研究在自贸区建设新背景下如何重新定位“三港三区”联动管理机制。与会者指出，洋山深水港第三期建设，必须突破现有行政框架，上海要尽快组织专家展开专题研究，提出可行方案。同时，“三港三区”联动的管理机制，在中国(上海)自由贸易试验区建设的新要求下，也必须重新定位。特别是这次自由贸易区纳入了“三港”，而没有纳入“三区”，对未来事业的推进将是明显的掣肘因素，我们要尽早研究如何将自贸区拓展到“三港三区”，甚至整个浦东新区，上海要站在为中国新一轮开放做出样板的战略高度，研究制定“先行先试”的政策方案。

政务微博是探索网络时代“新群众路线”的新途径

9月11日，为贯彻落实市委韩正书记8月15日在宣传部调研讲话精神，进一步研究新媒体发展的规律和趋势，市社联召开学术茶座，高校学者、政务微博负责人、新媒体企业相关负责人围绕如何通过政务微博建设增强互联网密切联系群众、化解社会矛盾、引导主流舆论的能力，探索网络时代的“新群众路线”等内容进行了热烈的研讨，观点如下：

一、政务微博作为网络时代党和政府运用新技术为民服务的平台具有先天的亲民优势，但仅成为听民声察民意示形象的宣传窗口是远远不够的，更重要的是把微博当成解决群众困难、满足群众需求的职能窗口；应创造条件，将线上互动延伸到线下。

二、政务微博管理对内要有资源保障、审核流程，建立重大事件、突发事件应急制度；对外要有承诺机制，如明确对群众问题答复的实效性等规定。对各政务微博的考核评估，不能简单的从粉丝数、转帖数、评论数判断，避免个别单位因对上压力过大从而通过“官方网络水军”追求“官微GDP”，背离服务群众的初衷。

三、与微信、易信等其他媒体相比，微博在传播模式、受众覆盖方面占有优势，更适合政务平台。但新媒体平台是把“双刃剑”，如微信的语言传递功能不利于网络监管，可能产生隐患。

四、善于化危机为机遇。突发事件的发生往往是考验政务微博、吸引粉丝关注、树立政府形象的契机，如上海法官嫖妓事件发生后，如果有关单位能及时组织专家、应对得当，营造正面的宣传态势，就能在网络上树立法官群体整体公正廉洁的形象。

五、新媒体发展日新月异，政府部门应提前谋划、未雨绸缪。通过人才培养，提升官方微博的服务水平。一方面加强官方微博操作人员、负责人的培训工作，造就一大批具有新媒体领先水平的编辑和“掌舵人”；另一方面发现、培养一批政治素质过硬、群众口碑良好的、掌握传播学规律的、具备和“网络公知”有对话、对抗能力的公务员意见领袖。从各方“单打独斗”向“抱团推进”转变，通过公务员意见领袖和政务微博联盟形成充满正能量的“微合力”。

上海社联·星期五学术茶座(2013 年度招募申报类)

场次	日　期	研　讨　主　题
1	1 月 4 日	探讨大别山红军精神和文化
2	1 月 11 日	科教兴国与建设小康社会
3	1 月 18 日	现代职业教育体系的构建
4	1 月 25 日	社会管理创新与平安家庭建设
5	2 月 1 日	2013 年上海经济社会发展前景展望
6	2 月 22 日	中古时期魏晋到唐宋探讨历史学研究
7	3 月 1 日	中国传统老庄哲学与办公室养生方法论
8	3 月 15 日	纪念上海小刀会起义 160 周年
9	3 月 22 日	公益组织的发展现状与未来政策走向
10	3 月 29 日	城市管理与社会管理有机结合的法制研究
11	4 月 19 日	“中华汉字节”倡议座谈
12	5 月 3 日	文化保守主义在中国的命运
13	5 月 17 日	新形势下企业如何转型发展、稳中求进
14	5 月 31 日	社会组织党建创新的策略路径
15	6 月 7 日	网络商品交易监管
16	6 月 14 日	纪念著名实业家、教育家张謇诞辰 160 周年
17	6 月 28 日	第 16 届汉字书同文国际研讨会情况介绍、策划举行第 17 次书同文研讨会
18	7 月 5 日	坚持“两个毫不动摇”方针与上海创新驱动、转型发展
19	7 月 26 日	上海发展第三方支付和试点跨境支付
20	8 月 9 日	以钓鱼岛问题为中心,分析和讨论东亚安全形势与中国周边外交
21	8 月 23 日	城镇化进程中的投资与管理
22	8 月 23 日	海峡两岸服务贸易协议签署后两岸经济关系的深入发展
23	8 月 30 日	坚持“三个自信”与企业软实力建设
24	9 月 6 日	上海如何加快实现城乡一体化发展和新型城镇化建设
25	9 月 11 日	新媒体环境下如何做好政务微博(微信)

（续表）

场次	日　期	研　讨　主　题
26	9月13日	实现中国梦与深化形势教育
27	9月27日	学习、贯彻、落实党的十八大精神和党的群众路线研讨
28	10月11日	“坚持和发展中国特色社会主义”与领导科学研究
29	10月11日	一个外交家的经历和感悟
30	10月25日	中国特色社会主义经济理论的性质和特点
31	10月25日	现时代的精神状况——以新世纪以来的美学风格新变为视点
32	11月8日	战略发展机遇期中的两岸关系
33	11月15日	关于人类命运共同体
34	11月22日	12生肖与生命信仰文化
35	12月6日	2013学术热点与学术趋势
36	12月13日	交流学习党的十八届三中全会精神体会，加强改进形势政策教育

学术成果发布和评价平台

XUE SHU CHENG GUO FA BU HE PING JIA PING TAI

全国人文学术期刊文章被转摘量年度排名揭晓

根据中南财经政法大学图书馆期刊信息检索中心统计发布的《信息检索报告》,上海市社会科学界联合会主办的《学术月刊》以被国内各主要媒体转载、摘要232篇(次)位居全国两千余种期刊之首。这是《学术月刊》继2006—2011年度连续六年夺得全国"第一"之后,第七次位居年度第一;也是中南财经政法大学图书馆期刊信息检索中心公布年度《信息检索报告》"排序"的21年来,唯一一家连续七年排名第一的期刊。据该中心介绍,此《报告》通过138条检索途径,涉及2 316种期刊,共计转载、摘要文章28 343篇(次)。

另据来自《中国新闻出版报》的消息,2013年3月26日,中国人民大学人文社会科学学术成果评价研究中心、中国人民大学书报资料中心在《中国新闻出版报》第6、第7版公布了"2012年度'复印报刊资料'转载学术论文指数排名"(该排名根据中国人民大学"复印报刊资料"100多种学术系列期刊在2012年度转载的学术论文数据,对中国人文社科学术期刊和教学科研机构进行了统计排名)。这是该中心自2001年开始在媒体刊登上一年度"'复印报刊资料'全文转载量排名"以来的第12次公布,共涉及国内公开出版的期刊、报纸4 000余种。根据发布的数据显示,《学术月刊》在2012年度以被转载108篇再登综合性期刊〔高等院校、社科院(联)、党政干部院校三大系统主办的期刊〕榜首,实现了自2006年以来的"七连冠"。这也是中国人民大学书报资料中心公布年度"全文转载量排名"的12年来,唯一一家连续7年在4 000余种期刊、报纸排名中位居第一的期刊。同时,《学术月刊》还在该中心公布的2012年度"学科分类期刊排名"中取得了好成绩:在"哲学学科期刊排名"中,以被转载40篇排名第3位(排名前三位的杂志依次是:《哲学研究》、《哲学动态》、《学术月刊》);在"语言文学学科期刊排名"中,以被转载17篇排名第6位;在"历史学学科期刊排名"中,以被转载17篇排名第9位;在"理论经济学学科期刊排名"中,以被转载9篇排名第12位。

为了科学、准确地评判中国人文社科学术期刊的动态水平,既反映期刊全文转载的绝对量情况,也反映期刊论文质量的相对量情况,从2011年起,中国人民大学人文社会科学学术成果评价研究中心开始对上一年度中国人文社科学术期刊转载量、转载率、篇均分三项指标加权求和的"综合指数"进行排序。根据已公布的排序结果看,《学术月刊》继2010年度以"综合指数"0.920 495排名第一后,在2012年度又以"综合指数"0.956 141再次排名第一。

2012 全国人文学术期刊文化研究创新力指数龙虎榜揭晓

根据中国人民大学人文社会科学学术成果评价研究中心发布的《2012 年度我国人文社会科学学术创新力分析报告》，《探索与争鸣》发表的文化研究类论文的创新指数超过 0.8，位居 2012 年度文化研究创新力指数第一名。另据原载《光明日报》的 2012 年度中国人民大学《复印报刊资料》转载学术论文指数排名，该刊在全国综合性学术期刊中转载率位列第 11 名，综合指数排名第 10。而据中南财大图书馆期刊信息检索中心公布的 2012 年转载排名显示，该刊在全国综合性社会科学类期刊中排名高居第 7 位。该刊 2008 年再次入选中文社会科学引文索引(CSSCI)来源期刊以来，在全国期刊中的排名节节攀升，现已入选 2012 年度国家社科基金资助第二批名单。

《探索与争鸣》最大的特色是学术争鸣。该刊立足话题的争鸣，积极开办原创性、前沿性、可持续发展的栏目，目前已形成“圆桌会议”、“本刊特稿”、“学术争鸣”、“时事观察”等特色栏目，在学术界、思想界形成一定知名度和影响力。近年来，该刊从理论上不断丰富“公正、包容、责任、诚信”的上海核心价值体系内涵，多次组织专家召开学术“圆桌会议”，形成了《公正观与当代中国》(2011 年第 11 期)、《包容：深化改革开放的价值基础》(2012 年第 3 期)、《当代中国语境下的公正与平等》(2012 年第 9 期)、《维护社会公平正义必须反对特权》(2013 年第 3 期)等系列专题论文。这些文章刊发后，不仅引起社会各界的强烈关注，而且被有关部门采用，作为要报呈送领导参考。

为追踪我国改革大潮，引领本市学术前沿，该刊围绕“国退民进”与中国改革；中国模式、中国经验与中国体验；去行政化与高等教育改革；国学热与中国式文艺复兴；如何促进健康的文艺批评生态建设等话题持续编发了多篇文章，不仅有力廓清了人们在这些重大现实和理论问题上的误区，而且推动了理论创新和学术繁荣。

2012 年度《我国人文社会科学学术创新力分析报告》揭晓

3 月 26 日，中国人民大学人文社会科学学术成果评价研究中心发布《2012 年度我国人文社会科学学术创新力分析报告》，《探索与争鸣》发表的文化研究类论文的创新指数超过 0.8，位居 2012 年度文化研究创新力指数第一名。与此同时，《光明日报》公布了 2012 年度中国人民大学《复印报刊资料》转载学术论文指数排名，在包括《中国社会科学》《北京大学学报》等权威期刊在内的全国综合性学术期刊中，《探索与争鸣》以全文转载 36 篇的佳绩排名第 11 位，转载率位列第 11 位，综合指数排第 10 名。中南财大图书馆期刊信息检索中心公布的 2012 年转载排名显示，《探索与争鸣》2012 年被全国各类报刊转载论文 95 篇，在全国综合性社会科学类期刊中排名第 7 位。特别是《探索与争鸣》入选 2012 年度国家社科基金资助第二批名单，有力地提升了刊物的档次，从而得到国家的认可。

《探索与争鸣》取得上述成绩并非偶然，近年来该刊以打造文化上海的"学术名片"为使命，以培养上海学术新秀为己任，追踪时代和改革大潮，始终坚持以"坚持正确方向、提倡自由探索、鼓励学术争鸣、推进理论创新"为办刊宗旨，注重对学术前沿话题和社会热点问题作深层次的理论评析，强调问题意识、思想性与争鸣性，是国内学术界进行理论探索、交流、争鸣的重要园地。自 2008 年再次入选中文社会科学引文索引(CSSCI)来源期刊后，《探索与争鸣》在全国期刊中的排名节节攀升，形成了以"学术争鸣"和关注中国重大现实问题的特色。

一、 加强栏目建设，注重集束效应

《探索与争鸣》立足话题的争鸣和社会前沿问题的理论分析，积极开办原创性、前沿性、可持续发展的特色栏目。目前《探索与争鸣》已经形成了"圆桌会议"、"本刊特稿"、"学术争鸣"、"时事观察"等特色栏目，并在学术界和思想界形成了一定的知名度和影响力。

以品牌栏目"圆桌会议"为例，该栏目每期精心策划一个当前最值得关注的重大的社会、政治、文化话题，邀请 6—8 位各领域的知名专家，召开小型座谈会，专家从不同学科、不同视域进行探讨，最终形成每人 3 000 字左右的观点文章。这种专题讨论既保证了观点的多元性，也保证话题的集束效应。事实证明，近年来《探索与争鸣》围绕住房保障、社会公平、教育体制改革、食品安全等话题，集中策划的多组文章，已经引起了社会各界的强烈关注。如《现代化进程中的历史文脉和集镇保护》，其中五篇文章被《新华文摘》全文转载，有关高层领导看到这组文章后还作了重要批示，此外，如《富士康跳楼事件背后的社会、法治问题》《基层重建：中国社会稳定的长久之计》《中国和平发展中的海洋问题》《社会转型中的焦虑：问题与对策》《社会群体性事件频发的深度追问》《紧密关注农村发展中的新问题》等一系列"圆桌会议"专题讨论，先后被《新华文摘》《中国社会科学文摘》《人民日报》（内参）等转载，不仅受到了学界的普遍关注，也为政府部门决策提供了重要的参考来源。

二、关注现实问题，追踪改革大潮

《探索与争鸣》致力于为解决中国现实问题，贡献学术界的思想和力量。它多年来注重把重大而复杂的现实问题转化为学术论题，通过学术名家条分缕析的理论剖析，寻找看似不相关的表象背后的深刻关联和解决之道。它始终追踪改革开放前沿问题，关心政治、经济、文化等与国计民生紧密相关的现实问题，它为中国的改革开放摇旗呐喊，寻路问计，建言献策；它采集人文社会科学专家具有前瞻性的观点，为社会的健康发展把脉，同时也为思想交流、观念创新提供争鸣的舞台。

第一，精心策划选题，注重前瞻性。《探索与争鸣》深刻认识到集中学者的思维焦点，推动学术创新，是学术期刊编辑的职责所在。近年来，它注重与时俱进，密切关注学科新的生长点，精心策划选题。比如 2008 年是中共十一届三中全会召开 30 周年。中共十一届三中全会是中国自鸦片战争以降，百年大变局的划时代事件，其不仅开启了中国改革开放的闸门，而且真正唤起了中国人的现代意识，具有创世纪的启蒙价值。《探索与争鸣》提前两年分别邀请全国政治学、社会学、经济学、法学、文史哲等领域的专家撰写纪念文章，并在 2008 年特辟"纪念改革开放 30 周年"专栏，从第一期起连续推出特稿，全年共刊登了 19 篇文章，其中大部分被《新华文摘》、《中国社会科学文摘》、《人大复印资料》等报刊全文转载。同时，该刊纪念中共十一届三中全会的策划与成果，还作为典型上报国家新闻出版总署。第二，追踪重大现实问题，注重持续性。《探索与争鸣》从上个世纪 90 年代中期起，率先发起了关于教育与市场关系的讨论，并一直追踪至今。当时，该刊邀请著名教育学家叶澜、燕国材，著名学者葛剑雄、朱立元等，分别以《中国的发展呼唤新教育理想》、《决不能把教育推向市场》、《通过教育提高人口素质刻不容缓》、《忽视审美教育会导致人的素质滑坡》等为题，于 1994 年第 9 期以"圆桌会议"的形式，发表了一组《市场化大潮中的中国教育走向》的笔谈，从而发出了新时期教育转型、发展的理论先声，这组文章很快被《新华文摘》全文转载。此后，《探索与争鸣》为关注教育发展的专家学者提供平台，围绕教育是不是应该走向市场开展讨论与争鸣，先后于 1995 年第 2 期刊登杨德广的《高等教育走进市场才能走出困境》、第 6 期刊登燕国材的《中国教育的"正三化"与"负三化"》等文章，这一讨论持续一年多。1999—2000 年，《探索与争鸣》连续刊登大学扩招后的教育动态，乃至预测由于教育产业化的误导，大学扩招将造成大学生就业难等问题。2009 年第 2 期该刊推出著名教育学家潘懋元《对高等教育大众化的反思和展望》，以及冯建军等的《教育发展的根本之道在于尊重教育规律——对十年扩招之路的反思》等文章。2010 年第 3 期，该刊又邀请顾明远、王英杰、丁钢、阎光才等专家开展专题讨论《中国亟需一场全方位的教育体制改革——探寻"钱学森之问"的解决路径》,8篇文章全部被《人大复印资料》转载,其中三篇被《新华文摘》转载。第三,始终关注民生问题,注重咨政性。该刊紧跟党中央步伐,将重点放在社会建设和民生保障方面,聚焦于社会公平、社会风险与公共治理、社会体制建设、稳定物价、房产税、社会管理创新、食品安全等一系列当下社会民众最关注的问题,力图为解决上述问题,提供专家的视角和智慧。近年来,该刊围绕上述问题策划了一系列专题讨论,如《积极预防和妥善处理群体性事件》(2009年第3期)、《社会建设:政府执政为民的捷径》(2010年第1期)、《如何遏制房地产泡沫——寻找21世纪中国住房问题的破局点》(2010年第2期)、《稳定物价关乎国家的长治久安》(2011年第3期)、《发展起来之后的城市文化矛盾》(2012年第12期)等。

近年来,中共上海市委提出了"公正、包容、责任、诚信"的上海核心价值体系,为了从理论上丰富上海核心价值体系的内涵,建构上海核心价值体系的路径,《探索与争鸣》多次组织专家召开学术会议,形成了《公正观与当代中国》(2011年第11期)、《包容:深化改革开放的价值基础》(2012年第3期)、《当代中国语境下的公正与平等》(2012年第9期)、《维护社会公平正义必须反对特权》(2013年第3期)等系列专题论文。这些文章刊发后,不仅引起社会各界的强烈关注,而且被有关部门采用,作为要报呈送领导参考。

三、 引领学术前沿,致力学术争鸣

《探索与争鸣》最大的特色是学术争鸣,作为全国唯一的一本以学术前沿问题探索和争鸣的人文社科类学术刊物,近年来在坚持四项基本原则,贯彻双百方针政策的前提下,围绕重大的理论和现实问题,展开了有新意的、持续的争鸣,有力促进了理论创新和学术繁荣。

在坚持历史唯物主义的前提下,该刊在2003—2005年的三年中,围绕历史人物重新评价,先后刊发相关文章50余篇,许多文章被《新华文摘》等各类报刊转载。近年来,该刊围绕"国退民进"与中国改革;中国模式、中国经验与中国体验;去行政化与高等教育改革;国学热与中国式文艺复兴;如何促进健康的文艺批评生态建设等话题持续编发了多篇文章,展开了持续争鸣,不仅有力廓清了人们在这些重大现实和理论问题上的误区,而且推动了理论创新和学术繁荣。此外,《探索与争鸣》还组织对马克思主义研究前沿问题的探索和争鸣,该刊发表的《对马克思主义中国化主体的反思》、《重思马克思主义与现实的关系》,就学科领域内的一些重大问题、难点问题和前沿问题进行了探索,文章刊发后,引起了学术界较好的反响。

四、 培养学术新秀,发掘学术新人

创刊以来,《探索与争鸣》一直以发现和培养学术新人为己任,王沪宁、曹建明等一大批著名学者在其学术起步阶段,都曾将重要的学术代表作交给《探索与争鸣》发表。《探索与争鸣》编辑部成员主动担当"学术星探",深入到上海的各大高校的学术沙龙、博士论坛、研讨会,发掘学术新人。编辑部每年春秋定期召开"沪上青年学者研讨会",就前沿的学术动态、社会热点问题与青年学者做深度沟通,扶持青年人才的成长。近年来,高校青年教师中的“青椒现象”越来越引起社会各界的关注，为了解决青年教师发文难的问题，特别是让有才华、有理想的学术青年早日脱颖而出，在学术版面紧张的情况下，《探索与争鸣》每期开辟专栏“青年论坛”，刊发高校青年教师的有创见的学术论文。

海纳百川、兼容并包、开放进取的文化大上海需要学术名刊支撑的理念，当下已经逐渐成为社会各界的共识。《探索与争鸣》作为一本立足于中国重大现实问题的理论刊物，依托上海社会各界的大力支持和精心呵护，围绕打造大上海的“学术名片”这一中心主题，积极探索，扬帆起航。

《上海思想界》创刊号正式出刊

7月15日,《上海思想界》(内刊)创刊号正式出刊。《上海思想界》由上海市社联主管主办,是一份立足上海、面向全国学术界和意识形态部门的思想性月刊,每月15日出刊,主编为许明研究员。目前面向全国发送2 000份,范围包括上海决策层、社联全体委员、上海部分高校领导、沪上学界骨干,以及北京、天津、广东、浙江、江苏、福建等九个省市社科联及重点专家学者。

《上海思想界》以思想性、理论性、前沿性、实践性、开放性为办刊宗旨,是上海市社联为思想理论界和学术界积极参与中国改革历程、参与国家急迫需要的基础理论建设提供的一个重要平台。主要栏目包括“专稿”、“思想沙龙”、“专家视点”、“焦点探源”等。

7月创刊号推出特约评论员文章《坚定不移地贯彻依法治国方略》,是对当前改革形势发言;“专稿”选登了刘吉先生的《未来十年的中国与世界》,为中国避免陷入“中等收入陷阱”出谋划策;周瑞金先生的《党管媒体的科学路径》,是一位在地方与中央大报领导岗位上工作了数十年的老同志提出的改革建议;“思想沙龙”精选了清华大学、复旦大学、华东师范大学等高校研究中国传统文化的青年学人的“新新儒家的上海宣言”,力挺儒家传统文化。此外本期还有《陷入还是跨越:“中等收入陷阱”的命题之争》《钓鱼岛的前世今生》等史实性、资料性强的文章,供读者参考。

2013 年度中国十大学术热点

热点一　民族复兴与中国梦研究

入选理由　民族复兴与中国梦，是新一届中央领导集体提出的重大战略思想。“中国梦”一经提出就吸引了多学科的共同关注，学界围绕以下几个层面展开了理论建构：1.中国梦提出的意义和背景。从纵向与横向两个维度高度评价了“中国梦”的历史背景和重大意义。从纵向来说，中国梦与近代中华民族的奋斗历史是紧密相连的。许多学者从中国近代以来中国人民的奋斗历程来阐释中国梦的历史传承，强调了改革前 30 年创造的财富和积累的经验为国家改革开放后的爆发式发展奠定了基础，毛泽东的许多有益思想是当今建设小康社会过程中应该加以继承的宝贵精神财富。从横向来说，比较分析了中国梦与其他大国梦在价值理念和发展目标上的区别，强调了中国梦的世界意义。2.中国梦的内涵和特征的理解。围绕实现民族复兴和现代化，学者们对中国梦的内涵作了多维度考察，从不同侧面剖析了中国梦在国家、民族、个人三个层面的深刻内涵和有机联系。3.中国梦的理论框架。在宏观层面，集中探讨了中国梦与中国特色社会主义的关系，认为中国特色社会主义就是中国梦的根本方向和价值指标，“中国梦”的表述实现了话语体系的转换。在具体层面，将中国梦与十八大以来理论创新相结合，落实中国梦在社会主义建设方方面面的理论价值和实践意义。4.中国梦的实现路径。要想把中国梦变为现实，必须从社会主义初级阶段的基本国情出发，清醒面对一系列挑战。学者们从中国共产党与中国梦的实现、三个自信与中国梦的实现、改革开放与中国梦的实现、实干兴邦与中国梦的实现等多个维度探讨了中国梦的实现途径。

专家点评　目前的研究还处在起步阶段，有待深入和拓展：一是进行多维度、多学科的交叉研究，如从历史、现实与未来，国家、民族、社会与个人，道路、理论体系与制度，经济、政治、文化、社会与生态文明建设，国际与国内等不同视域进行学术研讨；二是继续深入研究中国梦提出的时代背景、现实依据和重大意义，中国梦的本质属性、基本内涵、价值诉求、目标要求和现实路径；三是加强对近代以来民族复兴思想的学术史研究，夯实民族复兴与中国梦研究的学术根基，彰显本研究应有的学术价值。

（点评人王顺生，中国人民大学马克思主义学院教授）

热点二　马克思主义与分配正义

入选理由　当前我国正处在社会、经济全面转型的重要历史时期，收入分配的城乡差距、地区差距、行业差距日趋扩大，引起了社会各界的普遍关注，也引起了学界的反思与探讨。如何运用马克思主义指导我国的收入分配改革并实现分配正义，成为一个时代课题。有关讨论近年来持续升温，到2013年成为一个热点。围绕马克思主义与分配正义问题的探讨主要体现在以下几个方面：1.在学理层面，学界关心的是马克思主义究竟讲不讲公平正义问题，以及所讲的能否用于探讨和解决中国面临的问题。否定论者认为马克思在构建历史唯物主义时消解了正义观念，相反的观点则认为马克思对无产阶级的正义要求持明确肯定态度，由此形成了争论。2.深度挖掘马克思的理论资源，探讨分配不正义现象存在的社会根源。3.探讨分配正义的实现，指出实现正义分配的根本途径在于推翻资本主义私有制，建立共产主义公有制；共产主义社会的正义分配原则为人的全面自由发展提供了制度保障。4.比较分析马克思主义与以罗尔斯为代表的西方自由主义分配正义理论的异同，并基于马克思主义立场反观其理论得失，拓展应对现实问题的理论资源。

专家点评 从2013年的相关研究成果来看，从事马克思主义研究的学者虽然已取得不少成果，但还有一些深层问题需要做进一步的探讨。例如，分配正义所讲的“正义”是一种价值判断还是事实判断，在这个问题上，人们的认识还存在很大的分歧。再如，如何看待马克思主义的剥削理论，能否直接用它来解释当前中国存在的分配不公问题？如若不能，那能否根据马克思主义经典作家的思想资源建构马克思主义的新的分配正义理论？再有，自罗尔斯的《正义论》问世以后，当代西方政治哲学家提出了许多基于“平等”的分配正义理论，他们的理论对于解决我们当前面临的分配问题有无借鉴意义？这些深层问题的解决无论从理论上还是从实践上都具有重大的意义。

（点评人段忠桥，中国人民大学哲学院教授）

热点三 全面深化改革整体性战略研究

入选理由 中共十八大明确提出了全面深化改革开放的目标，十八届三中全会对全面深化改革做出系统部署，标志着中国新一轮改革启幕。一年来专家学者围绕这项重大议题展开了广泛深入的研讨：1.梳理和总结了改革开放35年的历史成就，揭示改革是中国最大红利重要论断的深刻内涵；2.深入探析全面深化改革的核心要义，清晰界定和处理好政府和市场的关系；3.沿着经济、政治、社会、文化、生态五条改革主线，破解和消除经济社会持续健康发展的体制机制障碍；4.寻找和开拓实现改革目标的重要途径，注重改革的系统性、整体性和协同性；5.研究构建可持续的改革动力机制和新的利益调整机制，有效凝聚社会各阶层的共识，突破利益固化的藩篱，等等。

专家点评 我们有充分的理由将全面深化改革的整体性战略研究作为2013年经济学研究的最重要热点。首先，全面深化改革整体性战略问题对于中国当前和未来发展具有重大现实意义。其次，全国深化改革整体性战略问题涉及范围较广泛，从经济学研究涉及的文献来看，除涉及宏观经济问题外，还涉及金融改革、财税改革、国有企业与国有资本改革、土地制度改革、人口与劳动力、城镇户籍制度改革等多个领域的改革。最后，到目前为止，在全面深化改革的理论，尤其是全面深化改革的政策实践方面，还存在许多不同观点的争论，还需要通过今后深入的讨论和调查研究来逐步达成基本共识。

（点评人左学金，上海社会科学院经济研究所研究员）

热点四 大数据国家战略研究

入选理由 从学术界层面来看,2013 年学者对大数据作为国家战略资源的认识更加深刻,将其提升到国家战略高度来考量,围绕大数据国家发展战略展开了一系列的研究:1.制定大数据国家战略的意义。大数据作为国家战略资源,将会影响国家的方方面面。2.大数据国家战略规划的内容,主要包括构建大数据研究平台、大数据良性生态环境、大数据产业链等。3.确定大数据产业发展的重点。应该通过国家层面的战略规划明确大数据产业的发展重点、空间布局和保障措施,推动和改善与大数据相关的收集、储存和分析工具及技术,并在公共服务领域,如安防、医疗、卫生、教育等开展大数据应用示范,提高应急处置能力和安全防范能力,提升服务能力和运作效率。4.大数据环境下的信息安全战略。大数据安全问题既包括上至国家安全与军事战略,下至数据库、企业以及个人等的网络与信息安全问题的研究,也包括来自法律、政策、标准、技术等层面对于安全的研究。同时,海量数据的汇集无疑加大了用户隐私泄露的风险,因此,应该从政府层面制定完善的法律条文,从行业层面制定严苛的行业规则,从技术层面保证信息安全,也是人们研究的重要课题。

专家点评 大数据国家战略成为年度学术界热点议题,反映了信息时代大数据在国家经济建设与社会发展中的重要价值。首先,大数据已成为国家的重要战略资源。目前,信息产业发达国家,如美、英、德、日等国已经将大数据提升为国家层面的战略,大数据领域的竞争,事关国家安全和未来。其次,大数据已成为国家的核心竞争力。国家层面的竞争力将集中体现为一国拥有数据的规模、活性以及解释、运用的能力,数字主权将是继边防、海防、空防之后,又一个大国博弈的空间。第三,大数据具有巨大的商业价值。大数据的出现,正在引发全球范围内深刻的商业变革。在商业模式上,对商业竞争的参与者来说,大数据意味着令人振奋的业务与服务创新机会。目前,百度、谷歌、阿里巴巴等公司正在积极研究如何利用大数据开发新的商业模式。这些探索对于推动信息经济的发展意义重大。

(点评人卢小宾,中国人民大学信息资源管理学院教授)

热点五 网络时代与虚拟社会治理

入选理由 为回应互联网技术革命导致的社会结构转型与社会行为模式重构,学界近年来对网络社会的研究持续加强,并出现了新的问题意识、理论概念和研究范式。相关讨论主要围绕以下几个方面展开:1.在社会变迁层面探讨互联网带来的全新时代,认为以互联网技术为核心的时代变迁再造了一个全新的社会——“虚拟社会”。这一全新社会呼唤着重新审视网络时代的新型社会结构。2.更加积极地探讨互联网在中国语境下的独特涵义。互联网在中国不只是一种技术平台,同时也具有改变了以往社会关系的平台意义,因而,互联网在社会群体性事件、环境运动、慈善捐赠等具体领域的研究愈加深化。3.“网络反腐”在一定程度上激起了民众网络参政议政的热情,为学界对这一领域的研究提供了丰富的素材。4.网络语言、网络思想等线上文化研究占据一席之地,通过解析其出现缘由、表现形式和背后内涵,认为线上文化能够折射现实社会的种种深层问题,具有重大意义。5.虚拟社会治理研究持续升温,一些网络“大 V”落网、对网络谣言加强管控等社会现实,刺激学界进一步探索规范网络社会秩序的可行性。

专家点评 毋庸置疑，网络时代正在对当今的社会结构产生着举足轻重的影响，其中包括网民（传统社会统称为个体）之间的互动重构了社会的生活方式、创新了人们的利益诉求方式、改变了人们的价值观念等等。当然，网络语境下的虚拟社会毕竟是现实社会的延伸，并不完全是颠覆，因此它也会反映现实的社会结构形态。鉴于此，对于网络时代的虚拟社会治理不仅考验着全社会从容应对网络时代社会结构变化的勇气，同时也检验着其社会治理的智慧。

（点评人陆杰华，北京大学社会学系教授）

热点六 科学发展观统领下的新型城镇化建设

入选理由 有关城镇化问题的讨论，这些年一直都在持续。2013 年，学界从政治、经济、文化、社会、历史角度，从不同层次对新型城镇化进行了深刻的解读，主要集中如下：1.新型城镇化的内涵，其本质是用科学发展观来统领城镇化建设。2.新型城镇化的核心是人的城镇化。要着眼农民，涵盖农村，破除城乡二元结构对城乡发展一体化的制约，推进城乡要素平等交换和公共资源均衡配置。3.新型城镇化要统筹“新四化”发展，平衡多方面关系。4.新型城镇化需要加大制度变革，实现政府、市场、社会充分互动。必须健全城镇化健康发展体制机制，形成以工促农、以城带乡、工农互惠、城乡一体的新型工农城乡关系，让广大农民平等参与现代化进程、共同分享现代化成果。

专家点评 新型城镇化问题对中国未来的发展有着长远和全局性的意义，它与新型工业化、信息化、农业现代化，与生态文明建设有着广泛的、深刻的综合关联效应。新型城镇化必须研究农村、农民、农业经济问题，而它们可能是中国未来学术研究有可能取得突破的领域。这是科学发展观统领下的新型城镇化建设成为 2013 年学者们关注热点的深层原因。

（点评人郝旭光，对外经济贸易大学国际商学院教授）

热点七 司法体制改革进一步助推法治建设

入选理由 随着改革进入“深水区”的攻坚阶段，我国面临着各种挑战，如何立足我国国情，进行“改革顶层设计”，构建中国特色社会主义司法制度，成为党的十八大后亟待探究的理论和实践课题。2013 年围绕这一议题，学术界展开了充分的理论研讨：1.在权力配置方面，确保人民法院、人民检察院依法独立公正行使审判权、检察权。2.在权力运行方面，健全司法权力运行机制，统筹协调政府等权力机关与司法机关之间的关系。3.在权力监督方面：深化司法公开，着力推进审判公开、检务公开、警务公开和狱务公开制度建设。4.在司法系统内容管理方面：建立符合职业特点的司法人员管理制度，推进司法人员分类管理改革。5.在权利保障方面：废止劳动教养制度，完善对违法犯罪行为的惩治和矫正法律。规范大案、要案办案程序，实现个案正义和社会公平。等等。

专家点评 2013 年度，中国的法学界和法律界围绕党的十八大报告提出的“进一步深化司法体制改革，坚持和完善中国特色社会主义司法制度”进行了广泛而深入的研究，发表了数量不少的有关司法体制改革的研究文章，也召开了数量不少的专题性研讨会，形成了法学界的一个学术热点。到了 11 月，十八届三中全会提出了“推进法治中国建设”的重要任务，对司法体制改革提出了一系列具体的改革措施和任务，这将会成为下一步中国法制建设尤其是司法体制改革和建设的重要方面，也会成为法学界关注和研究的重点领域。

（点评人刘作翔，中国社会科学院法学研究所研究员）

热点八 “新型大国关系”的意涵探索

入选理由 对“新型大国关系”的理论内涵、实践路径作深入探讨，将有助于推动国际和平共识的达成、国际关系民主化的实现和国际制度的改革朝向更加有利于发展中国家的方向发展。目前研究情况大致如下：1.对“新型大国关系”概念、内涵和意义的阐释。围绕十八大提出的国际关系“平等互信、包容互鉴、合作共赢”的新精神，学者们从大国之间对外关系的时代要求、战略出发点与归宿、现实利益与分歧、相互关系的复杂程度等多个维度探讨了新型大国关系与传统大国关系的不同，深刻剖析了“新型大国关系”所具有的“不对抗、不冲突”、“相互尊重”、“合作共赢”等多重内涵。2.以中美关系为案例的研究。涉及构建中美新型大国关系的可能性、必要性，指导原则，构建的路径及影响因素，中美“新型大国关系”的未来设想等。3.将新型大国关系的思维拓展到与美国以外的其他国家间关系的经验研究以及国际治理的语境中，发掘与传统大国、新兴大国、周边大国、地区强国等在内的大国之间关系的新内涵、新特点，使得“新型大国关系”理念更带有全局性，充实了中国多边外交的新理念。4.强调中国在构建新型大国关系中的核心作用，深入挖掘传统文化中“和合”外交、“共生”原则、“天下体系”等智力资源以丰富西方主导的传统国际关系理论。

专家点评 “新型大国关系”之所以成为 2013 年中国学术热点，主要原因有三：一是因为党的十八大报告正式将“推动建立长期稳定健康发展的新型大国关系”作为中国改善和发展同发达国家关系的重要目标；二是因为构建“新型大国关系”成为本年度中美关系的主旋律；三是因为构建“新型大国关系”是前无古人的开创性事业，急需理论创新、观念创新、实践创新，由此激发中国学界从更广阔的时空视野展开学术研讨和课题研究。

（点评人袁鹏，中国现代国际关系研究院教授）

热点九 中国当代文学的海外传播及其翻译研究

入选理由 2013 年，中国当代文学的跨文化传播及其翻译研究被提升到比以往更为关注的层面上来讨论，主要定位在以下几个方面。1.介绍与研究中国当代作家及其作品在异域不同语境下的翻译与接受现象。相关学者采用统计列表、问卷调查、抽样分析等方法对中国当代主要作家及其作品的不同语种翻译与接受现象做出了初步的研究分析。2.一部分文章较为深入地分析了中国当代文学在翻译的推动下在海外所遭遇的如何传播的问题。全球化时代的当代文学书写不再是作家本土化的私语性表达，而是在文学创作的自觉中能够把支撑民族自信的文化风俗及其世界性元素整合为一体，这种世界性书写对于把中国当代文学翻译为多种异域语言提供了最大且恰切的接受性可能。3.部分学者开始从翻译研究的视域讨论中国当代文学向海外传播的问题与路径，并以此形成了一系列的问题意识：如西方译者对中国当代文学作品进行翻译时的选择立场，译者的跨国文化策略;中国当代文学向海外的传播,是依凭中国本土的译者还是依凭外域汉学家的问题;中国当代文学作品在翻译中所呈现的创造性书写与过度性书写问题;对中国当代文学作品的翻译,是坚守异化翻译还是接受归化翻译的问题等等。上述问题的深度化讨论已经初步关涉到了中国当代文学研究与翻译伦理学的逻辑关系等。

专家点评 中国当代文学的海外传播及其翻译研究作为2013年中国学界的热点,已经取得了一些含有学术价值的研究成果,从中国知网上检索可以看到近百篇与此相关的报刊论文和硕博论文,相关的著作也有出版。所存在的问题是,这一研究热点对中国当代文学研究的学术视域及其方法论也提出了新的挑战。中国当代文学研究必须要走出纯然的本土性批评,以更为宽阔的研究视域而有效地面对国际学界,并且西方四十年来所积累的翻译研究理论等也应该是中国当代文学研究者所必备的知识结构,这也要求学者们在国际工作语言上有自我调整的自觉。虽然这一热点还是初步的崛起,但其中蕴含着强大的理论蓄势,为中国当代文学的海外传播及其翻译研究在未来几年的持续性讨论提供了卓然且必要的准备。这也必然推动中国当代文学研究进一步走向国际化,最终与国际比较文学研究接轨且形成交集。

(点评人杨乃乔,复旦大学中文系教授)

热点十 钓鱼岛历史文献的发掘与解读

入选理由 近年来日本在钓鱼岛问题上采取了一系列挑衅行动,促使钓鱼岛争端迅速升级,钓鱼岛问题也成为学术界的研究热点,历史学者们运用历史学和考据学等方法,从历史文献、历史地理及中外关系史等若干领域对钓鱼岛问题进行了如下全面而深度的论述:1.学者们通过充分发掘和考证散见于中外古籍中关于钓鱼岛的历史文献及相关古地图,证明钓鱼岛最初是由中国人首先发现、命名、开发和管辖的,钓鱼岛主权属于中国是一个不争的事实。2.学者们根据详实的档案和史料,阐述了日本利用中国近代一系列内忧外患无暇顾及之机,非法窃取钓鱼岛的过程,从而有力地反驳了日本军国主义分子歪曲历史的行径。3.学者们对与钓鱼岛问题密切相关的琉球问题、中琉关系史等问题进行了深入研究,通过考证关于钓鱼岛的所有文献记述,无不证明钓鱼岛一直被记载在中国海疆之内,并非“无主地”,不是琉球的一部分,更不是日本的一部分,而是中国的领土。这些都为中国拥有钓鱼列屿主权提供了坚实的依据。

专家点评 钓鱼岛问题由于涉及国家主权和历史问题、法律问题及其敏感的现状成为一个社会热点,也成为过去一年来中国学界研究的热点,一年来有大批新的学术成果面世,涉及历史、国际法、国际关系等学科领域。在这些研究当中,引人注目的是对钓鱼岛文献的发掘与解读,学界不满足在寻求钓鱼岛属于中国的历史地理依据方面的论述,对与钓鱼岛相关的中日关系、琉球问题等也被纳入研究视野,在此基础上对钓鱼岛问题从第二次世界大战之后国际新秩序的角度进行了深入思考。这种“问题意识”在钓鱼岛历史文献的发掘与解读中起着导向作用,除了为中国拥有钓鱼列屿主权提供坚实的历史依据外,还推进了钓鱼岛及其相关问题在学术上的研究。

(点评人熊月之,上海社会科学院历史研究所研究员)

“坚持和发展中国特色社会主义”主题征文活动综述

根据中共上海市委宣传部统一部署，为深入研究宣传党的十八大提出的重大理论观点和重大战略思想，深入总结、阐述坚持和发展中国特色社会主义取得的成功经验，深入研究坚持和发展中国特色社会主义面临的重大课题，把中国特色社会主义不断推向前进，上海市社会科学界联合会广泛发动所属学会，积极组织了“坚持和发展中国特色社会主义”主题征文活动。

征文活动高举中国特色社会主义伟大旗帜，以邓小平理论、“三个代表”重要思想和科学发展观为指导，深入贯彻落实党的十八大精神，立足我国和上海改革开放和社会主义现代化建设的伟大实践，坚持解放思想、实事求是、与时俱进、求真务实，紧紧围绕坚持和发展中国特色社会主义，实现中华民族伟大复兴，深入总结和研究推进改革开放和社会主义现代化建设、推进科学发展的成功经验和重大问题，进一步深化对中国特色社会主义道路、理论体系和制度的研究，为全面建成小康社会，为上海“创新驱动、转型发展”、加快建设社会主义现代化国际大都市服务。

2 月份，社联向所属 160 多个学会以及民办社科机构，发出征文组织工作文件，并在社联网站发布征文通知，广泛征文。为确保此次征文活动能顺利有效开展，3 月份，又召开了部分学会组稿工作会议，与 30 多个学会的有关同志就本次征文的情况、特点、要求等进行了沟通。在广大学会组织动员下，本市哲学社会科学工作者积极参与本次活动，共征集到 35 个学会推荐的征文 682 篇。广大哲学社会科学工作者，深入研究阐述中国特色社会主义道路的科学内涵、基本特征及其形成的时代背景、历史进程、实践基础和历史意义，深入研究总结走中国特色社会主义道路的成功经验；深入研究阐述科学发展观形成的思想渊源、理论品质、实践基础、丰富内涵和指导地位，深入研究影响和制约科学发展的体制机制问题，坚定不移推进科学发展；深入研究阐述建设中国特色社会主义的总依据、总布局、总目标，深入研究阐述坚持和发展中国特色社会主义必须牢牢把握的基本要求。应征论文着眼新形势下世情、国情、党情发生的深刻变化，从经济转型、政治建设、社会发展、文化繁荣、生态文明等各领域，为推进中国特色社会主义理论体系自我完善和发展提供了一系列有价值的学术成果。

征文作者所属的单位既有上海市社科院、复旦大学、上海交大、华东师大、市委党校、上海师大、上海财大、同济大学、华东理工、南京政治学院、上海国际问题研究院、浦东干部学院等高校和研究机构，也有市人大常委会、市纪委、市级机关工委、市建交委、市社会工作党委、市工商行政管理局、市信访办、宝钢集团、上海电气集团、世纪出版集团、上海美加净日化有限公司等党政机关、大型企事业单位。提交论文的作者还有各区县党校、法院、街镇等基层党政部门及企事业单位的工作人员。参与本次征文的作者中，具有正高职称的作者近119人，具有副高职称的作者近108人，正、副高职称的作者人数占征文作者总人数的比例达到33%。

征文活动得到了各学会的大力支持。其中国际关系学会本次提交的论文达到了84篇；统一战线理论研究会、会计学会、思想政治工作研究会、马克思主义研究会、劳动和社会保障学会、领导科学学会提交的论文均超过40篇；房产经济学会、档案学会、工商行政管理学会、形势政策教育研究会、生产力学会提交的论文均在20篇以上；科学社会主义学会、中共党史学会、企业发展促进研究会、监察学会、土地学会、新四军暨华中抗日根据地历史研究会、法学会、法治研究会、哲学学会提交的论文也都达10篇以上。

7月，市社联组织召开主题征文评审工作会议，来自本市马克思主义研究、政治、法律、经济、社会等学科的19位专家学者参加了评审，共评出社联系统优秀论文97篇，并将由专家评审选定的优秀论文汇编成集，以《探索与争鸣》杂志2013年增刊的形式出版。

8月28日下午，由市社联举办的“双百愿景”与“三个自信”：上海市社会科学界2013年主题征文研讨会召开。会议由市社联党组副书记、专职副主席桑玉成教授主持，市社联党组书记、专职副主席沈国明研究员出席会议并讲话。会议结合中国特色社会主义道路、理论体系和制度研究，结合政治、经济、社会、文化、生态建设事业的具体实践，对“坚持和发展中国特色社会主义”这一主题展开了深入研讨。齐卫平等8位优秀论文作者作了交流发言。会议还对在本次主题征文活动中组织工作突出的学会进行了表彰，本市应征论文作者和相关学会负责人100余人与会。

社科普及平台

SHE KE PU JI PING TAI

科普活动

传递正能量　共圆“中国梦”

——上海市社联举办第12届上海市社会科学普及活动周

5月25—31日，上海市社联主办了第12届上海市社会科学普及活动周。本届活动周坚持“社联搭台、多方参与、寓教于乐、让人文社会科学走向大众”的工作理念，围绕“传递正能量、共圆‘中国梦’”的主题，举办了市级活动、学会特色活动、区域特色活动、东方讲坛特别版、媒体宣传、社科普及系列读物漂流等6大板块300余项科普活动，600多名社科专家积极参与，直接受众超过9万人次。

本届活动周在总结以往经验的基础上又有创新，形成了以下四大看点。

看点一：彰显“中国梦”主题，让社科普及传递“正能量”、增强感染力。

本届活动周通过主题报告会、专题讲座、演讲比赛等群众喜闻乐见的形式，开展了一系列“中国梦”宣传教育活动。

上海市哲学学会和上海市统战理论研究会分别举办了“中国梦与唯物史观新视野”和“中国道路与中国梦”主题论坛。同时，一大批具有群众性、参与性、互动性的宣传活动也在全市展开，为老百姓圆梦，提供了一个人生出彩的舞台。如：浦东新区区委宣传部举办了“美丽浦东·我们的家园”主题宣传服务活动、虹口区委宣传部举办了市民故事会：“讲讲我的幸福生活”、闸北区委宣传部举办了微型党课：“价值引领的活力呈现”、松江区委宣传部举办了东方讲坛在松江系列讲座——“同系松江情，共筑中国梦”、奉贤区委宣传部举办了十八大精神“微宣讲”活动和“说贤人话贤事”本土方言故事大赛、上海市演讲与口语传播研究会举办了“放飞梦想：中国梦·学子梦”——上海大学生演讲观摩比赛、上海市中共党史学会举办了“中国梦，我的梦”绘画展览暨青少年迎“六一”主题游园活动……

看点二：组织25场活动，在首日集中举办，为活动周扩大影响、凝聚人气。

5月25日，本届活动周在上海贺绿汀音乐厅拉开帷幕。上海市社联党组书记、专职副主席沈国明主持开幕式，上海市社联主席秦绍德致辞并宣布活动周开幕。社科专家学者、学会干部、市民听众700余人踊跃参加了开幕式活动。

同日，在静安公园，上海市老年学会举办了“走进社区、关爱老人”大型义务咨询服务活动，组织百余名专家学者为市民提供健康养生、法律维权、投资理财以及助老产品使用等方面的咨询，不少席位前排起长队；在普陀区街道社区，上海市法治研究会举办了“名律师社区行”义务咨询活动，组织律师们将法律知识送到百姓身边；上海市教育学会在卢湾高级中学举办的“让学生学会学习，快乐成长”专题咨询服务活动，也在首日亮相，吸引了不少学生和家长前来参加。

在社科普及示范基地，一批延续上海城市文脉的展览陈列活动也在火热开展。如上海市档案馆举办了“城市记忆——近现代上海历史发展档案陈列”，通过600多件珍贵档案、照片、实物，展现上海的发展变迁，参观市民络绎不绝；中共“一大”会址纪念馆举办了“品味经典，感受大师”中国新文化作家与作品展览，通过大量文献图片，展出了新文化文学大师的生平及创作历程，吸引了不少文学爱好者前来参观；上海鲁迅纪念馆举办了“走进鲁迅”鲁迅生平陈列有奖知识竞答活动。

在上海图书馆举办的东方讲坛·创业生涯讲座与现场咨询活动、在青浦区图书馆举办的青浦历代文学名家“四人谈”、在长宁区天山社区举办的多媒体民众防护教育宣传活动等，也都吸引了许多市民积极参与。

看点三：跨界合作，多方参与，探索活动周社会化运作新模式。

本届活动周中，上海市社联与所属学会和上海市精神文明办公室、上海市振兴中华读书活动办公室、上海市妇联、中华艺术宫、上海博物馆、东方宣教中心、上海市儿童基金会、各区图书馆、申通地铁、以及部分街道社区文化活动中心和驻沪部队等百余家单位通力合作，为广大市民提供了一份包括主题论坛、专题讲座、义务咨询和展览等多种形式的，由300余项社科普及活动组成的“科普菜单”。

如：上海市渔业经济研究会举办了“食品安全进社区”宣传咨询活动、上海市中共党史学会举办了“党史专家与青少年讲党史”活动、上海市外文学会等举办了“《论语》的欣赏与评说”英语专题演讲会、上海市家庭教育研究会等举办了“分享快乐、放飞梦想”庆“六一”亲子嘉年华活动、杨浦区图书馆举办了“书香润泽杨浦，阅读传递能量”书评会、奉贤区南桥镇党委举办了“新村民谈谈村里事”——南桥镇村民教育主题月活动、江湾镇社区文化活动中心举办了“江湾草根我秀秀”——市民文化日活动，等等。上海市社联还采取“走出去”的方式，将社科普及读物漂流活动送进了军营。

看点四：邀请新闻传媒全方位介入，及时追踪报道活动周情况，营造浓郁的舆论氛围。

活动周期间，新华网、中国新闻网、中国上海门户网、东方网、上海热线、上海电视台、《解放日报》、《文汇报》、《新民晚报》、《东方早报》、《青年报》等21家新闻单位27次报道了本届活动周有关情况。文汇报于5月27日刊登了上海市社联党组书记、专职副主席沈国明撰写的“文汇时评”《普及社科知识是民生工程的重要内容》。《解放日报》、《新民晚报》、《中国社会科学报》等3家媒体对本届活动周做了综合报道。

上海市社联新媒体平台“社科视窗”，也对本届活动周进行了“微直播”、“微现场”发布，据统计，共被转发评论100余次。

读书的力量、知识的力量、思想的力量，这就是我们的正能量

——市社联社会科学普及读物系列漂流活动成效显著

今年以来，市社联以“读书的力量、知识的力量、思想的力量，这就是我们的正能量”为主题，举办“上海市社会科学普及读物系列漂流活动”。本次活动设漂流点86个，向社会赠阅社科普及图书6 300多册。活动开展半年多来，覆盖到社区居民、企业职工、青年学生、机关干部、部队官兵等不同人群，有效助推了上海市振兴中华读书活动，入选“第十五届上海市读书节示范引领项目”。

近年来，市社联坚持资助出版社会科学普及系列读物，迄今已由上海人民出版社正式出版21种，成为社联科普公共平台建设的重要抓手。为进一步发挥科普读物在公共文化服务中的作用，市社联策划了图书漂流活动，在全市17个区县图书馆、部分社区阅览室，以及部队、学校、职工书屋等单位设漂流点，向广大读者赠阅社科普及读物。各漂流点结合自身情况，以开设漂流专架、海报宣传、微博互动、专题讲座等形式，推动本次活动深入展开。宝山区图书馆等放置了定制的漂流书架并张贴宣传海报，方便读者取阅科普书籍。浦东图书馆举办了社科普及读物作者与读者面对面活动，邀请《让孩子爱上阅读》的作者为读者讲授亲子阅读技巧，分享创作心得。静安区图书馆将漂流活动延伸到了全区21个“都市书坊”，让社科普及读物在楼宇白领间漂流起来。

社联为增强本次活动的互动性和趣味性，随书附送漂流卡片，向读者征集“读后感言”，并且在官方微博“社科视窗”上及时发布，有效延伸了活动的效果。徐汇区一位社区读者读了《哲学慧眼识究竟》后深有感触地说：“哲学给人一种深奥玄虚的感觉，但是通过阅读此书却让我获得如释重负的轻松之感；我能透过哲学和生活的迷雾看透一些问题。”宝山区宝杨路一社区读者阅读了《标点符号里的大学问》后写道：“日常写作、发E-mail时不引人注意的标点符号中蕴藏着诸多有趣而深奥的学问，失去标点的作品哪怕辞藻再华丽也会美感尽失。我非常喜欢这本书！”上海某公司的一位职工就《中国格言漫话》留言：“中国格言体现了中华民族特有的智慧，60条格言言简意赅、微言大义，从中学到了很多道理。”沪上某部队一位读者说：“《行政法漫谈》结合生活中的真实案例，采用普通读者易于理解和接受的方式，帮助我学到了实用的法律知识。”行知中学一名学生说：“《自由撰稿ABC》教会了我许多写作的方法，从‘仿写’起步，经过练习和摸索，总结写作技巧和经验，我的写作水平有了大幅提高。”

本次活动在快乐阅读的良好氛围中普及社会科学知识，受到了广大市民的欢迎，扩大了社联科普公共平台的社会影响力和辐射面。金山石化的一位读者评价道："社会科学普及工作就是在人们心田里种庄稼，只有种上庄稼，才可以铲除纷乱的杂草，让文明之花开满心田，感谢上海社联科普处为此做出的努力。"崇明县城桥镇的一位读者写道："这个活动让更多的老百姓开阔了视野，增长了知识、丰富了头脑，通俗易懂的图书给我们打开了另一扇窗。"杨浦区的一位社区读者在读完了社区漂流点陈设的 10 本科普图书后，来信索阅其他系列普及读物。一位台资企业员工在给社联的感谢信中说："希望市社联能继续开展漂流活动，服务社会与市民，服务祖国各少数民族同胞们。"

第12届上海市社会科学普及活动周学会特色科普活动

序号	举办单位	活动名称	活动时间	活动地点	预约电话
1	上海股份制与证券研究会	“贵金属(黄金)投资的博弈与时机选择”专题讲座	5月25日 14:00	浦东新区陆家嘴166号中保大厦31层	53821458
2	上海市城市经济学会等	住房公积金知识义务咨询活动	5月25日 9:00	肇家浜路608号底楼	62171343
3	上海蔬菜经济研究会等	“关爱民生,让生活更美好”咨询服务活动	5月26日 9:30—11:30	闵行区吴泾镇文化馆广场	52808150
4	上海市语言文字工作者协会	“语言文字规范标准与水平测试”咨询服务活动	5月26日 13:00	陕西北路486号	62555270
5	上海市企业发展促进研究会	“上海现代服务业发展战略”专题讲座	5月26日 14:00	上海市经济党校1302会议室	53064331
6	上海市世界经济学会等	“人民币国际化”专题论坛	5月26日 9:00—5月27日	武东路188号上海财大豪生大酒店	53060606-2441
7	上海市世界语协会	“世界语应用与学习”专题讲座	5月26日 13:00	东方路3539号昊瀚集团会议室	
8	上海市会计学会等	“企业集团财务管理”专题讲座	5月27日 9:00—16:00	温州市财政局会议室	54210823
9	上海市集体经济研究会	“创建学习型组织”专题讲座	5月28日 13:30	上海长江企业发展合作公司	33010135
10	上海市教师学研究会	学校生命教育专题讲座	5月27日 13:00	铁岭路109号杨浦区教师进修学院	62538351
11	上海市中共党史学会	青少年科普讲座校园行	5月27日 13:00 5月31日 10:15	闵行区交大附属第二中学、闵行区航华一小	63549205

（续表）

序号	举办单位	活动名称	活动时间	活动地点	预约电话
12	上海市演讲与口语传播研究会等	“放飞梦想:中国梦·学子梦”——上海大学生演讲观摩比赛	5月27日 13:30	大连西路550号上海外国语大学会议中心第一报告厅	35372577
13	上海市新四军暨华中抗日根据地历史研究会	“实现中国梦:历史使命与时代责任”——党的十八大精神学习专题讲座	5月27日 13:30	中山南二路777弄1号楼1503室	54248683
14	上海市工商行政管理学会等	老年人消费知识专题讲座	5月27日 14:00—16:00	哈密路1800弄23号程家桥街道王满泗桥社区	54236953
15	上海市外文学会等	“《论语》的欣赏与评说”英语专题演讲会	6月4日 14:00	铜仁路258号	13651804957
16	上海市金融学会	“上海金融业的过去、现在和未来”专题讲座	5月27日 14:00	浦东大道9号中国工商银行上海分行4楼大会议室	20897085
17	上海市民防协会等	中学生民防科普教育训练活动	5月27日—31日	东方绿洲	
18	上海邮电经济研究会	“中老年人春夏季疾病预防与养生”专题讲座	5月28日 9:30	四川北路65号(邮电俱乐部议事厅)	63632811
19	上海市价格学会(协会)	艺术品收藏价格咨询与鉴赏	5月28日 10:00	四平路710号8楼	63212182
20	上海社会科学普及研究会等	基层理论普及工作经验现场交流会	5月28日	嘉定区博乐南路111号	
21	上海市土地学会	“土地计划管理与土地整治利用”专题讲座	5月28日 10:00—16:00	海伦路306弄8号学会会议室	65877832
22	上海市伦理学会	“中国梦与社会主义核心价值观”专题讲座	5月28日 12:30	华山医院1号楼12楼会议厅	
23	上海市劳动和社会保障学会	“关于审理劳动争议案件适用法律若干问题的解释”专题讲座	5月28日 13:30	淮海中路622弄7号社科院大礼堂	62666172
24	上海食文化研究会等	“合理美食与养生”专题讲座	5月28日 13:30—16:00	胶州路601号静安区社区学院	13301803984
25	上海市地方史志学会等	“地方志:传承五千年中华文明的重要载体”专题讲座	5月28日 14:00	杨浦区长阳路728号中国烟草博物馆	61665903
26	上海市民防协会等	“地震预警与应急防护”专题讲座	5月28日 14:00	复兴中路593号民防大厦11楼第一会议室	

（续表）

序号	举办单位	活动名称	活动时间	活动地点	预约电话
27	上海邮电经济研究会	“北斗星导航系统应用”专题讲座	5月28日 14:00	四川北路65号(邮电俱乐部议事厅)	63632811
28	上海国际战略问题研究会	“核与社会:你身边的核技术与核应急”科普活动	5月28日 14:00—16:00	政化路257号五角场街道社区文化服务中心	13816374445
29	上海市医学伦理学会等	“冬病夏治养生,医学伦理暖心——龙华医院名医话养生”咨询活动	5月28日 15:00—16:30	地铁七号线东安路站、肇嘉浜路站	—
30	上海市世界经济学会等	“中国参与全球经济治理的回顾与展望”青年学者主题沙龙	5月29日 10:00	徐汇区田林路195弄15号	53060606-2441
31	上海宋庆龄研究会等	“同志·朋友·亲人”宋庆龄文物图片展	5月29日 10:00—16:30	淮海中路1843号宋庆龄故居纪念馆	64747183
32	上海宋庆龄研究会等	“孙中山的廉政思想与实践”专题展览	5月29日 10:00—16:30	香山路7号孙中山故居纪念馆	53063361
33	上海市集体经济研究会	“集体企业转型发展”咨询服务活动	5月27日 13:30—16:00	浦东新区国有资产监督管理委员会丁香路716号D座	33010135
34	上海市物流学会等	“现代物流实训”咨询服务	5月29日 13:00—15:30	锦秋路1333号上海现代流通学校现代物流实训中心	63232513
35	上海市投资学会	投资理财专题讲座	5月29日 14:00	淮海中路200号建设银行上海市分行四楼会议室	68491837
36	上海市民营经济研究会	“民营企业文化建设”专题演讲会	5月29日 14:00—17:00	大渡河路525号上海市长风生态商务区	
37	上海市经济学会等	“理性投资、科学理财”专题论坛	5月29日 14:00—16:00	杏山路317号曹阳街道社区学校三楼剧场	13817766427
38	上海市形势政策教育研究会	“从‘汪辜’会谈看两岸关系发展”专题讲座	5月30日 9:00	淮海中路622弄7号上海社科院小礼堂	53064331
39	上海市形势政策教育研究会	“巴以领导人访华背景与巴以关系走向”专题讲座	5月30日 13:00	淮海中路622弄7号上海社会科学院第一会议室	53064331

(续表)

序号	举办单位	活动名称	活动时间	活动地点	预约电话
40	上海市会计学会	“金融投资市场与投资策略”专题讲座	5月30日 13:00—16:00	漕溪北路41号汇嘉大厦4楼社科会堂	54210823
41	上海市终身教育研究会	“让盲人‘悦’读”科普活动	5月30日 13:30—15:00	原平路55号会议中心2113室	25653055
42	上海市经济学会等	企业转型发展咨询服务	5月30日 13:30—16:30	浦东新区商城路889号波特营创意园B11栋一楼	13301609693
43	上海市马克思主义研究会	“中国经济市场化道路的理论基础与经验实证”专题讲座	5月30日 14:00	市委党校海兴大厦202室	18918989058
44	上海市统一战线理论研究会	“中国道路与中国梦”主题论坛	5月30日 14:00	天等路469号上海市社会主义学院	
45	上海市中共党史学会	“中国梦,我的梦”绘画展览暨青少年迎“六一”主题游园活动	5月30日— 6月2日 9:30—16:00	汉中路188号上海市青少年活动中心	63549205
46	上海市中共党史学会	党史专家与青少年讲党史	5月31日 10:00—12:00	静安区时代中学	63549205
47	上海市社会心理学学会	“突发公共卫生事件的社会心理支持体系”专题论坛	5月31日 9:00	外青松公路7989号上海政法学院	39225419
48	上海食文化研究会等	海派美食文化专题讲座	5月31日 09:00—15:00	罗店镇市一路88号上海震旦职业学院	66866920
49	上海市总会计师工作研究会等	“2013年税务稽查重点政策解析”专题讲座	5月31日 13:00	宛平路317号上海市财政局3楼中央会议室	63788111 54210823
50	上海市外文学会	“法律术语翻译:现状与技巧”专题讲座	5月31日 13:00	浦东新区惠南镇观海路505号上海工商外国语学院	
51	上海市会计学会等	“新会计准则——职工薪酬解析”专题讲座	5月31日 13:00—16:00	新闸路1508号静安国际广场光大证券会议室	54210823
52	上海市老年学学会	“居家养老专业服务进社区”专题论坛	5月31日 13:30	静安区静安寺社区社会组织联合会会议室	62480427

（续表）

序号	举办单位	活动名称	活动时间	活动地点	预约电话
53	上海市领导科学学会等	“教育管理创新与提升学校领导力”专题论坛	5月31日 13:30—17:00	闵行区都市路4855号解放日报报业集团	13801681274
54	上海市固定资产投资建设研究会	“交通发展与节能减排”专题讲座	5月31日 13:30—15:30	杨浦区军工路2360号上海城市管理职业技术学院	18916113697
55	上海市新四军暨华中抗日根据地历史研究会	“大国崛起的历史轨迹以及对中华民族伟大复兴的启示”专题讲座	5月31日 13:30	上海科教党校大教室	54248683
56	上海市档案学会等	“第一颗原子弹爆炸幕后的故事”专题讲座	5月31日 14:00	上海市档案馆外滩馆8楼多功能厅	63336633＊1708
57	上海炎黄文化研究会等	“浏览古玉中的历史”专题讲座	5月31日 14:00	铜川路1433号普陀区法院会议室	54240782
58	上海市世界经济学会	“世界市场的二元化和我国重要战略机遇期的选择”专题讲座	5月31日 14:00	中山西路2271号上海商学院	53060606-2441
59	上海市家庭教育研究会等	“分享快乐，放飞梦想”庆“六一”亲子嘉年华活动	6月1日 13:30—16:00	长宁区少年宫	64330001-6318
60	上海市固定资产投资建设研究会	“文明出行、安全出行、绿色出行”咨询服务活动	6月5日 9:30—11:00	柳州路36号上海南站长途客运有限公司南广场	18916113697
61	上海人大工作研究会	“3D打印技术的发展与后续效应”专题讲座	6月5日 14:00—15:30	长宁路599号长宁区机关大厦3楼	62117377
62	上海市社区发展研究会等	“健康心理与活力社区”——心理咨询进社区	6月10日 14:00	西藏南路1360号半淞园街道社区文化活动中心等	53068592
63	上海市妇女学学会等	“妇女与发展”专题讲座	6月19日 9:00	漕溪北路41号汇嘉大厦4楼社科会堂	54892517
64	上海中西哲学与文化比较研究会等	“中国文化的认知取向”专题论坛	6月20日—23日	中山北路3663号华东师范大学	54341146

第12届上海市社会科学普及活动周区域特色科普活动

序号	举办单位	活动名称	时间	地点	预约电话
1	中共浦东新区区委宣传部	“美丽浦东·我们的家园”主题宣传服务活动	5月25日至6月7日	浦东新区各街镇（社区）文化活动中心	28282445
2	中共闸北区委宣传部	微型党课：“价值引领的活力呈现”	5月30日 14:00—16:00	阳泉路77号闸北区委党校	63805390-7021
3	中共虹口区委宣传部	市民故事会：讲讲我的幸福生活	5月25日至8月14日	虹口图书馆、各社区文化活动中心	25658035
4	中共奉贤区委宣传部	党的十八大精神“微宣讲”展示活动	5月28日 14:00	奉贤区南桥镇解放东路928号区会议中心	67199509
5	中共奉贤区委宣传部	“说贤人话贤事”奉贤本土方言故事大赛	5月30日 14:00	奉贤区南桥镇解放东路928号区会议中心	67199510
6	徐汇区非物质文化遗产保护办公室	徐汇区非物质文化遗产精品博览会	6月10日 13:30—16:00	南丹路109号徐家汇街道社区文化活动中心	无需预约
7	静安区图书馆	“午后阳光”读书会科普专场	5月25日 14:00—16:00	新闸路1702号五楼视听室	62171302
8	杨浦区图书馆	“海上画梦录”——老上海漫画展	5月25日至6月5日	平凉路1490弄1号	65396382
9	杨浦区图书馆	“书香润泽杨浦，阅读传递能量”书评会	5月25日至6月5日	平凉路1490弄1号	65396382
10	宝山区罗店镇精神文明办公室	上海宝山罗店龙船文化节	6月10日至6月13日 9:00—17:00	美诺路131号罗店镇美兰湖	33700192
11	中共奉贤区金汇镇党委	“励金汇贤、幸福金汇”文化活动月	5月25日至5月31日	金汇镇各村、各居民区	57488128

（续表）

序号	举办单位	活动名称	时　间	地　点	预约电话
12	普陀区文化局	第二届国际电影节手机电影节暨交互动漫影展	6月16日至6月20日	长风生态商务区	无需预约
13	普陀区文化局	“海上风、民族魂”苏州河近现代工业文明联展	5月25日至6月16日	铜川路1278号普陀区图书馆	无需预约
14	普陀区文化局	普陀区非物质文化遗产展演活动	6月8日 14:00—15:00	华阴路200号宜川街道社区文化活动中心广场	无需预约
15	虹口区江湾镇社区文化活动中心	“江湾草根我秀秀”——市民文化日	6月15日 8:00—16:00	江湾公园	65609031
16	虹口区广中路街道社区文化活动中心	“你秀我也秀”——广中社区戏曲文化收藏展	5月25日至5月30日	广中路123号社区文化活动中心	51812299
17	虹口区四川北路街道办事处	“我与甜爱路”浪漫爱情主题故事征集活动	5月25日至6月15日		60560567
18	虹口区图书馆曲阳分馆	少儿影视剧经典励志台词征集评选活动	6月1日 14:00—15:00	曲阳路574号三楼影视厅	65553603
19	中共松江区九亭镇党委	贯彻党的十八大精神PPT制作展演大赛	5月25日至6月30日	九亭镇各村、各居民区	57876625
20	金山区山阳镇人民政府	“宜居山阳”文化艺术节系列活动	5月25日至10月30日	山阳镇文体中心、各村居民区	57241230
21	金山区漕泾镇人民政府	“文化漕泾、产业漕泾、和谐漕泾”——主题宣教活动	5月25日至10月30日	漕泾镇社区学校	67252012
22	崇明县美术馆	“生命之源——水”系列美术作品展	5月25日 8:30—16:30	崇明大道7897号崇明美术馆	59616136
23	上海立信会计学院等	“知识让理财更安全”咨询活动	6月1日 9:30—16:30	松江区人民北路171弄岳阳街道岳阳广场	57822745

东方讲坛

让公共文化服务扎根郊区大地

——“东方讲坛在郊区”项目启动一年多来举办讲座 1 700 余场直接听众达 30 万人次

长期以来,郊区一直是本市文化建设的薄弱地区。“2011 上海市民人文社科知识与素养调查”显示:约有四成多的市民人文知识得分低于平均水平,这部分人群主要是郊区市民。如何改变城郊文化发展的不均衡？如何让公共文化服务惠及广大郊区群众？带着这种紧迫感和责任感,2012 年新年伊始,东方讲坛践行“走转改”的总要求,推出了“东方讲坛在郊区”项目,作为上海市文化科技卫生“三下乡”常下乡项目之一,组织社科专家学者深入市郊八区一县。目前在东方讲坛的 351 个举办点中,175 个设在郊区的乡镇机关、社区文化活动中心和社区学校,实现了郊区街道和乡镇全覆盖。截至 2013 年 4 月,“东方讲坛在郊区”项目已举办讲座 1 700 余场,占东方讲坛所有讲座场次半数,直接听众达 30 万人次。本项目获得了“2012 年度上海群众文化优秀活动项目奖”表彰。

一、 到郊区,把讲座办在群众家门口

郊区地域广、市民居住分散,出行不便。以前,常出现郊区听众辗转几十站公交到市区来听讲座的情况。现在,东方讲坛工作重心下移,把服务延伸到郊区基层,使更多资源向农村倾斜。只要基层有需求,东方讲坛一定克服困难、调配资源,让郊区群众在家门口就能享受到公共文化服务。一位郊区宣传部门同志这样评价:“过去请大学教授来我们这里做讲座,难得不得了。‘东方讲坛进郊区’项目开展后,一年就有几十位专家学者来讲课,对我们公共文化建设起到了很大推动作用。”

二、 接地气,把知识送到百姓心坎上

讲坛的郊区举办点多数设在城乡结合部和偏远农村,听众既有本地居民,也有外来务工人员。上海市社科联科普处为不同听众量身定制了《东方讲坛选题(社区版)》,涵盖“形势热点”、“人生发展”、“家庭教育”、“心理健康”、“法律知识”、“经济金融”、“国防知识”、“历史文化”、“艺术鉴赏”、“养生之道”等十大类,并每年更新题目 50%以上。“创新驱动与上海新郊区产业建设”、“善处婆媳关系,构建和谐家庭”、“外来务工人员的心理健

康”……这些都是时下郊区群众关注的热门话题。

除了选题“贴肉”，东方讲坛讲师们还在讲课技巧上下足功夫，有的为了贴近实际，提前去做调研；有的自带道具，与现场听众做互动游戏……老师讲得用心，听众听得入迷，于是，“东方讲坛在郊区”的讲座现场又出现了这样的风景：讲座结束后很多人不愿离去，围着台上的老师继续交流，大家有多少问题，老师都一一耐心解答。

三、 强队伍，将文化“输血”与师资“造血”相结合

东方讲坛通过收集每场讲座的听众反馈，逐渐遴选出一支作风实在、讲课生动、公益心强的特聘讲师队伍，用百姓话讲百姓关心的事。上海科学社会主义学会韩狄明老师在奉贤宣讲十八大精神的时候，为了让百姓容易听懂，特地用本地方言讲课。环科专家竺际舜老师在讲课时别开生面，编了一段环保小沪剧，自说自唱，深受基层群众欢迎。

在文化“输血”的同时，讲坛还不断探索提升郊区文化“造血”能力，挖掘培育了一批郊区本地优秀文化人才，走上东方讲坛。如活跃在金山区枫泾镇的“枫帆”宣讲团，聚集了当地各基层单位的一批青年志愿者，用枫泾方言宣讲百姓身边的好人好事与家乡规划，其中有位在群众中颇有名气的“故事大王”，以快板形式唱出了十八大以来枫泾镇的变化和发展，赢得现场听众阵阵掌声和笑声。

四、 讲奉献，把群众需求放在第一位

走基层、转作风是宣传文化工作面临的一项重大任务。“东方讲坛在郊区”开展一年多来，不走形式，不搞摊派，扎实办好每场讲座，始终坚持把群众的需求导向放在第一位。

讲坛把自己作为社科界服务基层的一个“窗口”，从讲座申报、选题策划、讲师安排，再到现场服务、效果反馈、媒体宣传，用心做好每个细节。一场讲座下来，常常要打十几个电话沟通协调，确保实现听众满意的最佳效果。上海市社科联科普处工作人员还分赴金山、崇明、宝山、松江等地，召开现场工作会，与郊区干部群众面对面，倾听基层需求，解决实际问题。一位专家为了及时赶到金山区金山卫讲课，上午一下课咬了几口馒头就匆匆上路。松江区石湖荡镇距离市区 50 多公里，交通十分不便，东方讲坛把讲座配送到各个村居委，遇有周末一早的讲座，老师清晨 6 点多就出门赶赴讲座地点。

五、 建机制，让文化下乡常态化

东方讲坛及时将好经验、好做法固化下来，一是建立市区联动长效机制，推动公共文化服务在郊区持续深入开展。如开通“东方讲坛举办点 QQ 群”，实时发布信息、解答问题、提供服务，鼓励各举办点之间自由交流，形成纵横贯通、便捷高效、联动协同的工作网，弥补了起步阶段郊区举办点地域分散、经验欠缺的不足之处。

二是建立多形式推进、全方位服务的常态机制。经过一年多“东方讲坛在郊区”项目的实践，目前，东方讲坛已将社科普及资源引入郊区，开发更多为郊区百姓喜闻乐见的科普产品，先后陆续开展了“送书下乡”、“科普读物漂流”、“区域特色社科普及活动”等，形成全方位、多形式的综合服务体系，为改观郊区文化生活单一、文化资源匮乏的现状创新了方法，作出了探索。

覆盖全市街道乡镇 直接听众逾18万人次

——东方讲坛“学习贯彻党的十八大精神主题群众性宣传教育活动”深入基层显成效

在市委宣传部的统一部署下,东方讲坛于去年11月启动了“学习贯彻党的十八大精神主题群众性宣传教育活动”,推动十八大精神进企业、进农村、进社区、进机关、进校园,截至2013年4月,已全面覆盖本市17个区县所有街道乡镇,共举办主题宣讲1 500余场,直接听众逾18万人次,掀起了全市基层干部群众学习贯彻十八大精神的热潮。

一、跨区县组合师资,形成大宣教合力

东方讲坛以上海市十八大精神宣讲团成立暨备课会的召开为契机,从讲坛特聘讲师和区委党校教师、市民讲师团中,遴选政治素质强、理论修养深、专业知识扎实、宣讲经验丰富的优秀讲师,组成宣教活动的宣讲员队伍,深入基层第一线,开展群众性主题宣教活动。如:杨浦区委党校副教授孙爱霞,在奉贤区南桥镇西渡社区进行宣讲时台下座无虚席,当地群众纷纷表示内容由浅入深,听起来“不吃力”。闸北区委党校研究室主任卜新兵为闵行区江川路街道各条线干部群众描绘“下一站:美丽中国”的蓝图,使听众对实现“国家富强、民族振兴、人民幸福”的中国梦充满了信心和希望。

为进一步拉近党的十八大与本市干部群众的距离,东方讲坛特邀十八大代表登坛宣讲,把大会现场的正能量传递到百姓的心坎上。如:虹口区秀苑居民区党总支书记杨如明,作为上海居委干部中唯一一位参加十八大的代表,结合自己与会的感想,介绍了一名基层党代表在十八大召开期间的亲身经历,在场听众表示,杨书记的描绘使自己仿若身临其境。

又如:外高桥造船有限公司的洪刚,作为十八大上海代表团中唯一的农民工党代表,向高行镇的近400名听众生动描述了参与十八大的切身感受。前来听讲的一位农民工兄弟激动地说,听了宣讲报告后,“我对自己的生活更有信心了!”另一位来自宝山区月浦镇社区事务受理服务中心的谭金凤主任则从“忐忑、亲切、幸运、鼓舞、启发、行动”六项履职体会、十八大的会议概况、十八大报告的框架结构以及习近平总书记在参加上海代表团审议时的讲话四个部分深入浅出地对党的十八大精神进行了宣讲,号召大家为月浦“新三镇”建设贡献自己的一份力量。

二、运用通俗化措施，开展分众化宣讲

东方讲坛切实贯彻中共中央关于“理论‘走转改’”的要求，努力探索“百姓讲、百姓听”的宣讲模式，为将十八大精神迅速普及到社会大众，细分受众人群，创新讲座形式，真正做到贴近实际、贴近群众、贴近生活。

如杨浦区推出“微讲座 · 基层行”品牌，针对普通市民工作、学习繁忙的特点，动员复旦大学博士生讲师团，把讲座直接配送到居委、楼组、车间、班组。宣讲员们走进上海柴油机厂生产车间里对一线职工讲，走进东方商厦对营业人员讲，走进上海理工大学对青年学生讲，走进各个居委会与广大居民面对面讲，使宣教活动犹如春风化雨般沁入听众心田。

浦东新区金杨街道举办点更是通过别开生面的手语宣讲，架起了向特殊人群传达喜讯的桥梁。有聋哑朋友在参加讲座后，迫不及待地通过手语表达了心声：“这样的讲课是第一次，我们听得很明白，这是政治上的平等和关心，我们要和大家一起建成小康社会!”而在嘉定工业区计划的“千名党员进党校”教育活动中，有幸参加首轮培训的88岁高龄娄塘村老党员费玉林，尽管腿脚不便，但还是在老伴和村委会工作人员的协助下，坚持坐着轮椅来到现场。费老先生激动地说：“党的十八大是相当伟大的，不容易的，我一定要听听十八大的意义，走不动也要来听。”

在崇明县宣讲十八大精神的讲坛上，既活跃着以退休老干部为主力的“桑榆”讲师团，也活跃着由青年党团员志愿者组成的“星火”宣讲团。在进行主题宣教时，他们结合本地区实际，回答基层干部群众关心的问题，受到当地群众的欢迎。在金山区枫泾镇，积极开展宣讲工作的“枫帆”宣讲团，聚集着来自全镇基层单位的青年志愿者，他们围绕学习贯彻十八大精神的主题，用枫泾方言讲述发生在百姓身边的发展变化、先进事迹和家乡规划。有一位宣讲员，还用快板的形式，唱出了枫泾镇的新面貌，赢得了听众的阵阵掌声和笑声。

东方讲坛 2013 年度数据统计总表

举办单位分类及场次	区、县“讲坛”	2 001
	高校“讲坛”	157
	其他“讲坛”	170
	合计	2 328
	对社会听众开放的场次	2 169
系列讲座(次)	东方讲坛·学习贯彻党的十八大精神群众性主题宣传教育活动	572
	东方讲坛·“中国梦”主题群众性基层宣讲活动	367
	东方讲坛·学习贯彻党的十八届三中全会精神主题宣传教育活动	336
	文化与人生	304
	“东方讲坛在郊区”系列讲座	279
	形势与热点	275
	东方讲坛·学术特别版	37
	东方讲坛·四季养生系列讲座	25
	东方讲坛·暑期文博系列讲座	23
	东方讲坛·“三八”妇女节特别讲座	20
	东方讲坛·经典艺术系列讲座	19
	东方讲坛进军营	15
	东方讲坛·上海市民文化节系列讲座	14
	东方讲坛·第 15 届上海读书节系列讲座	15
	“书香校园、励志青春”——“东方讲坛进校园”系列讲座	9
	东方讲坛·2013 创业生涯系列讲座活动	8
	东方讲坛·中国(上海)自贸实验区专题普及系列讲座	8
	东方讲坛·上海美术大课堂(社科版)	7
	“茶健康·茶文化·茶产业”——东方讲坛·2013 年国际茶文化节系列讲座	6
	东方讲坛·“上海市第二十五届宪法宣传周”普法系列讲座	6

（续表）

系列讲座	"同系松江情，共筑中国梦"——东方讲坛在松江系列讲座	6
	东方讲坛·2013职业生涯系列讲座活动	5
	东方讲坛·"上海美术大课堂艺术讲座"系列	4
	东方讲坛·国际版	1
讲师人次	高级职称	1 325
	社会职务	1 003
选题分类（种）	形势热点	1 580
	人生发展	112
	家庭教育	30
	心理健康	42
	法律知识	63
	经济金融	28
	国防知识	27
	历史文化	140
	艺术鉴赏	135
	养生之道	120
	其他	51
	合计	2 328
2013年度总计	本年度已举办场次	2 405
	本年度听众人次人数（约）	360 750
	本年度二次传播受众人次	13 860 000
东方讲坛总计	已设立举办点	373
	讲师（不重复统计）总人数	647
	总举办场次	20 012
	听众总人次	5 343 470
	二次传播受众总人次	266 993 470

东方讲坛举办点名录

上海图书馆	上海博物馆	中华艺术宫
上海市档案馆	中共一大会址纪念馆	上海鲁迅纪念馆
上海东方宣教中心	上海东方社区信息苑	上海市社区文化服务中心
上海市形势政策教育研究会	上海市法学会	上海市法治研究会
上海市经济学会	上海市工商行政管理学会	上海市新四军历史研究会
上海东方法治文化研究中心	上海市法宣办	上海市国防办
上海市宣传党校	上海市旅游局	上海市就业促进中心
上海市妇联	中国福利会少年宫	上海市交警总队
浦东新区区委宣传部	浦东新区陆家嘴街道	浦东新区潍坊新村街道
浦东新区花木街道	浦东新区沪东新村街道	浦东新区浦兴路街道
浦东新区南码头路街道	浦东新区洋泾街道	浦东新区塘桥街道
浦东新区东明路街道	浦东新区金杨新村街道	浦东新区上钢新村街道
浦东新区申港街道	浦东新区周家渡街道	浦东新区金桥镇
浦东新区北蔡镇	浦东新区川沙新镇	浦东新区曹路镇
浦东新区张江镇	浦东新区唐镇	浦东新区高桥镇
浦东新区合庆镇	浦东新区高东镇	浦东新区高行镇
浦东新区三林镇	浦东新区康桥镇	浦东新区周浦镇
浦东新区航头镇	浦东新区新场镇	浦东新区宣桥镇
浦东新区祝桥镇	浦东新区惠南镇	浦东新区老港镇
浦东新区万祥镇	浦东新区大团镇	浦东新区泥城镇
浦东新区书院镇	浦东新区芦潮港镇	浦东新区社会工作者协会
浦东图书馆	浦东新区公安分局	
黄浦区委宣传部	黄浦区南京东路街道	黄浦区外滩街道
黄浦区瑞金二路街道	黄浦区淮海中路街道	黄浦区豫园街道
黄浦区打浦桥街道	黄浦区老西门街道	黄浦区小东门街道
黄浦区五里桥街道	黄浦区半淞园路社区	黄浦区图书馆

（续表）

静安区委宣传部	静安区静安寺街道	静安区曹家渡街道
静安区江宁路街道	静安区石门二路街道	静安区南京西路街道
静安区图书馆		
徐汇区委宣传部	徐汇区徐家汇街道	徐汇区天平路街道
徐汇区湖南路街道	徐汇区枫林街道	徐汇区斜土街道
徐汇区田林街道	徐汇区长桥街道	徐汇区虹梅街道
徐汇区康健街道	徐汇区凌云街道	徐汇区龙华街道
徐汇区漕河泾街道	徐汇区华泾镇	上海漕河泾新兴技术开发区
徐汇区图书馆		
长宁区委宣传部	长宁区新华路街道	长宁区江苏路街道
长宁区华阳路街道	长宁区周家桥街道	长宁区天山路街道
长宁区仙霞新村街道	长宁区虹桥街道	长宁区程家桥街道
长宁区北新泾街道	长宁区新泾镇	长宁区图书馆
长宁文化艺术中心	长宁区教育局	长宁区卫生局
普陀区委宣传部	普陀区长寿路街道	普陀区曹杨新村街道
普陀区长风新村街道	普陀区宜川路街道	普陀区甘泉路街道
普陀区石泉路街道	普陀区真如镇	普陀区长征镇
普陀区桃浦镇	普陀区图书馆	
闸北区委宣传部	闸北区天目西路街道	闸北区北站街道
闸北区宝山路街道	闸北区芷江西路街道	闸北区共和新路街道
闸北区大宁路街道	闸北区彭铺新村街道	闸北区临汾路街道
闸北区彭浦镇	市北高新技术服务业园区	闸北区图书馆
闸北区教育局	闸北区教师进修学院	
虹口区委宣传部	虹口区四川北路街道	虹口区欧阳路街道
虹口区嘉兴路街道	虹口区曲阳路街道	虹口区提篮桥街道
虹口区广中路街道	虹口区凉城新村街道	虹口区江湾镇街道
虹口区图书馆	虹口区图书馆曲阳分馆	虹口区教师进修学院
上海市公安局虹口分局		
杨浦区委宣传部	杨浦区五角场街道	杨浦区长白街道
杨浦区殷行街道	杨浦区新江湾城街道	杨浦区江浦路街道
杨浦区平凉路街道	杨浦区控江路街道	杨浦区五角场镇

（续表）

杨浦区定海路街道	杨浦区延吉新村街道	杨浦区四平路街道
杨浦区大桥街道	杨浦区图书馆	杨浦区教育局
杨浦区少年宫		
宝山区委宣传部	宝山区友谊路街道	宝山区吴淞街道
宝山区张庙街道	宝山区大场镇	宝山区淞南镇
宝山区月浦镇	宝山区高境镇	宝山区杨行镇
宝山区庙行镇	宝山区顾村镇	宝山区罗店镇
宝山区罗泾镇	宝山图书馆	上海市公安局宝山分局
闵行区委宣传部	闵行区浦江镇	闵行区吴泾镇
闵行区马桥镇	闵行区颛桥镇	闵行区梅陇镇
闵行区莘庄镇	闵行区七宝镇	闵行区虹桥镇
闵行区华漕镇	闵行区江川路街道	闵行区古美路街道
闵行区新虹街道	闵行莘庄工业区	闵行区图书馆
嘉定区委宣传部	嘉定区安亭镇	嘉定新城（马陆镇）
嘉定区南翔镇	嘉定区江桥镇	嘉定区徐行镇
嘉定区外冈镇	嘉定区华亭镇	嘉定区嘉定镇街道
嘉定区新成路街道	嘉定区真新街道	嘉定工业区
嘉定区菊园新区管委会	嘉定区图书馆*	
金山区委宣传部	金山区枫泾镇	金山区朱泾镇
金山区亭林镇	金山区漕泾镇	金山区金山卫镇
金山区山阳镇	金山区廊下镇	金山区吕巷镇
金山区张堰镇	金山区石化街道	金山工业区
金山区图书馆		
松江区委宣传部	松江区中山街道	松江区方松街道
松江区永丰街道	松江区岳阳街道	松江区泗泾镇
松江区佘山镇	松江区车墩镇	松江区叶榭镇
松江区石湖荡镇	松江区新桥镇	松江区九亭镇
松江区泖港镇	松江区洞泾镇	松江区新浜镇
松江区小昆山镇	松江图书馆	松江区机关党工委
青浦区委宣传部	青浦区夏阳街道	青浦区盈浦街道
青浦区香花桥街道	青浦区赵巷镇	青浦区徐泾镇

（续表）

青浦区华新镇	青浦区白鹤镇	青浦区重固镇
青浦区朱家角镇	青浦区练塘镇	青浦区金泽镇
青浦区图书馆		
奉贤区委宣传部	奉贤区南桥镇	奉贤区奉城镇
奉贤区金汇镇	奉贤区庄行镇	奉贤区青村镇
奉贤区柘林镇	奉贤区海湾镇	奉贤区四团镇
奉贤区图书馆		
崇明县委宣传部	崇明县陈家镇	崇明县中兴镇
崇明县向化镇	崇明县堡镇	崇明县港沿镇
崇明县竖新镇	崇明县新河镇	崇明县建设镇
崇明县城桥镇	崇明县港西镇	崇明县庙镇
崇明县三星镇	崇明县新村乡	崇明县绿华镇
崇明县东平镇	崇明县新海镇	崇明县经济委员会
崇明县图书馆		
复旦大学	上海交通大学	同济大学
华东师范大学	上海外国语大学	华东理工大学
上海大学	东华人学	上海师范人学
华东政法大学	上海海事大学	上海中医药大学
上海戏剧学院	上海海洋大学	上海第二工业大学
上海理工大学	上海工程技术大学	上海对外贸易学院
上海应用技术学院	上海商学院	上海青年管理干部学院
上海立信会计学院	上海政法学院	上海体育学院
上海电力学院	上海电机学院	上海医药高等专科学校
上海出版印刷高等专科学校	武警上海政治学院	
上海石油化工股份有限公司	上海电气(集团)总公司党校	上海氯碱化工股份有限公司

2013 年东方讲坛讲座选题目录

一、 形势热点

1. 学习贯彻落实十八大精神，全面建成小康社会
2. “中国梦”与中华民族伟大复兴
3. 五位一体：实现全面建成小康社会的新要求
4. 当前国际形势热点分析
5. 当前国际形势与中国周边安全
6. 大国关系与中国外交
7. 国际反恐斗争与中国国家安全
8. 世界能源格局与中国能源安全
9. 我国的海洋安全形势
10. 台海局势及两岸关系新进展
11. 两岸和平与民族复兴
12. 自信也是生产力——关于道路、理论、制度自信的思考
13. 怎样理解中国特色社会主义
14. 学习践行新党章，做合格党员
15. 建设学习型、服务型、创新型党组织与基层党建创新
16. 为民、务实、清廉，保持党员纯洁性
17. 加强作风建设，做好新形势下的群众工作
18. 大力推进新型城镇化建设
19. 怎样建设老年社会服务体系
20. 社会管理创新与社会建设
21. 基层民主与社会管理创新
22. 社区建设与社会组织发展
23. 新时期社区工作者的定位与使命
24. 从社区实务看社区工作者的思维创新
25. 加强道德建设，构建和谐社会
26. 民族和谐与国家发展
27. 转型升级过程中的上海城市发展
28. 上海发展转型与“四个中心”建设

29. 关于上海创意产业发展的思考
30. 上海迈向国际化大都市与社会发展
31. 新形势下城市社区安全管理
32. 发展生态文明,建设美丽中国
33. 低碳社区与城市环境保护
34. 普及食品科学知识,提高安全防范能力

二、 人生发展

35. 文化自觉与人格修养
36. 艺术人生与人生艺术
37. 我们怎样对待挫折
38. 现代人的自我认知与人生发展规划
39. 用信念指引人生之路
40. 干部的人格魅力修养
41. 社区干部的人际沟通和语言技巧
42. 公民社会与公民道德建设
43. “非诚勿扰”——谈诚信
44. 做一个合格的绿色公民
45. 情趣、格调与雅致生活
46. 中华“和”文化与和谐社会建设
47. 为人子女,百善“孝”为先
48. 仁爱与反省——儒家思想与人际关系
49. 孔子教你做人:快乐而又有人品
50. 敲开幸福大门,做幸福“达人”
51. 小智慧,大幸福
52. 感恩——让心灵的天空更灿烂
53. 做自己人生的管理者——从时间管理、知识管理、情绪管理谈起
54. 运用“正能量”,人生更美好
55. 寻求平衡家庭和事业的支点
56. 青春我做主:怎样顺利度过青春期
57. 当代青年的成才与做人
58. 做个成功的职场人——青年职场角色定位
59. 今天我们怎样找工作
60. 职业素养与职业生涯规划
61. 人际交往与沟通技巧
62. 用礼仪打开成功社交之路
63. 学会化解矛盾,促进社区和谐

64. 修身养性怡情,健康和谐文明
65. 睦邻让生活更美好
66. 长者风范——漫谈老年人的自我修养
67. 老年人的幸福感与健康长寿
68. 都市生活中的婚姻与恋爱
69. 以智慧打造幸福婚姻
70. 善处婆媳关系,构建和谐家庭
71. 做聪慧的职业女性
72. 走好职场新人成长之路
73. 团队建设与团队精神培养
74. 智商、情商与团队精神
75. 快乐工作全攻略

三、 家庭教育

76. 当前家庭教育面临的问题、挑战及技巧
77. 今天我们怎样教育孩子
78. 教与养:今天怎样做家长
79. 做家长的学问
80. 每一天都是新课题——婴幼儿家庭教育要点
81. 与你的孩子一起成长
82. 智慧跨越孩子成长中的"坎"
83. 爷爷奶奶怎么带孩子:说说隔代养育
84. 关于青春期的家庭教育
85. 成功的青少年教育:我们如何面对和把握
86. 注重品格,讲究方法——立足长远的家庭教育
87. 中华美德与家庭教育
88. 做一个有情有义的人:教孩子学会感恩
89. 家长与孩子心理沟通的艺术
90. 让孩子走出心理脆弱
91. 如何与成长中的孩子沟通
92. 亲子互动与家庭教育
93. 打造"阳光男子汉"——如何培养男孩
94. 怎样做好青春期孩子的家长
95. 如何提高孩子注意力
96. 智商、情商、逆商和意商培养
97. 如何培养孩子的自学能力
98. 家有考生,如何应对

四、 心理健康

99. 如何造就健康的心态
100. 心理健康与幸福人生
101. 日常生活中的心理学
102. “留一片宁静天空”——如何提高心理调适能力
103. 自我心理调适的方法
104. 传递“正能量”的心理艺术
105. 把握压力阀:在压力下怎样保持良好心态
106. 如何维护心理健康和人格健全
107. 远离心理焦虑,破解都市症候群
108. 警惕心理诱导,防患消费陷阱
109. 青年恋爱心理修养
110. 积极理性健康心态与青年自我发展
111. 家庭和谐的心理调适
112. 社区人际交往与心理调适
113. 居家色彩巧搭配,营造一份好心情
114. 善待自己,把握自身——谈女性心理的自我调适
115. 乐享人生,做一个心理健康的老人
116. 阳光心理与领导心理调适
117. 关爱心理健康,享受快乐工作
118. 心理健康与安全生产管理
119. 外来务工人员的心理健康
120. 突发事故的心理应激

五、 法律知识

121. 十八大精神与依法行政
122. 法治思维与社会治理
123. 以法治保障推进社会管理创新
124. 增强法治意识,提高依法行政能力
125. 如何提高领导干部法治思维能力
126. 法律是什么——法律的意义与价值
127. 生活与法律
128. 法治社会,如何养成自己的法律意识
129. 精神文明和法治文明
130. 法治社会与诚实信用
131. 城市精神与市民的法律素质
132. 婚姻、家庭、继承方面的法律问题

133. 女性安全与权益保障
134. 父母子女间的权利和义务
135. 怎样依法保护老年婚姻
136. 爱老护老,保护老年人的合法权益
137. 老年人的安全防范
138. 未成年人保护与预防未成年人犯罪
139. 社区常见法律纠纷的调处及预防
140. 平安建设与社区治安综合治理
141. 做好安全防范,共建平安社区
142. 文明出行,安全上路:解读新交规
143. 律师教你防范七招:学法、自律、交涉、取证、调解、仲裁、诉讼
144. 基层执法的难点和对策
145. 打击犯罪与保障人权——解读新《刑法》
146. 互联网的自由表达与法律规制
147. 解读《社会保险法》,保护自己的合法权益
148. 以案说法:实例解读《劳动合同法》
149.《物权法》与百姓民生
150.《侵权责任法》与百姓权利保护
151. 信息时代的个人隐私权保护
152. 学会用《消费者权益保护法》维护您的合法权益
153. 青年创业应当注意的法律问题
154. 金融风险防范与大众法律意识
155. 腐败犯罪的惩治与预防
156. 认识毒品危害,提高抵御能力
157. 邪教犯罪的社会防范与治理

六、 经济金融

158. 当前经济形势解读
159. 国际经济金融形势与中国经济发展
160. 宏观经济形势与宏观政策
161. 当前我国经济金融形势分析
162. 我国经济发展调结构、转方式的战略
163. “怎么看与怎么办”——当前我国经济社会发展问题与对策
164. 产业结构调整和战略性新兴产业发展
165. 第三次工业革命与未来经济发展
166. 什么是中国特色的新型工业化道路
167. 全球债务危机对中国经济的影响

168. 人民币国际化和我们的生活
169. 亚太经合组织纵横谈
170. 两岸经济合作趋势
171. 生活中的经济学
172. 怎样才是科学合理健康的消费
173. 读懂经济统计数据,体察经济脉搏
174. 城镇化浪潮下的城镇规划与农村协调发展
175. 现代服务经济与上海服务业发展
176. 创新驱动与上海新郊区产业建设
177. 经济民生问题面面观
178. 我国生态经济建设与产业结构调整
179. 绿色经济与可持续发展
180. 诚信交易,让我们的市场更健康
181. 如何使你的银行卡更安全
182. 投资理财热点分析
183. 怎样选择适合自己的理财产品
184. 创业营运防"骗术"

七、 国防知识

185. 当今军事科技发展概况
186. 当代世界军事热点问题
187. 我国周边安全形势和国防现代化
188. 信息化战争与我国国防现代化
189. 中国太空战略与太空安全
190. 载人飞船与国防信息化推进
191. 航母:中国海军建设的里程碑
192. 强军梦——回望中国人民解放军建设历程
193. 我国的海洋形势与海洋安全
194. 生化危险中的自救和互救技巧

八、 历史文化

195. 中国共产党的创立与近代上海社会
196. 红色足迹——中国共产党早期在上海活动寻踪
197. 真实的潜伏——中共党史上的谍报英杰
198. 辛亥革命与上海
199. 新四军与上海
200. 长征精神的当代启示

201. 中国传统文化精神的现实意义
202. 中国传统文化与人生智慧
203. 中国历史文明与廉政文化建设
204. 有趣的中国文化——中西方文化比较
205. 汉民族民俗文化的内涵
206. 传统节日的文化情怀
207. 清明节与绿色文明
208. 端午文化知多少
209. 七夕的由来与传说
210. 中秋节下话团圆
211. 解读中国重阳节文化
212. 中华瑰宝——中国城市与民间建筑遗产
213. 从四大发明看中国古代哲学
214. 诸子百家的文化精神
215. 禅宗文化与人生智慧
216. 儒道佛与中国哲学
217. 道教文化与健康人生
218. 道法自然——老子的智慧
219. 自由与自然——谈庄子之逍遥
220. 从甲骨文看中国人的文化思维
221. 图腾与中国龙文化
222. 全球化时代,我们怎样跨文化交流
223. 百年外滩与上海崛起
224. 上海——中国近代革命摇篮
225. 近代上海的八方移民
226. 回忆“老味道”——海派美食文化
227. 海上旧事:改变民国历史的上海帮会
228. 犹太文化与近代上海
229. 鲁迅在上海
230. 孙中山与宋庆龄的故事
231. 烟雨诗情:漫谈江南文化的特色
232. 上海方言与海派文化
233. 海纳百川精神与古代上海
234. 创意文化与新媒体时代
235. 迪士尼乐园与当代旅游文化
236. 新环境下的社区艺术创意与发展
237. 时尚与审美

238. 阅读，开创人生新天地
239. 从流行语看社会文化心理
240. 中国围棋文化与围棋魅力

九、 艺术鉴赏

241. 怎样理解音乐之美
242. 漫谈中国音乐文化
243. 爱国歌曲赏析
244. 军歌嘹亮：解放军歌曲欣赏
245. 情感浸润的中国民歌
246. 品赏中国古典音乐
247. 影视歌曲中的中国民族风
248. 上海老歌：心中永恒的怀旧金曲
249. 欢乐的旋律——西方古典音乐欣赏
250. 中外民歌欣赏
251. 如何认识戏曲的美
252. 美术欣赏述要
253. 中外美术名作赏析
254. 书法的艺术内涵与审美欣赏
255. 中国画的金石意味
256. 当代影视作品赏析
257. 收藏的境界与心灵享受
258. 家居美学与美的家居
259. 艺术插花与审美鉴赏
260. 山水与人文之美——中国城市景观赏析
261. 文学创作谈
262. 21 世纪诺贝尔文学奖获奖作品赏析
263. 戏剧的魅力——赏析中外戏剧
264. 现代中国戏剧的奇才名作
265. 聊聊伲格沪剧“特产”
266. 《三国演义》的魅力与“三国”文化
267. 《红楼梦》里品人生
268. 说水浒，话梁山英雄
269. 《西游记》中的人生智慧
270. 武侠小说与中国传统文化
271. 唐诗中的人生境界
272. 鉴赏古代诗词的“吟、诵、唱”

273. 中华传统诗歌赏析

十、 养生之道

274. 健康的自我管理
275. 健康百岁不是梦
276. 怎样摆脱“亚健康”
277. 中老年人社区、家庭健身法
278. 科学健身，避免体育锻炼的误区
279. 白领一族养生保健
280. 舌尖上的营养与能量
281. 合理烹饪与健康
282. 日常饮食的营养与隐患
283. 如何防止“癌从口入”
284. 正确用药，防范滥用抗生素
285. 正确看待食品添加剂
286. 健康的十大危险信号及对策
287. PM2.5 会带来什么健康隐患
288. 雾霾天，关注呼吸与健康
289. 睡眠——现代生活方式的健康之本
290. 日常生活与四季养生之道
291. 俗语中的养生大道理
292. 中医教你远离亚健康——兼谈四季养生
293. 四季中医经络养生
294. 药食同源话健康
295. 中医体质与膏方养生
296. 中医药常用补品的选用常识
297. “银发族”的养生之道
298. 女性健康与养生
299. 社区传染病的预防和控制
300. 家庭急救和医疗紧急自助

学会服务平台

XUE HUI FU WU PING TAI

市社联举行2013年度学术团体负责人会议暨党建工作会议

2月26日，上海市社联举行了2013年度学术团体负责人会议暨党建工作会议，来自社联所属学会及民办社科研究机构200多位负责人参加了会议。市社联党组书记、专职副主席沈国明出席会议并讲话。

市社联党组副书记、专职副主席桑玉成主持会议并宣读了获得上海市社联第六届(2012年)学会学术活动月优秀组织奖、组织奖的学会名单，以及获得2012年度《社联通讯》十佳报道、积极投稿奖的学会名单。上海市民俗文化研究会会长仲富兰、上海市房产经济学会常务副会长兼秘书长李国华分别作了“开展跨会活动的几点体会”、“加强制度建设・规范学会管理”的交流发言。市社联学会处处长王克梅就2013年度学术团体若干具体工作作了说明。

沈国明向与会者通报了2012年度社联开展的工作及2013年度市社联主要工作安排，传达了近期中央一系列重要会议精神。他高度肯定了学术团体在过去一年中取得的成绩，要求各学术团体在新的一年中进一步解放思想，牢牢把握政治方向，推动理论创新，围绕上海乃至全国发展的重大理论和实践问题展开深入研究，充分发挥学术团体的作用。

一、 学习领会中央精神，围绕中心服务大局

(一) 全国宣传部长会议精神

2013年全国宣传部长会议于1月4日在北京召开。中共中央政治局常委、中央书记处书记刘云山强调宣传思想文化战线要坚持以邓小平理论、“三个代表”重要思想、科学发展观为指导，按照高举旗帜、围绕大局、服务人民、改革创新的总要求，以学习宣传贯彻党的十八大精神为主线，稳中求进、开拓创新、扎实开局，贴近实际、贴近生活、贴近群众，切实做好宣传思想文化工作，为全面建成小康社会、夺取中国特色社会主义新胜利提供强大的精神力量。

(二) 2013年上海市宣传思想文化工作会议主要精神

2013年上海市宣传思想文化工作会议于1月21日召开。市委书记韩正讲话强调，学习宣传贯彻党的十八大精神，是当前的首要政治任务，也是今年宣传思想文化工作的主线。我们要紧紧围绕主线，唱响中国特色社会主义；壮大主流思想舆论，增强正面声音的引导力和影响力；践行正确的价值取向，不断丰富上海城市精神；以更大的勇气和智慧，建

设充满活力的国际文化大都市。

二、推进社联各项工作，繁荣社会科学事业

2013 年是全面贯彻落实党的十八大精神的开局之年，是实施"十二五"规划承前启后的关键一年，是为全面建成小康社会奠定坚实基础的重要一年。市社联要紧紧围绕学习贯彻党的十八大精神的工作主线，根据市委、市政府的工作部署和市委宣传部的工作要求，进一步发挥社科界"五路大军"作用，凝聚力量，开拓创新，实现五大平台建设新发展，集聚品牌新优势，全力为本市经济社会发展提供智力支持。

（一）着力组织社科界开展宣传贯彻党的十八大精神的理论研讨活动，广泛发动、组织开展由社会各界参与的"创新驱动转型发展"大讨论，彰显哲学社会科学在推动改革发展中的重要作用。

（二）创新上海社科界学术年会举办工作，精心策划年会各学科专场和大会主题，促进多学科协同共建，全面反映上海学术界的理论创新成果。

（三）构建学术研讨和交流系列活动新平台，邀请市委、市政府领导以及相关职能部门负责同志与社科界专家学者进行对话和交流，继续举办"学术茶座"系列活动，继续组织编撰《上海学术报告(2012)》，编发《上海思想界》，反映和推介上海专家学者具有原创性的学术观点。

（四）推动上海马克思主义研究论坛常态化，推出《马克思主义研究年度报告》等成果，进一步深化上海马克思主义研究公共平台机制化建设。

（五）扎实推进学会和民办社科研究机构规范化建设。要以制度建设为抓手，进一步推动所属学会和民办社科研究机构建章立制，提高学术社团建设和管理的规范化水平。

（六）集聚科普工作品牌和平台优势。要着力优化科普工作机制，扩大东方讲坛举办点的覆盖面，充分发挥讲坛公共文化服务的宣教阵地作用。

（七）学术期刊实施"精品工程"，保持和提高《学术月刊》、《探索与争鸣》的办刊质量，确保刊发论文的转载率在全国学术期刊界的领先优势。

（八）加强社联机关建设，将社联真正建成"社科之家"。

（九）以工作实绩办好俭朴的社联成立 55 周年活动。

三、完善各项功能建设，促进学术团体发展

（一）把握政治导向，推进理论创新

2013 年各学术团体要把学习宣传贯彻党的十八大精神作为首要政治任务，精心准备、周密安排，进一步明确社科战线重任，要在推动社科理论队伍建设取得新进展、推动社科理论工作迈上新台阶中发挥自身的独特作用，不断丰富和完善中国特色社会主义话语体系，更好地发挥认识世界、传承文明、创新理论、咨政育人、服务社会的重要功能。

市社联也将围绕党的十八大精神组织学会开展一系列学习、贯彻、研讨活动，将面向学会组织开展"党的十八大精神"理论课题研究项目申报，申报课题经评审获得立项后，社联将予以经费资助，以推动理论创新，服务科学发展。市社联将继续通过"基础学科"、"社

科热点一月一会”、“青年学者论坛”、“学会学术活动特别资助”等资助平台以及通过举办第七届学会学术活动月，进一步鼓励、支持各学术团体开展多种类型的理论研究和理论创新。

市社联还将通过召开党建工作会议，进一步探索学术团体党工组的工作机制，保证社科类学术团体始终坚持正确的政治方向。

（二）促进跨会交流，培育学术功能

2013年，各学术团体要充分发挥学科内整合协调功能，引导、协调、汇集同一学科或相关研究领域的专家学者，围绕学科建设或理论与实践课题，开展基础理论研究和应用理论研究，最大限度地发挥整体效应。要加强对课题研究的组织评估，集中力量，对重点、难点问题组织课题攻关，不断提高社会科学资源的效率，提升社会科学研究的水平。

市社联今年继续加大对于跨学会联合研讨的引导和支持力度，对学会举办的重要的跨地区、全国性或国际学术活动，以及相关学会联合举办的重要跨学科学术活动给予特别资助，以支持本市优势学科、重点学科、新兴学科的有关学术团体在学科建设方面发挥整合、引领作用。还将举办学会科研成果交流活动，围绕学会完成的有质量的课题研究进行成果交流，提高学会学术水平。

（三）加强制度建设，推动规范发展

学术团体自身建设，是学术团体各项工作的基础和保证。各学术团体要按照中央精神和有关法规依法治会，按章办会，按照学会和民办社科机构的宗旨和业务范围开展各项活动，实现自主活动、自我发展、自律管理。学术团体领导班子要树立做好学术团体工作的自觉性，增强做好学术团体工作的使命感，提高做好学术团体工作的责任心，以高度负责的精神做好学术团体工作。要建立行之有效的内部管理结构、运行机制和自律管理模式，形成重大事项民主决策的机制。

2013年，市社联将继续加强对于学会的规范化建设，对学会内部管理提出规范化要求，通过组织示范、学习观摩，将社团制度建设进一步落到实处。通过召开学术团体负责人会议、学术团体党组织负责人会议，传达上级和社联有关精神，总结、交流、部署社团管理和社团党建的相关工作。通过“年检年报”、“达标创优”活动，完善对所属学会与民办社科机构的审计监督等工作，进一步提升学术团体建设与管理水平。年内还将举办学会干部专题培训班，以提高学会负责人及专职干部对社科社团工作的责任感、事业心以及工作水平。

发挥学术团体功能　繁荣社会科学事业

——市社联第七届学会学术活动月拉开帷幕

10 月 20 日，市社联举行第七届学会学术活动月开幕式。市社联党组书记、专职副主席沈国明致开幕词并主持随后举行的学术报告会。市社联所属 170 多家社会科学学术团体以及民办社科研究机构的负责人和专家学者参加会议。本届学会学术活动月各项活动将于 10 月 20 日至 11 月 20 日举办。期间，市社联所属的多家学会和民办社科研究机构将联合有关高校、科研机构及党政机关等单位共同举办学术研讨会、论坛和学术年会等各类学术交流活动近 170 项。

沈国明在致词中指出，“学会学术活动月”系列活动是上海市社联主办的品牌学术交流活动，自 2007 年创办以来，已连续成功举办 7 届，共举办学术活动近 900 场。7 年来，在参与度、广泛性、青年学者培养力度和社会影响等方面都有了长足的进步。“学会学术活动月”系列活动展现了我市社会科学学术团体的蓬勃生机，使学术团体的价值得到专家学者的承认、社会的承认、党政领导和各有关部门的承认。也展现了哲学社会科学事业的繁荣发展，获得了很好的社会反响。

在随后举行的学术报告会上，上海社科院院长王战，上海文物博物馆学会会长、上海新学科学会理事长、上海博物馆馆长陈燮君，上海市历史学会会长熊月之，上海市生态经济学会副会长、同济大学可持续发展与管理研究所所长诸大建分别以“关于上海创新驱动转型发展的思考”、“大数据时代对社会科学的新挑战”、“为什么重启《上海通史》的修订”、“生态文明与上海发展”为题作了学术报告。

王战在演讲中回顾了上海制定“创新驱动、转型发展”发展战略和将“四个中心”建设作为工作主线的历史，提出在新形势下通过“创新驱动、转型发展”来加快“四个中心”建设，需要注重如下两方面。

首先是要借助营改增试点和自贸区建设推动另外三个中心建设再上新台阶。他指出，营业税改增值税对上海经济发展具有四方面直接效应，一是传统上内化于制造企业内部的生产性服务业出现剥离；二是总集成总承包型企业税负显著下降；三是同等条件下企业将越来越倾向于从市场中购买各种专业生产性服务；四是服务贸易企业实行零税率政策将极大地促进离岸外包企业的发展，增强服务贸易企业的国际竞争力。上述直接效应还会进一步产生相对间接地波及效应，如企业分工细化；生产性服务企业得到明显改善；各种新型生产性服务业逐步兴起；中小企业有了更广阔的发展机会；服务贸易企业的发展有助于降低中国企业“走出去”的交易成本;减负后的企业投资意愿会有所增强等等,这类效应影响深远,是营改增改革的重要结果。王战分别围绕“三个中心”谈了广泛关注的自贸区建设对上海经济发展的影响。自贸区建设对上海金融发展的作用主要体现在更加直接地推动人民币利率市场化和人民币汇率形成机制的改革;人民币离岸市场与在岸市场互动将提升国际金融中心的地位,将会带来金融交易的进一步扩大,形成贸易与金融开放的互动。自贸区建设对贸易中心建设将会产生直接的推动作用,尤其在服务贸易方面,将会成为自贸区一大亮点。自贸区内将推进贸易便利化和投资自由化,放宽服务贸易限制和外资审批,大大加快服务贸易和离岸贸易的发展,促进上海贸易的转型升级。同时自贸区还将大力推进政府简政放权改革,原先受到较多管制行业将获得很大的创新和发展机会。自贸区建设对上海航运中心建设的影响主要体现在将加快形成有竞争力的税收体制、合理的港口收费制度、便捷高效的海关监管制度、宽松可控的金融监管体系、灵活的制度管理机构和规范完善的法律法规制度。

其次是要抓住新产业革命契机加强经济中心建设。王战认为,在以工业化和信息化深度融合为核心的新产业革命形势下,上海的实体经济发展应当以平台经济、健康经济、绿色经济以及智能制造为主攻方向。具体来说,平台经济是以新一代信息网络如云计算、物联网、大数据为支撑的新业态、新模式。要充分利用上海对外开放的优势和长三角地区的腹地优势,在服务长三角、服务长江流域、服务全国中培育出更大规模和更强影响力的信息服务业。健康经济是新一代信息技术在医疗上的广泛应用、促进医疗服务的业态与模式变革而形成的新经济门类,是本次新产业革命中的引领性发展领域。上海要大力提高医疗服务水平和服务规模,同时以信息技术和医疗服务带动医疗器械、生物医药、保健养老等产业发展,形成具有完整产业链和国际竞争力的健康经济。绿色经济方面,上海要充分发挥科技和经济两大优势,争取在智能电网的研发、示范和产业化方面先行一步,加快突破新能源核心关键技术,积极推动分布式新能源推广应用,培育若干集智能电网研发、制造、服务为一体的骨干企业,为未来以智能电网为核心的绿色经济大发展早打基础,造就实力。智能制造方面,未来上海要从四点进行发展:一是以突破关键智能基础技术为支撑,推进智能测试装置与部件的研发和产业化,二是提升重大智能制造装备集成创新能力为重点,三是加快传统产业的智能化改造,四是大力推进智能成套设备、智能化车间等示范应用。

陈燮君从三方面探讨了大数据时代对哲学社会科学提出的新挑战。**首先是大数据时代的“生活、工作与思想的大变革”。**大数据的核心是预测,它已被视为人工智能的一部分,被视为一种“机器学习”,是把数学算法运用到海量的数据上来预测事情发生的可能性。从哲学认识论、方法论的角度来看问题,在大数据时代,人们不再依赖随机采样,而是分析更多的数据,有时候甚至可以处理和某个特别现象相关的所有数据。大数据时代,将把人们的关注点移到信息上,而不是现在强调的技术。**其次,陈燮君认为,大数据时代应确立新的“学习观”和研究科学方法论。**大数据时代,更应强调学习,更要善于学习,更需观念创新,更应在学习中研究科学方法论。大数据时代,新的学习观和科学方法论带来了很多新的思考点。例如,从模糊到精确,再到新的模糊,人类思维经历了一个发展过程。

人们对“精确”和“模糊”有了新的认识，不再热衷于追求一般意义上的精确度，“模糊数学”是应对模糊世界的“精确”工具。再如从模糊问题引出“容错技术”问题。在电子计算机的发展过程中，“容错技术”的研究和解决发挥了重要作用，使得电子计算机的不断发展及其系统的推进成为可能。再如节奏问题。节奏在科技里也是非常重要的概念或者关键词。节奏一旦和音乐、诗歌连接以后，就提升了科技文化的新亮点。在新闻版面设计和场馆设计中，也有节奏问题，节奏还能引申出节奏美学。又如线性思维碰到非线性思维，对称美学碰到非对称美学，都是新问题。人们还从空间变形引申到时空变形，有的现代雕塑原来追求静态的变形，后来引进四维空间，加入时间概念，成了四维动态变形，在方法论上就是从“三维”提升到了“四维”。他指出，讲思维，讲方法，很多问题还是要回归到自然，回归到原点，回归到本体，回归到简单。时代不断发展，从原来混沌到分析，走向系统，系统程度越来越高，走向系统综合，但是在方法论上还是要回归自然。**最后，陈燮君也探讨了以“创新驱动、转型发展”迎接上海城市面临的新挑战。**他认为，当今，不确定和变化将是一种常态，要学会适应并驾驭，要改变“以自我为中心看问题，以自己的价值观思考问题”的习惯。回顾这几年来，特别是“十一五”后期到“十二五”城市发展，在发展模式上已经由外延发展型规划转变为内在的增长型规划，在价值取向上已经由经济导向的传统发展观转变为以人为本的科学发展观，在本质属性上已经由规定性技术文件转变为战略性的空间政策，在思维方式上已经由愿景式终极目标思维转变为底线型的过渡控制形成思维。他提出，在未来的城市发展规划中，要重视水系城市的出现，要关注历史文化名城的延续，要聚焦平安城市的建设。他还认为，自贸区的挂牌，在国家层面立法授权上提出了要处理好法律的阶段性与改革开放前瞻性的关系，处理好法律的稳定性与改革开放可变性的关系，处理好法律的普遍适应性与改革开放需求的特殊性的关系。

熊月之围绕《上海通史》重修问题作了演讲。他认为重修《上海通史》主要有三方面原因。**第一是社会发展的需要。**其一，原书叙事下限为 1997 年，需要下延到 2010 年。这十几年，是上海历史上发展最快的十几年，是上海经济发生巨大变化的十几年，是上海城市面貌、城市精神变化最快的十几年，也是上海历史上最亮丽的时段之一。《上海通史》迫切需要反映这十几年的内容。其二，原书当代部分需要充实。当代部分即 1949 年以后至 1997 年的部分，编写时由于资料限制，当时很多档案没有公开，或者查阅困难，写得比较简略，不少历史演变线索，社会组织、行业、企业的演变过程，展示得不够翔实。现在资料已大量公布，完全有条件写得更为细致丰满。其三，原书郊县部分需要充实。上海 10 个市区、10 个郊县的格局是 1958 年以后确立的，延续了很多年。上海城市的内涵发生了实际性的巨大的变化，现在新修通史，是以今天行政意义上的上海市为对象的。**第二是学术发展的需要。**就史料开发来说，最近十多年，学术界对上海历史研究有重要推进。英国、日本都有大批上海史资料被发现、整理、发布。尤其是上海档案馆，现在开放的资料，远比十多年前丰富。就研究成果来说，无论是国际学术界还是国内学术界，都对上海史提供了很多新的研究成果。比如上海学术界，随着《上海大辞典》、《上海城市社会生活史》、《上海外国文化地图》等项目的完成，随着《外语文献中的上海》项目的进行，上海史研究成果空前丰富。高校与研究机构的研究生撰写的关于上海史研究的论文，涉及租界史、城区史、行业史及许多其他专题史，也提供了新的专题研究。就历史问题的深层次研究来说，上海史研究中有许多问题值得深化。例如上海城市文明问题，上海文化与江南文化关系问题，上海文化与中国文化、西方文化关系问题，近代上海文化与当代上海文化关系问题，都值得进一步探讨。**第三是指导实际工作的需要。**重修《上海通史》不是作为一般的社科项目，而是作为政府项目，得到市领导的高度重视，起到了很大的推动作用。**熊月之还介绍了新修《上海通史》的框架结构。**新编《上海通史》较之原书，重点修订部分：一是古代部分，加强历史连贯性，同时充实松江、嘉定等方面内容；二是近代部分，分段更细；三是当代部分，加大改革开放以后的内容，将此时段单独出来；四是加强人物部分。在中国传统史书中，人物占的比重都很大，因为人物在历史演变中的作用非常重要，且可读性较高，加大人物传的比重。近代上海人物中，外侨是很重要部分，以前的史书中对此重视不够，现适当加大近代外侨的比重。新编《上海通史》全书30卷，按事件排列的16卷，传记8卷，总论1卷，图表5卷。30卷中，古代上海占了5卷。这样的体例，将中国传统的纪传体，与近代以来从西方传入的通史体例结合起来。现在的主要卷目，实际是用传统史书中“纪”的体例，将政治、经济、社会、文化最重要的内容编织进去。总体上来说《上海通史》反映几个特点，一是专业，二是范围更广，三是线索更明显，四是内容更翔实，五是特色更明显。

诸大建在演讲中，用翔实的数据阐述了应该以及如何提高上海的城市质量。他首先对比了上海在全球主要城市的经济地位排名与城市质量排名，上海经济地位排名靠前，城市质量排名不容乐观，因此他提出上海未来发展，要关注两个力，一个是正向的，具有引导性，例如第三次工业革命和世界全球金融竞争，都是正面引导；另一个是负向的，则需要通过创新、转型来实现。在城市发展的初级阶段，很容易开展招商引资，到了升级阶段，就要围绕人才进行城市发展。人才需要提供好的城市质量，包括好的公共教育，好的公共卫生，好的城市环境，这是吸引人才的关键，也是城市深化发展的关键。通过对比35个中国的省会城市及主要城市的经济社会发展和人类社会发展数据，可以看到，深圳、广州、上海、北京经济社会发展很高，但是资源环境消耗也很大，因此，诸大建提出，上海未来10年、20年发展应该从发展生活质量方面来支撑四个中心建设。他认为，生态文明不能只讨论一根线，只讨论资源问题，比如PM2.5，这是结果，它的源头在于经济社会发展模式，现在我们的发展模式，一条是经济社会发展指标，另外一条经济社会质量体系，生态文明要把这两条线分开，既要提高经济社会发展，也要关注经济社会质量。这就需要注意三个方面：第一是产业结构的由重到轻，上海制造业要继续发展，但是应该进一步区别，制造业里面传统的制造业必须要剥离；第二是销售，纽约、伦敦、东京基本是销售城市，城市消耗服务业转型后主要面对生活，上海现在人均资源环境消耗还达不到世界基本需求的水平；第三是人口，上海现在人口还在上升，过去10年人口净增600—700万，现在是2 300多万，下一个十年人口会冲到3 000万。如何解决上述三个难题，诸大建提出，第一步要提高效益，提高产业结构的效益。以上海各产业园区为例，平均每平方公里产生的GDP都偏低，没有达到“十二五”规划的目标。反观大阪、神户、东京、纽约等，则比上海高得多。因而要实现产业结构转型，升级低附加值的产业，这是上海的第二次创业。第二步是人均物质消费。从资源能源消耗看，上海还是生产型、工业型、制造型城市，没有实现转型。他认为，应该把工业和能源的消费让位于建筑和交通，控制住碳排放总量。第三步是控制上海的人口规模。2000 年第六次人口普查是 1 080 万，现在将近 2 400 万。他认为，总体上控制上海人口规模，需要依赖于中国整体的现代化水平。中小城市的进一步发展，才能减缓上海的外来人口压力。诸大建还谈了对于上海轨道交通建设的一点看法。他认为，地铁属于城市里面的中心线，主要是为了应对大客流。但是地铁线延伸到郊区后，造成了郊区和主城区在功能划分上的分离，城区功能没有得到充分利用，客观上消耗了更多的土地和其他物质资源。他认为，上海的郊区应该像苏州、无锡一样建设城际铁路甚至高铁，而在外环线内则要加大地铁建设的投入。

在学术报告会后半段，演讲嘉宾围绕大数据时代如何发挥人的主观能动性、上海的文物保护、新修《上海通史》的一些具体问题、东京与上海相比在生态文明发展上的经验、人均 GDP 和地区人口之间的关系等问题和与会听众作了探讨交流。

沈国明在总结讲话中，充分肯定了学术团体积极开展各项学术活动所取得的成绩。他要求各学术团体进一步理论联系实际，服务中心工作。在当前以及未来一个阶段，开展学术活动要着眼于上海自贸区建设，着眼于上海“十三五”规划的制定，着眼于积极参与“第四次大讨论”，并对今后 30 年上海经济社会发展战略进行研究。沈国明希望上海社联所属学术团体共同努力，不断推出新的成果，为上海社会经济发展出谋划策，为繁荣社会科学作出贡献。

学会学术交流

XUE HUI XUE SHU JIAO LIU

语言、教育、文化、新闻

聚焦学科建设:大学校长的思考与探索

——市高等教育学会第八届大学校长沙龙

3月28日下午,上海市高等教育学会在上海开放大学举行第八届大学校长沙龙。主题为“深化综合改革,推动高教内涵发展——聚焦高校加强学科建设的思路与举措”。共有来自上海中医药大学、上海交通大学、上海应用技术学院、上海工程技术大学、复旦大学等高校的40余位校长、专家与会。校长专家们深入探讨上海高校学科建设面临的形势和挑战,思考实践中的问题并交流经验,提出了有针对性的对策和建议。会议由上海高教学会会长张伟江主持,上海开放大学校长蒋红致辞。

一、 高校学科建设面临的问题与反思

与会校长普遍认为,从精英教育向大众化教育的转变过程中,高校服务面向、办学层次、类型和结构呈现多样化发展趋势。因此,对于不同类型的院校来讲,学科建设面临的问题和工作重心也应该有所区别。

1. 学科建设内涵尚待明晰

一是研究型大学的学科建设与人才培养孰为本源?与会校长普遍认为,高校学科建设的最终目标在于人才培养。上海交通大学医学院黄钢副院长坦言,尽管该校在国内多次学科排名中位居第一,但面临当前研究型大学与研究所和研究院的差异越来越小的现实,他依然担心大学会失去其人才培养的本源,异化为专业的科研机构。

二是应用型大学学科建设的突破点在何处?上海应用技术学院卢冠忠校长结合本校实际情况提出,应用型院校教师从事科研工作“不是做多了,而是不会做”。以上海应用技术学院为例,科研工作仅有20%的老师主持和参与,另外80%的教师很少参与或根本不会做。因此,引导应用型院校教师从事科研工作,主动参与社会服务,并将科研成果与体会渗透到课堂教学中,显得尤为重要。

三是行业技术类院校学科发展路径如何选择?国家经济社会发展和现代化建设不仅需要基础研究和工程研究,同样需要技术研究和创新。目前世界上约30%的日用工业品为“中国制造”,但总的对外技术依赖率却超过70%。核心技术缺失导致制造业的虚假繁荣。“技术约束”始终是“中国制造”向“中国创造”转型的首要瓶颈。上海电机学院的黄兴

华副校长指出，近年来，随着高新技术在生产领域的广泛应用，社会对技术型人才需求日趋旺盛，但目前我国现有学科门类中没有相对应技术科学学科的独立门类，影响了技术型人才的培养。由于发展方向和目标不明确，导致该类院校学科专业结构严重趋同。

2. 学科建设与研究生培养缺乏联动机制

首先是研究生招生规模问题。研究生教育是强校之本和学科建设的内在动力。与会的上海中医药大学、上海杉达学院、上海应用技术学院等高校校长普遍反映，研究生教育与高校学科建设息息相关，尽管近年来研究生招生规模逐年扩招，但高校依然对学位点布局、研究生规模扩增热度不减。目前学科评估体系中，研究生规模和授予学位数量依然是主要指标之一。有的学校在其他项目全部领先的情况下，仅仅因为研究生招生规模一项而排名逊色，但是研究生招生规模又受国家宏观招生政策限制。研究生数量的不足又直接影响的高校重大科研项目的进展和顺利结题。

其次是研究生创新能力培养的导向问题。“提高创新能力是研究生教育的重要任务”在理念上已经形成共识。但是尚存在以下三个主要问题有待明确。上海杉达学院的李进校长提出了自己的担忧。一是创新人才培养究竟是坚持区域导向、企业导向，还是学校导向的问题。二是研究生培养如何在高校学科贡献度中体现的问题。三是学科建设与人才培养模式联动改革的问题。研究生教育目的是要形成科研教学联合体。但目前出现部分高校的做法与培养目背离的状态。导师成为项目管理者和行政人员的现象，科研指导和教学的任务却不断失落。学生以命令式的方式进行指导，研究方向单一，方法固化。

3. 学科布局和管理策略需要调整

当前上海高校学科建设中，尚存在结构和管理方面问题，导致学科高原现象出现，同时整体优势和领先学科不足。上海交通大学周岱教授结合国内外学科评估结果指出，目前上海高校在学科布局方面，存在过度扁平化布局，学科点严重同质化和重复，学科整体布局结构有待优化，以及学科特色优势现象不足等方面的问题。在学科管理方面，存在“三重三轻”现象，即重规模、轻质量；重外延，轻内涵；重投入、轻管理，营养过量与营养不足并存。

4. 学科建设环境有待优化

地方高校学科建设环境有待优化。地方高校已经成为区域学科发展的重要增长点，同时也成为率先实施教育改革的主体力量。地方高校的整体学科水平和教师专业化水平的高低，直接影响高校服务地方经济社会发展的能力和贡献度。但是，目前上海地方高校学科建设面临着教育系统内部激烈竞争带来的压力与挑战。正如上海杉达学院的李进校长所言，地方高校学科发展既面临部委大学优势地位的压力，同时又面临同一地区内高校无序竞争带来的压力。高校学科的同质化显著，人才引进“互挖墙脚”现象频出。

二、 从实践出发的改革探索

尽管上海高校学科建设面临着严峻的挑战，但是很多高校已经意识到并开展了大胆的改革探索，上海市教委“085 工程”也出台了相应的引导和支持政策，在“校校有特色、校校有支持”理念的引导下，为高校学科建设和人才培养方面积累了探索经验。与会校长就各自学校的探索经验进行了交流与分享。

1. 改革人才培养模式促进学科发展

与会校长的主要理念和做法有以下几点：一是创新人才培养模式，提升学生的学习和研究能力。如上海交通大学医学院提出“PRICE”人才培养理论。主要围绕四个方面进行改革，即倡导以问题为导向的教学和学习、鼓励以研究为导向的学习、前后整合的学习并且培养临床案例的学习和评价学习效果。

二是通过培养学生的社会能力促进学科发展。上海应用技术学院提出基于毕业生就业调查结果改进人才培养模式的策略。与会的卢冠忠校长指出，应用型人才培养同样需要强调通识教育和素质教育，上海应用技术学院通过情商教育来激发学生的能力培养和学习兴趣，从而形成独特的人才培养特色。在院系设立责任教授负责人才培养方案的具体落实，并通过减少学分，增加实践环节课程建设和考核，加强主干基础课程来保障人才培养理念的贯彻落实。

2. 拓展校企合作带动学科发展

一是在服务产业发展中寻找学科特色。上海工程技术大学明确服务先进制造业和现代服务业发展需求，以交通学科为重点，聚焦汽车、轨道和飞机三个学科群。与上海交运集团、上海宽带技术及应用工程研究中心、上海纺织控股集团、东航等企业和研究机构组建产学研战略联盟推动学科发展。上海电机学院服务上海先进制造业和上海电气集团的发展需求，建设能源装备制造技术学科群和生产服务学科群和技术文化学科，努力实现学科发展和服务行业的互生共赢。上海中医药大学积极瞄准国家和地方发展战略，主动融入张江高新开发区，与上海地区重点高校、科研院所、医药企业等广泛合作，旨在将学校建成中医药防治重大疾病临床研究基地、中药复方现代创新研究基地、中医药国际化教育基地、中医药文化传承和发展研究基地，从而推动中药学和中医学的进一步提升和发展。

3. 加强高端和后备人才队伍建设支撑学科发展

一是加强高端人才引进力度。如上海工程技术大学将国家级学者，包括东方学者等作为学院引进的主要目标。在模拟飞行领域，整建制地进行团队引进，通过校内校外人才和国际国内人才的交互，组建跨学科、跨区域、国际化的知识创新和服务团队。

二是加强青年人才自主培养。由于中医人才培养周期长，引进人才难度较大。上海医药大学着力自主培养青年人才，学校启动了优秀青年人才培养项目、培育年轻的创新团队、成立教师发展中心。自 2009 年以来，学校对全部教师进行严格的培训。近年来人才战略获得了较大的成绩，推动了整个学科较快的发展。

4. 成立决策咨询机构提升学科发展

上海高校通过满足社会需求，推进相关学科的发展。如上海工程技术大学与上海市政研究中心建立“上海市政府公共决策咨询系统”，并成立政府决策咨询基地。2012 年承担政府决策资讯类课题 60 余项，以此为基础，承担了国家软科学相关项目研究，在省部级奖励上取得较大进步。

5. 完善校、院两级学科管理机制

上海高校通过赋予二级学院更多责权来完善校院两级学科管理机制。上海电机学院引导二级学院直接、紧密地围绕企业需求完善学科建设方案。如机械学院与上海电气集团联合，聘请上海电气集团的副总担任机械学院的院长。上海中医药大学明确三个重点发展学科，即中药学、中医学和中西医结合学科。三个学科分别由校长和两个副校长直接负责建设。上海应用技术学院在二级学院评定责任教授，依靠责任教授来加强学科和专业构建，建立高校学科发展对社会发展的响应和反应机制。

三、 优化学科建设环境的政策建议

1. 对院校进行分类指导

关注地方高校学科成长，成为与会校长的普遍呼声。尤其对于处于上升期的成长型院校，校长们对教育管理部门有更多期待。这些期待主要体现在以下方面：一是研究制订不同学校不同学科类型甚至不同评价指标和体系，引导学校个性化发展；二是对于不同类型高校，政府应根据学科贡献度来确定进一步支持的力度；三是调整资源投入分配机制，加强过程管理。

2. 调整学科建设标准

在高等教育从规模扩张到内涵发展的转型中，很多高校都面临着学科内部调整的问题。上海交通大学周岱教授建议，学科调整标准要从质量、特色和需求方面来衡量。依据发展学科总趋势和国家政策导向，学科建设应该强化一级学科，淡化二级学科。建设思路要从“大而全”向“名、特、优”转变。学科调整的目标，应该保证合理学科生态的前提下，提升学科的优质率，使更多学科水平获得提升。如上海交通大学通过学科调整，一级学科已从61个减少为50个左右。

3. 加强高校整体学科宏观布局

高校学科发展具有自身的特性。如长期性、基础性、前瞻性、竞争性和社会结合性等。与会校长一致认为，上海地区高校学科建设需要进行整体上的宏观顶层设计和战略布局。上海高教学会张伟江会长指出：进行学科宏观布局分类指导要考虑的几个重要问题，即学科的基本能力、优势传承力、与其他学科的相融力、发展潜力、管理水平等。上海杉达学院的李进校长指出，上海高校的学科建设要讲整体优势，考虑区域学科的结构性和融合性，基础学科和应用学科要相互支撑，跨学科研究要相互支撑，充分利用综合改革实验的平台，以新的布局来聚焦挑战，通过跨界发展和权利让渡，形成研究基地、学术团队、集成项目的联动发展，从而构筑新的学科高地。

第二届中瑞终身学习论坛

4月3日，第二届中瑞终身学习论坛在上海开放大学会议中心顺利举办。论坛由上海市终身教育研究会、上海开放大学开放教育国际研究院联合主办，《开放教育研究》杂志协办。上海开放大学党委书记、研究会会长张德明，上海开放大学副校长、研究会副会长王宏，研究会常务副会长王民，研究会副会长、学术委员会主任叶忠海，研究会副会长王震国，研究会秘书长杨平等，以及瑞典大众成人教育全国联合会秘书长布里顿·曼森·沃林(Britten Mansson-Wallin)率领的8人参访团出席论坛。研究会副秘书长、理事、学术委员会委员和部分教师等50余人参加论坛。论坛由王民主持。

张德明在致辞中代表研究会和上海开放大学对瑞典访华交流团的到来表示欢迎，对瑞典所创造的"学习圈"经验给予了高度评价，并对上海开放大学在推进上海终身教育体系构建和学习型社会建设方面所取得的成就作了简单介绍。他回顾了首届中瑞"社区教育和终身教育"论坛，指出本次论坛对问题的讨论将会更加深刻，会给彼此带来更多的启发和借鉴。

布里顿·曼森·沃林、尤里卡·克努特森(Ulrika Knutsson)、罗尼·舒勒(Ronny Schueler)、叶忠海、王宏在论坛上作交流发言。

布里顿·曼森·沃林介绍了瑞典大众成人教育体系的构成、瑞典大众成人教育全国联合会的组织架构、2014年的工作重点，并根据欧洲政策中的可持续发展提出了瑞典大众成人教育面临的挑战。尤里卡·克努特森介绍了瑞典大众成人教育中的"灵活学习"和"网络学习五步骤"模式的理论，并以"陶瓷制造项目"为例，介绍了对开放教育资源新型设计方式的探索。罗尼·舒勒介绍了"瑞典大众成人教育网"的建设和应用情况。

叶忠海在发言中提出了我国学习型社会建设的基本战略和空间格局，并强调在政府主导下，社会活力被充分激发，中国未来的学习型社会建设定会推进到全面开展而又深入发展的新阶段。王宏探讨了开放远程教育与上海城市发展之间的关系，介绍了上海开放大学在信息化建设方面的探索，并详细阐述了上海市民终身学习网的建设情况。

王民在总结讲话中指出，本次论坛交流非常成功，中瑞双方增进了对彼此的了解，并期待第三届中瑞终身学习论坛早日召开。

第二届上海民俗文化节理论研讨会

——古镇文化的活态保护与民俗文化的传承发展论坛

4月24日，首届上海市民文化节、第二届上海民俗文化节理论研讨会——古镇文化的活态保护与民俗文化的传承发展论坛在浦东三林镇三林老街举行。本次论坛是市民文化节重要活动上海民俗文化节项目之一，由市社联主办，市群文学会、市群艺馆、市非物质文化遗产保护中心和浦东新区三林镇人民政府共同承办。上海市社联党组书记、专职副主席沈国明到会讲话并出席了剪彩仪式。上海市群众艺术馆馆长、上海市群众文化学会副会长、秘书长萧烨璎主持会议。浦东新区三林镇党委书记储明昌致欢迎词。上海市文广局副局长、市群众文化学会会长王小明致开幕词。来自同济大学、华东师范大学、上海大学、上海社科院、中国民俗学会、上海市民俗文化学会等高校和研究机构的民俗专家围绕上海古镇文化的保护这一主题进行了深入的交流，并对如何保护上海的民俗文化资源提出了相应的对策。

建筑学家阮仪三从专业角度分析古镇特色，"学生们说，跑那么多水乡古镇，感觉差不多，都是小桥流水人家，我说，这是你们没看懂"。"周庄没有路，当地人过去靠水行船，船是主要的交通工具。乌镇是水阁，户户枕水而眠，池塘就是长廊。绍兴黄酒西塘出，卖酒的人很多，所以建廊楼，做买卖方便。古镇桥分平桥、直桥、拱桥，连桥拱也有平拱、大圆拱、大半圆拱、全圆拱，船走在河上，有船歌、船菜、船拳、船戏。"

为什么古镇各有风貌，如今却越来越相似，上海社科院研究员郑祖安认为，原住民迁走是一大原因。他提出依靠非物质文化遗产唤醒地方的历史记忆，"可以和旅游相结合，也可以和古镇风貌结合起来，最主要是和当地老百姓生活结合起来"。民俗学家仲富兰针对古镇同质化、过度商品化、空壳化三大忧虑，提出让老建筑讲故事、让公共空间更有活力、让主题事件更光芒四射的解决之道。他在访问欧洲小镇时发现，当地不停搞活动，小镇居民有归属感和群体感，"我们也可以结合传统节日、传统文化做一些活动，像南翔小笼节、三林塘庙会，都能引来人气"。

以民俗文化带动古镇焕发生机，华东师范大学教授陈勤建认为，"古镇之所以是古镇，有它的民俗生存方式、生活记忆、生活智慧。除了古镇已有的老房子要进一步挖掘、修缮，民众的生活记忆也要进一步挖掘和保护。"他赞赏三林镇舞龙、三林棉纺、三林刺绣等非物质文化生产记忆，体现了当地人的生活智慧。松江区文化馆馆长陆春彪提出，"物质遗产如青铜器放在博物馆，是非常好的保护，非物质文化遗产放在博物馆，等于宣告它已经死亡了。我们一定要寻找活态的民俗,原本就与老百姓的生活有关,现在更要回归到老百姓的生活本身。”陆春彪坦言,目前民俗濒临边缘化,修复过程是漫漫长夜,“急功近利很可能让经济挂帅”。他的观点也是与会专家的共同忧虑,阮仪三直言:“搞文化就怕一阵风、一阵潮,风过潮去没有人过问。”

市基础教育“引入境外课程的新思考”研讨会

10 月 20 日下午，由上海市教育学会主办的“上海市基础教育‘引入境外课程的新思考’研讨会”在上海市教育科学研究院召开。此次研讨会由上海市教科院普教所承办，得到了上海市教委基教处和上海市基础教育国际课程比较研究所的大力支持和协助。

与会嘉宾 20 余人，他们来自与境外课程相关的不同领域，既有在一线从事境外课程教学的实践者，又有对境外课程颇有研究的教育专家；既有教育行政部门的领导、管理者和政策制定者，又有社会上从事境外课程引进、推广的相关公司负责人。

会议由上海市教育学会张民生会长主持，他首先对各位代表的到来表示欢迎，并介绍了此次研讨会的主题及当前引入境外课程的形势，希望大家从各自的角度来谈一谈境外课程的价值和存在的问题。

唐盛昌副会长首先发言，他结合自身多年的经验，认为境外课程有五大优势：课程设计的高度选择性、课程内容的现代化、课程的探究性、课程的数字化、课程的规范化，并认为这些都是我们中国课程需要认真学习的地方。

上海格致中学张志敏校长结合本校实践，认为学生的研究能力不是从书本上学来的，而是在实践中锻炼出来的，而境外课程鼓励学生的研究实践，有助于学生研究能力的培养。

与会代表普遍认为境外课程的理念比较先进，能够调动学生的学习积极性；教师更注重与学生心灵的沟通，师生关系更加和谐；在学生评价上，教师也不是以分数为标准，而更关注学生的综合素质。境外课程的引入可以使我们更清楚中国课程在国际上的水平，并通过借鉴境外课程的优点来促进我们的课程改革和发展。

与会代表普遍感到能够从事境外课程教学的优秀教师比较缺乏。外教对中国的情况不了解，而中国教师的教学理念相对落后。世界外国语小学张悦颖校长也感到具备先进教学理念和方法的教师非常缺乏，认为当前学校亟须改变的是教师的教学理念和思维方式。为此，上海师范大学夏惠贤教授建议今年上海 PISA 结果发布后，上海可以向全球招聘 100 位优秀科学教师，从而影响和提升我们教师的教学理念和教学方法。

许多代表也表达了对引入境外课程前景的担忧。唐盛昌副会长认为，现在中国教育有很多不诚信的问题，这已引起美国大学的反感，而且美国的高端大学招收的学生数量有限，以后门槛会越来越高。所以，希望通过学习境外课程来出国的前景并不乐观。很多代表也表示，现在国际课程班的泡沫很多，很多学校没有能力开国际班，靠中介机构来引进课程、管理教学，而中介机构良莠不齐，师资没有保障，而且政府对其无法监控，极容易出现问题。有代表认为境外课程中的考试课程具有很强的应试性，引入后会导致“洋应试”，这是我们应当警惕的。

苏文骏、姜华先生作为社会上从事境外课程引进、推广的公司负责人，认为社会对境外课程的需求会越来越大，上海作为一个国际化大都市也应该提供多样化的教育和课程。然而，境外课程的要求与国内环境存在一定的矛盾，而且政府缺乏相关的政策与之配套，因此境外课程的引入和发展存在很多问题。

为此，教育行政部门的领导和管理者们对相关政策问题进行了解读。上海市教委尹后庆副主任介绍了关于上海市境外课程政策制定的背景和目的，强调政策制定的立足点是平衡各方面的需求与利益。它不是一份控制文件，而是制度创新，是在全球化的背景下，如何衔接国际课程与本土课程的探索。教委基教处、国际交流处颜惠芬副处长和周勤健副处长也分别对这项政策进行了解释，认为制度的设计并不是为了迎合社会上家长的出国教育需求，而是为了营造一个参照系，反思我们的教学和考试。希望通过引入国际课程来倒逼上海的课程改革，从而改良上海高中的课程结构和教学模式。

最后，张民生会长总结道，教育政策的制定与其他政策的制定不一样，教育政策的基本原则是不能将孩子作为试验，影响孩子的成长。国际课程的引进不仅是几门课的问题，而是从理念到行为的转变，不是简单的取长补短，而是一整套教育体系的改革。

赵启正公共外交对话艺术研讨会

10月25日，市演讲与口语传播研究会、市语言文字工作者协会、市语文学会在华东师范大学联合召开“赵启正公共外交对话艺术研讨会”。会议由华东师大传播学院协办。市社联主席秦绍德教授到会并讲话。市演讲与口语传播研究会会长王群教授、市语言文字工作者协会常务副会长孙晓先女士、市语文学会会长游汝杰教授等各界代表与大学生研究生200多人出席。王群教授、游汝杰教授分别代表学会致词。

赵启正先生曾任国务院新闻办公室主任、11届全国政协外事委员会主任，长期从事人民外交，是跨文化传播及中国公共外交的实践者和倡导者。

赵启正公共外交对话艺术研讨会是上海首次举办，具有一定的开创性意义，同时对于改变公共外交理论研究滞后的现象，以及提高国家公务员和公民言语交际的文明素质、提升国家形象与声望，有着重要的现实意义和广泛的世界性。

与会者围绕着“跨文化传播，树国家形象”主题，以赵启正成功典范为例，展开研讨交流。四名专家学者做主旨发言：张日培《国家形象提升中的语言展露》、陈虹《政府危机形象管理中的话语策略与效果分析》、林毅《建构内在自我传播，完善外交传播形象》、胡范铸《中国信仰核心·孔子学院形象·公共外交目的》。最后，由赵启正先生与北京大学汇丰商学院中国式管理突破项目主任杨思卓教授进行富有现代性的对话，并回答与会者和大学生们的提问。

城市文化发展与工艺美术传承研讨会

文化是一个城市长期的发展中培育形成的独具特色的城市精神、价值观念和行为规范等精神财富的总和。上海的都市文化在长期的发展中，海纳百川，兼容并蓄，形成了独具魅力的海派特色，其中工艺美术的影响不容忽视。今天在发展现代设计、创意产业的同时，如何保护好传统工艺又适应时代需要，拓展创新，在产业发展、人才培养、艺术创新上能够与时俱进，引领潮流。为此，需要集聚多方智慧，搭建交流平台，营造创意空间，最终形成新的动力，促进上海工艺美术。本活动邀请来自学院、工艺大师、专家学者、优秀企业等多方代表，以艺术展示、研讨交流、论坛讲座等方式研讨：城市文化发展与工艺美术的传承。

10月28日，上海工艺美术学会、上海工艺美术职业学院、市民俗文化学会、上海炎黄文化研究会联合举办主题为“城市文化发展与工艺美术传承研讨会”的跨会活动，来自相关领域的专家学者50多人与会。会议由上海工艺美术学会副会长宣才三主持，市社联学会管理处处长王克梅到会并讲话。研讨会的主题是上海城市文化与上海工艺美术在当前的新发展、新挑战、新趋势中的特点和趋向；传统工艺的传承与发展；非物质文化遗产保护与海派文化的传承；创意产业与高端工艺人才培养的未来发展思考和建议等。

与会专家围绕非物质文化遗产保护与上海工艺美术传承、城市文化状态下的工艺美术传承、土山湾职业技术教育的启示、民俗学视野下的工艺美术研究等方面进行了研讨。

首先由中国工艺美术大师、上海工艺美术学会会长张心一致词，他对到会的领导和嘉宾表示热烈欢迎；上海工艺美术学会副会长、上海工艺美术职业学院副院长王敏发言，他的题目是《城市发展与工艺美术的文化传承——从土山湾到今天的工艺美术教育发展》；上海炎黄文化研究会、上海社会科学院、文学研究所研究员蔡丰明发言，他的题目是《非物质文化遗产保护与上海工艺美术的传承》；上海市非物质文化遗产保护中心常务副主任高春明，上海市工业美术设计协会副理事长、上海工艺美术博物馆副馆长方阳，上海工艺美术学会副会长周南，上海市民俗文化学会会长助理亓明曼分别作了《非物质文化遗产保护、传承来日方长》、《土山湾职业教育对今后工艺传承模式教学的启示》、《工艺美术当随时代》、《民俗学视野下的工艺美术发展研究》的报告。

舒新城诞辰120周年暨《舒新城日记》出版学术研讨会

11月5日，市辞书学会、上海辞书出版社召开舒新城诞辰120周年暨《舒新城日记》出版学术研讨会，纪念舒新城先生。出席会议的有复旦大学、华东师范大学、上海师范大学、上海新闻出版博物馆（筹）等单位的有关专家学者，湖南省政府驻沪办的代表，以及舒新城先生的哲嗣舒泽池先生。

舒新城为我国著名出版家、教育家和辞书编纂家。1957年9月受毛泽东主席委托，担任辞海编辑委员会主任，主持《辞海》的修订工作。

舒新城是新文化运动的积极参与者，1923年由恽代英等介绍参加少年中国学会。1930年起，任职中华书局，担任编辑所所长兼图书馆馆长。新中国成立后，当选为第一、第二届全国人大代表，担任政协上海市第二届委员会副主席。纵观其一生，为中国的出版、教育、辞书编纂事业作出了重要的贡献，先后出版有《近代中国留学史》、《教育通论》、《人生哲学》、《道尔顿制研究集》、《近代中国教育思想史》、《近代中国教育史料》，散文集《蜀游心影》、《漫游日记》、《故乡》、《狂顾录》，通信集《十年书》等十余种著作。

舒新城自幼养成了撰写日记的习惯，生平留下了近500万字的日记原稿。1980年，其夫人刘济群先生将日记捐赠上海辞书出版社图书馆珍藏。舒新城记写的日记长达半个世纪，内容丰富，既是研究舒新城生平的重要资料，更因作者有着广泛的社会交往，对研究历史人物和近代发生的重要事件都有着重要的价值，日记中涉及众多的学界、政界名人，如张元济、梁启超、陆费逵、王云五、李劼人、郭沫若、左舜生、叶圣陶、徐悲鸿、恽代英、茅盾、郁达夫、田汉、周谷城、朱自清、郑振铎、陈毅、柯庆施、钱歌川、刘大杰、巴金、潘汉年、赵超构等不一而足。舒氏遗留的《舒新城日记》稿本，是目前所见我国出版界所存篇幅最大的一部日记，字数约400—500万，除零星整理外从未出版过。《舒新城日记》对于研究中国近现代出版史、中华书局史以及我国辞书编纂史都是难得的参考资料，有着其他文献无法替代的价值。现上海辞书出版社将其全部日记整理后彩色影印出版，以完整呈现日记原貌，供学界研究。

“教育伦理与教育价值”主题论坛

11月14日在建平中学举办了《教育论理与教育价值——“基于学科教学的理论与实践”主题论坛》，论坛由上海市教师学研究会政治德育教师专业委员会、伦理学会、建平中学联合举办。与会的嘉宾有上海教师学研究会的俞玲萍、王厥先、洪雨露，复旦大学的高国希、吴新文、王新生，华师大的赵修义、沈晓敏、崔允漷，上海社科院的孙抱弘、陆晓禾，基教处周增为，市教研室周寰，上海市外国语小学校长张悦颖，上海市建平中学校长、特级教师杨振峰，上海市双名工程理科基地管理组顾志跃，上海社联何宝军等专家。参加本次论坛的有基础教育政治学科名师基地(二组)的学员，上海市德育基地的学员，浦东新区政治学科基地学员，新农村政治教师培训师研修班(三期)学员，黄浦区政治教师基地学员以及山东的部分校长、骨干教师。

论坛伊始，由上海市教师学研究会政治德育教师专业委员会洪雨露校长主持介绍了与会嘉宾，由上海市伦理学会会长、上海社科院陆晓禾教授致辞，她指出实现中国梦——中华民族的伟大复兴需要教育事业的伟大复兴，教育价值通过教学来体现，课程是教育和教学的主阵地。上海市教师学研究会常务副会长王厥先主任致辞，他一方面预祝论坛圆满成功，另一方面又对教育工作者肩负的历史使命给予了深深的寄托。

论坛第二部分伦理学论坛由复旦大学的高国希教授主持，与会的五位专家分别作了交流发言，陆晓禾教授作了精彩点评。

复旦大学吴新文副教授交流的主题是整体德育面临的当代挑战，他从哲学的角度对德育教学提出了思考，他指出，教育的整个目标是育德树人，德育渗透在所有教育过程中、渗透于所有学科、渗透于所有老师，所以，德育与所有人都相关。当前的教学出现的倾向是专业化、轻浮化、技术化，我们要从中国传统的、马克思主义的社会主义的传统以及西方的传统中去挖掘出一种资源，能够保持德育整体的风貌，使德育真正落实在培育我们健全的、全面发展的人，这就要从中小学做起。

复旦大学王新生教授就价值培养和伦理灌输谈了教师教什么的问题，作为中国人必须要有中国的为人处世和师生道德，不要轻易放弃中国的传统文化，要有精神价值的引领。

华东师大赵修义教授从实证的角度就德育这个概念提出了自己的看法，政治教育是德育，但不能涵盖德育。德育不是德目，不是一些道理，是靠感染、渲染的，在哲学上是默会的知识，是靠榜样学习的，是跟家长、教师、同学学，德育的落脚就在于此，这就靠我们每一位学科教师在与学生的交往中拿什么样的道德、价值观去影响他们。

上海社科院孙抱弘研究员从社会学的角度提出了自己的想法，指出我们要警惕那种激进的、浪漫的乌托邦主义，我们现阶段要鼓励人做好人，特别是要让人成为具有公共意识和公共素养的好人。从教师伦理的角度来讲，教师应该成为好人的导师，教师的个人道德影响着公共产业的道德，教师的职业伦理承担着现代公共社会的责任。教师的伦理道德是必须具备的。

华东师大沈晓敏副教授则从课程教学的角度谈德育教育的改革。她从自己近十年来对小学品德与社会有效培养学生道德品行的研究来谈道德教育的改革，她交流的题目是《促进对话的教学策略》。她向与会者介绍了采用对话策略实践德育课堂的教学实例。

陆晓禾教授在点评时指出，今天的主题非常好，我们应该看到，教育价值不是产业化，教育的价值在于培养、在于树人。我们要通过课程教育实现教学论理。

论坛第三部分教育微报告由周增为老师主持，华师大崔允漷教授和复旦大学高国希教授分别作了主题发言。

崔允漷教授的主题是教师的专业发展，深入浅出地提出了如何从经验型教师转变为专家型教师。指出教师要坚持写教历，要会说自己的教育故事，要建立专业档案，只有这样教师才能把经验升华为理论。教师是要培养有理性思维的人，本身教师就应该具备理性思维的能力与品质。

高国希教授就课程与教学如何体现教育价值作了详尽的阐释。他提出了三个问题，一是知识是什么？二是今天我们思考教学的真谛，知识和学习者的关系应该是怎样的？三是学习知识的目标是什么？教育规律的研究与真理的秉持是我们需要从实践中去研究和思考的。

论坛第四部分教育论坛由静安教育学院沈沛东老师主持。

先是由三位第一线基层教师就自己在课堂教学过程中的教学行为促进学科教育价值的体现作了交流发言。徐亭老师的发言题目是《关注教学关系的教学设计》，赵萍老师发言的题目是《问题驱动，提升学生思辨能力》，刘宏福老师发言的题目是《为了有意义学习而教》。

随后三位名师交流了课程文化。

上海市教委教研室周寰老师的交流的题目是《对思想政治课成文化的理解》，他指出，思想政治课的课程价值，就是立德树人，培养学生立足现代社会生活必须的思想品德和思想政治素养；思想政治课的教学关系，就是紧密联系学生的实际生活，在民主、平等、尊重、自由的氛围中，大胆质疑、小心求证、积极实践、勇于创新，在辩证思维中，自主地建构新知识，把思想政治课堂还给学生，让学生成为真正的主人，实现真正的主体性发展，这也正是我们所追求的学科课程价值与教育伦理。

上海市世界外国语小学校长张悦颖老师向大家介绍了《指向师生发展的中外融合的课程体系》。她从课程引进的模式、课程的内容、授课的形式等方面向大家展示了外国语小学的课程体系，表示我们应该用别人能理解的方式来表达我的不一样。

上海市建平中学校长、特级教师杨振峰老师则介绍了建平中学丰富多彩的课程体系，他从学生未来发展的实例出发指出了课程教学中要培养公民，既要体现社会性，又要彰显个性。建平要发展就要思考三对关系:学术课程和素养课程,学科课程和综合课程,学业课程和体验课程。我们要培养全人,要基于能力培养,要结合德育工作,要结合政治教育。

基础教育政治学科名师基地(二组)主持人周增为老师发言的题目是《反思当前的课程与教学》。她提出了道德与教育的关系、课程的责任与使命,指出学习是学习者主动重组诸多结构的过程,能把属于别人的知识体系,重新建构为自己所理解的结构,是认知的进步。如果从中得到情感的变化,态度的变化以及对自己过去的某些习惯的变化,人的总体自我发展的能力就产生了,道德的学习也是这样。对学习者指导——帮助学习者改善能力、习惯、情感、态度是每个教师都有的责任。对人的关注,是关注人在学习过程中的各种关系和沟通以及调整的能力和情感!

教育论坛的点评者是华师大沈晓敏副教授和上海市双名工程理科基地管理组顾志跃研究员。沈晓敏副教授提出教师要分析自己的教学行为,提炼自己的教学经验,论证自己的教学效果。顾志跃研究员则根据目前的教学现状指出作为教师要讲真话、要分析研究教材、要坚持主流价值观。

最后,由陆晓禾教授对本次论坛作了总的点评,她对本次论坛提出了高度的评价。她指出教师们非常敬业,也非常专业,通过你们的努力,看到了我们中国道德的脊梁。通过今天的学习更使得我们知道了德育教育的必要性。

2013 年第十一届沪上高校比较文学博士生论坛

11 月 16 日上午，由上海市比较文学研究会主办、上海师范大学比较文学与世界文学研究中心承办的“2013 年第十一届沪上高校比较文学博士生论坛”在上海师范大学徐汇校区会议中心举行。论坛由上海师范大学博士王刚主持，上海师范大学刘耘华教授致辞，鼓励同学们积极、真诚、坦率地进行比较文学的学术探讨和交锋。来自复旦大学、上海大学、华东师范大学和上海师范大学的七位博士生就各自研究的学术问题进行了发言，同时进行了相互点评和听众互动。

复旦大学周海天博士报告的题目是：《论语义疏》中“援道入儒”的颠覆性解读与其“经世致用”的生存论向度。她认为魏晋南北朝作为经学诠释的“中变”时期，解经者引入道家思想资源对儒家经典文本进行破坏性和创造性误读的做法使这一时期的经学的诠释整体上呈现出玄学化的面貌，试图结合西方诠释学理论从文本特征、诠释立场、诠释方式与诠释意图四方面入手讨论魏晋南北朝时期解经者选择《论语》文本作为经学阐释对象的原因，对其进行破坏性和创造性阅读的方式以及“援道入儒”的生存论意图，从而揭示出魏晋解经者其实是以颠覆儒家传统的姿态拯救以《论语》为代表的儒学经典，并体现出试图为乱世立法的正统的儒家情怀。

复旦大学吕健博士报告的题目是：“原始文本”抑或“多元文本”？——围绕《伊利亚特》新校本的一场争论。他主要梳理了围绕 1998 至 2000 年出版的托埃布纳新版《伊利亚特》校勘本的学术论争过程，藉由相关文献的整理、阅读与综合，笔者试图呈现这一论争本身的大致走向及其背后潜藏着的不同学理立场相互砥砺的学术生态。当然，对这一论争的总结无疑从属于一项更为开阔的学术意图，即从史诗文本的具体编校策略出发，探究“荷马问题”的不同阐释框架之间的异同，由此得以进一步完善我们之于古风诗歌的“作者身份”与诗歌“权威性”等问题的认知。

上海大学易永谊博士报告的题目是：作为他者的天竺僧——对《太平广记》的一种形象学考察。他考察《太平广记》的天竺僧人形象书写，对于认识唐代中国人如何看异族人及异域文化，如何借助他者的塑造转而审视自我等诸问题不无裨益。在这个互文性的文本系统里，作为他者形象的天竺僧人，可分为佛教梵僧与婆罗门僧，二者分别被赋予正面与反面的形象。在人物类型化层面，叙述者对佛教梵僧形象的塑造，采用文化身份的归化策略；而对婆罗门僧持有排斥态度，在形象塑造上采用异化策略，在叙事过程中多进行类比与反讽。进而得出：《太平广记》所塑造的两种异族僧侣形象，既体现唐人对印度文化的选择，采取接纳佛教而抗拒婆罗门教，同时也显示唐代民间对外来宗教影响的文化焦虑。

华东师范大学陈婧博士报告的题目是:论近30年中国对俄苏文学史的研究。她分别从近30年中国俄苏文学史研究的基本面貌、"重写文学史"的提出和文学史观的变化,以及对通史、断代史、文体史等几种样式的已有成果的剖析几个角度来进行考察。

华东师范大学许见军博士报告的题目是:黑格尔的"艺术哲学"观念考论。他认为"艺术哲学"是黑格尔美学思想的核心观念之一,同时也是我们理解他的美学思想的基础。因此本文将从"艺术哲学"观念与黑格尔哲学的关系、"艺术哲学"观念在西方哲学史中的理论溯源和对"艺术哲学"观念重新思考的三个方面进行阐述,以期对"艺术哲学"观念有一个批判性的认识。

上海师范大学高胜兵博士报告的题目是:颠覆儒家"忠孝"根本:论《天主实义》对《圣经》中的"Deus"和"diligere"的翻译。他认为学界一直普遍认为以利玛窦为代表的晚明耶稣会士在中国推行的是"适应"政策,走的是"补儒易佛"的道路。然而,如果以韦努蒂异化翻译理论为视角,我们会发现《天主实义》中对《圣经》中的名词"Deus"(God)与动词"diligere"(to love)的翻译实为"异化翻译",即以天主教为本位,以古儒的概念翻译和阐释天主教的词汇,这与译入语晚明社会的主流儒家形成了"对抗"。用"上帝"或"天"翻译"Deus"势必会"颠覆"晚明的"天子"政治理念,因为人人都是由"上帝"或"天"创造的,所以人人生而平等,这样"忠"就失去了合法性;用"爱"(diligere)等同于儒家的"仁"势必使人们舍"孝敬父母"而取"爱天主",这样儒家的"孝"也就根本上被"颠覆"了。

上海师范大学王刚博士报告的题目是:《裸者与死者》——二战后美国政治与社会的预言之作。诺曼·梅勒的《裸者与死者》是美国二战文学的经典之作,这部小说不是为了描写战争,而是把军队描绘成了美国社会的一个缩影。实际上,梅勒描写了美国军队系统中的极权主义,美国士兵和军官对女性的歧视,以及军队中的官兵针对犹太人、墨西哥裔美国人、美国黑人和日裔美国人的种族歧视。梅勒预言了美国军队就是二战后美国的政治和文化生活的写照。而二战后,美国发生的麦卡锡主义的猖獗,民权运动,女权主义运动证实了这一预言的正确性。

据统计,本次博士生学术论坛共有来自上述四所大学以及同济大学、上海外国语大学的60多位博士和硕士参加。

总结发言时,陈建华教授认为,博士生就是将来比较文学学术界的骨干,就是学科发展未来的栋梁之材。陈晓兰教授回忆了已故的学会副会长孙景尧教授的学术生涯以及他对博士生论坛倾注的心血,对本学科的博士生寄予了极大的希望。胡荣老师简述了比较文学研究会的发展历程和自己随之成长的经历,说明比较文学在新世纪发展的迅速、论坛的壮大。何宝军老师也代表社联方面,对上海比较文学研究的发展与博士生论坛提出了自己的祝福和希望。

本次博士生学术论坛为上海市高校的比较文学的硕博士们就学术问题的讨论建立了一个平等、自由交流的平台,论坛为上海市比较文学的进一步发展,特别是学术新人的培养做出了贡献。据悉,随着上海大学、上海外国语大学等高校也即将设立比较文学博士点,明年的博士生论坛很可能会由传统的三校、四校扩充为五校甚至六校,参与的博士生队伍将进一步壮大,论坛将迎来又一次发展的契机。

多重视角下的古代文学研究

——市古典文学学会 2013 年年会

11 月 16 日下午，市古典文学学会与华东师范大学中文系共同主办的“多重视角下的古代文学研究——上海古典文学学会 2013 年年会”在华东师范大学中北校区举行。会议由学会副会长高克勤及董乃斌主持，参与研讨的是复旦大学、华东师范大学、上海师范大学、上海大学、上海外国语大学、上海财经大学、上海古籍出版社、上海人民出版社等多所高校、出版社的数十位教授、编辑，论题围绕“多重视角的古代文学”，包括对古典文学研究的整体反思及作家生平考、文类考论、地方书写及古籍整理数字化等专题论述，显示了上海古典文学研究范围广泛，继承与创新并存的良好发展态势。会议同时设置评点环节，同仁间友好切磋，体现了学会坦诚交流、共同提高的良好学术氛围。

通过上海古典文学年会的举办，加强沪上各高校相关学术领域的沟通与交流，为高校古典文学的研究与教学谋求发展和突破。

主题报告中，华东师范大学的胡晓明教授首先作了《后五四时代的中国文学思想研究：多重视角下的中国古代文学研究之一》报告，他以“子在川上曰”和“愚公移山”等长时间被曲解的典故为例，阐明了当代文学研究应对五四文学变革造成的巨大影响有所拨正的观点，他的论述大开大合，旁征博引，极具深思。发言完毕后，评议人曹旭教授也对此做出了十分细致详尽的点评。紧接着是复旦大学陈引驰教授题为《轴心时代 · 制度文化 · 文本文类——古典文学研究散思》的报告，他以鸟瞰式的眼光观照了传统文学的历史脉络、文学类型等各个学术领域，提出学者间应共同思考，达成某些基本问题的大致共识，以利找寻到学术工作的大方向的观点。华东师范大学的归青教授对这一报告作了评议。另有查屏球《韩愈寓居宣州修业考论》、彭国忠《从纸上到石上——墓志铭的生产过程》、李贵《空间、地方与互文性——以黄庭坚〈书磨崖碑后〉为例》、许建平《弇州山人四部稿的新发现》等等多场报告和评议，研讨会即在发言与评议互相穿插的形式中进行，各个高校的教师学者们各抒己见，相互切磋，气氛热烈。

除此之外，华东师范大学查正贤先生，复旦大学周兴陆先生、罗书华先生，上海师范大学查清华先生，分别就本单位近几年古典文学学科建设的成果和规划，做专题报告，并探讨了古典文学研究的未来发展走向。最后，大会由复旦大学陈尚君教授作一总结，圆满结束。

路径与建构

——第二届上海"文化资源保护与利用"研讨会会议

11月19日，上海市民俗文化学会、上海炎黄文化研究会在上海长宁民俗文化中心举办了第二届上海"文化资源保护与利用"研讨会。会议由上海民俗学会会长、华东师范大学民俗学研究所仲富兰教授主持，与会的专家、学者和企业代表云集，共同为上海市文化资源的保护和利用献计献策。

本次研讨会的主题是"寻找消逝的上海影像与记忆"。在长达三小时的讨论中，与会者就上海城市文化资源的分类、上海城市文化资源空间建构、上海城市文化资源品牌建构、上海城市文化资源的顶层设计，上海城市文化资源保护的生态环境等问题展开了讨论。

一、 上海城市文化资源的分类

目前学界对文化资源的表述共有三种类型：第一种观点认为文化也是资源，就是大文化、整个文化都是资源；第二种观点认为"文化资源是人类劳动创造的物质成果及其转化"，并按历时性分为历史资源和现实资源；三是把文化资源视为"可供主体利用和开发，并形成文化实力的各种文化客观对象，包括前人创造积累的文化遗产库，今人所创造的文化信息和文化形式库，以及作为文化活动、设施与手段的文化载体库等"。同时把文化资源分为历史文化资源与现实文化资源、人文文化资源与自然文化资源、有形文化资源和无形文化资源、可再生文化资源与不可再生文化资源等。

仲富兰教授认为，上海这座城市的独特遭遇及近代已降高度移民化的特点，留下了一代又一代上海人在时间中走过留下的最明显的痕迹。透过形形色色的历史文化资源，可以追溯上海城市发展的历史渊源和时代特质。上海的文化资源及存留的历史文化古迹，是上海过去和现在的浓缩，也是上海城市最真实的文化记忆。上海城市的文化资源主要包括(1)地方风味和衣食民俗资源；(2)民居与楼堂馆所的建筑资源；(3)岁时节日和游乐民俗资源；(4)工业化初期阶段上海名牌与品牌产品；(5)民间信仰和庙会民俗资源；(6)上海独特历史遭遇下的城市交通民俗资源；(7)上海民间手工艺与口承文艺资源；(8)上海公共文化空间及古镇资源。

复旦大学唐亚林教授认为数字化的时代下文化资源观如何从交互的视角探索建立一个新型的文化资源观是值得思考的问题。比如说从社交媒体、新媒体所创造的新的形态，它以交互、流动、共享、叠加、激活、增值为特征的新型文化资源观，换句话说，这种新型的文化资源观和我们传统的是不一样的。目前为止我们在这里可能研究得不够。这是第一个观点。第二个观点就是关于文化资源可能有不同的划分标准，有一个传统的划分标准，文化资源应该是述及过往、立足当下、面向未来。就是说我们要创造一种文化资源需求，这是在未来的文化软实力背景下非常重要的东西。不仅是要培育主体、培育市场，要创造一种把文化资源垄断起来，然后若干年以后有效的释放，这一种文化资源利用保护的概念将是一种全新的方式，就是说要创造一种文化资源的新需求方向，然后你去生产，去供给。当然这种方式就可能意味着我们今后的文化资源和文化产品能够站在世界潮流之巅，能够引领世界潮流。

二、 构建城市空间文化资源

每个城市的文化资源都凝聚在其公共空间的构建下的建筑符号上，上海城市文化是一种海纳百川、中西交汇的文化融合形式，所以城市文化资源空间的构建一方面要注重创新的地标性建筑，一方面也要注重旧有的文化资源空间的保护和再开发，同时，更应该加强除物质形态以外的精神信仰层面的文化空间的构建。

城市的空间文化资源是一个城市文化氛围的集中体现之处，有时甚至可以成为这个城市的代表符号，如米兰有斯卡蓝格剧院，纽约有纽约大都会歌剧院，巴黎有巴黎歌剧院，悉尼有悉尼歌剧院，这些文化资源空间的建筑已经凝聚为城市文化的内在灵魂。上海社会科学院文学研究所所长陈圣来认为上海现在有了大剧院、东方艺术中心、上海大剧院音乐厅、文化广场、博物馆等这些文化资源。如果把大剧院这个很简单的标志做一个 logo，你把这些 logo 全罗列起来，有这些建筑和支撑这些建筑内在的东西，上海就变得非常丰富多彩，上海就变得很厚实、很有文化。

社科院历史研究所周武研究员认为苏河湾是上海旧有的文化空间，它对上海来说是一个具有特殊意义的地方。第一，开埠之后苏州河成为上海沟通江南的水上要道；第二，上海的火车站，吴淞铁路，货运站、新客站都在苏河湾，与铁路联系在一起，形成了铁路文化的枢纽，于全国网络的建设中凸显了重要性，才通达全国，建立了越来越远的网络；第三，这里是海派文化的发祥地，海派文化有三样代表性，石库门，海派艺术，月份牌，这三样东西都源于苏河湾；第四，民族工业文化的集中展示基地。

所以在建设新的文化空间的同时，不要忽视挖掘上海旧有的文化空间资源，并把这些旧有的文化空间资源加以再开发，让它们焕发出新的生机。

一方面我们在不断加强地标性的文化空间的建设，但是另一方面，我们要看到，文化资源空间不仅仅是物质形态上的文化空间，除却建筑等外在形式，上海目前缺乏的是软性文化资源空间，上海社会科学院宗教所研究员葛壮认为，上海很多地区的原宗教场所都被改造或被拆除，并未留下任何宗教场所的痕迹，这是很令人痛心的，比如南京东路上的红庙。民间的民众信仰载体还在，但是找不到这样的信仰寄托空间，这也是上海文化资源空间构建的一大问题。若能重新恢复这些宗教遗留场所，无论是上海本地市民还是生活在上海的外国人都能找到很好的精神依托。“大剧院外地可以复制，但是宗教信仰空间其他地方没有办法复制，这就是独特的文化资源”。

三、上海城市文化资源的品牌构建

在上海构建物质文化空间的同时，我们也要看到问题：这些标志性的地标建筑后面，没有形成上海文化资源品牌。人力资源企业研究员戴震谈道，因为工作原因，接触到很多外国人，他们对上海文化非常着迷，但是没有一个成为品牌的文化节或者一个可以集中展示上海海派文化的空间，这让很多外国人觉得很失望。“国际性的大都市就是要有当地的民俗民族的文化和外来的东西共同存在才有张力。”

陈圣来认为，要培育文化资源品牌第一个是要培育市场，第二个是要培育社会，第三个是要培养竞争，第四个是要培育品牌，这四个培育是一脉相承，是连贯的。上海要培育市场，文化创造是这条长河的开端，而文化消费是它的终端，如果终端堵塞的话这条河流是不流畅的。

四、上海城市文化资源的生态环境

目前城市文化资源开发中经常会出现这样的问题：整条街区开发，原住民全部“逃离”，留下原有建筑出租，商业化地运作整条街区。正如一位与会的华东师范大学教授所说，如果把一个苹果从树上摘下来，那么苹果还是原来的苹果，苹果生长所需要的阳光、空气、土壤我们已经看不到了。那么我觉得新天地的崛起也是这样，这个房子还在，但是这个房子的土壤及里面的人是怎么生活的我们已经看不到了，其实这个苹果已经不是原来的苹果了，那么这个对于现在文化的或者说遗产的保护来说，这个消逝的记忆其实是很重要的。消逝在哪里？可能东西还在，但是跟这个东西配套的活生生的社会场景、活生生的人没有了，就剩下孤零零的房子。

所以文化资源开发过程中，如果失去了原文化的生态环境，文化资源就是“不接地气”的，就容易走上同质模仿、恶性竞争的路子。

更多的文化资源是无法或很难实现商品性转化的“历史文化资源”，如思想、信仰等，它们已经化作我们的文化观念、价值观的主体部分，或某一有机组成部分，化作我们民族性格及思维方式的重要基因。所以文化资源开发不能脱离文化所在的生态环境。

五、上海城市文化资源的顶层设计

目前来说，文化资源的保护与开发还要依靠政府，政府的决策对文化资源的保护开发相当重要。在当前的文化资源开发中，因为一些政府的不当决策，已出现了抢夺资源、资源浪费、过度开发、无序开发、粗制滥造、低水平重复等问题。

市文广局的研究室施福平主任认为，从政府层面来讲，政府管理实际上是文化资源管理，并非所有的文化资源都可开发、转化为文化产品或文化服务，也不是所有的开发都能实现预期。一般而言，可度量文化资源更易于进入市场和进行产业开发，而不可度量文化资源难以转化为具体的包含着经济价值的文化产品。政府管理要有这个理念，资源管理可能是要求更高，更富有内容和文化的管理，遵从文化自身发展的规律，按照三中全会的要求，也要思考怎么样更好地深化政府职能转变。

六、结语

上海城市是各种物质要素构成的理性系统，正如芝加哥学派帕克所主张的那样，城市乃是物质环境与人两者的集合体。城市文化精神与文化记忆则是该城市的典型品质。大城市的发育过程，可以说在每个历史时期都会留下深刻印记，而城市中的历史景观作为反映一代又一代上海民众过去生存状态、创造力以及人与环境关系的物质实体，更是上海文明的纪念碑，在人们的心灵上打下了难以磨灭的文化烙印。上海在各个历史时期的城镇规划都离不开当时文化的指导，而各个历史时期的文化又可以透过现存各个层次的老城区的风格来展示，并为新时期的规划提供依据和参考，进而通过这种形式使地域文化的历史文脉得以延续。城市景观作为时代文明进程的标记，反映着不同时期特定的文化土壤和经济条件下的生产方式、生活方式、思维方式、风俗习惯以及社会心理需求等内容。这些记忆场所与城市的整体意象并非一致，或者还没能进入城市的档案馆或者博物馆，但正是它们构成了城镇社区文化的认同性与多样性。通过保护利用具有群体记忆的多层次的记忆场所网络，使不同群体之间、群体与以往社会生活间建立关联，获得情感依恋与价值认同，同时在社会变迁中感受到现有生活的丰富与美满。

因此，在上海城市的文化资源保护与开发过程中，顶层设计十分重要，应该保留历史文化记忆，这不仅可以丰富城市景观，而且还可以为市民了解历史提供辅助记忆和提示，让想了解历史的人们重温与回顾。同时要打造上海文化资源品牌，注重城市文化物质形态空间和精神形态空间的构造，这样才能让上海城市的文化资源走向有序、健康和谐的发展之路。

市外文学会 2013 年年会

11 月 24 日,上海市外文学会在社联举行 2013 年年会。本次年会的主题为“新形势下外语教学改革和发展”。来自本市各高校外语院系的领导和教师 70 余人参加了年会。

年会由学会理事、交通大学外语学院院长胡开宝教授主持。年会上学会会长叶兴国教授、常务副会长史志康教授副会长、副会长张春柏教授分别做了学术报告。

叶兴国会长在报告中首先回顾了学会 2013 年主要工作,然后做了主题为“新形势下的外语教学改革和发展”的报告。在报告中,他分析我们面临的新形势有十八届三中全会提出的任务、目前我国超大规模的高等教育和外语专业教育以及现在处于大数据时代。他通过数据分析归纳后指出:36 年来高校年招生录取人数从 1977 年的 27 万发展到 2012 年的 685 万,2012 年录取人数是 1977 年的 25 倍;1989 年以来招生录取人数连续 23 年增加;高等教育规模的扩大和招生录取比例的成倍提高的趋势说明,高等教育的对象正在发生复杂而又深刻的变化。外语专业教育,特别是英语专业教育为 35 年来社会进步和经济发展源源不断地输送了人才,目前英语专业教育存在的问题主要是数量问题,不是质量问题;在开放和竞争的环境下,培养什么样的英语专业人才以及培养多少英语专业人才问题是“快变量”,事关英语院系存亡;如何培养英语专业人才问题是“慢变量”,事关英语院系发展的快慢;如长期不能正确解决如何培养英语专业人才的问题,英语院系还是难以生存。大数据时代的到来使得外语专业教育面临新的挑战和机遇;大数据技术将改变外语学科和专业的面貌;外语专业教师应充分利用 ICT 技术改革教学内容、教学方法和教学管理模式。外语教育特别是英语教育为改革开放三十多年来经济发展、社会进步、科技创新和综合国力提升做出了不可替代的重大贡献。外语教育中既存在质量问题也存在数量问题,但主要是数量问题。

叶会长在报告中提出:外语专业人才的培养模式不是一成不变的,教学内容和教学模式等方面应该随着时代的变化而变化。各校在办学的基础、传统、优势、特色等诸多方面存在差异,实际上,各校的外语专业教育已经在走多元化发展的道路。在制定英语类专业(英语、翻译和商务英语)的教学标准时,应该科学地厘清三个专业培养目标的共核和差异。应该全面认识外语教育的丰富内涵。培养目标要素和课程设置之间应有严密的逻辑关系。要区别人的全面发展这一人类发展的崇高目标和综合素质全面提高之间的区别,采取切实措施,全面提高学生的综合素质。中国的现代化过程是一个向西方发达国家学习的过程,近代以来,西方发达国家与中国的关系是一种师生关系,现在这种师生关系尚未完成朝同学关系的转变。

史志康教授在题为“论学者的修养”的报告中，根据自己长期以来从事英语教学和对国内外著名学者研究的经验，归纳总结了学者应具备的主要修养有以下 17 条：学者是文明的代表；学者应注重不断提升自己；学者对客观世界有着盎然的兴趣；学者热爱学习；学者注重实践；思考是学者的重要特征；讲信誉是学者的基本素质；学者在生活中追求美的元素；学者以追求真理为己任；学者将义放在利之上；学者既注重个性，又注重平等待人；学者注重大道，鄙视阴谋伎俩；学者懂得具体情况具体分析；学者将职业追求放在一个重要位置；学者善于创造世界；学者具备双重视野；学者具有重压之下的风度。

史教授用大量国内外著名学者的名言论述了上述修养的内涵，提出我们应以此为目标，不断提高自己的修养，以适应社会发展和教学要求的需要。

张春柏教授做了“翻译教学模式创新”的报告。张教授长期以来从事英语翻译教学工作，他在报告中介绍了自己在翻译教学工作中的方法和体会。他认为任何教学模式或方法上的创新必然始于理念上的创新。教师的教学理念对他们的课堂行为的影响，远远超出了他们的知识本身。教师的理念可以直接影响到学生的学习过程，从而影响到学生的学习效果。他回顾了上世纪英语教学中使用的教学模式后指出，英语专业的教学改革面临相对滞后的局面，相当多翻译课基本上仍然在沿用传统的“结果对比”教学模式，教师仍然占据中心位置，学生只是被动地聆听教师的点评、接受教师的“标准译文”。这种教学模式可称为“以译品为取向的翻译教学”。

当前外语教学界的一个重要共识：所有课程、包括翻译课的教学模式都应该是以学生为中心的模式，具体而言，就是以“过程为取向的翻译教学”模式。它的基本思想是，一条原则：以学生为中心；一个导向：以语言输出能力为导向；一个特色：跨文化能力培养为特色。具体做法是：注重英汉对比的方法，在翻译教学实践中让学生体悟到语法的重要性；注重加强课堂讨论，把课堂变成翻译工作坊，让学生通过‘在翻译中学习翻译’、‘在合作中学习翻译’、‘在讨论中学习翻译’的方式，不断提高翻译能力和译者能力，并通过课内外的交互学习环境，去感悟、领会和把握翻译的真谛；注重把教学活动延伸到课堂之外，培养学生自主学习的能力，创造各种机会让学生参与社会实践或教师的翻译项目；注重教学内容的多样化，文学与非文学文体，历史、文化、旅游资料、科普文章等中国英语的教学；注重师生之间的沟通和交流。

哲学、史学

第四届上海青年学者逻辑论坛

5月12日，第四届上海青年学者逻辑论坛在华东政法大学长宁校区举行。本届论坛由上海市逻辑学会主办、华东政法大学人文学院承办。

华东政法大学党委副书记、纪委书记应培礼致欢迎辞。来自本市各高校、科研院所的40余位学者与会，8位青年学者作了专题报告，并由8位专家作了点评。上海市逻辑学会会长、华东师范大学终身教授冯棉作了总结讲话。

复旦大学的青年教师杨睿之博士在题为“集合论多重宇宙观”的报告中提出：集合论作为数学基础的成功，使得关于数学对象的本体论问题被归约为关于集合的本体论问题。传统的（集合）实在论强调集合的存在，从而人们可以谈论关于这些集合的概念是否符合那个客观事实。与此相对，近年来逐渐形成一种新的集合论哲学——多宇宙观（Multiverse View）。这一立场强调存在许多集合论宇宙以及多种并立的集合概念。在该语境下，传统实在论被看作是一种唯一宇宙观（Universe View）的立场。

上海电机学院的青年教师张文琴博士在题为《从可能世界的视角看小说中的真》的报告中指出：真概念是逻辑处理的核心概念之一。小说（fiction）作为虚构的文本，通常的真理论如符合论不再适于说明其中语句的真，因为小说是虚构，现实世界中没有相应的事实与之对应，符合也无从谈起。著名哲学家大卫·刘易斯运用可能世界语义和对于反事实句的处理手段，来理解小说中的真，提供了一个新的解读视角：我们可以将小说看作可能世界，从反事实句角度来探讨小说中的真及其推理。

华东师范大学博士研究生蔡广超在题为“汉布林论评估论证的三种标准”的报告中主张：汉布林是用辩证标准最终取代了真值和认识标准，但实际上，既存在好理由拒斥真要件，也存在好理由甚至是更好的理由接受真要件。有鉴于此，非形式逻辑主张以可接受性来补充真要件，而不是完全取代它。与此同时，非形式逻辑的发展也表明对论证的评估并没有一劳永逸的标准，评估标准因域的不同而不同。真值标准、认识标准和辩证标准彼此互相兼容、相互补充，体现了论证本质上所具有的实践的和语用的维度。

复旦大学博士研究生李主斌在题为“论否定事实”的报告中论证：从常识来看，否定事实是一个很奇怪的概念，它有悖于我们的健全实在感。例如，如果我们认为苏格拉底不是木匠也是一个事实的话，那么否定事实将无限多，且比肯定事实还要多。于是，哲学家们大都试图从逻辑上证明否定事实是不必要的，从而试图拒斥否定事实。当前，主要存在两种拒斥否定事实的策略：不相容方案（imcompatibility solution）与不相同方案（difference solution）。但是，不相容方案自身面临非常严重的困难，而不相同方案就其自身而言不足以拒斥否定事实，除非它承诺一般事实（general facts）的存在。

上海师范大学硕士研究生王晶在题为"SAT 阅读中的逻辑思维考查"的报告中指出：旨在考查批判性阅读能力的美国 SAT 考试，作为"美国的高考"，是很多渴望留学的学子的必经之路。而通过对相关题型的考察，不难发现，逻辑思维能力在批判性阅读中起着重要作用，如对于语境义的辨识能帮助阅读者初步识别词句的大致涵义，逻辑基本规律能指导阅读者始终有保持同一思想的意识，深层语境义的理解让考生能从内涵、外延、情感以及深层行为意义等维度去思考词句的深层意义。与此同时，借鉴 SAT 阅读模式，我国高考语文阅读命题可尝试阅读文本的新形式、扩大对逻辑思维考查的范围和难度、以阅读教学为突破口培养逻辑思维能力等等。

华东政法大学硕士研究生王媛在题为"诉讼视野中的法律论证与逻辑论证"的报告中表明：论证是法律活动的中心，法律论证从其应用层面而言，是法律逻辑的基本内容之一，也是法学方法论的一种。法律论证与逻辑论证同源于论证理论，在不同的领域发挥其应有的作用，而统一于诉讼视野，二者的关联与差异也被赋予了更深刻的法律印记。以普通逻辑论证思维为基础，正确理解与适用法律论证的理论与方法，不仅是对论证理论的完善和丰富，更是为诉讼理论与实践的发展提供强有力的支撑，这也正是法律逻辑的应有之义。

华东师范大学硕士研究生成力杰在题为"归纳悖论新解"的报告中提出：归纳悖论主要由乌鸦悖论、绿蓝悖论和彩票悖论组成，它不仅关系到科学假说确证和接受的合理性问题，而且与困扰人类知识可靠性的休谟难题息息相关，因此，其重要性不亚于狭义逻辑悖论。由于悖论的产生有赖于尼科德标准、高概率接受规则及一些逻辑演绎规则的综合运用，因此，为了满足 RHZ 解悖标准并且不牺牲直觉，我们应尽量在不动摇这些标准或规则的基础上，揭示出其中隐含的预设，来达到解悖的目的。

上海师范大学硕士研究生陶敏在题为"间接受话者话语角色研究"的报告中主张：成功的交际不仅离不开信息产生者的无误传达，也离不开受话者的成功接收和理解。我们可以在前人对受话者这一话语角色的研究分类的基础上，提出"间接受话者话语角色"这一概念（话语交际中，除了话语生产者的直接交际对象之外，处于话语接收范围的一切具有话语接受能力的社会角色），并将其分为旁听者、旁观者、窃听者、虚拟受话者四类。对于此种新的分类法，相应存在着在日常生活中和影视文学创作中值得借鉴的一些交际策略。

马克思主义与社会主义核心价值观的当代培育

——“马克思主义与社会主义核心价值观问题”研讨会

6月29日，由上海市伦理学会、复旦大学哲学学院主办，复旦大学应用伦理学研究中心承办的“马克思主义与社会主义核心价值观问题”研讨会于复旦大学举行，来自上海市伦理学界、马克思主义学界和相关学界的近20位学者参加了会议，其中12位学者进行了专题发言。上海市伦理学会会长陆晓禾研究员、复旦大学哲学学院院长孙向晨教授出席会议并发表了讲话。会议围绕经典马克思主义的道德论和价值论、社会主义核心价值观的性质与建构情境、马克思主义与社会主义核心价值观的实践生成、社会主义核心价值观的认定、构成与展开等问题展开了热烈探讨，现把会议主要内容综述如下。

一、 经典马克思主义的道德论和价值论

上海社会科学院哲学研究所赵司空副研究员指出，经典马克思主义反对道德说教，认为道德作为一种意识形态，其产生与社会生活的利益机制密切相关，受物质生活资料的生产和再生产所决定。她借用英国学者史蒂文·卢克斯的观点，将道德区分为法权的道德和解放的道德，认为马克思主义总体上批判法权的道德，肯定解放的道德。但在共产主义的初级阶段，社会主义核心价值观应包含两个方面，一是作为共产主义终极目标的解放的道德，二是作为共产主义初级阶段道德的法权的道德。在整个马克思主义传统中，解放的道德一直受到重视，相反对法权的道德重视不够。培育社会主义核心价值观，应该补上法权的道德这一课，以此作为通往解放道德的中介。

上海财经大学马克思主义教研部马拥军教授强调，目前在价值观研究上存在着理论与现实的脱节。在理论层面，人们重视价值的有用性和价值对需要的满足，但在现实层面流行的却是货币价值观和资本价值观，即各种形式的金钱和资本崇拜，以“值多少钱”作为衡量万物价值的标准，以“能挣多少钱”作为衡量人的价值的标准。这种价值观固然有摧毁旧价值，创造新价值，发展生产力，破除禁欲主义，解放人性，革新人与人的关系等文明意义，但它把所有的需要化为对货币量的需要，把人的需要化为人的物欲，把人与人的关系化为赤裸裸的金钱关系，因此也是人的异化的表现。超越货币和资本价值观，需要从以资为本到以人为本，把资本的增殖变为人的发展，使人的片面的需要变为全面自由发展的需要，使人从“被动”的状态发展到“自足”的状态，破除主、客二分的思维模式，把价值看做是满足主体需要的对象属性。

复旦大学应用伦理学研究中心秘书长、复旦大学哲学学院吴新文副教授认为,“价值”在经典马克思主义那儿主要是一个经济学概念,但已经开始向一种哲学概念过渡。经典马克思主义那儿不存在一个独立的、完善的价值论,但已存在一个价值论的基本脉络。经典马克思主义一方面从“商品”、“生产”等社会存在的领域切入价值问题,另一方面又对意识形态或社会意识领域的各种“观念”进行了批判。二者的交汇点在于对经济基础和上层建筑之关系的说明以及对生产的经济条件和意识形态之形式的区分。经典马克思主义的价值论涉及这两个领域,是冷酷实证和热情批判的结合。价值(观)既有社会存在的一面,又有社会意识的一面,既关乎经济基础,也关乎上层建筑。在异化的状态下,社会意识与社会存在是分裂的。扬弃了异化之后,价值观也可以成为社会存在的组成部分。经典马克思主义承认物的有用性与物的价值性的区分,反对单纯从物的有用性对人的需要的满足的角度看待价值,因为这会导致对价值的主观、抽象、唯心的理解。经典马克思主义强调作为实然的价值的普遍性(关系、阶级、交往、生产力是普遍的。规律是普遍的),而强调作为应然的价值观的特殊性(自由、平等、正义等都是特殊的。)经典马克思主义的价值论不以抽象的主客二分为前提。价值与主体、客体原初性地纠缠在一起。一方面存在着对象性关系,另一方面价值也是主体的一部分。主体也是对象,对象也是主体。马克思主义承认价值有普遍性的一面,但这种普遍性是社会存在的普遍性,而不是指价值观念的普遍适用性或永恒性。后者实际上不过是某些阶级、集团和共同体所主张或宣扬的。如果把主体看做是处在一定历史阶段和生产力发展水平且从事具体活动的人,所谓“永恒真理”、普世价值的产生就容易理解了,这些真理和价值不过是资产阶级所宣扬和标榜的真理和价值,一旦联系资本主义社会的物质生产条件和资产阶级的利益追求,就会揭开普世价值头上的神秘面纱。运用马克思主义的经济基础决定上层建筑和阶级分析的科学方法,可以揭示普世价值话语演变的不同阶段。

吴新文还指出,普世价值思维实际上是柏拉图主义一神教思维的翻版,它撇开历史进程,孤立地观察价值,并假定出一种抽象的——普遍的——普世价值。实际上是“把世俗的问题变成了神学的问题”。当然,经典马克思主义对普世价值并不是持全盘否定的态度。有时反倒会支持普世价值的主张。尤其是在联合资产阶级反对封建的、宗法的社会的时候,或者在激化无产阶级和资产阶级的对立、加速社会革命的时候。当然,这并不意味着经典马克思主义认同这些价值是普世价值。而是要借助这些价值达到无产阶级和共产党人的目的。

二、 社会主义核心价值观的性质与建构情境

中共上海市委党校哲学教研室黄力之教授认为,中国当代社会的复杂样态决定了当下价值观问题的复杂性。执政力量倡导的主流价值观具有双重性。一方面,这些价值观是中国当下文明进程的客观成果,事实上已成为导向与制约,这是其现实性的表现。但另一方面,这些价值观并未在绝对意义上成为一切人群(阶级、民族、国家)的制约因素,有时出现了假象,这是其虚幻性的表现。随着社会主义核心价值观建设的不断推进,这些价值观的普遍适用性将越来越大。

复旦大学哲学学院陈学明教授指出，目前建立社会主义核心价值观存在着四大两难。其一，社会主义核心价值观是社会主义的，但目前我国目前的经济基础中有相当成分是资本主义的，在资本主义的经济基础上要把社会主义的价值观作为核心价值观来建设，这是困难的。其二，现在是个多元的社会，这个多元包括价值观、文化的多元，而且这种多元是被作为基本事实加以认可和接受的，我们一方面认可多元，另一方面又要把某一种价值观作为核心加以突出出来，这也是困难的。其三，社会主义核心价值观无疑是为马克思主义为理论依据的，但是当今崇尚中华传统文化，而中华传统文化马克思主义从本质上是两种不同的理论体系，把中华传统文化与社会主义核心价值观联系在一起，撇开了马克思主义理论让中华传统文化作为社会主义核心价值观的理论依据，这也是困难的。其四，社会主义核心价值观不仅是一种理论，更是一种行为准则，它是要被人们践行的，而在当今的中国最有权势最有影响的一些人的行为显然并不遵循社会主义核心价值观，在作为社会"标杆"的一些人公然践踏社会主义核心价值观的情况下，要建立和弘扬社会主义核心价值观显然也是十分困难的。

在这种情况下，建立社会主义核心价值观可能出现三种结局。其一，建立一种与资本主义价值观并没有多少区别的折衷主义的能被各个方面的人都能接受的价值观，而这种价值观仅仅戴上了一顶社会主义的帽子。其二，一直在讨论之中，根本建立不起来。其三，提出了一种有社会主义色彩的价值观，但仅仅是用来摆摆样子的，根本没有多少人认真地去践行，甚至经常被人作为笑料。因此，在建立社会主义核心价值观问题上不容盲目乐观。只有当我国的经济基础主要是社会主义的时候，才有可能建立起与此相应的社会主义的核心价值观念。

复旦大学社会科学基础部徐蓉副教授主张，核心价值观建设在国家发展和制度变革中具有重要作用。国家发展、制度变革是一个渐进的过程，这一过程既在特定价值观指引下进行，也伴随价值观的不断总结与提炼。核心价值观建设可以在以下方面起到重要作用：第一，核心价值观的表达提供了一种认识问题的角度；第二，核心价值观是一种必要的修饰语；第三，核心价值观是社会情绪的稳定器。

三、 马克思主义与社会主义核心价值观的实践生成

复旦大学哲学学院丁耘教授认为，没有抽象的马克思主义，只有具体的马克思主义。马克思主义在当代中国就是指中国化马克思主义。中国社会主义实践是在中国化马克思主义的指导下展开的。社会主义核心价值观应该以平等为基础，这种平等是建立在对资产阶级平等观的扬弃的基础之上的，同时与中国传统伦理也有一定的继承关系。

上海财经大学人文学院鲁品越教授指出，在目前的社会主义核心价值观研究中，有一种令人担心的趋势，即把社会主义核心价值观当作符合人类本性的普世价值对待，用美好词语的堆砌作为核心价值。或者把核心价值当作一种自我封闭的逻辑体系来对待。这就会把社会主义核心价值观抽象化，空洞化，只是作为一种抽象的充满各种歧义的价值符号，而缺乏对它的具体理解与具体标准，更缺乏具体的实践内容，最终变成一种"观念乌托邦"。鲁品越教授认为，社会主义核心价值观只能在实践中生成，它必须立足于中国的社

会历史进程，从而必然具有民族性，是社会主义价值观在中华民族实践中的表现。另外，它也必须能够指引我们正确处理当代实践问题，作为我们解决当代实践问题的价值准则。

华东师范大学社会科学基础部余玉花教授主张，社会主义核心价值观的提出，不是理论推理的结果而是现实社会发展的需要。也就是说，核心价值观的提出，不是因为我们已经有了一大堆的价值观，从而要从中去找出一些更为重要的价值观，然后把它冠之以“核心价值观”。社会主义核心价值观的提出，是时势所然，是发展所需。一个不可忽视的时代背景是，改革开放、现代化发展和社会转型在形成文化丰富性、多样性的同时，也带来思想观念的大交锋大碰撞，并且出现了观念混乱、道德失范、人生观价值观扭曲的情况，急迫需要正确的主导的价值观加以引导。另一方面我国社会主义文化大发展和大繁荣也需要价值观的导向，这是建构社会主义核心价值观的初衷。社会主义核心价值观是针对我国社会中非社会主义价值观而言的。相对于社会形形色色的思想意识和价值观，社会主义价值观是我们国家社会中的核心价值观，它居于社会价值观的主导、统领的核心地位，是中国特色社会主义文化的旗帜。

如何确定社会主义核心价值观的内容？余玉花教授认为，需要遵循一些基本的原则。首先，社会主义核心价值观作为国家的意识形态必须坚持马克思主义的价值指导，即坚持社会主义的理念，始终坚持在社会主义的原则下来构建社会主义的核心价值观。其次，社会主义核心价值观的内容应当体现时代性。所谓时代性，一要满足国家现代化建设对文化精神价值的需求；二要符合现代中国人对文化精神价值的需求。第三，社会主义核心价值观的内容应当体现现实性，解决现实问题是社会主义核心价值观面临的主要任务。社会主义核心价值观当然也要体现社会主义的理想未来，但是这个理想目标的设定必须建立在社会主义中国的现实国情基础上。

四、社会主义核心价值观的认定、构成与展开

上海社会科学院中国马克思主义研究所曹泳鑫研究员指出，社会主义核心价值观的认定，必须要考虑价值观的先进性、现实性、远见性、生动性、批判性目的性、真理性与有效性，即社会主义核心价值观必须具有社会主义性质，符合社会主义初级阶段的现实国情，适应共产主义远大理想，能够产生精神鼓舞的正能量，具有明确反对什么的现实针对性，能够引领社会风气和道德风尚，经得起辩论并且越辩越明，从群众中来又能到群众中去。

上海市伦理学会会长、上海社会科学院哲学所陆晓禾研究员注意到，党的十八大报告将“自由、平等、公正、法治”作为社会主义核心价值观，在学术界和社会引起了很大的反响。中国从计划经济到市场经济，经济关系经济基础发生了巨大的变化，相应地，基于经济关系经济基础的价值观念也相应发生变化，有必要适应新的经济关系和社会经济发展阶段，提出相应的价值观念以适应和维护新经济关系的变化。其次是，过去的计划经济实践也是一种新实践，但存在着急于求成的倾向，包括对马克思主义的自由和平等观的理解存在着简单化的偏颇，把自由、平等简单地作为虚伪的资产阶级概念加以摒弃，而没有注意到，马克思认为，相比之前的社会，形式上的自由和平等也只是在现代资产阶级社会中才得到实现。作为社会主义核心价值观的社会经济制度德性或核心价值，十八大所倡导

的自由、平等、公正和法治，与资本主义社会的本质区别在于，我们不仅在形式上而且在实质上、不仅在流通过程而且在生产过程、不仅在经济领域而且在社会领域，都将加以推进和实践，让普通劳动者、普通公民都能享受到体现和维护这些核心价值的制度化成果。

陆晓禾研究员还指出，对自由、平等、公正、法治作为社会主义核心价值观的重要组成部分进行研究，有必要总结马克思主义之前的有关自由、平等、公正和法治方面的文献的和实践的文明成果，系统整理和研究马克思和马克思主义者有关这些价值观的著述及其相关的立场、观点和方法，同时也回顾和总结中国历史、文化和制度传统包括社会主义时期在这方面已经有的经验教训和实践探索，将这四个核心价值观作为整体的系统的社会制度德性和规范来研究，立足中国社会主义初级阶段国情同时又着眼于未来自由人联合体的理想奋斗目标，旨在提供一种马克思主义的严谨而丰满的系统阐述。

复旦大学中文系白钢副教授强调，讨论社会主义核心价值观问题，不能离开中国社会主义的伟大理论和实践。中国社会主义作为一种文明论意义上的创造性综合，将马克思主义这一源自西方文明内部、对于资本主义这一西方文明路向的总体性现代形态的最深刻的反思，与中国之文明传统与现实相结合，在对于东西文明精华的共同承继与发展的基础上，实现超越一切旧有文明形态的文明新生。中国社会主义理论和实践的一大成果，就是形成了中国社会主义的文明观，主要内容包括：人民为本、以义制利、集体主义、平等和谐、天下关怀。中国社会主义的文明观为培育社会主义核心价值观提供了丰富的思想资源，是中华民族弥足珍贵的精神财富。

复旦大学哲学学院吴新文在会议总结时指出，目前在研究社会主义核心价值观的过程中，儒家和自由主义表现较为活跃，吸引了思想界理论界的很多关注，而马克思主义学界的表现较为沉闷，甚至经常成为批判和嘲讽的对象。这一状况是极不正常的。马克思主义要真正发挥主流意识形态的指导作用，必须具备介入中国当下的思想论争的能力。在社会主义核心价值观问题的研究中，马克思主义学界应该和伦理学界紧密结合。只有这样，才能实现社会主义核心价值观理论和实践的双重深化。

市美学学会主办“生命体验美学”研讨会

8 月 21 日，由上海市美学学会主办、华东师大中文系协办的陈伯海先生“生命体验美学”研讨会在华东师大举行。会上陈伯海先生做了主题发言，副会长祁志祥主持会议，会长朱立元出席会议并做了点评，邱明正、楼昔勇、夏中义、许明、陆晓光等近 30 位专家学者围绕着陈先生的新著《生命体验与审美超越》展开了理论研讨。

陈伯海先生是上海社科院文学所的著名学者，华东师大杰出校友。他长期从事古代文学研究，在唐诗学和古代文论研究方面成就卓著。退休以后，他将自己的兴趣转入哲学、美学领域，大量研读了西方当代相关论著，融合中西，会同古今，化繁为简，自出机杼，在构筑了新的生命哲学体系的基础上，建构了以“生命”、“体验”、“超越”为关键词的独特美学思想体系。朱立元等人说：陈先生的美学论著，自出手眼，横空而立，思理丰富而绵密，是新时期中国美学理论研究的宝贵收获，堪称上海美学界的骄傲。

《生命体验与审美超越》建构了以“生命”、“体验”、“超越”为关键词的独特美学思想体系。书中就人的审美需要、审美态度、审美体验、审美活动中的主客关系和身心关系，以及美的价值规范和审美诸形态、艺术活动中的审美传达乃至审美向生活世界回归等一系列重大议题，表述了作者个人的新的思考，及其从民族传统审美经验里汲取资源，以之与西方近现代美学思想相会通的尝试。美学学会会长朱立元教授表示，审美诸形态是贯穿生命体验美学的总线索，以生命体验美学来贯穿诸形态之间的联系。夏中义教授指出，注重思想史的宝贵遗产，需要清洗甄别，如自由是对必然的把握，对自由的超越，能不能把自由讲清楚，前提是要把必然讲清楚。与会者认为，陈先生的美学论著弥补了中西、古今、文史哲的割裂，充分利用中国传统资源，是新时期中国美学理论研究的宝贵收获，堪称上海美学界的骄傲。在给予充分肯定和高度评价的同时，与会者也就陈著中“生命”、“自由”等概念提出了不同思考，体现了和而不同、平等对话、自由论辩、交流切磋的良好学术风范。

远东反战会议 80 周年纪念座谈会

9 月 27 日，上海宋庆龄研究会在青松城举行“远东反战会议 80 周年纪念座谈会”。当年，宋庆龄在中共地下组织支持下，于 1933 年 9 月 30 日，联合世界进步人士共同举办了远东国际反战会议。曾参与会议筹办的中国民权保障同盟总干事杨杏佛之子杨小佛；当时主持具体工作的中共江苏省委宣传部长的冯雪峰之孙冯烈及其夫人方馨未；负责保卫会议安全的中共地下党员、临时家庭“一家之主”黄霖之女罗解难；中共地下党员、临时家庭“新婚夫妇”周文和郑育之的儿子何俭朝、女儿周七康；时为法国共产党员、负责为会议的法国代表古久里做翻译的李又然之孙李语然，与数十位专家学者参加了会议，共同探讨研究和宣传宋庆龄为世界反法西斯运动和世界和平事业作出的杰出贡献。

这次远东反战会议 80 周年纪念座谈会还得到了各方人士的关心支持，他们纷纷为远东反战会议 80 周年纪念题词作画。中国人民对外友好协会原会长陈昊苏题词：“反对侵略　保卫和平　承前启后　世代光荣”；94 岁老人丁景唐题词：“和平发展中国梦　告慰民族忠烈魂”；中国侨联第四届主席、92 岁老人庄炎林题词：“反对侵略战争　保卫世界和平”；国务院参事室原主任徐志坚题词：“纪念学习先贤宋庆龄先生”；陕西西安画家胡明军创作宋庆龄肖像画。

陈昊苏还特地为本次纪念座谈会发来书面讲话，他说：“我们今天集会纪念远东反战大会 80 周年，当然是在回顾历史，向宋庆龄主席和与她并肩战斗的中外革命前辈学习致敬，同时也有寻求在现实生活中坚守正确立场的启示意义。我们要承前启后，继往开来，遵循我们革命前辈为之奋斗的伟大初衷，继续前行，反对侵略战争，保卫世界和平。实现世界的永久和平，这绝对是全人类的伟大梦想。我们要尽到自己的国际主义责任，在为实现中华民族伟大复兴的理想而奋斗的同时，也为保卫世界和平努力奋斗，把中国梦与世界梦结合起来，争取中国和世界的美好明天和光辉未来。”

上海宋庆龄研究会会长、中国福利会副主席、上海宋庆龄基金会副主席许德馨在最后发言中，总结了远东反战会议召开的背景和过程，并指出宋庆龄在反对法西斯主义和帝国主义战争、保卫世界和平的正义事业中，发挥了自己独特的作用，做出了巨大贡献。许德馨会长还代表上海宋庆龄研究会向那些为维护世界和平和促进人类进步事业而鞠躬尽瘁、死而后已的勇士们致敬，并向在座的各位远东反战会议筹办者后裔致谢，感谢他们的积极呼吁和参与促成了本次纪念座谈会的成功召开。

会议由上海宋庆龄研究会原副会长兼秘书长、市孙宋文管委原副主任秦量主持。出席会议的还有上海市社联学会处处长王克梅，上海宋庆龄研究会名誉副会长、市台办原副主任陈祥元等。

“新民主主义革命时期保持党的纯洁性历史经验研究”学术研讨会

10月12日，市新四军历史研究会学术委员会在交大医学院科教楼205会议室召开“新民主主义革命时期保持党的纯洁性历史经验研究”学术研讨会，20余人出席了会议。

研讨会分上下两部分进行。第一部分由市新四军历史研究会副会长兼学术委员会副主任陈挥主持，上海师范大学教授邵雍回顾了民主革命时期保持党的纯洁性的历史。无产阶级革命导师马克思、恩格斯、列宁对保持党的纯洁性有过不少精辟的论述。1921年中国共产党成立后，一直通过思想建设、组织建设、作风建设与制度建设保持其纯洁性。正是由于党始终把保持党的纯洁性放在党的建设的重要位置，推动了党的事业从小到大，由弱变强，不断发展壮大，使党担负起历史赋予的重任，不断取得革命的伟大胜利。历史的经验告诉我们，首先，保持党的纯洁性工作必须是常态化的，不可能一劳永逸。其次，保持纯洁性要有一定的标准，任何过左的做法不但无益，而且有害。第三，领导机关、主要负责人的纯洁性尤为重要。

市公安高等专科学校陆俊青副教授认为，保持党的纯洁性要关注党的组织状况；要发扬党的优良传统；要注重法制建设。

上海政法学院孙频捷副教授认为，民主革命时期宣传工作主要目的是为了争取社会各界对我党政策方针的认同，扩大我党的影响揭露反动势力对我党的污蔑等。另一方面宣传工作也起到了加强党内思想，保持纯洁性的重要作用。

市新四军历史研究会副会长兼学术委员会主任张云教授对以上发言作了点评，他说邵教授发言的亮点在思考上：一是理论思考，纯洁性是动态过程；二是从实际上思考民主时期党在纯洁性上的惨痛教训；三是重要思考，理论功底深厚。并对一些人物的看法提出不同意见进行探讨。他对陆警官的发言，既有理论又有现实。提出了子女教育、自我改造、监督完善、保持纯洁四个发扬。不足是漏了一个重要问题：群众路线，要保持党的纯洁性一定要有群众路线这是特别重要的一个方面。

第二部分市新四军历史研究会副会长杨元华教授主持，市委党校刘惠恕教授作《民主革命时期保持党的纯洁性的历史经验及习近平思想对此的发展》论述习近平总书记最近提出的“把权力关进制度的笼子里”的思想，是对《中国共产党七届二中全会决议》有关保持党的纯洁性、反对党内腐败思想的历史经验的坚持与发展，同时也是对于中共十八大所提出的“坚持和发展中国特色社会主义”历史目标的划时代理论贡献。

华东师范大学副教授曹景文在《民主革命时期党群关系的历史考察》发言中总结了新民主主义革命时期党群关系经历了初步探索、曲折发展、逐步完善和成熟等阶段的发展过程。这些基本经验对现实的启示是:(1)切实维护最广大人民的经济利益;(2)切实维护人民群众的民主政治权利;(3)健全惩防腐败体系。上海政法学院教师魏洲阳作了《新民主主义革命时期党进行反腐倡廉建设的探索》发言,他说,加强党的自身建设,不断地同消极腐败现象作斗争,是中国共产党的优良传统,党在新民主主义革命时期在实践上、理论上进行了反腐倡廉建设的探索,并总结出一系列有关反腐倡廉的思想、措施、制度,为今天留下了宝贵的思想财富和深刻启示。

市新四军历史研究会副会长兼学术委员会副主任唐莲英教授点评。她说,很高兴看到老中青汇聚一堂,从不同视角探讨反腐倡廉与纯洁性,保持纯洁性的历史经验值得思考。为什么我们这么多规章制度都不能约束腐败?最后她提出,我们党反腐倡廉建设的理论依据;反腐倡廉实践基础依据;反腐倡廉与纯洁性建设怎么认识三个问题供与会者思考。

市新四军历史研究会常务副会长刘苏闽将军讲话。他说,听了大家的发言和点评很受启发。这次研讨会特点:一是虽然研讨会着重新民主主义革命时期保持党的纯洁性历史经验研究,但是发言专家教授很重视,作了充分的准备,大家发言紧密联系现实,体现党的"十八大"的新要求。并从思想、组织、作风、制度、反腐倡廉建设五个方面进行全面理论研讨。二是张云、唐莲英两位专家的精彩点评,对发言内容深入分析,上升到新的高度,进一步加深了与会者的理解和思考。最后他着重指出,领导干部带头廉洁自律是保持党的纯洁性关键在于领导干部必须保持政治信念上的纯洁性、思想道德和心理上的纯洁性、秉公用权的纯洁性、社会交往和生活情趣的纯洁性。

纪念爱国实业家穆藕初先生逝世 70 周年座谈会

10 月 18 日，上海市历史学会在上海社联召开了“纪念爱国实业家穆藕初先生逝世 70 周年座谈会”，会议由浦东文史学会会长唐国良主持，市社联领导沈国明到会致辞祝贺，上海市历史学会会长熊月之作主题发言，穆藕初先生哲嗣穆家修代表家属致谢词，沪上社科学界、各文化部门等 60 余位代表参加会议并发言。

穆藕初是我国著名的实业家，是中国第一位把西方科学管理思想理论与中国工业的具体实践相结合的开拓者，是我国近代企业管理体制改革的先驱。他生于上海浦东，留学美国后回国创立植棉试验场和上海德大、厚生、郑州豫丰 3 爿大型纱厂，还创办了华商纱布交易所、中华劝工银行等，被沪人称为“棉纱大王”。穆藕初还是一位教育家，他捐出巨款，参与发起成立中华职业教育社；还捐银 5 万两供北京大学选派罗家伦、段锡明、康白情等赴美留学。

穆藕初先生 70 年前在重庆逝世时，重庆《新华日报》发短评称：“穆先生一生奋斗的历史，正是中国民族工业的一部活的历史。”中央社发消息后，国民政府更在其身后发布了《褒奖穆藕初令》：赞其“志行忠贞，学识明达，成绩卓著，良非浅鲜”。董必武挽联的后半句称先生：“功宜百代祀，于举世混浊日，独留清白，堪作楷模。”

在座谈会上，50 多位参会的学者、相关人士及家属中有 17 位发言，他们缅怀了这位曾被毛泽东称为“新兴商人派”代表人物的穆藕初，并对穆先生的崇高爱国情怀、严谨科学管理态度、创新意识、诚信及奉献精神给予了高度评价。熊月之教授的主题发言从穆藕初的寻求强国之道、提高企业管理水平、为保存国粹尽力及思考中国善良政治蓝图四个方面论述了穆藕初在近代中国的文化意义；上海文史馆沈祖炜馆长在综观穆藕初的一生业绩后认为，穆藕初的历史定位应以“民族精英，中华先贤”八个字来概括比较合适，沈馆长的见解得到了不少与会者的共鸣；深圳证券交易所陈鸿桥副总经理就“科学管理是根治形式主义、官僚主义的利器”为题，阐述了学习发扬穆藕初重视科学管理实践的现实意义；深圳唐马服装公司廖英武董事长（兼深圳清华大学博商同学会副会长）是参会的唯一一位（中年）企业家，他在发言中盛赞了穆老先生的崇高风范，认为穆藕初实是当代企业家的学习楷模，并表示乐意跟随大家一起为继续深度挖掘、学习、传播、传承穆藕初先生的爱国、奉献、诚信、创新精神及科学管理理论结合实践的态度而共同努力。

纪念座谈会开得热烈成功，与会者普遍认为，这次座谈会内容的深度创出了改革开放以来穆藕初研究的新高度，具有阶段性的里程碑意义，也为穆藕初研究进一步深化奠定了基础。

“音像档案资源建设与档案文化传播”学术研讨会

10月22日，上海市档案学会在上海音像资料馆召开“音像档案资源建设与档案文化传播”学术研讨会，此次会议是市社联第七届“学会学术活动月”活动之一。会议围绕“音像资料的收集和整理”、“音像资料的保存与数字化修复”、“口述历史的拍摄与资料保存”等议题进行交流研讨，上海市档案局(馆)副局(馆)长朱金铃、上海市档案学会秘书长王春楣、上海市社联学会处卢红青、上海音像资料馆馆长陈琪、华东师大档案馆馆长汤涛等出席会议。会议由上海市档案学会常务理事、事业档案学术委员会主任朱小怡主持。

上海音像资料馆馆长陈琪代表上海音像资料馆致辞，对与会代表表示衷心欢迎。他指出，档案资源建设正在向数字化、网络化发展，如何发挥其价值是一个重要议题。上海音像资料馆近年来在数字化领域积极探索，同时也启动了上海珍贵历史影像的相关收集工作，旨在完善上海城市音像档案的建设，打造上海珍贵历史影像资源库，服务上海、服务全国。

中国教育学会副会长、华东师大教育高等研究院院长丁钢教授应邀作了《数字博物馆与教育影像的研究》主题报告；上海市档案馆技术保护部主任张建明从专业的角度介绍了上海市档案馆音像档案的抢救与保护工作；SMG媒体内容资产管理中心、上海音像资料馆规划部主任汪珉以《感受影像的力量：珍贵历史影像收集保护与传播利用》为主题全面介绍了该馆的工作理念与建设项目，并向与会嘉宾展示了上海音像资料馆收集珍藏的部分珍贵历史影像，包括华东师范大学前身之一光华大学内迁成都时的校园视频资料等民国影像资料首次发布，引起与会者的极大兴趣与关注。

会议期间，中科院上海技术物理所档案干部段竹莹、浦发银行档案主管刘忆庆、上海交大仁济医院档案室主任刘春、华东师大档案学理论与实践研究中心特聘研究馆员张大伟分别就《音像档案的收集》、《数字声像时代档案工作者的职责》、《仁济医院档案室声像档案工作交流》、《从电视栏目“全民大拍档”看人类历史记忆的革命》等议题作了交流发言。上海市档案局(馆)副局(馆)长朱金铃作总结讲话。他高度评价了此次会议的主题内容和组织工作，强调了音像档案资源建设的重要性，并就音像档案资源的收集、保管、利用和共享提出了具体的要求和建议。

“新四军与上海”学术研讨会

10月27日上午，由中共上海市委党史研究室和上海市新四军历史研究会共同主办的“新四军与上海”学术研讨会在锦江小礼堂举行。市新四军历史研究会副秘书长施立立、办公室主任黄伟代表上海市赵朴初研究会出席。

上海人民出版社出版的《新四军与上海》论文集在会上首发，市委书记韩正为该书作序，新四军老战士、中共中央政治局原委员、中央军委原副主席、原国务委员兼国防部长迟浩田上将题写书名。中共上海市委副书记李希会前会见了中国新四军研究会、北京新四军研究会领导和部分新四军老同志代表，并在研讨会上讲话，代表市委向会议召开表示祝贺。上海市社联党组书记沈国明，北京新四军研究会会长陈昊苏，新四军老战士代表丁公量，总政治部原副主任、纪委书记童世平上将先后向大会致辞，对成功举行学术研讨会表示祝贺。

上海是一座具有光荣革命传统的城市，由于独特的地理位置和政治、经济等原因，在抗日战争中与新四军关系特别密切，上海人民在人力、物力、财力、舆论宣传、文化教育、医疗卫生等方面，大力支援新四军和华中抗日根据地的斗争和发展。与此同时，新四军的发展壮大，特别是新四军主力部队东进直抵上海近郊，并创建苏南东路抗日根据地，有力地支援了上海地下党和人民的抗日斗争，新四军成为上海革命斗争的依托和靠山。这种相互依存、相互支持的特殊关系，无论在新四军发展史上，上海抗日斗争史上，都留下了生动的篇章，既具有鲜明的地方特色，又带有全局性意义。新四军与上海这个研究课题，是唱响主旋律，弘扬爱国主义精神的政治性题材，具有“以史鉴今，资政育人”的社会功能和重要的学术价值。

研讨会开幕会上，南京军区原司令员、中国新四军暨华中抗日根据地研究会会长朱文泉上将应邀向大会作了《上海人民对新四军和华中抗日根据地的重大贡献》的主题报告。他说，抗日战争时期，上海地下党和人民经历了长时间的、全方位的、各种形式的、卓有成效的对新四军的支援，从而使上海成为华中抗日救亡运动前期的中心，为中国抗战胜利作出了特殊贡献：上海是组建国民革命军新编第四军的孕育之地；是苏浙地区开展抗日游击战争的策源地；是新四军和华中抗日根据地特需资源的重要供给地；是新四军和华中抗日根据地的地下交通站和情报搜集地；是新四军和华中抗日根据地接受国际援助的转运地。他指出，确定“新四军与上海”的研讨主题，具有非常重要的意义，可以充分认识上海在抗日战争中的地位，进一步了解上海人民反侵略的光荣传统，为进一步推进新四军历史研究，为实现中国梦提供理论支持。

研讨会上，与会嘉宾围绕中国抗战历史上，新四军与上海的深邃渊源，上海地下党和人民群众在各方面对新四军的支援，上海在新四军组建与发展过程中的地位和作用，以及新四军铁军精神与上海城市文明建设的关系等问题进行交流研讨。

出席会议的还有来自北京、上海、江苏、浙江、安徽、江西、湖北等省市党史军史专家学者、各地新四军研究会和新四军纪念场馆领导，以及上海的新四军老战士和各分会代表共200余人。

马克思经济思想在当代

——纪念马克思逝世 130 周年研讨会

11 月 1 日下午，复旦大学泛海书院与上海市经济学会资本论专业委员会在复旦大学联合举办了“马克思经济思想在当代——纪念马克思逝世 130 周年研讨会暨《论〈资本论〉》新书发布会”。复旦大学经济学院教授、上海市经济学会资本论专业委员会主任严法善教授主持了此次会议。

出席本次会议的有上海市经济学会副会长郝德良教授，上海财经大学马燕教授，上海市社科院陶友之教授，复旦大学王克忠教授、俞忠英教授，上海市委党校黄文忠教授、董瑞华教授、鞠立新教授，上海交通大学孙仲彝教授，华东师范大学陈承明教授及来自上海社科院、发展和改革研究院、上海商学院等上海著名高校与研究机构的近三十位专家学者等。

复旦大学严法善教授主持会议并首先发言，指出目前我国处于社会主义初级阶段，社会经济不断发生变化，而马克思主义政治经济学基本原理并没有过时，对我国社会主义市场经济仍然具有重要的指导意义，我们在教学与研究过程中既要坚持基本理论，同时又要与时俱进、有所创新。

上海财经大学马燕教授发言，回顾了当年跟随洪远朋老师学习《资本论》的历程，指出自己从一个学生到一个研究者一直都在使用洪远朋老师的教学方法，坚持实事求是的科学研究态度，之后介绍了自己在美国访学期间的一些经验。她提到洪远朋教授的论资本论论文集有很强的现实意义，里面许多论文观点都有现实指导价值。

上海交通大学孙仲彝教授重点讲述了马克思经济思想在当代的一个重要课题，农业是国民经济的基础，要发展现代农业，要将农业剩余劳动向非农部门转移，要注意加强现代农业在中国特色社会主义现代化建设中基础地位。

上海社科院陶友之教授认为学习马克思就必须要研究资本论，要注意无产阶级立场问题，必须抓住马克思主义发展方向和趋势，他指出必须加强《资本论》的教育，加深对马克思经济思想的理解，在现实中学会利用资本主义建设社会主义。

复旦大学王克忠教授强调我们高举中国特色社会主义旗帜，指导思想就是马克思主义。我们应该利用资本主义来发展我们的经济，但是不能因为剥削有一点现实作用而否定资本家对工人的剥削，进而否定马克思主义。

华东师范大学陈承明教授指出我们必须正确对待社会思潮，既要唯物论，又要坚持辩证法，避免或左或右的错误。我们应该静下心来，真正搞点研究，弄通马克思主义。

上海市委党校黄文忠教授指出，中国从计划经济走向市场经济第一功臣是邓小平，再往上追溯就是马克思、恩格斯。现在需要将计划与市场从制度划分改为手段区别，认为社会主义与市场经济是相互融合的，不要过于强调姓社姓资的问题。

上海商学院朱国栋教授指出社会主义是我们安身立命的根本，绝对不能动摇，同时认为马克思的经济理论与西方主流经济学理论在某种程度上是可以融合的，而如何融合好，是理论问题，更是实践问题。

市委党校董瑞华教授指出马克思经济思想对现实经济与社会具有重要指导意义。他认为学习资本论，学无止境，常学常新。

上海社科院《毛邓理论研究》编辑部主任杨卫指出我们需要反思研究学习马克思经济理论中的一些问题，第一是研究要结合现实经济问题，第二是在方法论上需要有所创新，第三要反思研究中的教条主义。

市委党校鞠立新教授指出目前研究的重点应该是《资本论》中马克思对经济规律的总结，主张马克思经济学与西方经济学必须要有对话。

发展和改革研究员傅尔基教授分析了《资本论》写作的时代背景，指出目前学习《资本论》要联系当代，联系实际。

复旦大学余忠英教授指出马克思主义的基本思想是讲全人类的解放，认为中国目前处于马克思所讲三大形态中的第二形态，强调我们必须坚持做公正无私的研究。

会议吸引了不少上海的青年学子旁听，参会的众多专家学者各自发表了观点，并对一些热点、重点问题进行了精彩的讨论与争辩，对《资本论》的研究和学习提出了各自的建议，对中国经济发展和改革给出了重要的看法和解读。

最后严法善教授总结了本次会议的成果，宣布本次研讨会圆满落幕。

“纪念毛泽东同志诞辰 120 周年”学术报告会

11 月 23 日上午，由市毛泽东思想研究会、上海师范大学、市中共党史学会、市延安精神研究会联合主办的“纪念毛泽东同志诞辰 120 周年”学术报告会在上海师范大学会议中心隆重举行。李捷研究员作了题为《从五大坐标看毛泽东的历史地位和历史贡献》的专题报告。

上海师范大学党委书记陆建非作为主办单位和东道主致辞指出，对于毛泽东同志和毛泽东思想的评介问题，是我国政治思想、理论宣传等领域中的重大问题，党的历届中央领导集体在历次重大会议和毛泽东诞辰 90 周年、100 周年、110 周年纪念活动中，都对毛泽东和毛泽东思想在中国革命和建设过程中的历史地位和作用作了高度评价和充分肯定。上海师范大学将继续支持市毛泽东思想研究会发挥毛泽东生平和思想重要研究基地的作用。

李捷研究员曾任中共中央文献研究室副主任，现为中国社会科学院党组成员、副院长和当代中国研究所所长，并兼任中国中共文献研究会毛泽东思想和生平研究分会会长、中华人民共和国史学会副会长等职，是毛泽东思想与生平研究的代表性人物之一。他首先介绍了中央纪念毛泽东诞辰 120 周年的一系列安排和活动，强调坚持历史辩证、因时因地，开拓视角地深化对毛泽东及其思想研究的重大意义。他的报告围绕“马克思主义发展史、科学社会主义、中华民族伟大复兴、中华文明、世界文明”五大坐标，阐述了毛泽东的历史贡献：从马克思主义发展角度看，毛泽东提出了马克思主义关键在于运用、要同本国实际相结合以及在实践中继承发展的思想；从科学社会主义角度看，毛泽东对中国特色社会主义建设道路的探索，为我们党最终开创中国特色社会主义道路提供了宝贵经验、理论准备和物质基础；从中华民族伟大复兴角度看，毛泽东总结了从洪秀全到孙中山为民族危亡奋斗的经验教训，开辟了中华民族伟大复兴的正确道路；从中华文明发展角度看，毛泽东是中华文明发展集大成者，也是用马克思主义的立场观点方法系统整理中华文明的第一人；从世界文明发展角度看，毛泽东对中国革命和建设道路的探索，为第二次世界大战后世界多极化发展、冲破美苏冷战格局的束缚作出了突出贡献。李捷研究员渊博的知识、严谨的逻辑和深入浅出的生动讲解，使与会者加深了对毛泽东及毛泽东思想在中国共产党、人民军队和共和国历史上的重大地位和作用的认识和理解。

报告会由上海市延安精神研究会会长叶骏主持。市社会科学界联合会主席秦绍德、市毛泽东思想研究会会长李进、市中共党史学副会长杨元华、市毛泽东思想研究会副会长张玉瑜、王群、张智强、单冠初，以及来自上海交通大学、华东师范大学、上海大学、市委党校、中医药大学、上海海洋大学、华东政法大学、立信会计学院、上海外贸大学、上海理工大学的专家学者和各校相关部门、学院的领导和研究生 170 余人聆听了报告。

政治、法律、社会、行政

“深化行政体制改革与转变政府职能”学术研讨会

3月30日，由上海市政治学会、上海市行政管理学会、华东师范大学、光明日报编辑部联合主办的“深化行政体制改革与转变政府职能”学术研讨会在华东师范大学举行。来自20余家单位的50多名专家学者，围绕我国行政体制改革的历史经验、面临问题与未来展望、大部门制改革与政府职能转变、公共服务与服务型政府建设等问题进行深入探讨。本版特撷取部分学者发言，以期将行政体制改革的理论与实践不断引向深入。

行政体制改革需要“协同创新”

中国行政管理学会副会长、上海市委宣传部副部长李琪认为，党的十八大和今年两会确定了深化行政体制改革，特别是继续推进大部制改革的具体目标和任务。1985年开始，中国行政管理的实践与理论研究的进程，就围绕机构改革、政府权力下放、行政制度建设、政府职能转变、依法行政和服务型政府建设等改革目标逐步逐层地深化推进。首先是“行政硬件”的改革，即机构改革；然后是“行政软件”的建设，即逐渐向转变政府职能推进；再以后是“行政心件”的创立，就是强调要确立新的行政目标、行政理念。十八大明确提出了建立中国特色社会主义行政管理体制的目标和理念。国务院关于大部门制机构改革的整体部署也已发布，五年之内必须完成各项改革任务，定目标、定机构、定时间，各项内容非常明晰。基于此，当前进一步探讨行政管理体制改革和政府职能转变既有新意、也富有深意。

政府职能转变已历经梯次推进的三个阶段。第一个阶段是20世纪90年代开始的政府职能转变，要求行政系统突破传统的计划经济体制下政府包办一切、包揽一切的模式。第二个阶段就是2000年前后，中央明确提出政府职能转变的新内容、新要求，指出社会主义市场经济条件下政府的新四项职能是“经济调节、市场监管、社会管理、公共服务”。第三个阶段是2012年，十八大报告明确提出当前行政管理体制改革的着力点就是政府职能转变，包括三个方面内容：一是要向创造良好的发展环境转变；二是要向提供优质的公共服务转变；三是要向维护社会公平正义转变。当前行政管理体制改革聚焦的就是这十二个字：良好环境、优质服务、维护公正。

中国特色社会主义行政管理体制建设是一个梯次推进、逐步深化的过程，需要我们伴随行政改革实践进程的深入，进一步做深层次的思考和研究。具体而言，以“三个转变”为核心内容的政府职能体系要逐步形成、协调推进，而不再是过去单独地强调机构改革。大部门制改革强调对政府职能转变涉及的职责、权力和利益问题做统筹设计，强调“协同创新”。这里所说的“协同创新”，包括五方面措施并举：一是贯彻落实科学发展观，创新行政管理理念，树立“以人为本”的行政治理理念（行政心件建设）；二是加快政府职能转变，优化政府职能配置（行政软件建设）；三是稳步推进大部门制改革，健全部门机构的职责体系（行政硬件建设）；四是推进行政管理方式创新，提高政府服务质量和行政效率；五是加快法治政府和服务型政府建设的步伐。

多管齐下破解职能转变难题

华东师范大学公共管理学院院长吴志华认为，自 1986 年政府工作报告中最初提出政府管理经济的职能要相应转变和 1987 年党的十三大正式提出转变政府职能问题以来，历次行政体制改革都要求政府职能转变，并都把它作为机构改革或行政体制改革的关键和核心。现在首先值得肯定的是政府职能转变取得了持续性的新进展，尤其是行政审批制度改革取得了阶段性成果。但同时也不得不坦言，政府职能的越位、缺位、错位现象依然存在，一方面不该管的管得过多，另一方面该管的没有管好。这说明政府职能转变问题已成为行政体制改革中的一个实践难题。

政府职能转变之所以成为实践难题有多方面的原因，包括政府的职能界限难以一步认识到位、经济建设型政府牵制了政府自身职能转变的步伐、政府职能转变的进程受制于外部载体的发育程度、利益相关性使得政府职能转变缺乏内动力等。解决政府职能转变的实践难题，应该针对这些现实原因，在后续的深化行政体制改革中选择多管齐下的破解路径。

其一，基于人民主体地位的服务型政府为行政体制改革的主导和统领目标，加快建设服务型政府的步伐，在完善宏观管理和加强市场监管的同时，进一步强化社会管理尤其是公共服务的职能，由此推动目前的四项职能向创造良好发展环境、提供优质公共服务、维护社会公平正义三大职能转变。其二，积极培育发展作为公民参与公共事务载体的社会组织，在厘清政府与社会、公民之间职能关系的基础上，向社会及社会组织放权，加快形成政社分开、职能明确、依法自治的现代社会组织体制，使政府放心地把更多的参与社会公共事务管理和公共服务的职能转交给社会组织。其三，以推进大部制改革为契机，在解决部门间职能交叉、重合、分散等突出问题，从机构体制上理顺、优化部门间职责关系的基础上，要求新组建的大部门把简政放权和职能转变作为机构改革的一项重要硬性任务予以切实落实。其四，加大改革审批制度和监管方式的力度，更大幅度地减少政府对投资、生产经营活动的审批事项，取消不必要的资质资格许可、认定以及行政事业性收费，同时改变“重事前审批、轻事后监管”的监管方式，对依附于政府职能之中的期望利益，从制度上进行“釜底抽薪”，进而既保障公共权力的纯洁性，又在一定程度上化解由利益相关性而产生的转变政府职能的阻力。

政府职能转变应处理好三组关系

上海市委党校教育长曾峻认为，政府职能转变涉及内外、上下、左右三组关系及相应的路径选择。

内外关系是指政府与非政府主体的关系。就政府职能转变路径看，既包括弱化要求也包括强化要求。弱化就是要对政府职能“作减法”，在培育、扶持非政府主体的基础上逐步把一些职能转移给市场主体和社会主体，不再直接干预这些主体内部活动，更不直接参与市场、社会资源的配置。强化就是要对政府职能“作加法”，把政府的主要精力、财力集中到创造良好发展环境、提供优质公共服务、维护社会公平正义上来，政府分内职责不能“一推了之”。

上下关系是指不同层级政府的关系。在总体界定政府应该干什么的基础上再把这些职能分解到不同层级的政府那里。政府层级越低，具体执法、管理、服务事务越多。从职能配置过程看，宜采用“属地化”原则，即一项工作首先应考虑让下级政府做，只有下级政府做不了的事情才由上级政府出面。政府职能在不同层级政府间的配置有下移和上移两种路径。下移就是把本属于下级政府权责范围内的事项交给下级政府，上移则把应属于上级政府权责范围内的事项交给上级。职能下移和上移的内容不仅包括事权而且包括财权。特别要注意避免事权下移、财权上移产生权、责、利不对称分布，从而削弱地方政府履行职能的能力。

左右关系是指政府内部同一层级各职能部门之间的关系。在横向职能配置过程中，应遵循“合并同类项”原则，一个领域尽可能由一个机构或以一个机构为主实施管理和提供服务，避免人为切割管理领域，在不同环节、不同方面设立不同机构。这就是实行大部门体制以及加强资源整合、平台整合的内在要求。

政府职能转变是一个长期过程

复旦大学国际关系与公共事务学院教授曹沛霖认为，从20世纪80年代以来，政府机构改革已经进行了几轮，每次机构改革，转变政府职能都是重头戏。时至今日，尽管政府职能已经发生很多建设性的变化，但是不少老问题依然存在，而且还出现了一些新问题。从理论上说，政府为实现一定时期的任务，其职能具有分化和综合的属性，而且是会演变的。它可能扩大，也可能转变、缩小以致消失。当前我们面临的职能转变，主要是简政放权，政企分开、政资分开、政事分开、政社分开，把不该由政府管的事项转移出去，从过去适应计划经济转变到适应走中国特色社会主义道路、全面建设成小康社会的需要。

所以，政府职能转变是客观的需要，是一种历史现象。违背它会受到惩罚，会阻碍社会经济的发展。同时，它也会受到人为因素的影响。因为政府职能的行使是由人操作的，政府职能机构是由人设置的。人会起推动的作用，也会起阻碍的作用。而这种作用背后的逻辑是人的欲望、利益和权力。这当中，权力寻租是不可忽视的阻力，因为扩大管理事务，增加审批项目是寻租开源的渠道。不能认为这些现象是转变职能机构改革陷入怪圈的唯一原因，但应该是其中原因之一。

正是这样，政府改革要有勇士断臂的勇气和决心，而且政府职能转变是一个长期过程，最终它还决定于社会的发育健全和市场的发展完善，以及诸如提高政府公务员素质等相关的改革措施。

实现政府纵向层次的合理分权

上海市政治学会会长、市社联党组副书记桑玉成指出，长期以来，我们在研究政府职能的科学定位问题上，较多地关注了政府与市场、政府与社会的职能划分问题，但对于不同层级间政府的职能定位，往往关注不够。即使有所涉及，大多也只是注意到中央与地方的关系问题。而作为地方政府，层级结构对于其职能的定位也应该引起足够的重视。

所谓政府职能转变或者说政府职能的准确定位问题，其主要强调的是政府应该做什么、不应该做什么。但是，在一个国家中，政府本身具有横向的和纵向的结构，不同部门的政府以及不同层级的政府，其职能定位也应该有所不同。尤其是，我们需要从政府层级的角度，来厘清不同层级政府之间的事权和财权关系，以明确不同层级政府之间的权力和责任。在现在的政府管理体制下，有些地方政府有层层截留权力和利益的问题、政府层级间职能交叉责任不明的问题，已经对政府职能的有效发挥，带来了直接或间接的影响。从全面建成小康社会的目标出发，促进各级各类政府的有效功能发挥，非常有必要尽快改变政府不同层次间诸如"上下一般粗"的状况，实现政府纵向层次的合理分权。

党的十六大以来，中央提出政府职能主要在于四个方面，即：经济调节、市场监管、社会管理、公共服务。注重政府职能定位的纵向层级结构的基本原则是：层级越低的政府，就越应该贴近社会，其职能领域就越应该偏向于社会管理和公共服务；而层级越高的政府，就越应该为社会的正常发展制定必要的规则和标准，并提供必要的行政保障。根据这样的原则，在中央提出的政府职能的四个方面，应该充分体现不同层级政府对于这四项职能的不同程度的责任。譬如说，相对而言，经济调节的责任主要在于中央政府；市场监管的责任主要在于省市级政府；而公共服务的责任主要在于省市级政府，其次是区县级政府；社会管理的主要责任主体可以往下偏移。为此，必须重新划分政府不同层级的财税权，并通过这种财税权的合理划分，使得最基层政府的财税权直接与其履行社会管理的责任相挂钩。当然，这样的划分并不具有绝对的意义，很多方面的职能可以而且应该渗透交叉，彼此互补。只有在政府的横向、纵向都实现了职能科学划分的基础上，才能既发挥各级各类政府的主动性、创造性和积极性，又能够发挥政府的整体效应，以促进社会健康稳定发展。

改革的手段和策略要多样化

复旦大学国际关系与公共事务学院教授竺乾威认为，从机构改革采用的手段和策略来说，我们长期以来主要运用的是渐进方法。渐进改革的特点是小步前进、及时反馈修正，通过渐变的积累，最终导致大的变化。作为一种改革的策略和手段，渐进改革的一个最大优点在于，由于没有政策上大起大落的变化，可以避免因改革引起的震荡，从而使改革可以在一个相对稳定的情况下向前推进。我国机构改革从 20 世纪 90 年代开始，在社会相对稳定的情况下推进了政府自身的一些改革，比如职能的改变，使政府的运作能更适应市场经济发展和服务型政府建设的要求。

但是，渐进改革的优点往往也是它的缺点所在。渐进改革降低了摩擦成本，但增加了实施成本。由于不是一步到位，有些问题迟迟得不到解决。就像一种痛，渐进改革只是减轻了痛的程度，但并没有消除痛，是一种长痛。因此，当渐变的积累无法达成最终变化，我们必须考虑在必要的时候采用更加积极的手段。中国的经济体制改革如果一直在原来的计划经济体制上做小步修正，而不是采取大刀阔斧的做法，也就是用市场经济体制来取代计划经济体制的话，中国不可能有今天的局面。我们今天的问题在于，渐进改革方式带来的成功使我们产生了一种路径依赖，以至于一讲到改革，马上想到的就是采用渐进方式。但问题在发生变化。改革目前已经进入了深水区，进入了攻坚阶段。长期以来用渐进方式没有解决的积累起来的问题，我们是否还能用渐进方式来解决？改革过程中形成的既得利益随着时间的推移而变得日益坚固，它们往往成为改革的强大阻力，渐进的、小修小补式的改革对于打破这种阻力和利益格局可能会显得力不从心，这一点我们在一些重要的改革措施迟迟无法出台上可以看到。因此，我们的改革在考虑采用渐进方式的同时，也要考虑适时地采用更加积极的方式。

政府职能转变要从多个维度思考

华东师范大学政治学系主任齐卫平认为，转变政府职能不是新提出的任务，从改革开放之初党中央提出“理顺各级政府职能部门之间的关系”，到20世纪90年代明确提出“转变政府职能”，30多年来的实践使人们的认识不断提升。党的十八大以来，新一届党中央以鲜明的态度，显示了加强政府职能转变的坚定决心。

就政治运作的普遍性而言，政府作为行政权力行使的载体，各国对它的职能定位虽然因具体情况而有所不同，但并无根本的差异。然而，政府职能转变在我国则是一个具有特殊意义的问题。我国职能转变问题之所以凸显必要性和重要性，一方面是因为此前实践中的“全能型政府”使职能泛化，另一方面是因为社会主义市场经济的转型，制造了政府职能对应性改革的需求。认识我国政府职能转变，必须从经济、政治、社会等多个维度加以思考，局限于某个角度的认识是片面的。现代经济发展要求政府将自己定在本位职能上，以科学的顶层制度设计、合理的公共政策制定、公正的行政执法、公平的机制提供、规范的管理行为，为市场经济健康发展创造良好的环境和秩序。现代政治建设要求政府职能必须以体现人民权利为宗旨，使政府职能的规范和履践遵循科学决策、民主决策、依法决策的原则。现代社会成长要求政府职能为发展社会力量和培育社会组织服务，只有社会的现代性成熟起来了，政府才能找到合理的职能定位和正确的履践路径。

行政体制改革需要增强动力

华东师范大学行政管理系教授蒋云根认为，根据中国行政体制改革研究会蓝皮书《中国行政体制改革报告(2012)No.2》披露，在一项对不同类型党政机关处级以上领导干部就行政体制改革问题展开的问卷调查中，对于近5年来行政体制改革的总体评价，被调查人员回答“好”的只有7人，仅占3%；回答“一般，变化不大”的人数达68人，占30.7%；回答“比较差”的人数共 47 人，占 21.3%。这可从一个侧面反映出行政体制改革已进入深水区，难度显著增大。十八大报告提出行政体制改革的六个方向和重点，是耳熟能详的老课题，之所以强调这些领域的改革，是因为包括机构调整、人员去留、职能转换、权力约束等项改革都直接触及了政府的自身利益，这也是行政体制改革陷于某种困境的重要原因。

中国的行政体制改革一直由政府主导，改革的动力主要源自两个方面：一是内在原动力，即政府官员的危机意识、责任心和进取心；二是源于外部压力而转换的内在动力。由于中国“体制内改革”的基本特性，在主导农村、企业等领域改革时，主要通过内在原动力推动改革的进程。而一旦面临政府“自我改革”的现实，难免出现内在原动力不足的情况；同时，由于缺乏外部压力与内在动力之间的转换机制，使得行政体制改革的另一动力源受到阻塞。对此，一方面需要通过制度设计造就一批具有改革精神的高素质官员队伍，激发改革的内在原动力；同时，要重视完善外部民意压力与政府动力之间的倒逼与转换机制，通过内外合力增强行政体制改革的动力。

市思想政治工作研究会第十二次会员大会

4月18日，市思想政治工作研究会第十二次会员大会在上海展览中心友谊会堂举行。市思研会、各区县委办宣传部门、思研会负责人，市思研会会员单位代表等近300人参加大会。市委宣传部副部长燕爽代表市思想政治工作研究会作工作报告。中国思想政治工作研究会秘书长、中宣部思想政治工作研究所所长王学勤，市委常委、中共上海市委宣传部部长、市思想政治工作研究会会长杨振武出席大会并讲话。

本次大会旨在深入贯彻落实党的十八大和市十次党代会精神，分析当前思想政治工作面临的新形势，研究部署下一阶段工作任务。大会对第十一次会员大会以来的工作进行了全面总结，对2011—2012年度上海市优秀思想政治工作者、上海市思想政治工作优秀调研成果进行了表彰，并命名首批共12家上海市人文关怀心理疏导示范点。

杨振武在讲话中指出，党的十八大开启了继续朝中华民族伟大复兴目标奋勇前进的新征程，思想政治工作要在汇聚实现中国梦的强大力量上下功夫，做好中国特色社会主义宣传教育，服务上海经济社会发展大局；要在培育和践行社会主义核心价值观上下功夫，旗帜鲜明地倡导和践行城市价值取向，充分发挥先进典型的示范带动作用；要在坚持转作风、正学风、改文风上下功夫，扎实推进基层思想政治工作创新和成果转化。

大会还表彰了2011—2012年度市优秀思想政治工作者、市思想政治工作优秀调研成果获奖者并向他们颁发了荣誉证书和奖牌，通报了首批上海市人文关怀心理疏导示范点，上海公安民警心理健康服务中心、虹口区凉城街道“心灵港湾”工作站等12个示范点榜上有名。大会由研究会秘书长尼冰主持。来自各区县单位会员和国资系统、建设交通系统、科技系统等团体会员的代表500余人出席会议。

市人民政协理论研究会二届一次会员大会暨理论研讨会

5 月 22 日，市人民政协理论研究会召开二届一次会员大会暨理论研讨会，选举产生新一届研究会理事会，并围绕“以十八大精神为指引，推进人民政协事业新发展”主题进行研讨。市政协主席吴志明出席并讲话。

吴志明在讲话中指出，上海市人民政协理论研究会是汇聚各方面力量开展政协理论和实践研究的重要平台。要坚持正确政治方向，深入学习贯彻十八大精神，增强中国特色社会主义道路、理论和制度自信，深刻理解健全社会主义协商民主制度的意义、内涵和政协的独特优势，深入开展基础理论研究，着力加强工作实践研究，多提针对性、操作性强的建议。要坚持历史研究与现实研究、理论工作者与政协实际工作者、发挥会员作用与吸引各方力量参与、推动运用研究成果与加强理论宣传结合，不断提高研究质量和水平。

会议审议通过了一届研究会工作报告、研究会章程（修正案）等；表彰了 2012 年度获奖论文，《人民政协政治协商主体建设的理论与实践》、《人民政协参与地方立法协商的目标与路径》、《对优化政协委员构成体系和产生机制的思考》等 25 篇论文获奖。复旦大学副校长林尚立教授、华东师范大学政治学系主任齐卫平教授分别作题为“协商民主是中国发展的动力”、“充分发挥政协促进创新转型发展的作用”的交流发言。会议还部署了 2013 年工作，发布了本年度重点研究课题、自选课题申报方案和论文征集活动通知。重点研究课题为“人民政协推进协商民主的路径和形式”，要求根据党的十八大精神，结合上海各级政协履行职能、推进协商民主的实践进行理论总结探讨。

其间，上海市人民政协理论研究会召开了二届一次理事会议。会议决定，邀请市政协副主席周太彤、高小玫任研究会名誉会长；邀请中共上海市委副秘书长、市委研究室主任张道根研究员，上海社会科学院院长王战教授，复旦大学王邦佐教授，上海大学邓伟志教授任研究会顾问。会议选举市政协秘书长贝晓曦担任二届研究会会长，市政协副秘书长徐海鹰任常务副会长，张喆人、李琪、潘世伟、林尚立、桑玉成、齐全胜、吴申耀、周智强、曾峻、姚俭建、陆加平、徐梅任研究会副会长，市政协研究室主任齐全胜兼任研究会秘书长。

同心共筑中国梦

——“中国道路与中国梦”学术论坛在沪召开

5月30日，由上海市统战理论研究会、民盟上海市委和上海师范大学共同主办的“中国道路与中国梦”学术论坛在市社会主义学院召开。论坛由市统战理论研究会副会长、市社会主义学院副院长张颖主持。民盟市委专职副主委沈志刚、上海师范大学党委副书记黄刚出席论坛并致辞。来自市统战理论研究会、民盟市委参政党理论与盟史研究会和上海师范大学的多位专家学者，围绕“中国道路与中国梦”展开深入探讨。

本次论坛旨在推进对中国道路与中国梦的研究，加深对中国特色社会主义理论体系的认知，从而推出一批理论成果，为实现中华民族伟大复兴的“中国梦”尽职助力。

上海师范大学马克思主义学院汪青松教授、上海师范大学法政学院朱新光教授、东华大学人文学院贺善侃教授、上海社科院宗教所宗教学研究室邱文平主任、华东师范大学社区文化研究中心徐连明副教授、华东理工大学社会与公共管理学院范志海副教授、上海市社会主义学院教研室蒋连华副教授等多位专家学者分别作主题发言，从文化、政治、经济、社会、生态等多角度对实现中国道路和中国梦的根源、途径、动力作了解读。市统战理论研究会副会长、市社会主义学院副院长姚俭建，上海社科院法学研究所副所长、民盟上海市委参政党理论与盟史研究会会长殷啸虎，上海师范大学党委宣传部部长何云峰出席论坛并作专家点评。

上海市社会主义学院院长助理沈洁、上海市社联科普处姚丽莎同志和来自市统战理论研究会、民盟市委参政党理论与盟史研究会、上海师范大学等相关理论研究单位的学者100余人参加了论坛。

企业、政府与社会

——“国际金融中心建设背景下的企业发展与法制保障研究”研讨会

6 月 20 日下午，市经济法研究会与兴业银行上海分行共同举办“企业、政府与社会——国际金融中心建设背景下的企业发展与法制保障”研讨会。市政协副主席周汉民、兴业银行上海分行副行长马大军等政府官员、金融企业精英以及市工商联、市社联、市经济伦理研究中心和知名律师事务所负责人出席了研讨会。会议由上海广播电台主持人秦畅主持，来自政府机关、行业协会、商会、高等院校、新闻媒体以及集团公司和中小型企业约 130 位嘉宾参加了研讨。

研讨会上，市政府法制办主任刘华、市经济法研究会会长乔宪志分别作为研究会及举办单位领导致辞。市政协副主席周汉民、市经信委副主任傅新华、兴业银行上海分行副行长马大军、锦江国际集团副总裁王杰、市经济伦理研究中心主任陆晓禾、新跃物流管理公司总经理吴军分别从政府规划、企业实践、学术研讨等不同视角就上海国际金融中心建设背景下的企业发展与法制保障问题进行交流；市社联副主席桑玉成、市金融办党委书记石琦、市工商联秘书长杨茜、中伦律师事务所总所联席管理合伙人乔文骏等就嘉宾发言进行了点评和回应。

研讨会嘉宾演讲、发言和点评紧扣上海经济和企业发展的实际，对如何促进上海经济发展、服务企业成长、防范企业法律风险、完善企业发展的法制保障各抒己见，彼此碰撞思想、相互启迪、聚合高见、共觅良策，为政府立法保障企业发展提供真知灼见，为实现“需求，要求与追求”的统一理性对话，为推动上海国际金融中心建设贡献集体的智慧和力量。

市人大常委会领导听取市法治研究会关于立法规划建议项目初步筛选工作进展情况的汇报

7月4日上午，市人大常委会殷一璀主任、吴汉民副主任，市人大法制委员会、常委会法工委的部分组成人员，市政府法制办的有关负责同志以及市人大各专门委员会、常委会工作委员会办公室的负责同志听取了上海市法治研究会关于五年立法规划建议项目初步筛选工作进展情况的报告。

会议由市人大法制委副主任委员、常委会法工委主任丁伟主持。会上，上海市法治研究会会长、上海政法学院院长金国华首先致辞。上海市法治研究会副会长兼秘书长包志勤汇报了上海市法治研究会承担五年立法规划建议项目初步筛选工作的总体进展情况，并对今后工作提出了建议。随后，上海市法治研究会副秘书长施伟东、黄立群，上海市法治研究会微博俱乐部主持人金海民分别从不同角度作了专题汇报，系统全面地介绍了市法治研究会开展的筛选工作。

听取汇报后，殷一璀主任首先高度肯定了上海市法治研究会关于立法规划建议项目的初步筛选工作，认为上海市法治研究会的工作从以下三个方面给今后本市地方立法工作提供了启发和思考：一是立法工作要和听取民意相结合，二是立法工作要和普法工作相结合，三是立法工作要和发挥社会团体、社会组织的作用相结合。同时，殷一璀主任对下一步的筛选工作和常委会今后立法工作提出了三点要求：第一，筛选工作要在充分听取民意的基础上进一步加强专业性。法治研究会在体现民意的基础上对立法规划项目进行筛选的同时，在提出对立法规划项目进行筛选的标准和理由等方面要更加深入透彻，体现专业性。第二，项目筛选要注重统筹协调。法治研究会要把握法律体系的整体性，在对立法规划项目进行筛选的过程中，要站在本市经济社会发展全局的角度进行考虑，避免立法事项的碎片化；同时可以结合自身工作中的研究和积累，补充提出有价值的建议项目，防止立法项目出现重大疏漏。第三，开展好下一阶段的立法规划编制工作。就人大方面而言，要在充分的讨论、互动过程中做好各方面意见的综合、比选工作，在各阶段的情况汇报中应充分体现各方面的研究意见和成果；就市政府方面而言，要在汇总有关部门建议项目的同时，站在全市大局角度提出整体设想和要求，以利于在下一步工作中更好地把握五年立法规划编制的整体要求和价值取向。

吴汉民副主任以“思路正确、方法科学、工作扎实、成果明显”充分肯定了法治研究会开展的工作。他认为法治研究会开展的工作至少有三方面的成果，一是筛选结果将有助于规划项目的最终确定；二是具体工作的方式方法体现了科学立法、民主立法的探索和创新，值得在今后工作中进一步拓展；三是法治研究会不受既有的建议项目所限，提出了自己的建议，更体现了工作的主动性和积极性。同时，吴汉民副主任建议，第一，法治研究会在目前取得的阶段性成果的基础上，继续关注和参与立法规划的编制后续工作；第二，法治研究会应当充分利用自身优势，对上海立法如何进一步体现科学立法、民主立法的要求开展深化研究；第三，法治研究会可以结合善用“法治思维、法治方式”的要求，深入开展相关理论内涵和能力要求方面的研究。

会上，市人大法制委主任委员林化宾、常委会法工委主任丁伟、常委会副秘书长林荫茂、法工委副主任施凯、市政府法制办副主任刘平以及法工委的其他组成人员也对上海市法治研究会的筛选工作予以了高度肯定，并对下一阶段筛选工作及初步筛选后的规划编制工作提出的意见和建议。

“党领导下的群众自治工作”研讨会

7月17日，市领导科学学会，市浦东新区塘桥街道党工委、办事处共同举办“党的群众工作与领导力提升——新形势下的群众自治工作”研讨会。有关领导和学会专家学者近百人参加了研讨会。

市领导科学学会党政领导工作研究专业委员会副主任、闸北区政协主席陈永弟，市领导科学学会党政领导工作研究专业委员会副主任、中共青浦区委统战部副部长梁海虹分别主持了会议。首先，奚德强的开场白直接导入主题。他说，党组织领导下的群众自治是党在新时期坚持群众路线，发展基层民主的具体实践，党的领导为群众自治提供了坚强的政治和组织保障，群众自治为党的领导现代化开拓了广阔的实现路径。这是我们对党组织领导下的群众自治这一命题的基本认识、基本判断和基本定位。因此，我们确立了“以区域化党建推动社会管理创新，构建政府、社会、市场、民众协同参与的治理机制，以党的建设引领社会建设”的工作思路。目前，塘桥街道的群众自治实践主要有四种形态：一是党工委领导下的社委会共治；二是居民区党组织领导下的居委会自治；三是党建联建带动下的业委会自治；四是党组织引领下的社会组织自治。塘桥街道对社区共治工作进行了积极的探索。一是紧紧抓住共治的动力源，形成利益共同体，从而将社区内各种资源和组织联动和聚合起来，实现社区的公共利益最大化。二是党工委处于领导核心地位，充分发挥保障、带头和资源整合统筹的作用；社委会主要是议事功能，对社区公共事务通过制度安排来实施。三是在社区共治过程中，用公约制形式固定下来。公约从制定到执行，都是由利益相关各方参与其中，而不是靠行政命令、政策文件。四是明确了社委会自治的主要内容，即“大赋权”主要围绕公共事务的财权、人权、事权等公共权利，由政府赋予给社区和居民；“大联盟”主要围绕解决公共事务的问题和需求，搭建起共商共议的工作平台；“大合作”是社区各方寻找塑造社区的共同价值、共同目标、共同利益。五是社委会自治“三个化”的工作举措：信息化支撑——以塘桥热线、塘桥门户网站、处置平台，来收集民情民意，并及时处理解决问题；项目化管理——整合各方资源，发挥统筹作用；社会化服务——通过建立孵化基地、政策支持、政府购买服务等手段，促进社会组织发展壮大。

塘桥街道对居民区党组织领导下的居委会自治工作进行了积极的探索。一是组织老干部积极参与基层管理工作，形成了以居民区党组织为核心，居民会议商议决策、居委会议事、社工办实事、居民广泛参与的居民区工作模式。二是建构起老干部议事小组，使其成为居民参与小区事务的一个平台。三是老干部理事会建立了联系群众制度，就居民反映最强烈、最关心的问题，商议解决办法。四是成立了“五老”宣讲团，为广大居民送去精神食粮。塘桥街道还对业委会自治工作进行了积极的探索。一是把好业委会人选关，业委会人员必须具备为业主服务的精神，要有一定的专长，能严把基金使用关。二是积极维护业主合法利益，业委会成立之初，原物业企业违规多收管理费，业委会通过法律程序追回了多交的物业管理费。三是做好协调工作，在两次调整物业管理费中，业委会与业主进行了交流和沟通，征询业主意见，经过大量的细致的工作，终于取得了业主们的理解和支持，使该项工作顺利通过；四是搭建业主交流平台，成立了业委会沙龙，对小区存在的各种问题进行专题讨论和研究，使小区管理不断完善和提高。

塘桥街道对社会组织自治工作进行了积极的探索。一是社会组织通过员工代表大会或员工大会等形式，让员工参与社会组织的自治工作，将社会组织的信息公开披露，形成了群众自治工作“由内至外、由外至内”的循环，社会组织在财务，人事，业务方面，体现其依法自治的作用。二是发挥社会组织服务的公益性，重点服务于社区老幼病残、生活困难家庭、外来务工者等弱势群体，使社会组织的公益服务项目与政府传统的服务形成差异化，弥补了传统服务的空白。三是社会组织的公益性和志愿性，需要提升自身的领导力。

黄晓春副教授认为，一是要形成公共平台与公共资源相互衔接的机制，社区委员会不仅要有监督权、建议权，更要有决策权。塘桥街道在公共治理结构与公共资源配置方面挂了钩，体现了改革的基本方向。二是现代社会的业委会管理、业主自治是高度技术化的，不是仅凭热情就能够做起来的，将好的带头人、丰富的资源和各种人才这些因素汇集到一起，才能成功。如果一个小区没有这些条件怎么办呢？从制度设计的角度来说，我们更要考虑的是，保证在一个平庸的小区也能够有效运作，这就必须由服务社和机构提供专业的服务，使得自治的积极性和自治的专业力量有效发挥出来。三是要通过制度建设，使社会组织的能级得到全面提升。

研讨会上，梅丽红教授谈了三个方面的思考。第一，群众工作、群众路线要实现民主化的转换，我们过去比较关注的是政策输入和政策输出这个环节，不太注重政策加工这个环节，所以难以避免形式主义、官僚主义问题的出现，导致群众很多愿望和诉求难以进入决策过程，而长官的意志和喜好会主导这个结果。要注重群众的利益表达能够畅通，提高公共政策的效果，使群众工作、群众路线实现民主化的转换。第二，群众工作、群众路线要实现制度化的转换。群众工作、群众路线不能仅仅停留在领导者的作风层次，需要制度和程序上的保障。过去比较忽略制度和程序上的保障，使得群众工作、群众路线是否得到执行，执行的效果如何，并不取决于群众的意愿，而取决于领导者个人的素质和个人的作风。因此，领导者在决策方面有充分的自主权的时候就很难避免命令主义、形式主义、官僚主义这样的问题，一旦作出错误的决策，目前又缺乏有效的纠错机制，所以在缺乏制度依托的情况下，群众工作的运作和群众路线的实施，带有很强的随意性和偶然性。第三，群众工作、群众路线要实现法治化的保障。过去，人治的思维分量还是比较多的，一些干部，习惯于用人治而不是法治的方法去解决问题，这在信访工作中尤为突出，常常采取截访，这样，使得疏解民意的信访渠道变成矛盾加剧的渠道，目前，上海已经开始通过律师为上访群众提供专业性的法律服务，来维护上访群众的权益。

市领导科学学会理事、青浦区盈浦街道党工委书记朱建忠认为，一是自治是民主的一种形式，自治能够提高一个地方或一个区域自主权和积极性，激发地方活力，提高本区域群众的生活质量。自治与宪法、民主、法治等制度的建构，已经成为政治现代化的一项重要内容。二是新时期，人民群众思想多元化、利益多元化的倾向日益明显，社区自治虽然有发展，但是举步维艰，党的十八大报告指出，基层群众自治制度是我国的基本政治制度。随着城市化的加速，人员流动迅速扩大，只有强调自主、参与、合作才能协调社会组织的作用，形成地域性的社会共同体，维持整体社会的稳定。三是加强社区自治，可以承担起政府放权外延出的各项服务功能，最大程度调动起社区居民的参与积极性。他认为，基层群众自治将逐渐成为中国政治建设的战略性空间，可以使社区成为民主政治的训练场所，成为公民道德和意识培养的基地，成为公民需要的公共服务和产品的提供者，因此，加强和扩大社会自治必将完善和丰富我国的民主制度。

李国弟谈了近几年来潍坊街道在开展群众路线活动中推行“五心五让”工作法的体会。一是真心对待群众，让群众获得最大的合法利益。二是细心指导居民自治，让群众自己教育自己。三是热心培育社会组织，让他们共同参与群众工作。四是细心探索工作规律，让规律起到制度性的作用。五是精心创造红段子，让正能量广泛传播。

研讨会上，陆沪根教授从三个方面作了述评。一是管理是通过他人来更好地达到目标的一种艺术，政府如何来发动大量的社团组织，达到管理效果，管理目标，这一点尤为重要，这对于我们政府的领导力是极大的考验。二是社会管理的模式不再是原来的单一性、而是多元化了，我们过去的一套自认为行之有效的办法，看来今天不太行了。那么怎么办？这就意味着给了领导力一个新的考验。所以，对于政府来说要进一步创新思维，不断学习新的工作方法，提高和提升我们的领导力。三是全方位、综合性实施群众自治，在这方面塘桥街道进行了积极的探索，充分体现了群众自治的精神，他们在实践基础上进行了归纳、提炼，探索群众工作民主化的转变，制度化的转变，法治化的转变。

最后，奚洁人教授作了讲话。第一，基层群众自治，体现了人民自己当家作主这样一个根本制度，与当前我们正在开展的群众路线教育活动一脉相承，新一届党中央把党的建设从作风上切入，体现了在新的历史条件下、我们如何来落实、推进群众路线，真正做到为民、务实、清廉。第二，塘桥街道的经验很宝贵、很生动、很有特色，基层党组织包括社会管理过程中的难题，需要靠群众、靠社会组织来解决，当然前提是党的领导。怎样发挥群众自治、进一步开发调动我们的领导资源？我看了老干部的材料非常好，老干部退下来以后，也可以产生正能量，塘桥街道充分应用这个优质资源，很有智慧，体现了领导力。第三，群众路线到底是什么？就是群众反映最大、反响最强烈的作风问题。刘少奇在党的七大上讲了三个关系，一是党与群众的正确关系。二是党员干部的领导方法。三是领导机关中领导者与被领导者之间的关系。所以，现在讲群众路线就是讲领导问题，因为这是执政党与群众之间的关系。群众路线包括了四个方面，一是历史观，二是价值观，三是从群众中来，四是领导方法，这四个方面都是领导的一种正确的历史观。第四，这次整风运动大量听的是国家机关开座谈会的意见，所以，领导者既是领导又是群众。习近平讲，要官样子不能官架子。有了官架子就是官僚主义，每个领导要平等地对待每一个群众。我们要把自己摆进去，既当好领导也当好群众。群众路线说到底就是一个领导作风问题，是一个领导方法问题。毛泽东当年在领导方法若干问题中讲到，要反对官僚主义、主观主义。要提倡科学的马克思主义的领导方法，就是讲群众路线，群众路线与领导科学关系很大，从某种意义上说，群众路线就是与领导格局相关性的最大的一件事。

“新媒体与法治宣传”青年学者论坛

8月15日下午，市法治研究会在上海社会科学会堂召开了“新媒体与法治宣传”青年学者论坛，会议由市法治研究会副会长兼秘书长包志勤主持。会上，闵行区司法局金海民局长介绍了微博法宣的工作情况，交通大学禹卫华副教授介绍了“新媒体与法治宣传”课题的研究情况，随后交通大学姚君喜教授、复旦大学孙祥飞博士、上海政法学院章友德教授等青年学者就新媒体与法宣工作的内容作了发言，与会者进行了讨论交流。

姚君喜提出，随着整个媒体的变化，整体的社会结构发生了变化，整个社会的职能和权力的分布也发生了变化。政府究竟是要服务还是要管理，这两者之间应该找到一个平衡点，否则微博会一片混乱，政府也就形同虚设了。微博、微信等等这样一系列新兴媒体拥有着传统和新一代的媒体使用者，他们想了解的事情都跟个体利益有直接的关系，如何做到让公民参与进来，在自己利益的前提下理性表达，实现社会利益的最大化，这是我们从理论上、学理上要做的一个目标。

孙祥飞提出，政府微博有它的通病，比如词汇量少，较多为抽象化的词语，点评转发多靠抽奖等等。政府微博应该具备几种能力，一是正面问题的建构能力，二是负面问题的解决能力，三是风险问题的化解能力，四是纠偏能力。可以研究一些法治的官方微博，比如不同背景的律师微博或者是法治微博，大家在具体问题的表述上会有哪些观点和倾向。通过这些微博账号，可能会发现当前跟法治相关的，跟法治中国相关的，跟法治建设相关的一些话题，了解到微博上最活跃的法治类群体是怎样解读当前中国社会问题的。

章友德提出，微博出现以后启发了我们如何来思考回应当下的中国社会发展过程当中必然出现的问题。敢于面对发展中的问题需要自信和解决问题的智慧，智慧在民间，微博提供了一个全新的平台。我们应该认识新媒体的价值在哪里，如何有效发挥它的功能，而不是恐惧新媒体。官方媒体不等于权威媒体，权威是来自人们心中的认同。国家和民族存在的真正价值就是怎么让每个人活得有尊严，当我们生活中遇到了对自己权力侵犯的事情，依法维权是我们共同采取的路径选择，需要一个有权威的、真正在社会化媒体中间自主产生的权威，很好地去引导大众在遇到各种各样侵权事件时该如何做出选择。

《上海法治报》及《劳动报》的记者、市社联王钰、闵行区法宣科科长杨华、静安区司法局法宣科科长万玲娣，及闵行、静安、奉贤、黄浦等区法宣办的同志，部分市法治研究会会员出席并参与了讨论。

“网络经营与法制规范”专题研讨会

8 月 16 日，市工商行管理学会与市法治研究会和市人大工作研究会联合召开“网络经营与法制规范”专题研讨会。市法治研究会常务副会长、市人大常委会法工委副主任施凯，市人大工作研究会、市人大常委会法工委立法二处处长阎锐，市法治研究会副会长兼秘书长包志勤，杨浦区人民法院法官黄真伟，《上海法治报》副总编王霄岩，上海纽迈律师事务所律师方正宇以及阿里巴巴上海办事处主任沈丽、1 号店法务部主任彭述刚、高哥鞋业总经理竺毅等专家学者及行业代表作为嘉宾参与研讨。市工商局市场处、法制处、市广告监测中心以及闸北、徐汇、静安等学会的分管领导或理论骨干代表参加了会议。

专题研讨会由市工商行政管理学会秘书长徐上主持，他首先简要介绍了举办此次专题研讨会的背景及研讨目的。市工商局市场监管处副处长徐立鹤向与会专家学者和行业代表通报了监管部门依法对网络经营进行管理情况。与会的行业代表分别通报了行业自律的做法以及对立法和监管的建议。之后，与会嘉宾围绕“网络平台如何完善交易规则”、“如何确立网络经营者的告知义务范围”、“行政机关网络交易监管的重点方面与监管手段”，“网络交易案件的管辖、证据采信及法律适用”等议题，从理论和实务角度展开了热烈讨论并提出了相关意见。

与会嘉宾对本次专题研讨会给予了高度评价。认为本次专题研讨会内容丰富、具体务实、重点突出、启发性强，有利于从立法、司法、监管以及行业自律等不同角度解决网络交易规制中的疑难问题，对于促进网络交易行业的健康发展，减少网络交易纠纷的发生，探索建立科学的民事调处机制和行政监管机制具有重要意义。

市社联学会处王克梅处长出席会议并讲话。市法治研究会副会长兼秘书长包志勤代表主办方单位作了研讨会小结。

把握党的历史方位　坚持党的群众路线

——“当代中国共产党历史方位研究”研讨会

9月22日下午，由上海市中共党史学会、上海市新四军历史研究会、上海市毛泽东思想研究会、上海市政治学会、上海市社会学会和社会科学报社联合举办的“当代中国共产党历史方位研究”学术研讨会在上海市青少年活动中心举行。来自复旦大学、同济大学、华东师范大学、南京政治学院、上海大学、上海社会科学院、上海市委党校、立信会计学院等单位的30余专家围绕新时期党的历史方位和党的群众路线展开了深入的研讨。

一、 与会专家对新时期党历史方位作了全方位、多角度探讨

中共党史学会会长张云教授指出，中国共产党的历史方位，就是党在社会发展和党的自身发展历史进程中的坐标和走向。南京政治学院上海校区孙力教授指出，党的历史方位的转变是一个客观历史进程，党对这一历史进程的认知则经历了一个曲折过程，由不成熟、不自觉到逐步成熟、逐渐自觉，直至走出了一条自己的道路。

华东师范大学齐卫平教授围绕历史进程、现实环境、肩负使命三方面探讨中国共产党的历史方位的认识。他指出，这一认知过程体现了中国共产党对执政规律认识的不断深化，体现了党的建设科学化水平不断提高。华东师范大学文军教授指出，要准确分析当代中国共产党的历史方位，就必须准确认识当前中国社会经济发展状况，正确分析中国社会历史发展的阶段及其趋势。从现实问题出发，准确分析当前中国社会经济的发展状况，是研判党的历史方位和发展趋势的基本前提。

立信会计学院罗会德副教授指出，中国共产党自身建设的全部历史经验证明，党的建设的成功推进，其前提都离不开正确认识和把握历史方位，新时期我们应在认清党的历史方位的基础上，不断提高党的建设科学化水平。立信会计学院王亚南博士指出，我党90多年的历史发展经验一再证明，认清历史方位是把握党的执政规律的必要前提。新形势下，不断适应世情、党情和国情的新变化，科学判断党的历史方位，对于中国共产党保持和发展党的先进性、巩固党的执政地位，具有非常重要的意义。

二、 与会专家对中国共产党如何应对当前形势作了透视和思考

复旦大学杜艳华教授运用具体案例分析了国外长期执政的党容易出现思想僵化、缺

乏创新、导致国家治理和社会改革走向失败、丧失执政权的问题，针对新形势下中国共产党面临的“四大考验”和“四大危险”作出应对路径，她指出要实现党内制度与国家法律的有效对接，以制度和法律的力量来消除中国共产党面临的执政考验。

原东海舰队舟山基地刘苏闽少将从党的新时期强军目标角度探讨当代党的历史方位，他从实现中华民族伟大复兴、维护国家利益、加强军队建设、党的军事指导理论发展四方面阐述军队当代的历史方位是中国特色强军之路，他认为当代军队要“铸牢听党指挥这个强军之魂，抓住能打仗、打胜仗这个强军之要，夯实依法治军、从严治军这个强军之基”。

同济大学丁晓强教授阐述了制度建设内含着对权力的制约，他指出：党内制度和国家法律的对接是对行为的规范要求，党的制度建设一开始就内含着对权力的约束，这与中国的国情和革命形式密切相关的，当前形势下既要以制度建设为基础，又要赋予制度建设以传统、价值和文化。

齐卫平教授认为，要常怀忧党之心，恪尽兴党之责，体现出党强烈的忧患意识，面对新形势新考验，他指出：老党需要新生，要通过纳入新党员来为党增添新鲜血液；治党需要猛药，要坚持标本兼治，不能头痛医头脚痛医脚；执政需要重塑形象，要不断提高人民群众对党的认同感。

文军教授从社会结构的角度分析，认为随着社会转型的持续发展，当代中国社会的个体化趋势在不断加强，促成了社会的差异性、多元性和不确定性，由此也给中国社会管理和党的群众工作也带来了巨大的挑战。

三、 与会专家对新形势下的党群关系与群众工作积极建言献策

上海市社联副主席桑玉成教授指出，当前全党正在开展以为民、务实、清廉为主要内容的党的群众路线教育实践活动，这正是当代中国共产党的历史方位的重要体现。他认为，新形势下的党群关系的实质是党在政权体系中所处的地位，突出表现是各方面的利益关系，具体体现在党的绝对优势地位与群众的基础性地位的关系。

上海市委党校马西恒教授从社会的角度指出，人民群众既不是一个抽象的概念，也不是一个匀质的整体，而是由不同阶层、群体与个人构成的。党要代表好、实现好最广大人民群众的根本利益，只能在坚持以经济建设为中心的同时，深入社会结构的内部，从群众的结构分化、群众的呼声、群众的能力和群众的意志四个维度来思考群众路线，这样才能超越反“四风”的消极目标，实现执政党的社会使命。

丁晓强教授认为，此次群众路线教育实践活动的主要任务聚焦到作风建设上，强调要以整风精神开展批评和自我批评，在群众路线教育实践中凝练务实重行的作风，与制度建设相辅相成，以不断提高党的执政能力和先进性、纯洁性建设。

王亚南博士认为，始终保持同人民群众的血肉联系、坚持执政为民、秉持宗旨意识，既是科学回答了党在历史方位发生变化的条件下，如何应对“四大考验”，避免“四种危险”，能否走出“历史周期律”的历史考验，又是实现全面建成小康社会奋斗目标、国家现代化和民族复兴“中国梦”的现实选择。

最后，华东师范大学唐莲英教授指出，此次研讨会是 5 个学会首次联合举办研讨会，这不仅是不同学科思想的碰撞和研究方法的相互借鉴，更体现了学者们的历史责任和时代使命感。与会专家们普遍认为，我们党是在对执政党建设规律的不懈探索过程中，科学地判断党的历史方位，深刻地把握执政规律的时代价值，把执政规律外化于自觉的有目的的执政实践中，发挥出当代中国共产党历史方位的价值功效。

“学习型、服务型、创新型执政党建设规律”学术研讨会

9月23日下午，上海科学社会主义学会、上海领导科学学会、中共上海浦东新区区委党校联合举办“学习型、服务型、创新型执政党建设规律”学术研讨会，来自上海海事大学、东华大学、苏州大学、同济大学、上海师范大学、南政上海校区、市委党校、浦东新区党校、中国浦东干部学院以及《解放日报》、《新民晚报》、《探索与争鸣》等媒体共百余名学者与党员干部参加了研讨活动。

上海科学社会主义学会夏军会长、周智强副会长分别主持了研讨，浦东新区党校毛力熊副校长致辞，上海领导科学学会奚洁人作研讨小结。

夏军指出，党的十八大集中提出建设学习型、服务型、创新型的马克思主义执政党的目标要求，概括和包容了新时期党的建设科学化与时俱进的全部关键问题，反映了当代执政党建设的主要特征和特点，对建设世界上最大的政党、领导和建成一个强国具有重要的理论和现实意义。

海事大学刘泽雨教授认为，中国共产党有关服务型政党建设的新思想遵循了马克思主义的历史唯物主义的世界观和方法论的统一，强调了执政党在推进经济、政治、文化、社会、生态发展的同时把服务人的全面发展放到更突出的位置，体现了社会主义发展的本质要求，反映了保持和发展党的先进性和纯洁性的时代要求，是学习借鉴现代执政党的执政规律以及经验教训的基础上，对新时期党的功能和价值取向的新定位。服务型基层党组织建设要切实贯彻党为人民服务的宗旨，把服务群众，做群众工作作为基层组织的核心任务和基层干部的基本职责，党员干部要牢固树立“历史是人民创造的、权力是人民赋予的、虚心向人民学习、竭诚为民谋利和对党和对人民负责相统一”的五个基本观点，在服务群众过程中，创新服务型基层党组织建设的工作、保障和评价的相关制度和机制，切实提高服务本领和能力，夯实党的执政基础。

浦东新区党校黄钟副校长认为，要整体把握学习型、服务型、创新型执政党建设的关系，服务型执政党建设是目标，是核心，为党的目标和任务提供政治和组织保障，服务坚持以社会主义核心价值为导向，协调利益关系为重点，凝聚全社会力量为根本。浦东新区在改革开放的同时，提出了“以一流的党建促一流的发展”的目标要求，10年前，又提出了“上级党组织服务下级组织、基层党组织服务党员，党员服务群众”的“三服务”理念。浦东新区广大党员干部在不断落实新区党委提出的目标、理念和要求的实践中，加强了学习、

培育了系统思考的能力，在整合学习、服务和创新资源的过程中，有效提高了执行力，起到了加强党的建设示范作用。

潍坊街道纪工委王云峰书记介绍了社区党工委通过社区党的工作机关带动基层党组织的主要形式和方法，创建学习型、服务型、创新型基层党组织的实践经验，培育了“楼宇党组织先进学习型集体”，建设了“项目化组团服务型居民社区”，创新了“楼宇两新党组织联合支部”。沪东街道党工委孙建华委员介绍了在沪东造船厂工人新村居民区加强楼组党小组建设经验，党工委通过努力工作，做到了610个楼组党小组全覆盖，积极引导开展党员义务服务群众、帮困解难活动。有效起到了和谐邻里关系、居民协商自治、激发党员服务热情、树立党员良好形象、增强党组织凝聚力的作用。

苏州大学田芝健教授认为，党中央提出建设学习型、服务型、创新型马克思主义政党的新部署，标志着我们党科学建党和科学执政理念的升级，更为全国420万基层党组织随着经济建设转型实现自身转型确立了科学目标。学习是手段，服务是目标，创新是动力。苏南地区在改革开放、经济快速增长以及社会转型的过程中，同时推进了基层党组织转型的实践，探索了基层党建活动方式和功能的有效升级，“党费网银支付”、“党组织活动数据库”、“行业党员社会公益服务志愿化”等实例体现了党的能量输出与社会能量交换方式的转型，由此促进产生了党的基层组织建设的资源均衡、科学集约以及活动针对性加强的一系列整体功能的优质化。基层党组织先进性的创新实践活动，为党的建设理论创新、制度创新提供了基础根据。同时面对市场经济的深入改革和社会全面转型，建设廉洁型和法治型执政党的探索实践有待进一步推进和深化。

东华大学贺善侃教授认为，执政党要实现理论自信、制度自信和道路自信，首要任务是加强学习，马克思主义科学的理想信念是个不断学习深化的过程，对科学真理的追求，必须经过系统学习，从熟知通晓、到熟练运用、再到实践创新，经历好学、乐学、锲而不舍的阶段，克服形式主义和脱离实际的弊端，进入自发、自觉、自信的境界。

同济大学丁晓强教授认为，建设学习型、服务型、创新型执政党是我党从长期实践中提炼出来的，从上世纪上海建设党的凝聚力工程、2006年无锡探索建设学习型、服务型、创新型党组织、2007年浙江开展党建网络化、党组织服务发展、服务党员、服务群众活动等等，基层党组织的党的先进性创建活动逐步拓展，普遍具有可操作性。学习型、服务型、创新型执政党建设贯穿于党的思想、组织、作风、制度和反腐倡廉的历史全过程。学习着重思想建设、服务着重作风建设、创新着重制度建设，三者是个系统和有机结合体，必须全面实践推进。

浦东新区建设工程安全质量监督站党委张志华副书记认为，作为基层党组织在建设学习型、服务型、创新型组织过程中，主要要提高党委和党支部两级组织的执行力，要努力优化党组织班子的结构、提高成员素质、转变工作作风、提升实践创新能力。同时站党委配置一个专职党群书记，其他成员全是兼职，在领导五个支部90名党员，全面监督新区1 250多个建设工地的繁重任务，处理党务与站务、点上工作与面上拓展方面，面临面广量大的学习、服务和创新任务的新挑战。

南政院上海校区翟桂平副教授认为，为人民服务是党建第一天就提出的口号，服务型执政党建设是党的建设目的性从口号到理论、再到价值的回归，是从关注意识形态到同时关注意识形态和人民群众日益增强的物质、精神利益需求并重的回归。上海师范大学黄福寿教授认为，党的执政岗位是稀缺的竞争性岗位，要同时强化执政党和参政党执政岗位的服务意识，以法制和民主的方式提供高效、优质的服务。上海科学社会主义学会吴解生副会长认为，习近平同志提出"以民为本、以人为本"、"树立以人民为中心的工作导向"的要求是建设学习型、服务型、创新型政党的核心，向人民学习、为人民服务、依靠人民创新；实践是关键，向实践学习、探索服务实践创新、用实践效果检验学习、服务和创新质量和水平。善于发现、学习和总结基层党组织建设的实践创新经验，并提炼上升为规律性的新认识、新思想是中国共产党人实现自身执政理论现代化和科学化与时俱进的重要保证。

奚洁人总结发言认为，建设学习型、服务型、创新型政党是党的建设科学化的重要课题，这次联合研讨，开拓了理论工作者和实践工作者合作研讨交流的新形式，使学术研讨的内容更紧密贴近和服务于基层党建工作的实际，开拓了理论发展梳理和现状研究相结合的新视角。依据党的建设的伟大工程目标、所处的历史方位和环境、党的历史任务和使命、面对的国内外复杂局面和长期执政的考验，克服脱离人民群众的危险，必须通过强化学习型、服务型、创新型政党建设，转换思维方式，创新执政方式，保持党的先进性和纯洁性。

市工运研究会召开工会枢纽型社会组织建设专家研讨会

9月28日，由上海市总工会、上海市工运研究会主办，劳动报社、工会管理职业学院协办的“工会枢纽型社会组织建设专家研讨会”在劳动报社举行。市总工会副主席周志军出席会议并指出，社会组织的培育发展是加强社会管理的必然要求，是处理好政府、社会、市场三者关系的必要条件。工会成长为枢纽型社会组织，其中蕴藏着不少需要研究和实践的课题。这些问题，需要工会的实践探索，更需要专家学者的关注研究。研讨会上，来自政府部门、工会系统、高等院校、新闻媒体等单位的专家、代表就工会在培育发展社会组织中的定位与作用、工会发挥枢纽型功能的具体举措等话题各抒己见，热烈讨论。

市人大常委会法制工作委员会副主任施凯，市委研究室副主任傅爱明，解放日报报业集团党委副书记周智强，市社会工作党委、市社建委办公室秘书长吴红伟，市委宣传部理论处处长季桂保、市社团局副局长贾勇、上海社科院“社会治理研究中心”主任、市社区发展研究会常务副会长、研究员徐中振，交通大学国际与公共事务学院博士生导师、第三部门研究中心执行主任徐家良，华东师范大学政治学系副主任、副教授王向民等在研讨会上作发言。

施凯认为，枢纽型组织的上面应该有一个类似董事会或者理事会的决策层，具备信息收集、整理、交换功能，以及良好的外部环境。如购买服务、接受捐赠和募集资源、招募职业社工志愿者等。

傅爱明认为，在政治上发挥桥梁纽带作用，具有覆盖面极大的网络型组织体系。在业务上处于龙头地位，代表职工利益上的地位、作用和优势无与伦比。在管理上承接主管部门赋予管理和服务职能，有效指导、管理和服务相关社会。

周智强认为，去行政化以后，工会组织的地位不是低了，而是更强了。要强化积聚功能，以需求为导向，注重指导服务；以价值引领替代行政化的强制命令，体现公共性公益性；拓展多样化的筹资渠道，发挥社会化筹资功能。

吴红伟认为，任何团体都有其核心利益和目标，为本团体成员维权。一段时间来这个核心业务有些弱化，致力于“维稳”可能超过了“维权”。群众团体姓“群”，要通过“维权”实现“维稳”，放下身段，回归定位，履行好职能。

周志军认为，在成长为枢纽型社会组织的过程中，必不可少的就是向优秀的社会组织包括许多“草根”学习，学会像他们那样“接地气”，学会运用专业化、社会化方法开展工作，学会更有效地了解群众需求，学会动员一切社会资源来做社会的事。

贾勇认为，目前市区两级工会所辖的社会组织数量虽然较少，但是实力较强，影响较大。需要加大培育发展新型社会组织的力度，改进对已有社会组织的管理服务。可将会员和职工迫切需要解决的问题设计成项目，开放竞争性参与。

王向民认为，将工会建设成枢纽性社会组织关键在于其掌握与能够分配的资源状况。这主要是国家权力所赋予工会的。同时，工会也必须提供政府所需要的社会服务，通过有效的劳工权益维护而构建和谐稳定的社会秩序。

上海金融法制研究会举办自贸区知识讲座

中国(上海)自由贸易试验区正式挂牌成立，这是中国在改革开放关键时期做出的一项重大战略，也是一项具有划时代意义的金融改革大举措。上海金融法制研究会作为中国首家金融法制研究机构，为贯彻落实市委市政府的战略部署，深入学习、全面了解自由贸易试验区的有关知识，上海金融法制研究会、上海市立法研究所于10月21日在浦东大道9号中国工商银行上海市分行四楼大会议室联合举办题为《融入经济全球化新主流：中国(上海)自由贸易试验区功能探索》的知识讲座。

讲座由上海金融法制研究会学术委员会主任李克渊主持。上海金融法制研究会各会员单位代表，市人大、市政府、市司法机关等单位领导及部门负责人，在沪金融机构代表，研究机构及高等院校人员约110人参加了本次讲座。

本次讲座主讲嘉宾姚为群博士现任上海WTO事务咨询中心总裁业务助理、一级业务总监，复旦大学国际关系与公共事务学院外交学系兼职教授、上海市人民政府发展研究中心特约研究员并同时出任过多个中国对外自由贸易谈判的中方学术界代表。姚为群博士围绕经济全球化新主流、当前贸易投资自由化主要热点、中国面临的挑战、中国(上海)自由贸易试验区功能探索等几个方面，从当前世界经济发展大趋势、大背景切入，由大及小、由浅入深，细致透彻地分析了自贸区的相关情况。姚博士在谈到中国如何因应挑战时，从战略、战术、利益互换角度提出，以积极的姿态参与全球经济治理规则的重构，并以此作为推动我国经济体制改革和扩大对外经济开放的主要突破口。

最后，姚博士生动风趣地回答了现场听众的一些疑问，进行了卓有成效的互动。

这次讲座对学会广大会员加深了解自由贸易试验区有一定的帮助和启迪，与会者通过聆听、交流，对上海自由贸易试验区的基本目标以及重要意义有了更为深刻的认识和体会。本次讲座的成功举办，对于推动上海金融领域改革、确保上海国际金融中心有序推进有着积极作用。

“中国道路与中国梦”研讨会在中国浦东干部学院举办

10月30日，中国浦东干部学院科研部组织举办了“中国道路与中国梦”研讨会。冯俊常务副院长到会致辞。上海市委宣传部副部长李琪教授，上海市社联党组书记沈国明教授，学院原常务副院长奚洁人教授，上海市社联专职副主席刘世军，复旦大学姜义华教授，加拿大女王大学梁鹤年教授，华东师范大学赵修义教授、齐卫平教授、郝宇青教授，学院刘昀献教授等著名学者共议“中国梦”的理论内涵和现实意义，深入探讨中国梦与中国道路的关系。王金定副院长出席会议，科研部主任刘靖北主持会议。学院部分教职工参加会议。

冯俊常务副院长在致辞中指出，中国梦是一面精神旗帜，实质是中国特色社会主义共同理想，加强对中国梦的深入研究，明确中国梦与中国道路之间的内在关系，对于凝聚社会共识，调动方方面面的力量建设中国特色社会主义具有重要意义。

奚洁人教授、刘昀献教授等专家提出，实现民族复兴是近代以来客观存在的民族国家的目标，而中国梦就是对这个历史性目标的概括和凝练。

李琪教授认为，要理解中国梦，就要理解三个“三位一体”，即道路自信、理论自信、制度自信“三位一体”，国家富强、民族振兴、人民幸福“三位一体”，中心工作、立国之本、强国之路“三位一体”。实现中国梦有三个支撑点，中国道路、中国精神和中国力量，这其中中国道路是最重要的。

梁鹤年教授认为，美国梦是“强者自由逐利”的梦，会导致资源浪费、社会不安，势难持续；中国梦要成为包容别人、扶持弱小的“仁者之梦”，突出中庸、大我、性善等文化基因，创造一个与西方不同而不争的新局面。沈国明教授指出，中国建设法治国家要结合东方文化的特点，利用德治的土壤，构建不同于三权分立的权力制约制度；在发挥传统伦理、非制定法规则的柔性约束作用的同时，逐渐通过加强立法和执法来增强刚性约束。刘世军强调中国梦对传统文化的扬弃，中国社会几千年的治理实践中有许多科学、管用的政治智慧、治理经验，它们在现代中国仍然发挥积极作用，需要吸纳到中国梦之中。

赵修义教授指出，要重视“多重现代性”的概念，现代化有多种实现路径，中国道路就是一条具有内生性的路径，中国特色社会主义是为了实现中国梦的社会主义。刘世军从历史依据和理论依据两个方面论述了对道路自信的理解，认为道路自信是实现中国梦的前提，而中国道路是对西方现代化道路的超越，新型工业化、新型城镇化就是不同于西方的新的发展道路。

齐卫平教授提出，中国梦的意义在于用中国人民长期心存的愿望和追求的目标振奋精神、提升志气，用民族共同体的集体意识形成行动指向，凝聚民心、整合民力。郝宇青教授则认为中国梦是一个政治议题，其目的是提升政治合法性。

姜义华教授、奚洁人教授等认为，中国梦必须同时是全体中国人民的梦，只有与个体的利益和幸福密切相关才能唤起人民的认同，产生强大的号召力，激发参与的动力。为了让群众切身体验到中国梦的意义，自觉自主地去实现中国梦，就要按照习近平总书记三个“共同享有”的要求，通过具体的政策保障权利平等、社会公正，圆人民群众的幸福梦。

谱写中国特色社会主义理论的新篇章

——习近平中国特色社会主义战略新思想学术研讨会

11月3日，上海科学社会主义学会与中共上海市委党校联合举办"习近平中国特色社会主义战略新思想"学术研讨会。市社联专职副主席刘世军、上海科社学会会长夏军、市委党校副校长郭庆松与来自上海高校、党校系统的70多名学者以及《解放日报》、《文汇报》、《探索与争鸣》、《社会科学报》、《支部生活》等媒体参加了研讨会，郭庆松副校长和科社学会副会长吴解生联合主持了研讨会。上海交通大学陈锡喜教授、市委党校袁秉达教授、华东师范大学郝宇青教授、市委党校王公龙教授、南政院上海分校孙力教授、市委党校马西恒教授围绕研讨主题，就党的十八大以来，以习近平为总书记的党中央有关坚持马克思主义在意识形态的主导地位、中国梦的正确定位、新一轮改革开放的战略目标、我国国际关系和外交战略新布局评析、党的群众路线和社会主义价值追求、现代社会组织体制与社区建设的新思想、新战略、新部署、新要求展开了深入研讨。

一、 科学回答中国未来何处去的重大理论和实践问题

刘世军副主席充分肯定了研讨会主题是当前学术研讨出彩的亮点，认为习近平总书记有关中国特色社会主义建设的一系列新思想，涉及了我国经济、政治、文化、社会、党建、军队、外交各个领域，回答了思想界、理论界、党员干部以及社会各方有关中国未来何处去的理论与实践热点问题，这些新的战略思想为继承和发展当代中国马克思主义、继续谱写中国特色社会主义这篇大文章作出了巨大努力和探索。对贯彻落实党的十八大精神、坚持党的领导，紧密依靠人民，实现中华民族伟大复兴，具有重大战略指导意义。郭庆松副校长认为，科社学会和市委党校联合举办学术研讨会，主动适应和契合了党中央关于做好领导干部学习习近平总书记重要讲话精神培训教育的要求，起到了理论学术研究为未来的领导干部培训教育奠基的前瞻作用。

夏军会长认为，习近平总书记一年来有关中华民族未来生存的战略新思想，凸显了中央对当今世界社会主义逐步复兴、中华民族伟大崛起步入快车道关键期世情、国情和党情发展特点的科学把握，特别是有关全面深入推进中国的改革开放战略部署，继承和发展了邓小平关于改革开放的思想，将不断为中国特色社会主义科学发展注入新动力。

华东师范大学郝宇青教授认为，新一轮改革开放进入深水区和攻难克坚的关键阶段，习近平提出推进改革开放的系统性、整体性和协调性的论述，彰显了全面深化、整体规划、

顶层设计的策略，是主动适应时代发展，改变倒逼型改革的随意性，努力修复和拓展执政合法性资源和人民主体地位的重大战略举措。

市委党校王公龙教授认为，党的十八大以来，我国外交新一轮转型发展，展现了新一届党中央外交思想的创新和实践魅力，为推进世界和平发展、坚持互利合作，坚持维护中国核心利益的底线思维，坚持利和义辩证统一的价值导向，坚持承担国际责任和主动协调国际关系，为民族复兴和崛起服务，树立了大国新形象。

二、 努力改变马克思科学社会主义理论被边缘化的趋势

上海交通大学陈锡喜教授认为，习近平关于巩固马克思主义在意识形态领域的指导地位的论述，准确地拓展了党的十八大的精神，释放了中国坚持政治发展道路方向的信号，对克服马克思主义被边缘化的现象，具有强烈针对性，对廓清各类社会思潮负面影响，巩固全党全国人民团结奋斗的共同思想基础，坚持马克思主义的科学性和实践价值，对坚持中国特色社会主义的合理性和价值导向具有理直气壮的作用。马克思主义，在历史定位上，是人类文明的继承者和资本主义文明的超越者；在理论定位上，是以实践为逻辑起点批判旧世界而达到对发展规律清晰认识的理论揭示。马克思的理论范式，既是社会前进的“方向盘”，又是社会转型的“稳定仪”。马克思主义具有对社会现实问题揭示的准确性、对矛盾批判的深刻性、对价值把握的科学性，可以成为文化繁荣的“推进机”和国家软实力的“增强剂”。然而，任何一个科学的理论都是发展的理论，不可能构想出一个完美的体系，马克思主义从来不是“放之四海而皆准的真理”，正如毛泽东指出：“只有具体的马克思主义，没有抽象的马克思主义。”根据马克思主义的观点，对意识形态领域应作科学区分，既可抵制去意识形态或淡化意识形态的思潮，有可避免泛意识形态或强化意识形态斗争的倾向，同时避免制造群众和干部无所适从的未经科学论证的新概念和空洞口号。

夏军认为，认真学习领会习近平有关科学社会主义理论的阐述，通过思维方式的调整创新，全面跟上时代发展步伐和科技创新的潮流，树立学术创新自信。面对“一球两制”和当代资本主义发展现实的挑战，中国地位的提升展现了世界社会主义发展的总趋势，有利于改变全球马克思主义被边缘化的状况。

袁秉达认为，习近平提出的“中国梦”战略新思想的正确定位至关重要，这是个严肃的政治命题，是中华民族复兴的战略目标，不是理论体系或理论形态的表述，同时也不能被泛化或异化。正确解读习近平总书记提出中国梦的历史背景、内涵实质、与中国发展道路关系和实践要求，才能充分发挥其凝聚全党全国人民正能量，激励为实现“复兴、富强、幸福”的共同理想奋斗，主动把握对外话语权、消除“中国威胁论”的功能。

三、 坚持社会主义理论的发展和实践的创新

孙力认为，群众路线是中国共产党人对科学社会主义发展理论和实践创新的重大贡献。社会主义运动是人民群众的事业，体现最广大人民群众的利益。中国共产党的几代领导集体在中国社会主义革命和建设探索实践过程中，不断深化和丰富了马克思主义关于群众、政党和领袖的理论，紧密地整合了社会主义运动的主题要素，在实践上提供了方

法和路径。坚持群众路线成为中国共产党人执政的基本方法、基本经验和强大资源。系统地体现了社会主义运动史上无产阶级执政党对社会主义理想、价值和本质属性的追求和坚持。防止脱离群众脱离人民、反对官僚主义，防止权利过渡集中和权利腐败，控制两极分化和维护社会公平正义，成为社会主义运动战胜严峻挑战的关键性选择，让人民共享社会生产的物质财富和掌控国家和社会事务，维护社会主义的本质属性，这是习近平提出坚持中国特色社会主义贯穿马克思主义基本立场思想的灵魂。

吴解生认为，习近平的战略新思想是代表党中央关于中国特色社会主义实践活动的全局性思想观点，它的根本任务是研究如何正确处理实践活动中各个方面、各个阶段以及历史和现实的关系，以期达到整体和局部、近期和长远利益相结合的最佳效果，是处理中国国内外复杂实践活动及应对各种挑战的新判断、新思考、新对策、新部署。这些战略新思想表现出：立场坚定、旗帜鲜明，把握大势、预见未来，顺应时代要求和人民期待，立足当前、重点突出，摒弃干扰、多谋善断的特点和特征，有利于整合资源，化解矛盾，克服障碍，调动各方积极性，有利于不断推进中国特色社会主义事业沿着正确方向前进。

马西恒认为，市场经济发展带来的社会转型问题和矛盾日益凸显，原来以单位用人管人的稳定社会结构业已解体，多元社会发展的风险容易引起民众普遍的社会焦虑。党的十八大以来，中央有关现代社会组织体制建设的重要性和紧迫性在思想观念上不断受到重视，社会组织体制改革和社会管理创新的思路十分清晰，政社分开目标明确。当前，在改革实践中，国家需要向社会赋权，以推进开放融合、畅通民意表达、责任联合承担的社区自治的建设实践不断深入，国家在公共政策导向、机制杠杆调控和财政激励扶植上必须加大力度。

市委党校吕会霖认为，核心价值观必须从国家干部公务人员教育的角度加入“廉洁奉公”的要求。《文汇报》史煦光认为，习近平总书记的新思路十分清晰，守住社会主义的底线，坚持党的领导和人民当家作主的群众路线、加大改革开放的力度。市委党校第五分校吴志洁认为，加强党的建设科学化，必须加强党建学科建设和加大党的建设规律的探索，有效解决党员干部的信仰危机和企业党建的薄弱状况。海事大学董金明认为，马克思主义的指导思想、中国特色社会主义理论和五位一体总布局的战略思想、党的方针政策及其贯彻执行是一个整体，必须围绕民族复兴和人民幸福贯通一致，知行统一。上海师范大学黄福寿认为，中央下决心推进生态文明建设有了良好开端，必须在实践中加大学习和借鉴人类文明发展成果的力度，良好的生态环境不仅是人民的期盼，更是社会主义优越性的体现。

“党的群众路线和当前社会稳定”研讨会

11月9日，上海科学社会主义学会、市法学会、上海行政学院联合召开“党的群众路线和当前社会稳定”研讨会。上海科学社会主义学会顾问王邦佐、会长夏军致辞。上海科学社会主义学会副会长张明军、孙力，上海行政学院容志、潘鸿雁，市法学会专职副主席陈金鑫，市政法委虞浔等学者作主题研讨发言。与会学者还做了互动交流发言。最后，上海行政学院马西恒教授作会议总结发言。上海科学社会主义学会副会长兼秘书长吴解生主持会议。

科社学会会长夏军认为，经济发展转型必然推动政治、文化、社会建设和党的自身建设的改革，当前党内开展的群众路线教育实践活动就是顺应发展需求、促进社会稳定的一项重要举措。人人期盼稳定，都不希望回到“文革”动乱的年代。然而影响当前社会稳定的因素和面临的挑战依然复杂和严峻，必须通过改革和法治，促进社会和谐。

南京政治学院上海分院孙力教授认为，执行党的群众路线在社会稳定中有两个支撑点：从民生角度，政府尽责做好公共服务就是最现实的群众工作，把人民群众的教育、医疗和住房纳入政府公共服务保障的领域，正确处理政府和市场的关系；另外，确保人民群众参与公共服务资源分配的协商权利，让百姓广泛参与社会利益分配的决策，获得群众对政府决策的信任。这两个支撑是化解社会矛盾和维护社会稳定的根本举措。

市法学会陈金鑫教授认为，毛泽东同志60年前总结的浙江“枫桥经验”至今仍具有生命力，是相信和依靠群众，解决地方发展带来的利益矛盾和冲突问题的宝贵财富，是各级党的组织保持党的优良传统、贯彻执行党的群众路线、依法治理社会的有效途径和方法。要努力从政府决策源头上遏制利益分化对社会底线的冲击，建立政府科学决策法律制度，用好“枫桥经验”，建立社会公开协商认同平台，提升各级政府和组织依法化解社会矛盾冲突的能力。

市社联王邦佐和科社学会副会长吴解生认为，贯彻执行党的群众路线是防止执政党脱离群众、巩固党的执政基础的重要保证和有效途径。改革开放35年来，经济快速发展积累的各类社会问题已日显突出，必须加大发展方式转型的力度、加大城市生态建设力度、加大法治政府建设和公共服务投入力度、加大民生基本保障的力度，以回应广大人民群众对保障追求美好生活基本权利的期待。

凝聚共识，坚定道路

——“中国道路与中国梦”学术研讨会

11月11日，上海社会科学普及研究会、中共上海市委党校与中共闵行区委党校联合召开了“中国道路与中国梦”研讨会。此次研讨会主要围绕“中国梦提出的现实与理论价值”、“中国梦的国家视角”、“中国梦的民生指向”与“中国梦的国际视野”等议题展开深入研讨。

一、“中国梦”提出的现实与理论价值

中国梦提出与学习是当前社会关注的焦点话题之一，它的提出具有重要的现实与理论价值。

上海市委党校袁秉达教授从中国梦的战略目标、战略思想与战略意义方面指出，中国梦是重大战略思想，并非理论范畴，它的产生与党的指导思想以及中国实践发展紧密联系；逐步推进“民族复兴中国梦”，防止对中国梦认识不足或过度认识，要从战略意义层面沟通中国特色社会主义事业的“昨天、今天与明天”之间的关系。

上海市委党校黄力之教授从“中国意识的新自觉”角度阐述中国梦，表明中国已经从被动学习，开始向主动创新转变，在全球化背景下，国家的软实力与话语权发生转移，被动式的“中国特色”向主动建构转变，这三重变化表明了中国意识的主体性在不断增强。尽管中国进步也伴随许多问题，在新型文明崛起问题上，中国应该积极主动应对。

南京政治学院上海分院孙力教授从中国梦的社会主义属性，探讨社会主义的“梦”具有鲜明的世界性与统一性，中国共产党创立了具有民族特色的社会主义理论表达范式，并且在民族特色基础上开拓了中国的当代新路。

中共普陀区委宣传部汤尉琳副部长从执政使命与民族愿景的融合视角，认为中国道路是寻求、形成、推进与实现中国梦的“路基”，中国梦为中国共产党执政提供了执政的民族愿景和执政使命。

上海市委党校陈方刘副教授阐释了在中国梦的学习与宣传过程中，应该弘扬“爱国主义、自强不息、经世致用与探索创新”的民族精神，实现马克思主义的指导思想与民族精神紧密结合。

二、“中国梦”的国家视角

中国梦实现的落脚点是国内，国家富强不仅要目标合理，还需要达成共识、形成发展

战略与方法。

上海市委党校程竹汝教授通过中国共产党意识形态领导权面临深度社会转型、“文化帝国主义”、大众传播与意识形态与现实的差距等四方面阐述，强调执政党不仅应理直气壮地坚持意识形态领导权，同时要充分认识和重视精神生产者群体，即知识分子在意识形态工作中的地位与作用，还要能够善于用意识形态独特方式解决意识形态领导权问题。

上海市委党校讲师丁长艳从“中国梦体现的共识要素”与“建构中国梦的共识性基础”两个角度，阐述中国梦自身体现的共识，这些共识能提供价值引导，有效推动改革，实现制度保障；路径上可以借鉴美国梦自下而上的民众推动与自上而下制度保障的路径；建构中国梦的共识性基础，要通过中央领导集体自上而下的价值引导，与民众自下而上的支持合作，运用好中国梦的传统与民族的优势因素，实现人民幸福。

中共闵行区委党校讲师焦玉玲论述了中国梦的价值意蕴是做到“国家、社会与个人梦的结合、宏达叙事与个人生活的结合、话语体系方面中国梦与世界梦的结合”，彰显爱国主义与民族精神、社会公平正义与人民幸福。

上海市委党校袁锋副教授从国家在宣传中国梦的活动中，应该注重时代背景特点，结合当前宣传工作特点，充分挖掘与运用传统宣传工作的有效方法与路径，注重党员个体的主体作用。

三、“中国梦”的民生指向

民族振兴与国家富强的动力与基础源于人民幸福，只有“坚持好、发展好与维护好”人民利益，才能更好实现中国梦。

上海市委党校卢肖文教授指出，追求中国梦要能够实现“生产发展、生活改善与生态良好”的“三生有幸”发展目标，使人民幸福指数提升。“三生有幸”发展目标彰显了全面建设小康社会与中国特色社会主义的根本目的。

上海市委党校研究生刘绍飞从美丽中国主题出发探讨城市化进程的发展方向，城市化进程应该解决城市发展“物质文明基础不牢、精神文明程度不高、政治文明保障较弱与生态文明意识不强”等问题。

上海市委党校袁新华副教授从城镇化的土地角度阐述与中国梦的关系，城镇化的发展方向与路径是实现中国梦的重要组成部分。上海证券交易所党办副主任张卫东从资本市场看中国梦，认为“新兴加转轨”的中国资本市场，为中国梦实现提供重要视角与载体。

闵行区委党校讲师江莉莉从中国梦实现的实践层面，关注上海区级公共服务均等化与区级财力不足的问题，公共服务的就地性、适应性与属地化管理、操作可能性等方面存在不少现实难题。

四、“中国梦”的国际视野

国家富强不仅是目标，也是一种现实，如何处理好国家、民族、文明之间的关系十分重要。

上海市委党校王公龙教授认为，实现中国梦目标，应该在宽广的国际视野中审视，处理好“中国国家利益与他国利益、中华文明与其他文明、中国梦与他国梦、中国梦的民族性与世界性”四个方面的重要关系，为实现中国梦营造共生与共荣的稳定国际环境。

上海市委党校王耀东副教授认为实现中国梦，中国要做负责任的大国，积极营造安全的周边环境，才能实现中华民族复兴的发展目标。

“独生子女与老龄化时代的养老服务”研讨会

11月15日下午，由上海市老年学学会、上海市法治研究会、上海市人口学会共同主办的“独生子女与老龄化时代的养老服务研讨会”在华东理工大学社会与公共管理学院会议室举行。本次论坛由华东理工大学社会与公共管理学院、上海市老年学学会青年学者工作部、老年心理学专业委、老年社会学专业委、老年社会保障专业委共同协办。来自华东理工大学、华东师范大学、交通大学、上海大学、应用技术学院等高校的教授，市卫生计生委、市人口与发展研究中心、市老年学会、上海市法治研究会、市妇联、九三学社上海市委、上海社会科学院等学会、机构的40多位专家学者出席了本次研讨会。

研讨会由上海市老年学学会青年学者联谊会总干事、华东理工大学龚秀全副教授主持，上海市老年学学会孙鹏镖秘书长首先对当前老龄化的严峻现状及相关老年人政策法法规背景介绍，华东理工大学社会与公共管理学院副院长何雪松教授致欢迎辞。来自市人口与发展研究中心、市妇联权益部、上海一致心理咨询中心的专家学者分别作内容生动的主题演讲，各专业机构、学界的代表以头脑风暴的形式，就独生子女的养老服务问题开展了广泛的观点交锋。上海市法治研究会副会长徐秉治先生、上海市老年学学会副会长张钟汝对会议作了总结性专家点评，研讨会在热烈的学术探讨气氛中圆满结束。

本次研讨会主要形成了以下成果。

1. 强化政府在养老服务中的责任

从新《老年人权益保障法》的出台来看，赡养老人的责任不仅仅是家庭，而是家庭、社会、政府三方共担的事业，与会的学者嘉宾就政府职能和责任等相关方面，分享了各自的观点。

上海市法治研究会副会长徐秉治谈到，顶层设计是政策实施的指向灯，正确的顶层设计配合得当的具体操作条规，才能够切实的解决问题。对于独生子女与老龄化时代的养老服务也是如此。顶层设计方面，全国性的法规已经出台，但是地方性的规条还不完善。必须要求有地方性具体规条的，与顶层相配套的法制法规和制度化设计，才可以保证顶层设计不是空话。

九三学社上海市委员会老年专业委的张荐云主任认为，在老龄化问题严峻的背景下，政府职能、机构、财政必须有所创新，才能够适应当前局面。而政府似乎还未准备好应对老龄化问题，当前应对老龄化还没有缺乏统一的机构管理，力量分散；财政上也对老龄化问题关注不够。政府“三定”应设立专门统一机构来管理老龄化；财政应设立专项财政资助老年服务事业。不过，市妇联权益部副部长陆荣根认为政府行政资源的分配是有一定规律的，不能一味靠政府牵头，而应当建立社会支持。另外，应当由老年人的需求作为根本向导，倾听百姓的需求，贯彻群众路线，将思路倒过来。

上海市应用技术学院的苗瑞凤教授提到，目前有关老年服务的相关政策还不完备，而现有政策的运行带有浓重的行政色彩，以完成任务的态度进行老年服务的提供。需要转变态度，应该将老年服务当作事业来经营。

2. 完善失独家庭的社会支持

“失独家庭”作为计划生育政策下的特殊产物，受到了社会上的广泛关注，而“失独家庭”的养老问题更是一个重要议题，如何帮助这些失独老人走出伤痛的阴影提高他们的晚年生活质量成为各方关注的焦点。

市老年学学会青年学者工作部陈以文主任提出，在“失独家庭”的相关数据统计方面目前政府部门没有一个统一的统计数据，“失独家庭”或者其他相关的独生子女数据上，没有办法得到确切的数字，这对于展开相关的服务活动是不利的。人口计生委应该对独生子女家庭有数据统计，并且能够使长期的可追踪的，这样才能对失独家庭的资金、家庭养老等方面进行有针对性的帮扶。

陆荣根副部长根据上海市妇联的《实施失独家庭社会支持计划的方案建议研究》报告，通过科学的计量方式，测算出，截至 2012 年底，上海市“失独家庭”约有 3.9 万户主，要为中老年群体，其中大部分已失去生育能力。对“失独家庭”进行调查之后，主要将他们的需求分为 5 大类——长期心理需求；健康保健需求；经济帮扶；家庭关系稳定(矛盾缓解)需求；法律援助需求。针对这些“失独家庭”的需求提出了相应的政策建议。首先，应强化政府责任。政府政策应该倾向于弱势的“失独”老人，例如提供综合福利包、优先进入养老机构、降低收费标准；摸索建立针对于失独老人的专项医疗保障制度；可以尝试向失独老人推行以房养老的方式；落实完善失独家庭养老服务措施。其次，推动“社会支持计划”的社会机制建设和社会创新。利用好组织网络机制和信息网络系统，对特殊家庭的“早发现、早介入”；培育和推动帮扶失独老人社会服务机构建设；加强建设专业化社会工作队伍；鼓励开展失独老人社会服务项目创新大赛等。

不过，关于政府是否应该就“失独家庭”的独特情况而制定新的专项性养老医疗保障制度，这个问题在会议上有不同意见。来自华东师范大学的钟仁耀教授认为就目前的社会保障制度来看，已经有多种政策，新的专项保障制度会加剧碎片化，不利于社会保障制度的运作，提议在原有的保障制度上增加补贴以解决“失独家庭”的困境。

市老年学学会老年心理专业委、上海一致心理咨询职业技能培训中心刘青琳副主任认为应对“失独”老人进行心理支持，并在早期发现和治疗心理方面的问题上，提供及时有效的帮助。为失独者提供长期稳定有效的伴随式服务，使失独者内心不再寒冷。

上海市老年学学会副会长、上海大学社会学张钟汝教授认为失独问题的解决要融入很多专业化的手段，华东理工大学社工专业所倡导的一系列专业理念、技术都可以接入到失独家庭的服务中。如运用优势视角、个案管理等专业理念技术解决失独家庭的服务。将失独家庭的优惠政策应通过平面媒体等方式透明化公示以吸引失独家庭，而不是去“掘地三尺”寻找失独家庭，以减轻失独家庭的心理压力。

3. 培育提供养老服务企业的社会责任

来自上海金融学院的查建华教授认为失独老人的信托服务完善对于改善老年人生活质量具有重要意义,而这一方面现在还处于一个十分欠缺的状态。目前,学界已经有不少相关的研究,现有的研究应该与相关的金融产品相结合,将研究成果转化与落地,这不仅是学术研究的实际应用于金融产品的创新,还是对失独老人养老的社会责任感强化。除此之外,金融机构本身在养老服务方面也是重要的一环,金融机构应当从自身的社会责任角度出发,不单纯以利益衡量面对老人的金融服务,推出真正惠及老年人金融产品。

"以房养老"一直是一个热议的话题。上海市老年学学会孙鹏镖秘书长认为一些从事"以房养老"的金融保险企业违背了"以房养老"的初衷。"以房养老"不是一项面向有多处房产高收入老年人的金融业政策,而是以政府牵头的社会福利政策,受众应该是存在养老困难的家庭和弱势老人。"以房养老"的推行不能够以获取企业利益为出发点,而应该是惠及老人的福利事业,要求政府参与其中并积极干预。

九三学社上海市委员会老年委员会顾问、市老年学学会理事张良仪强调,面对目前未富先先的局面,解决养老问题需要重视诚信体系,不管是政府还是企业,公信力是不可或缺的部分。特别是政府作为牵头人,政府公信力的建设是非常重要的,也是保证所有事业能获得成功的基础。

理论经济、综合经济、产业经济

坚持“两个毫不动摇”方针与上海“创新驱动、转型发展”

——市经济学会所有制结构研究专业委员会专题研讨

7月5日，上海市经济学会所有制结构研究专业委员会举行了“坚持‘两个毫不动摇’方针与上海‘创新驱动、转型发展’”专题研讨会。会议由市经济学会所有制结构研究专业委员会主任、市委党校教授黄文忠主持，上海社科院研究员陶友之、上海交大教授孙仲彝、华师大教授陈承明、市发展改革研究院副研究员傅尔基、市侨办副调研员杨常胜、上师大副教授杨光、上海市经济学会副会长兼秘书长郝德良和学术部周庠怡等10余位专家学者出席了本次研讨会。

与会专家认为，在上海推进“创新驱动、转型发展”的过程中，必须坚持党的十八大再次强调的“两个毫不动摇”的方针：“毫不动摇巩固和发展公有制经济”，“毫不动摇鼓励、支持、引导非公有制经济发展”。

“两个毫不动摇”尚有不少问题值得重视和研究

黄文忠提出，“两个毫不动摇”，关系到国有、集体、民营三类企业的健康发展，需要依据“两个毫不动摇”的方针正确处理三类企业的关系。在理论上尚有不少问题值得重视和研究，如：“两个毫不动摇”之间的区别和联系；二者含义上的差别；与中国特色社会主义道路的关系；与现阶段基本经济制度的关系；在“两个毫不动摇”指导下，如何确保公有制经济占主体？增强公有制经济的活力、“控制力”、竞争力，是否需要借助行政手段？黄文忠认为，强调公有制经济“毫不动摇”发展是社会主义制度的要求，而强调非公经济的“平等竞争”是市场经济的要求。因此可以讲，“两个毫不动摇”，和社会主义市场经济，是同一个含义的不同表述。

“两个毫不动摇”是中国特色社会主义的“特色”

陈承明认为，中国特色社会主义的特色就在“两个毫不动摇”：公有制经济为主而不是单一的公有制经济，为辅的非公有制经济也要发展。这既符合中国现阶段生产力水平的需要，也同人们现有的觉悟水平相适应。公有经济同非公经济并存，两者不是相互排斥，而是可以相互促进。两者有机结合,多种经济相互促进,整个经济就有活力。

陈承明提出,保持公有制性质和提高公有制经济的地位应从以下几方面努力:一要保持公有资产的主体地位,不仅在固定资产的投资数量上,而且要在产品质量和产出效益上取得优势;二要保持国有经济的主导地位,主要表现在对国民经济的控制力、调节力和影响力上;三要加快包含公有成分的混合经济的发展。

孙仲彝强调,应发展多种形式的公有制经济,同时要发展多种形式的非公有制经济,以适应多层次生产力发展的需要。要保证各种所有制经济平等使用生产要素、公平参与市场竞争、同等受到法律保护。目前,集体经济出现的问题希望能在转型发展中尽快加以解决。

既要反对“垄断”又要有“龙头”大企业

陶友之提出,在“创新驱动、转型发展”中,国企中的央企举足轻重。“垄断”一定要反,垄断不仅导致社会生产和生活资源的配置效率低下,阻碍生产力发展,而且直接损害社会公平公正,影响人们生产的积极性,因此,不反垄断,生产力无法发展。但“龙头”大企业一定要有,因为它是引领生产力发展的“排头兵”,是抗击西方跨国巨头的“航空母舰”,否则,就难以立于世界经济之林,就会失去实现“中国梦”的支柱。变“垄断”企业为“龙头”企业,关键在于从思想认识、公司治理结构到经营机制的转变。

陶友之认为,新加坡采用“淡马锡”的管理办法可以借鉴。我们的国有企业,新加坡称作“国联”企业,在组织形式上有个由国家财政部负责监管、以私人名义注册的名为“淡马锡”控股公司,淡马锡以控股方式管理着几十家国联企业(可视为其子公司)。淡马锡对下属企业只管三件事:(1)掌控企业主要负责人:董事长和总经理。一个所有者代表,一个经营者。其他人员由他们去选择招聘。(2)把握企业发展方向。企业不得改变国家规定该企业经营的方向。(3)严格核算企业盈利。企业收入超过同期银行利率的部分才算盈利,董事长和总经理有奖。低于银行年息率就是“亏本”,董事长和总经理要承担责任。

通过市场竞争途径完善“一主多种”基本经济制度

傅尔基认为,进入改革开放30年后,上海需要进一步解放思想,创新进取,把握以国有制为主体、外资、民资和集资共同发展的所有制结构比重和趋势,探讨深化国有企业改革,提升引进外资水平,实行新型内外双向开放,深化集体经济改革,从而完善国有制为主体、多种所有制经济“混合”发展、共同发展的基本经济制度。

杨常胜指出,改革开放30年上海开放发展中华侨华人投资参与发挥了重要作用,进入改革开放30年后,上海要注重发挥海(境)外华商在沪、来沪发展总部经济作用。

杨光指出,上海“创新驱动、转型发展”中,“专精特新”是大部分非公经济中小微企业发展的方向。

黄文忠指出,完善公有制为主体、多种所有制经济“混合”发展必须通过市场竞争途径。

市首届民营企业党建论坛

8月15日,上海市工商联和上海民营经济研究会举办了“上海市首届民营企业党建论坛”。中共上海市委统战部副部长、上海市工商联党组书记赵福禧,上海市社会工作党委副书记王希俊,中国民营经济研究会副会长、上海市民营经济研究会会长季晓东,中共闸北区委常委、统战部部长石宝珍,中共闵行区委常委、统战部部长李梦麟参加了论坛活动。参加论坛活动的还有普陀区、奉贤区、徐汇区、闸北区、长宁区、闵行区50多位民营企业党组织的负责人。

在论坛上,中共上海市委统战部副部长、上海市工商联党组书记赵福禧发表了热情洋溢的讲话,他说,民营企业是新的社会阶层的重要组成部分,开展好民营企业党建工作,将使更多民营企业团结在党的周围、凝聚在党的旗帜下,与党同心、与党同行。论坛上,均瑶集团党委书记陈理发表了《党建在非公企业的实践特征和制度建设》的演讲;复星集团党委副书记刘为群发表了《汇聚成长力量　助推复星圆梦》的演讲;奥盛集团党委副书记顾耀华发表了《民企党校的实践和探索》的演讲;中发集团党委副书记、董事长陈邓华发表了《提升在沪温商流动党员管理水平,推动温州在沪企业健康科学发展》的演讲;市北高新服务园区综合党委书记张青发表了《服务党员大平台　非公党建新品牌》的演讲。最后,中国民营经济研究会副会长、上海市民营经济研究会会长季晓东同志作了小结讲话。

制度保障　服务企业

均瑶集团党委书记陈理谈到,聚焦制度建设是增强非公企业党建有效性的关键。“企业好,党建才会好;党建好,企业会更好。这一理念是大定位,明确了党组织是什么、做什么、为了什么的大问题。”他认为,非公企业党建制度建设一方面要确立具有企业特点的工作定位,即“一服务,三满意”,为企业中心工作服务,让上级党委满意,让业主满意,让群众满意。另一方面要讲究实事求是的工作方法,即“四结合”,将党的理念与企业文化结合起来,确保企业的发展方向;将党建定位与理顺生产关系结合起来,促进生产力发展;将党建与企业品牌建设结合起来,提升企业的无形资产;将“政治知己”与“经营参谋”作用紧密结合起来,推进党建工作互动共建。同时,陈理还提出了“多维纳入公司制度”,“固定载体的制度体现”等党建制度建设的着手点。

奥盛集团党委副书记顾耀华在介绍党建经验时说道,奥盛拥有一支年龄结构分布合理、学历层次高、政治理论基础知识扎实的党员队伍,党组织活动始终没有呈现空白点。在建党90周年前夕,奥盛集团党委创办了本市非公企业系统的第一家企业党校——中共上海奥盛集团委员会党校。奥盛党校的开办使党组织在企业中发挥斗堡垒作用更加凸显。据介绍,奥盛党校的培训工作高度结合企业发展实际,注重"把骨干发展成党员,把党员培养成骨干",形成党员教育培训的常规化、长期化机制,为企业蓬勃健康发展保驾护航。

以人为本　凝聚人心

关于党建与民营企业发展,复星集团董事长郭广昌给出的建议是:民企党建应当同企业发展寻求"最大公约数",把党建工作建立在于企业发展共同的价值基础上。复星集团党委副书记刘为群说,复星党建工作有三句话:"董事会的难点,也应当是党组织工作的重点。""企业发展的根本是人才,而党组织工作的重心就是凝聚人。""搞好'复星——家'党建联建才能汇聚更多成长力量。"在党建上,复星也发挥了创新的特点,一是设立廉政督察部,由党委副书记、纪委书记担任该部总经理,实现党委行政双向兼职,作为复星集团风险控制的最后一道防线,牢牢守住集团不发生系统性风险的底线;二是围绕"修身、齐家、立业、助天下"的企业文化,积极履行社会责任,助力"复星公益基金会"的成立。

中发集团董事长陈邓华同时也是集团党委副书记,他说,自2003年集团成立党委后,着重从解决党员的"归属感、认同感、责任感、使命感"入手,在各产业园区和各子公司建立党支部,不让一个党员脱离组织。集团党委把"尊重人、关心人、激励人、成就人"作为党建工作的重要抓手,通过实施党员人才工程、党员关爱工程、党的凝聚力工程,较好地发挥了党组织的作用。2011年,集团成立了自己的党校,通过定期授课和培训,提升党员干部的党性修养、理论素养和管理能力。"党建也是生产力,是企业独特的政治资源,是企业核心竞争力的组成部分,是实现科学发展的关键因素。"

搭建平台　创新提升

作为园区的代表,市北高新园区综合党委书记张青围绕"服务党员搭平台,非公党建新品牌"这一主题谈了体会——坚持一个宗旨,注重两大特色,瞄准三个出来,做亮系列品牌。所谓一个宗旨即非公党建始终围绕"推动发展,服务群众,凝聚人心,促进和谐"的总要求,其中最重要的又是党建要在企业发展中起作用、做贡献。两大特色就是项目服务和活动凝聚——以142个具体项目的形式为党员提供实实在在的服务,以群众喜闻乐见、生动活泼的问题活动来吸引人、凝聚人、提升人。瞄准三个出来即通过经常性的教育服务和规范的组织活动,将分散在非公企业中的党员吸引过来,将党员身份亮出来;通过岗位竞赛和创先争优将非公企业中党员的先进性和党组织的战斗堡垒作用激发出来,让群众看出来;通过园区党建工作的四级网络,党员一带一、干部一帮一的活动,将身边的群众骨干带出来。"三个出来工作法"已经成为全国有名的非公党建品牌。

中国民营经济研究会副会长、上海市民营经济研究会会长季晓东在讲话中指出,民营企业量多面广,结构多元,组织分散,变动性大的状况仍将长期存在,在组织构架上因地制宜性形成多层次、多形式的工作本质是必然的趋势和业内的呼声。上海市民营经济研究会党建工作(联络)委员会的建立也是适应这种发展要求的一种探索。这是一次市区联动、条块结合的强强联手和资源整合,以期由聚合到聚焦,由点带面,推动工作在探索中发展，在创新中提升。最后，他对新成立的上海市民营经济研究会党建工作(联络)委员会提出了四点希望：一要打造一个专业研究的窗口单位；二要打造民营企业党建的示范小区；三要积极打造党建工作的新平台；四要建成民营企业党组织之家。知音相伴，同业相左，让一直为别人建家的民营企业党组织书记有一个家的小环境，谈谈心、聊聊天，支支招、帮帮衬。相信工商联、统战部门会是大家的坚强靠山，上海市民营经济研究会也将积极做好有关服务和协调工作。

上海联合国研究会成立大会

9月12日，国内首家以联合国研究为主的社会团体——上海联合国研究会正式成立。

成立大会在西郊宾馆国际会议中心召开。联合国前副秘书长陈健大使、外交部国际司孙旭东参赞、中国联合国协会会长卢树民大使和上海市委宣传部、市社联、市社团局、市外办等部门的领导，复旦大学、上海社科院、上海国际问题研究院、中国浦东干部学院、华东师范大学等高校和研究机构的领导出席成立大会，100多位会员和社会各界的嘉宾与会。

大会由复旦大学的沈丁立教授主持，会议表决通过了《上海联合国研究会章程》，选举产生了由48名理事组成的理事会、研究会领导和专家指导委员会。联合国前副秘书长陈健大使担任名誉会长，联合国文明联盟大使、上海社科院研究员潘光当选为会长。外交部国际司孙旭东参赞在会上做了题为“上海、中国与联合国”的主题发言。

上海联合国研究会是在陈健大使多年的倡议和推动下，在中国联合国协会的指导下，由本市十多位国际问题专家和社会知名人士发起，经过一年半时间的筹备，并经上海市委宣传部、上海市社会科学界联合会和上海市社会团体管理局的批准成立。

陈健大使表示：上海联合国研究会的宗旨是整合和加强上海地区的联合国研究，推动联合国和国际组织在上海的发展与合作，为上海的国际化大都市建设争取联合国和国际组织更多的支持。研究会将开展学术研究、决策咨询、专业培训和文化传播等活动，为上海有关高校和研究机构的联合国研究提供指导和协调，为联合国机构在上海开展活动提供帮助和便利，为政府和社会各界提供有关联合国问题的咨询和服务。

据上海联合国研究会副会长兼秘书长、复旦大学联合国研究中心执行主任张贵洪教授介绍，上海联合国研究会在筹建过程中，已开展一系列具有国际和社会影响力的活动，如2012年6月与联合国中国书会、上海市书法家协会共同在纽约联合国总部主办联合国中国书法精品展，7月承办第二届中国国际公务员能力建设培训班，10月与上海市国际关系学会共同主办联合国与全球治理学术研讨会，12月承办联合国文明联盟亚洲南太地区磋商会议。研究会在复旦大学开设了“联合国研究论坛”，已资助多位学生赴联合国训练研究所实习。今年11月，研究会还将与联合国训练研究所在上海共同主办“中国、联合国与全球治理”国际会议。

他还说，上海联合国研究会将积极支持和资助联合国事业在上海的发展，推动和加强本市的联合国研究。研究会已与联合国文明联盟、联合国训练研究所、联合国开发计划署等开展实质性合作，包括联合主办国际会议和开展培训、帮助联合国机构在本市设立联络处、选派更多优秀学生赴联合国机构实习等。研究会已资助出版《联合国秘书长》、《联合国与文明对话》、《联合国发展报告》等，并将出版会刊《联合国研究》。

联合国文明联盟、联合国训练研究所、联合国驻华系统、哈马舍尔德基金会等联合国机构，中国联合国协会、中国外文局、中国发展研究院、北京大学、时事出版社、上海国际问题研究中心、上海市国际关系学会、上海国际战略问题研究会、复旦大学、上海外国语大学等单位发来贺信和贺电。

苏浙沪工商学会第十届年会

9月12日，苏浙沪工商学会第十届论坛年会在上海举行。中国工商行政管理学会副秘书长王磊、浙江省工商局纪检组长夏建勇、上海市工商局总经济师杜贵根、上海工程技术大学校长丁晓东、市社联学会处处长王克梅等出席会议并讲话。本市有关专家学者以及江苏、浙江、上海工商行政管理学会秘书长和论文作者近80人参加了会议，会上共收到论文30篇。与会人员紧密结合当前市场监管的理论和实际，以“网络经营行为监管”与“工商行政管理职能转变”为主题，重点探讨了如何依法加强网络经营行为监管，保护消费者的合法利益，促进电子商务健康发展等问题，交流了服务长三角地区经济政策和制度创新的思路或做法。代表们普遍认为，苏浙沪工商部门已初步形成了较好的合作交流机制，苏浙沪工商学会论坛年会也已成为工商行政管理理论研究的品牌，为三地乃至东部地区经济持续健康发展，社会文化融合交汇，共同研究在区域经济社会合作与发展中的共性问题，提供了理论的基石，特别是对于发展过程中碰到的瓶颈问题进行深层次、多视角、开拓性的研究和探索，创造了共享机制和合作机制。中国工商学会王磊副秘书长听取交流发言后指出，“苏浙沪工商行政管理学会论坛年会”在理论研究、理论推广等方面发挥着示范引领作用。十年来，积极引导广大理论骨干，围绕中心工作，立足监管实践，深入开展了市场监管和行政执法的热点、难点研究，形成了一批理论成果，实践推广成效显著，在全国工商系统中已具有一定的影响。他强调，苏浙沪三地要共同努力，打响品牌，积极发挥学会组织协调作用，调动三地工商系统内外领导干部、理论骨干、青年同志和专家学者的积极性，进一步推动苏浙沪工商行政管理理论创新。

2013 年中韩海洋水产经营合作国际研讨会

10 月 19 日，由上海海洋大学和韩国水产经营学会、中国农林牧渔协会渔业分会、中国水产加工与交流协会市场分会、上海市渔业经济研究会、上海市水产学会，共同主办的 2013 年中韩海洋水产经营合作国际研讨会在上海海洋大学行政楼 137 会议厅举行。出席研讨会由韩国水产经营学会 37 名会员和日本水产学会 1 名会员及上海海洋大学 30 名师生共同参与此次会议。

本次研讨会旨在促进两国在海洋水产经济发展问题的研究和发展，同时也为今后双方开展共同研究和交流打下良好的基础。本次研讨会就中韩海洋水产经营的竞争力及政策研究、中韩水产业现状、水产政策发展方向、中韩渔业管理方案的研究等问题进行探讨。开幕式由经济管理学院院长平瑛主持。程裕东副校长作为东道主的代表，对韩国代表团表示热烈的欢迎，并介绍了韩国水产经营学会和上海海洋大学交流的概况，并对中韩在海洋水产经济交流以及合作方面寄予厚望。

随后，会议分为三个部分有条不紊地进行。

第一部分中，上海海洋大学平瑛教授、徐忠副教授和韩方柳廷坤研究员，针对中韩海洋水产经营的竞争力及政策、水产政策发展方向和中韩水产业现状做了精彩翔实的报告和分析。平教授在报告中首先介绍了渔业产业发展的国家总体规划："十一五"规划已经过去，在"十二五"规划期间中国主要转变为提高渔业竞争力以及促进规模化、集约化、生态安全的渔业，环境友好的渔业，2013 年发布的关于促进海洋渔业持续健康发展的若干意见明确今后中国将坚持生态优先、养捕结合和控制近海、拓展外海、发展远洋的生产方针，着力加强海洋渔业资源和生态环境保护，不断提升海洋渔业可持续发展能力。特别强调加强国际渔业交流合作。其次，平教授介绍了中国渔业生产性政策概况：国家渔业规划的历史发展；渔业制度的发展；捕捞业政策。第三，平教授精辟地分析了政策对产业发展的影响：在生产规模上，渔业水产持续增长；在产业结构上，不断优化产业结构，有序开发外海渔业资源，发展壮大大洋性渔业，加强远洋渔业科技研发，提高远洋渔业资源调查、探捕能力，还将强化涉外渔业管理，深化双多边渔业合作，积极参与国际渔业条约、协定和标准规范的制订，建立健全与国际渔业管理规则相适应的远洋渔业管理。第四，展望了中国渔业产业发展趋势：产业布局区域化；产业组织化程度不断提高；注重渔业经济效益、社会效益和生态效益；现代渔业建设具备良好基础，特色水产品优势明显、水产品质量提高、产品化带动能力增强、渔业基础进一步务实。第五，平教授提出了现代渔业实现路径：转变渔业发展方式，大力发展循环渔业；提高水产品质量安全水平，提升渔业国际竞争力。

第二部分中，上海海洋大学孙琛教授和韩方金秀宽教授、金贤龙研究员，针对中韩水产品的流通和贸易、中韩渔业管理方案和沿海渔村的问题及改善做出全面深刻的剖析和阐述。

第三部分是讨论部分，由韩兴勇教授、李怡芳副教授作为讨论代表和韩方3位讨论代表一起讨论了中韩公共海域的环境资源问题以及双方水产经营国际贸易与合作问题。徐老师在前言部分简要介绍了水产养殖在我国渔业生产中的地位以及20世纪90年代兴起的鲆鲽类工厂化养殖作用，这说明海水养殖已经形成一个拥有20多万从业人员、年产值超过45亿元的新兴产业，但是价格的大幅波动引起养殖户经济手段的剧烈变化，因此提出了究竟哪些因素引起了养殖户行为变化和如何从经济学上进行证明解释两个问题。接着，徐老师详述了国内外研究现状：引出20世纪80年代Panzar(1977)、Willing(1981)、Baumol(1982)等人提出的范围经济(Economics of Scope)概念；这一理论被应用于高等教育、银行业、研发、生物技术、卫生健康、环境管理和通讯；但是专业化很多情况下指的是专业化程度，工厂化海水养殖模式是一个例外。第三，徐老师向到场专家学者展示了研究数据和研究方法，研究数据取自2011年8月做的调查养殖户基本情况表，研究方法是从某意义上农业企业内部技术之间由于存在的渗透与关联可以用联合生产获得范围经济。第四，徐老师列举了不少实证分析，包括比较优势分析(数据来自不同养殖品种基本情况表、不同养殖模式收入情况表、不同生产模式成本支出情况表、不同生产模式净收益情况表)和海水养殖的范围经济分析(没有权重的范围经济成本测量、加权后的范围经济成本测量、每户范围经济的测量)。第五，报告了结论和相关建议：养殖户进行多品种养殖的行为是理性的；如果条件允许，养殖户会选择进行较小成本的投入进行改造进行多品种混合养殖；混合养殖也存在范围经济；任何一个产业都有它的发展规律；养殖户可以在一定范围内成立养殖合作社组织；增加海水养殖品种的多样化；产品的市场定位；理性看待养殖户的行为。本次研讨会秉承科学严谨的态度，在轻松友好的氛围中圆满结束。不仅是在学术领域的交流合作，更加强了双方在信息沟通和人员交往方面的密切合作。这将促进中韩双方进一步在国际合作、相关领域的共同研究和学术交流，使两国的海洋水产事业能够得到进一步发展。

“城镇化进程中的投资与管理”学术研讨会

10 月 23 日下午，上海市固定资产投资建设研究会召开了“城镇化进程中的投资与管理”学术研讨会。会议由研究会副秘书长杜静安主持，本市从事投资与建设的理论工作者及研究会团体和个人会员 50 余人参加了会议。会议共遴选了 11 篇论文汇编成论文集。会上，赵如松、章备、叶方等三位代表围绕会议主题作了交流发言；上海财经大学发展规划处处长应望江教授作了题为《从千村调查看城镇化建设》的主旨演讲；上海市固定资产投资建设研究会理事长孙熙宁在会上向与会者致词。

研讨会集中反映了如下主要观点：

一、关于城镇化进程中投融资方式的探索与创新

随着城镇化战略的推进，现行“政府投融资平台＋土地财政＋土地金融”为主导的投融资模式将难以为继，投融资模式的探索与创新成为客观必然。本次会议收到了《发展基础设施产业基金　推进城镇化投融资机制创新》（应望江）、《城镇化进程中公共基础设施建设的投融资风险控制》（王强）和《关于上海市道路交通类项目投资变化分析及对策研究》（聂磊）等论文。与会人员借此开阔了视野，获得了许多借鉴和参考。

上海财经大学教授应望江在《发展基础设施产业基金　推进城镇化投融资机制创新》一文中从推进城镇化投融资机制创新角度，阐述大力发展基础设施产业基金的必要性，并指出这是吸引社会资本投向城镇建设的一种可选模式。上海市城市建设投资开发总公司王强通过对“责任企业”现象的分析，借鉴国外市政公用领域行业改革成功经验，对城镇化进程中不断完善上海市政公用责任企业制度和投融资风险控制提出了建议。上海投资咨询公司的聂磊结合本市道路交通类项目面临的新形势及相关项目案例，重点分析近年来随着城镇化进程而引发的投资情况变化及其原因，并提出相关对策和建议，以期更好地推进道路交通类项目的建设和发展。

二、关于城镇化进程中的城市管理机制和运行模式创新

随着上海城镇化进程的不断推进，城市的管理机制和运行模式创新成为社会公众关注的热点，也是本次会议的重要内容之一。

本次研讨会收到的有《上海新型城镇化的瓶颈与对策》（陈素萍）、《从廊下土地整治看中心村建设》（赵如松）、《伦敦低排放区政策的进展与思考》（马祖琦）和《以城镇化发展需求为目标推进长途道路客运模式创新》（周冰为）等论文。其中陈素萍同志撰文指出：城镇

化发展中由于新城人口规模规划与产业布局规划不衔接的矛盾，制约了新城的功能建设，也严重影响和制约了上海城市空间经济一体化的发展；上海郊区的交通等基础设施和公共服务设施规划建设明显滞后；城镇建设起步和基础不同，遇到的困难也不尽相同等等，成为制约上海新型城镇化发展的瓶颈。需要通过科学规划，引导城镇合理布局；加大产业支持，为城镇提供发展后劲，及加强城镇化的法制保障等途径来促进上海的城镇化进程。赵如松同志则通过对廊下镇市级土地整治项目实际运作的情况分析，认为其以中心村建设带动"中心城—新城—中心镇—集镇"的城镇体系建设，加快了郊区的经济社会发展，这种以城镇化与工业化和农业现代化的互动融合为基本模式的做法有一定的借鉴意义。上海财经大学马祖琦同志在对伦敦"低排放区"政策的出台与实施背景进行简要介绍后，提出观点认为公共政策的制定要充分论证，严谨设计，确保公共政策制定的可行性与严密性。要注重综合治理，发挥协同作用，保持政策制定的连续性与持久性。

三、 关于如何实现节能环保和改善生态

本次研讨会的另一个重点就是城镇化建设进程中如何实现节能环保和改善生态的问题。会议收到的《上海郊野公园发展策略研究——基于 SWOT 视角的分析》(叶方)、《生态城市与绿色雨水基础设施》(赵敏华)、《城镇化进程中的生活垃圾处理》(章备)和《新型城镇化建设中上海的环保型公交车发展思考》(王大军)等论文就集中反映了这方面的思考。叶方运用 SWOT 分析法，对上海市郊野公园发展的优势、劣势、机遇与挑战进行全面、系统的分析，并据此制定相关的发展策略，认为要凭借优势、寓教于乐、提升生态教育理念，要加强部门合作与规划协调、保护环境，要实行功能分区、投资渠道多元化以及实行依法管理等措施，以更好地促进上海市郊野公园的建设与发展。针对国内大都市频频因暴雨发生内涝的现象，赵敏华同志指出用生态工法取代钢筋水泥的排水设施，成为 21 世纪建设生态城市的方向之一。生态排水要求建设下沉式绿地来汇聚雨水、蓄滞渗水和净化生态，可应对短历时强暴雨，发挥绿色雨水基础设施"蓄、滞、渗、排、净、用"的综合功能。如何处置生活垃圾是城镇化进程中若干难题之一。浦东新区投资咨询公司的章备通过研究、分析、比对浦东新区生活垃圾封闭式低温炭化处理和有机质固废处理厂的项目建设两种垃圾处理方式的利弊，及结合城市垃圾收费制度改革，加强源头管理，以实现生活垃圾资源化处理方面提出了自己的见解。

上海财经大学发展规划处处长应望江教授在题为《从千村调查看城镇化建设》的主旨演讲中介绍了该校师生历经 6 年时间，走访全国上千个农村，对我国农村地区的政治、经济和文化发展，以及农村人口的经济、文化、生活现状所做的一系列调查，从各个层面提示推进新型城镇化发展的紧迫性、必要性，以及新型城镇化推进过程中必须注意的若干问题和难点。

中国特色社会主义经济实践问题的理论探索和创新

——所有制结构研究专委会年会

10月26日，市经济学会所有制结构研究专业委员会在上海市发展改革研究院举行黄文忠文集《社会主义经济问题探索》首发式暨年会。本次年会以“中国特色社会主义经济实践问题的理论探索和创新”为主题，袁恩桢、黄文忠、郝德良、鞠立新、唐珏岚、孙仲彝、朱国栋、张占耕、陈承明、莘小龙、傅尔基、易辛麟、周耀龙、张咏梅、杨光、於乾英、杨绍波、周庠怡、李英俊等专家学者出席会议，洪远朋和俞忠英提供书面发言。专业委员会副主任兼秘书长傅尔基主持会议。

本次年会围绕黄文忠文集《社会主义经济问题探索》展开，年会讨论重点议题是：怎样才能坚持两个“毫不动摇”的方针？发展混合所有制经济与坚持两个“毫不动摇”之间存在着怎样的关系？当前在生产资料所有制方面有哪些需要深入探讨的理论和实践问题？

文集作者黄文忠教授首先交流了出版文集的几点感受。(1)文集是时代的产物，发表学术论著是贯彻党和国家实行百家争鸣方针的积极成果。(2)近三十多年来发表论著的宏观环境变得宽松了。不再由编辑部对作者进行政审，不再有人随意挥舞“名利思想”、“白专道路”的棍子。(3)因此，从事理论研究撰写论著，需要埋头苦干，需要一心一意，而不管周边说三道四。(4)应当相信爱因斯坦的真理：成功＝1％的灵感＋99％的汗水。于光远先生生前在《学术自述》中讲过这样的话：如果说我有一点点成就的话，那么除了才能和机遇外，主要靠勤奋。黄文忠深情地说：“于老曾经给我的题字是‘凡成才者无不靠自学’(1984.8)。我从年轻时候就对于老十分崇拜，于老就是我的偶像，决心向于老学习一辈子，用勤奋换论文。”把经典论述翻译成经济公式排列出来，这个研究方法就是向于光远学习的。(5)个人经历往往会影响到思维方式。出身贫寒，早年丧母，生活困苦，经历坎坷，人生的负面经历决定了自己只会关注穷苦人的经济问题。

生产资料所有制，始终是文集作者黄文忠所关注的一个重点问题。收入文集的有关所有制论文有20篇，篇幅占正文418页中的192页(46％)，是占比最大的一个部分。所有制问题也渗透到其他栏目的论文当中。如，收入分配是所有制的实现，城镇集体所有制企业按劳分配的特点是对不同形式公有制经济进行比较而得出的结果，社会主义劳动力的商品属性是劳动力的个人所有制，“三公消费”开支过大是对公有制经济的侵蚀，假文凭创造“假官”的后果是国有资产流失，“裸官”是对国有资产的掠夺，知识贬值所带来的是人才和国有资产的双流失等，都和所有制有关。

黄文忠说，所有制问题是个富矿。会上他提出了几个值得探索的所有制理论问题。如何坚持公有制主体地位，是一个大问题，关系到方方面面。现在讲“公有制主体”往往拿不出数据支持，以至成为一个口号，就像空喊“万岁”一样。当前有待探索的问题很多。比如(1)坚持两个“毫不动摇”的必然结果是怎样的？两个“毫不动摇”与混合所有制的关系是怎样的？(2)2012年全国审计官员有50万名，审计效益高达1∶116，表明贪污腐败官员数量质量都呈上升态势，权钱结合很容易，那么官员权力与所有制之间的作用机制是怎样的？(3)中国的GDP总量在1978年是第15名，2010年上升到第2名，而人均收入从94名反而下降到第127名，事实上出现了人均收入与GDP总量之间的反向消长，说明新创造价值有相当大部分的去向是有问题的，去向不明！所以需要研究公有制有无异化问题。有人凭借权力低价购买国有企业。(4)农民上访案件的60%以上与征地有关，表明剥夺农民会带来严重后果，农村土地所有权关系到社会稳定。(5)外汇局发言人公开讲，中国外汇储备不是国家的，也不是全民的，而是外汇局用人民币换来的。有网民指出这是“图穷匕首见”。(6)国企功能有哪些？除了提供产品、利税，创汇、安排就业以外，有哪些负面功能正在被潜规则所利用？(7)买官卖官是有价格的。据传，副厅转正需200万元，刘志军准备了20亿想买个大官做。要问，这些钱哪儿来的？一是受贿二是贪污，受贿是要求回报的，私有制是无法贪污的，所以都和公有制有关。因此要研究：为了坚持公有制经济，迫切需要安排哪些制度？目前的漏洞在哪儿？等等。

著名经济学家、上海市经济学会名誉会长、上海市经济学会学术委员会主任袁恩桢研究员作了热情洋溢的发言。指出，文忠教授文集《社会主义经济问题探索》相当厚重，浓缩了文忠教授多年来理论探索的辛劳结晶。从文集中可以看出，文忠教授研究的重点是社会主义所有制理论，比经济学界20世纪八九十年代的研究有了进一步深化。指出，黄文忠教授特别关注集体经济的理论研究，积极呼吁对发展集体经济的社会支持，是上海集体经济的理论研究领域的一员大将。文集中有许多清新的见解与独到的创见，如提出民营概念的多重解释，民营经济绝不能简单地等同于私营经济，绝不能对国有企业实现形式的变革作为“私有化”的简单图解等。文忠教授的研究具有历史的厚重感，善于从改革前后的历史联系中，从中国国情的分析中，描绘出我国所有制结构的历史变迁图。

袁恩桢研究员特别指出：当前，改革进入深水区，所有制方面的改革也在进一步深化，这就需要有理论的探路与指导。借此机会，对社会主义所有制所有制理论研究中所碰到的两个难题，谈一点看法：一是怎么解释公有制为主体的理论与实践的脱节：20世纪80年代后期以来，公有制在经济总量中的比重确已不成主体；是不是只提国有经济主导作用这一点，当然，也有否定国有经济主导作用的观点，但这不符合现实；能不能从整个社会主义长阶段来说主体问题，在中国社会主义经济建设中，公有制主体地位存在着强化——弱化——再强化的发展历程。二是在私有、个体经济蓬勃发展环境中，怎样解决集体经济面临的重重困难；集体经济难展20世纪50年代特殊时期的那种“威风”；在改革开放环境中，集体与合作经济有它存在和发展的基础，是弱势群体互助发展的好方式；关键是既要有政府与社会的扶持，更要探索如股份合作制那样多种合作和集体经济的新方式。

著名经济学家、复旦大学经济学院老院长洪远朋教授提交了为黄文忠文集所作的序言。洪远朋指出:学弟黄文忠,1998 年被《国际金融信息报》誉为“讲真话的知名经济学家”,2011 年更被上海市经济学会肯定为“著名学者”。“文如其人。善于观察与思考的学弟对现实经济问题兴趣浓厚。文集中有不少反映现实经济问题的观点、提法、概念和概括,确有创见。诸如,贫困生活‘以吃为主’;警惕‘权力梗阻’;社会主义的起始点;非公经济;过渡型市场经济;对城镇集体经济的税收‘比对资改造还要对资改造’;建议改‘奖金税’为‘工资所得税’;马克思关于‘8 倍于本人劳动’是假定数字而不是雇工数量标准;价值规律的三个作用都是积极的;奖金必须是实现了的超额劳动报酬;现阶段所要建立的是与社会主义市场经济相适应的公有制经济主体;一次分配讲效率,二次分配讲公平;民营经济是一个多层次的复合概念,含义包括私营企业、非国有企业、非国营企业;建立社会主义市场经济需要发展卫星城;防止‘卫星城病’;大力发展非公经济需要劳动创值论支持;社会主义市场经济体制下的收入分配应当是按生产要素分配;发展非公经济应当为三个理论恢复名誉——‘剥削有功论’、‘合二为一论’、‘唯生产力论’;社会主义市场经济需要教堂和牧师,等等。因此,要是把这部文集冠名‘现实经济学’,我以为颇为合适。”

著名经济学家俞忠英教授指出:论文集记录的是文忠教授对社会主义经济问题实实在在的探索。他熟读马克思列宁主义的经典,如论文集所收录的对社会主义公式的理论探索,很清晰地给出了从马克思、恩格斯到列宁、斯大林直到邓小平的社会主义公式的演变;又如破解《所有制困惑的若干经典依据》也清晰地给出了他的深厚的理论功底,但是,文忠兄不是书呆子,他更为关注的是现实,是当代中国的社会主义经济的现实。并且理论与实际相互结合地探索种种问题,无论是关于所有制问题涉及的公有制、集体经济、民营经济的还是讨论收入分配的市场经济基础理论的,或是经济时评的,这本论文选集的每篇文章都力求马克思主义理论与中国社会主义经济实际相互结合地分析。

俞忠英教授还指出:最为难能可贵的是文忠教授的创新精神和公正无私的研究态度,他总是力求出新,勇于求变,如“私有化”问题几乎成了谈虎色变的禁区,成了望而生畏的棍子,许多学者往往避而远之。但是,文忠兄勇敢地出来给以澄清:“和私有化相对应的是‘国有化’,而不是公有制或国有经济。”资本、资本家往往为社会主义的实际所回避,文忠兄却不。他写了《谁是社会主义市场经济中公有资本的人格化代表》这篇论文,认为社会主义公有资本的人格化代表是“红色资本家”:“所谓红色资本家是社会主义公有资本的所有者和经营者,为社会主义而运用资本,为广大人民的利益而实现资本增殖。”他还写了《官员更需要提高理论素养》、《警惕“官本位”下的“知识贬值”现象》等等切中时弊的评论。文忠兄的这种治学态度值得吾辈学习。

鞠立新教授从两个方面发表看法。一是黄教授的学术生涯。黄教授做学问有几个特点:从治学生涯看,48 年不中断,53 年孜孜不倦,下放工厂期间也坚持研读《资本论》,体现出对经济理论事业的执着追求。从所钻研问题看,善于把握马列主义经济学精髓,大多是难题。反映了黄教授的功力和超人的潜在力。从学风看,黄教授学风实在,文风朴实,文集中和发言中找不到“雷人雷语”。从研究方法看,能够抓住所有制结构中的重大问题、难题进行深入探索,而不就事论事。因此能够得出马克思所说的“集体所有制”不是今天我们所实践的集体所有制的科学结论。从概念内涵入手进行探讨,体现出扎实的基础理论功底。从治学态度看，因为对理论崇敬而乐此不疲，不为经济利益所驱动，不因稿酬低下而放弃撰写论著，照样研究学问。黄教授身上还有着老一辈学者的优秀治学品格。显然，黄文忠教授是做人做学问的楷模。二是黄教授的研究成果。关于社会主义市场经济研究。黄教授早在1993年出版了《过渡型市场经济概论》一书，强调的是中国的市场经济正处在过渡期，亟待完善。这与近来吴敬琏教授撰文所说的中国市场经济尚处半途，是相吻合的。关于基础理论研究。对《资本论》长期钻研，以至探索出“8倍于本人劳动”的含义，探索出“合作社”、“合作工厂”的含义，探索出社会主义所有制的主要特征，把领袖人物的经典论述翻译成经济公式排列出来。经济公式简单明了，但含义丰富，是进行纵向比较和横向比较的结果，体现着更多的知识含量。

资深教授孙仲彝指出，黄教授的文集“具有很高的学术价值和应用价值，是对社会主义经济问题积极探索的珍贵研究成果。”在我国社会主义初级阶段，发展中国特色社会主义市场经济，必须始终坚持巩固和创新发展两个“毫不动摇”，否则，既不能走中国特色社会主义道路，也不能解放生产力、发展生产力，走中国人民共同富裕道路。两个“毫不动摇”是社会主义市场经济的存在和发展的所有制基础。

陈承明教授说，黄教授出版文集，就像生了个大胖儿子一样，值得庆贺。希望黄教授写出更多好文章。在社会主义初级阶段，确立以公有制为主体，多种所有制经济共同发展的基本经济制度，不仅是对马克思主义的理论创新，而且是建国后正反两方面历史经验的总结，更是深化经济体制改革的现实需要。坚持社会主义初级阶段的基本经济制度，首先要正确认识公有制的主体地位和国有经济的主导作用。一方面要反对实行单一公有制的“左”倾路线，防止重走封闭僵化的老路；另一方面又要反对实行私有化的右倾路线，防止走上改旗易帜的邪路。坚持公有制为主体并不能否定或代替多种所有制经济的共同发展，同时多种所有制经济共同发展也不等于搞私有化。关键是要找到公有经济与非公经济有机结合的途径和方法。

傅尔基研究员认为，黄文忠教授文集是深入研究社会主义现实经济问题的成果结晶，富有探索精神和创新见解。傅尔基结合回顾上海国资国企改革开放30年历史，认为通过角色重塑，国有制与市场经济能够相结合，并且发挥主导作用。上海国资国企改革开放30年历史，是从高度集中计划经济中工厂化、实物化和行政化、发挥主体作用的传统国资国企，经过改革开放，重塑成为现代开放市场经济中公司化、资本化和市场化、发挥主导作用的新型国资国企；对推动上海率先转变经济体制、率先建成小康社会、振兴地方开放经济、实现城市功能转换等发挥了举足轻重作用；反映了国资国企发展改革的时代特征，坚持了社会主义公有制经济为主的中国特色，体现了上海30年改革开放和经济社会发展的地方特点。

张占耕教授说，黄教授熟悉马列原著，敢于讲真话。黄教授专心于所有制问题研究，成果丰富。而且，黄教授文字运用能力强。朱国栋教授说，文集目录表明文集内容厚重。历史上原始公有制转化成为奴隶制私有制，今天，公有制转化问题，值得关注。

唐珏岚教授说，黄老师治学严谨，锲而不舍，长期坚持，有毅力，是做学问的有心人。文集反映出，有大爱必有大恨，黄老师迫切希望社会风尚好起来。

以生态文明建设推动上海城市经济转型

——"上海经济转型发展与城市生态建设"学术研讨会

10月26日，上海科学社会主义学会、上海生产力学会、普陀区委党校与市委党校经济学部联合举办"上海经济转型发展和城市生态建设"学术研讨会，夏军、周瑞金等与来自全市高校、党校、政府研究机构和媒体的领导学者参加了主题研讨。上海科社学会副会长吴解生和市委党校经济学部主任王志平主持了研讨。

上海科社学会会长夏军认为，党中央从十七大提出加强生态文明建设，到十八大将生态文明建设列入中国特色社会主义建设的总体布局，是巨大进步，作为基本国策，生态文明是衡量经济发展成败的重要标志和基本保证。当前人民群众对日益严重的生态恶化的容忍达到了极限，产生了普遍焦虑，治理城市环境污染成了民生的大问题。经济如何发展？产业结构如何调整？污染如何治理？生产、生活、流通、消费和创新都受到极大的限制。如何从思想认识和体制、机制上落实党的十八大的战略部署，以人为本，处理好经济成功转型和避免生态破坏的关系，关键切入点何在？是值得研究的大课题。

普陀党校常务副校长蔡建勇和忻霞芬副教授认为，普陀区委在贯彻党的十八大关于经济、政治、文化、社会和生态文明建设的总体布局，以及市委关于转型发展和创新驱动的要求方面，作出了积极的尝试和有效探索。长风生态商务区作为全市唯一以生态命名的园区，在打造生态商贸科技示范园区过程中努力转型：成功推进了传统物流、苏州河沿岸厂区、化工工业、城郊结合死角向平台经济、商务旅游、现代科技、城市辅城商贸中心转型，形成了低耗高效、环保节能、生态服务环境，推进了传承历史、景观旅游、建筑、人文资源集聚的多元发展、高端商务的新型服务业为主的经济生态园区建设，积聚了融入全局的后发优势。

市委党校刘志广认为：上海经济发展资源有限，城市规模包括人口密度快速扩张压缩了生态承载空间，地表水污染、碳排放总量居世界大城市前列、产业布局不合理（特别是沿江、沿海把钢铁和重化工业作为支柱产业，都是耗能高、排放高企业）。同时地方政府治理存在缺位，体制机制不协调、监管技术和能力不匹配，无法对全部企业实行有效的环保监督管理。需要各级党委和政府切实落实市政府"十二五"规划，通过管理创新，建立和优化绿色转型的考核体系和制度保障体系，特别加强崇明生态岛建设的配套措施。

上海科社学会副会长吴解生认为，党中央对上海"四个率先"、"四个中心建设"和自贸区建设提出了明确要求，为经济转型发展和城市生态建设指明了方向，为上海未来发展注入了新动力。处于城乡一体化、信息化、后工业化发展的特大城市，面临诸如高楼大火、液氨泄漏、禽流感、毒馒头、浦江死猪、盛夏高温、台风暴雨、空气雾霾一系列天灾人祸，招致人们对城市生态危机爆发的深深忧患。城市的环境和食品安全、城市基础设施保障和科学管理，与人民追求小康和更美好的生活的期待有很大距离。如何将城市生态文明融入城市经济、政治、文化和社会建设的全过程？坚持市委提出的经济发展质量、效益和结构优化导向，保护生态环境的导向，保障民生改善优先导向，市场化法制化导向，四者同时推进的统筹兼顾和有机结合，在科学规划，法规制度执法、信息公开、控制人口扩张和资源消耗、产业结构调整、科技创新、环保投入、社会参与多元治理等方面转变观念，加大探索力度和执行力度。

市政府发展研究中心姜永坤认为：城市可持续发展面临自然生态环境脆弱的严重挑战，一次严重的台风或者雾霾就会造成毁灭性的打击，浙江余姚市受台风菲特袭击全城被淹，造成的损失和影响巨大，教训惨痛。市环境的污染，直接影响高端人才的集聚，影响城市经济发展转型的功能定位。上海要建设成自贸区、真正成为全球资源配置的枢纽，必定是生态宜居城市。目前各区是同质化建设，高楼林立，城市 80％的 PM2.5 是城市自身各种污染废气、尾气、空调排放形成，绿地景观功能无法产生净化空气和降低气温的生态效应。转型发展和创新驱动的模式和路径没有权威系统，需要新思想、新理念和新制度的突破。

华东师范大学沈玉芳教授认为，当前区域规划和城镇群规划发展不平衡，粗放式发展引起一系列环境问题、建设性破坏较多，产生了城市的霾、堵、热、涝、传染病等。为应对全球气候变暖，国际上提出城市精明增长和低碳排放的新思想、新概念，这同样为上海实施经济转型和生态建设的战略提供了可参考的思路，需要立法确定“城市增长的边界”，减少自然资源的消耗和环境污染，依靠法规制度和技术创新，建立低碳城市，建立低碳产业系统、实施低碳生产、低碳消费、低碳建筑、低碳能源、低碳交通。调整和优化城区发展规划，有效控制城区间高耗能、低密度、功能重复的无序扩张，实施分类导向和限制发展的强制政策条例，推进低碳社区建设，建设街区公园、城区生态公园、城市森林，推动产业和城镇化可持续跨越式发展。

上海师范大学高惠珠教授认为，我国城市发展过程中因环境问题引起群众集体上访的事件层出不穷，凸显了弱势群体环境利益公平问题的严重性。同时从生物学角度来讲，老弱病残群体因空气雾霾、水质污染发病及死亡率均高，成为“生态难民”。经济建设必须贯彻实施生态发展“生存优先、公平正义、差别补偿”的三个原则，建立起市场经济导向的“谁污染、谁治理、谁补偿”的法规制度，确保环境正义。

《探索与争鸣》杂志社秦维宪认为，城市建设过程中人为破坏生态的现象十分严重，人为的生态危机对人的信仰摧毁危害更大。《文汇报》史煦光认为，生态建设必须确保老百姓的知情权、参与管理权。市委党校徐根兴教授认为，经济发展和生态建设必须遵循科学规律和人类文明发展规律，确保人民当家作主，依法办事。

上海生产力学会会长周瑞金认为，改革开放 35 年以来，我国已进入了新的历史转折期，党的十八大对生态文明建设的战略部署彰显了党中央建设生态文明的巨大决心。即将召开的三中全会就是要通过深化改革，破解发展难题，解决发展适度和确保人民美好幸福，规划中国未来 30 年的发展方向，作出关系全局发展的重要战略决策。经济发展和生态建设关键涉及人口、资源和新技术，要通过进一步改革开放，协调关系、营造氛围，实现生态美观、生产美化、生活美好。

上海绿叶蔬菜生产发展方式研讨会

10 月 26 日下午，由上海蔬菜经济研究会主办，市蔬菜办、上海交大农学院、市农科院、市农技推广中心联办的“上海绿叶蔬菜生产发展方式研讨会”活动在上海交通大学七宝校区举行。会议由黄丹枫副会长主持，本市蔬菜生产系统的生产、销售、科研、教育的专业工作者和蔬菜经营企事业单位近 40 位会员参加了本次活动。市农委蔬菜办主任陈德明、绿叶菜产业技术体系首席专家朱为民分别作了主题为“加快转变上海绿叶菜生产发展方式”和“上海夏季绿叶蔬菜生产技术发展趋势”的报告。

市农委蔬菜办陈德明主任详细介绍了上海市绿叶蔬菜生产的现状、转变绿叶菜生产方式的目标与途径、保障措施并提出几点建议。他指出，今后一段时期绿叶菜生产发展基本思路为“以转变发展方式为主线，以提高产品质量、均衡市场供应为主攻方向，要以市场需求为导向，以科技创新应用为支撑，以体制机制创新为保障，加快转变绿叶菜生产发展方式”，并提出至 2017 年实现市郊蔬菜种植面积稳定在 50 万亩，其中“夏淡”绿叶菜种植面积 21 万亩，地产绿叶菜供应量稳定在 145 万吨，适度规模经营(30 亩以上)比重达 80%，设施菜田覆盖率达到 65%，绿叶菜良种覆盖率达到 95%，蔬菜无公害认证率达到 60%，经规格化包装加工的蔬菜商品化处理率达到 80%，实行品牌化销售的比例达到 80%，地产绿叶菜自给率稳定在 85%左右的总体目标。

随后，绿叶菜产业技术体系朱为民首席分析了今年绿叶菜价格走势及其原因，详细介绍了绿叶菜产业技术体系的工作情况，认为品种、水分管理、设施结构为上海绿叶菜发展的主要限制因素，提出今后绿叶菜产业体系的工作方向是选育耐极端高温绿叶菜品种、设计优化适宜上海地区的设施结构以及提高机械设备现代化水平等方面做好技术支撑。

浦东新区、奉贤区、崇明县蔬菜办主任及光明集团星辉蔬菜公司、上海赛佩福农业科技有限公司等单位的企业代表互相交流了本单位在绿叶菜生产上取得的成效、存在的问题以及对策建议，并为上海绿叶菜的生产发展提出了真知灼见。

“促进信息消费,推动经济发展”专题研讨会

10 月 29 日下午,上海邮电经济研究会和上海市通信学会联合召开“促进信息消费,推动经济发展”专题研讨会。会议由上海市通信学会秘书长、上海邮电经济研究会副秘书长唐伟民主持,上海市通信管理局、电信、移动、联通三大运营企业和部分互联网、信息服务企业的领导、专家 40 余人出席。上海邮电经济研究会副会长李振坤、中国电信上海公司互联网部副总经理陈公超、上海邮电经济研究会首席顾问高仰止、上海信天通信有限公司总经理祁庆中、信息服务公司总经理胡崇明、上海通信学会副理事长、中国电信上海公司资深经理王思伟先后在会上作了研讨发言和总结发言。上海市通信管理局副局长孙万毅出席会议并讲话。

李振坤介绍了工业与信息化部召开的关于推动信息消费的专家会议有关情况,并就如何推动信息消费,谈了自己的思考与观点:一是关注什么?对于信息消费,电信行业关注的是与网络有关的信息消费;二是做些什么?做与推动信息消费有关的网络建设工作,包括网络管道、信息平台、终端和信息源建设等;三是怎么推动?要做好发展规划,做好基础设施和各种功能的建设,提升网络应用能力。推动各种品牌建设。加强信息源建设,为网络应用商提供良好的条件;四是由谁来做?推动信息消费不仅仅需要电信运营商,还需要依靠电信增值服务企业、应用服务企业、研究机构等各方面的共同努力;五是政府也要参与推动,并加强管理、指导、宣传、协调。

陈公超认为,发展做强电信增值业务和服务,对促进信息消费具有巨大的推动力。目前,基于电子商务、云计算等信息平台的信息消费呈快速增长的趋势,由此对网络、终端等基础设施提出了更高的要求。随着信息基础设施的显著改善和发展,面向生产、生活和管理的信息产品和服务将更加丰富、创新更加活跃,势必为促进信息消费提供更宽的广度和力度。

高仰止认为,国务院下发关于促进信息消费的文件,有这样几个应予关注的目的与意义:一是扩大内需,减少对投资的偏重。信息消费发展快,推动效应非常大,信息消费每增加 100 亿元,就会拉动国民经济 338 亿元的产出,根据国务院目标,到 2015 年,国内信息消费规模超过 3.2 万亿元,带动相关行业新增产出超过 1.2 万亿元,说明促进信消费对拉动社会经济发展的力度是非常大的;二是为了产业升级,促进工业化与信息化的融合,用信息化武装工业化;三是为了改善民生,发展包括远程医疗等在内的各种便民设施;四是为了推动社会公平,通过信息化的普及,提高公民的素质。

什么是信息消费?信息消费可以分为广义和狭义两个维度。狭义的信息消费就是最

终的消费。广义的信息消费是最终消费和生产消费。信息消费是一种消费的行为，它与基础信息服务、基于互联网的、提供信息平台服务的、提供信息技术服务的和提供终端产品和用户接入装备的产品和服务都是属于信息消费的范围，与信息消费是密切相关的。

当前，电信运营商面临着两方面的挑战。在网络建设、宽带建设方面，与发达国家相比还有一定的差距，要进一步加快建设发展。在市场方面，正面临着互联网的攻势与挑战。因此，电信运营企业要转变观念，重新布局，抓住机遇，迎接挑战。在推进信息消费过程中，有几个需要重视和注意的问题：一是网络为本，用好优势。要一手抓网络，一手抓应用，把网络升级放在第一位；二是高端技术、大众市场。技术与市场走向是不一样的，要紧跟最先进的技术，但在市场方面也要看到低端市场和广大用户，要更多的关注大众，拓宽市场前景；三是竞争合作，优势互补；四是自我革命，创新驱动；五是各项政策要完善并实施。通知的目标很具体，但政策很抽象。要建立协调机制，建立统一的监管机构，建立普遍服务基金，要全社会都来关注，集中精力，促进电信企业的发展，促进信息消费的发展，达到国务院通知的目标要求。

祁庆中发言介绍了信天的情况。信天公司是法、英等国在华开展信息服务的平台。在实践工作中，深深体会到拥有先进的技术与设备是实力，提供差异化的优质服务也是一种实力。为此建议基础电信运营商、信息服务运营商，在提高电信服务附加值的同时，要提升服务质量，打出打响优质服务品牌，让用户相信你、使用你，提升企业的竞争力。

胡崇明所在公司是从事网络游戏研发、制作和互联网业务。他认为整个网络游戏制作业、网络游戏市场和手机游戏市场的发展非常快，对促进信息消费的具有相当大的拉动力，行业前景看好。网络游戏市场的资金是由市场调节的，它不缺资金，缺的是优秀制作人。需要的是政府和相关部门的支持，如放宽准入门槛，加强对游戏内容的监控管理，缩短审批的周期，为企业作品赢得入市的时间等。

孙万毅说国务院通知下发后，促进信息消费成了社会热点，也是我们当前工作的重点。促进信息消费，为基础性、先导性产业如电信企业、电子产业的发展提供了契机，也将引导消费结构的变化，从而推动国民经济的发展。通信行业主管部门将继续推进基础网络建设、并将引导下降宽带资费、推进电信运营企业的共建共享，制定城市化地区和乡镇地区的目标要求、加大对垃圾短信的打击力度，推动整个产业链的发展，促进信息消费，推动经济发展。

王思伟对会议发言作了概括性总结，并表示对自己、对电信运营商触动很大。促进信息消费，对电信运营商既是机遇也是挑战，要变革自身，迎接挑战，还要放下身架，与年轻的互联网公司并头赛跑，以谋更大的发展，促进信息消费，推动经济发展。当前，促进信息消费的大幕还刚刚拉开，国务院文件提出的任务会一步步落实下来。我们将继续组织召开类似的研讨会，为企业间的交流合作搭建平台，共谋发展，共促信息消费，推动经济发展。

中国(上海)自由贸易试验区建设学术研讨会

10 月 30 日,上海市国际贸易学会在上海对外经贸大学松江校区召开了中国(上海)自由贸易试验区建设学术研讨会。

上海市国际贸易学会常务副会长、上海对外经贸大学国际经贸学院院长沈玉良教授首先作“国家战略与中国上海自由贸易试验区建设”的主题发言。沈教授指出,1952 年至今的国家战略的制度基础存在以下特点,即政府的行政审批制度(非市场化)、高度的集权管理(中央集权)、中央与地方的权力边界不清以及国有企业的自我等同化(行政级别),这种传统的制度基础与我国融入到经济全球化以后的制度安排存在冲突(让渡主权),同时也与进一步提升全球价值链产生矛盾。因此,未来国家的战略制度需要重构,这种重构一方面是 ICT(信息与通讯技术)的推动;同时这种重构也具有经济发展的战略基础,并产生集权与信息收集之间的矛盾、行政审批与商业模式多样性矛盾、无关境障碍与金融管制的矛盾和公共产品转化为私人产品(ICT 技术形成了规模经济与范围经济)的矛盾。之后,从国家经济制度设计来看,沈教授提出了宏观构架和微观构架。宏观构架包括与发达国家竞争的国家能力(技术层面和经济层面)、国家安全(概念、法律、流程)、备案制以后中央政府和地方政府做什么?(职能如何转,公务员是否有转的能力)以及金融市场体系的构架。微观构架方面主要是,国有企业与竞争中立(企业家选择)。最后,沈教授提出了中国(上海)自由贸易试验区三年试点成功与否的标准是,其一,是否为中国的进一步对外开放、对内改革形成了一套可复制、可推广的高效政府管理体制?其二,是否成为上海创新驱动、转型发展的增长点?从而提高上海作为中心城市服务全国的能力,使中国在全球价值链的位置上取得突破?其三,是否成为培养中国跨国公司的基地,为中国梦的实现提供企业发展的舞台?

孙楚仁副研究员作题为“国际贸易理论发展新趋势与国家发展战略调整”的主题发言。他首先介绍了从古典贸易理论到新贸易理论,再到新新贸易理论的国际贸易理论发展历程,然后重点阐述了新新贸易理论的背景和内容。新新贸易理论的背景是,20 世纪 80—90 年代,世界经济呈现贸易一体化而生产分离化趋势,贸易增长同经济增长不一致,跨国公司间和内部贸易占世界贸易比重大,贸易和 FDI 呈现一体化趋势,国家间在同一产品上发生贸易。新新贸易理论以企业/产品为分析视角,重点强调企业/产品内分工,其理论思想是,国家可变和固定成本/企业生产率异质性决定企业从而国家分工,分工决定贸易模式,贸易模式决定贸易利益,其基本结论是,企业生产率异质性导致企业全球组织决策异质性,从而导致国家在全球分工中的地位不同。近年来,新新贸易理论的进一步发展体现为，更为微观地考察跨国公司以至于各国企业在贸易、FDI、外包中的决策问题；将考虑各国政府决策对跨国公司决策的影响，从而考虑国家决策对国际分工的影响；将考虑开放经济中国家尤其是发展中国家的发展路径问题；将外部性纳入贸易理论的分析之中。为此，未来国家战略的调整，应重视微观主体的发展；重视商业环境和国家创新体系的营造，减少对经济的干预；以国家的意志推进多边、区域等贸易体系的发展，营造有利于本国企业发展的国际规则和商业环境；同时，国家管理体系应适应技术和国际规则的发展。

李墨丝副研究员作题为“中国（上海）自由贸易试验区负面清单解读”的主题发言。她首先介绍了负面清单谈判模式的发展趋势，目前全球约有 2/3 的服务贸易协定采用负面清单谈判模式，发达国家倾向于采用负面清单方式，发展中国家倾向于采用正面清单方式，拉美地区除外；负面清单有多种开列方式，比较常见的方式是专门规定不符措施条款，并用附件形式列出负面清单，保留相关行业和事项。当前，上海自贸区采用负面清单模式面临的挑战是，如果不能将某个服务部门列入清单，那么一个新出现的服务部门从产生之初起就门户大开，直接面临其他国家同类服务的强大竞争，同时，采用负面清单方式必须强化管理，对政府管理能力和安全审查机制提出了更高的要求，而且还会要求政府对其维持的贸易和投资限制措施进行统一的整理和清理。上海自贸区采用负面清单模式的重要意义在于，通过在上海自贸区先行先试，降低改革开放的风险。负面清单不仅是贸易投资谈判中市场准入议题的核心，为中美投资协定和 TISA 谈判做好准备，并且负面清单是准入前国民待遇的首要风险防范屏障，为深化投资和行政体制改革提供路径。对未来中国（上海）自由贸易试验区负面清单的展望在于，扩充架构，采用“保留行业＋不符措施”的方式；扩大准入，逐步消除贸易壁垒，进一步扩大开放领域；扩大范围，由区内向区外延伸，进一步扩大开放范围。

黄志瑾助理研究员作题为“国际贸易新规则与国有企业竞争中立”的主题发言。她指出，全球各国尤其是新兴发展中国家的国有企业已具有瞩目的国际影响力，据 ICC《2012 年国际投资指南》（Guidelines for International Investment）显示：来自巴西、俄罗斯、印度和中国的 117 家国有企业跻身“福布斯世界 2 000 强企业”。竞争中立（Competitive neutrality）的核心是公平的竞争环境，即“国有企业不得仅仅因为它为国家所有或政府控制，从而在与私有企业竞争时获得竞争优势”。随后，她介绍了 TPP 和 OECD 中关于国有企业竞争中立的界定。最后，黄志瑾助理研究员提出了国有企业竞争中立与中国有关的一些思考，即中国基本已无进入 TPP 谈判的可能，同时中国国有企业“走出去”将更添障碍，未来在补贴、信贷支持、透明度和国资委的法律地位方面将影响深远。

张娟副研究员作题为“美国双边投资框架协议（2012）研究”的主题发言。她指出，美国 2012 年 BIT 范本修改的主要内容包括：缔约方领土范围、透明度、环境和劳工标准、国家主导型经济体（State-led Economy）。中美 BIT 谈判关注的重点问题包括：准入前国民待遇和负面清单、金融投资开放与审慎监管、劳工待遇、环境、国有企业、法律法规透明度、投资仲裁和国家安全审查。中美 BIT 进入实质谈判对中国经济和全球经济的影响主要体现为：第一，有望降低中国企业海外投资壁垒，提高海外投资权益保障；第二，释放了改革信号，体现了我国领导层的改革决心；第三，有望通过中美达成的投资协定模板撬动多边投资框架的建立。最后，美国 2012 年 BIT 范本对于中国下一步谈判的启示是，需要试行负面清单的管理方式；中方应该提出自己的双边投资谈判范本，重点纳入国家安全审查制度；兼顾平衡作为东道国的基本利益与日益增长的海外投资利益；将双边投资保护谈判与投资自由化谈判适当分离。

彭羽副研究员作题为“贸易便利化、金融创新与自贸区建设”的主题发言。他首先介绍了从上海综合保税区到中国(上海)自由贸易试验区的发展历程，自 1990 年上海外高桥保税区成立以来，进出口贸易额突破 1 000 亿美元，已发展成为全球规模最大的保税区。自贸区揭牌之前，上海综合保税区的业务重心一直集中在货物贸易；而 2013 年 9 月揭牌之后，自贸区的重心将逐步从货物贸易转向服务贸易，并成为国家进一步改革开放的重要窗口，以开放促改革，承担推动国内服务业监管体制改革的重要使命。之后，他从自贸区企业需求、贸易便利化与金融创新方面进行了展开分析，主要从离岸贸易业务需求、跨国公司地区总部运营需求、融资租赁业务需求和企业对外投资需求等自贸区的主要业务模式进行探讨。最后，彭羽副研究员在自贸区金融创新和贸易便利化的重点突破方向谈了自己的看法。

中国邮政国际电子商务发展战略专题研讨会

11月1日下午，上海邮电经济研究、中国邮政集团上海研究院联合召开中国邮政国际电子商务发展战略专题研讨会，会议由上海邮电经济研究会副会长、中国邮政集团上海研究院院长周焕德主持，上海邮电经济研究会、上海市通信学会、中国邮政集团上海研究院、上海电子商务行业协会、上海邮政设计院、上海师范大学的领导、专家共30余人出席。中国邮政国际电子商务发展战略课题组组长邱文艳作主题发言，上海电子商务行业协会秘书长黄小平、上海邮政设计院专家陆培敏、上海邮政设计院开发部经理朱一翀、原上海市邮电管理局党委副书记奚益培、邮电经济研究会首席顾问高仰止先后在会上发言。

邱文艳从五个方面系统地分析阐述了中国邮政发展国际电子商务的外部环境、战略架构及实施路径。

第一，关于国际电子商务市场现状与发展环境。从全球电子商务市场交易规模、中国电子商务市场和中国跨境电子商务市场交易规模三个方面来看，全球及国内电子商务发展迅猛，市场交易规模不断扩大，跨境电子商务成为电商市场新的增长点，国际电子商务发展的条件已经成熟。从国际环境来看，各国的政策普遍支持国际电子商务活动的发动，相关的电子商务法律环境正在逐步改善；从国内环境来看，社会结构和消费观念的变革拓展，使国际电子商务有了发展空间，但目前欠缺的是尚未出台针对国际电子商务市场的政策法规。

第二，剖析国际电子商务市场的典型案例。一是对境外著名电商企业亚玛逊、E-Bay、YaHoo、AOL等进行了系统深入的分析。这些企业在拓展国际电子商务市场时，根据目标市场的不同，分别采取了兼并收购、战略联盟、自我复制三种不同的策略运作方式，其中有成功也有教训。二是对部分国外邮政企业作了比较分析。加拿大邮政有较强的市场敏感度，根据市场变化及时推出了相关业务，但缺乏总体发展战略设计。新加坡邮政从事国际电子商务比较成功，其发展战略清晰，致力于电商网站的运营，从国内电商入行，逐步拓展到国际市场业务领域、专业化市场等，但目前所占市场份额还不高。著名快递企业UPS及时调整业务结构，已将业务延伸到了金融领域，全面服务于国际电子商务市场。德国邮政DHL专注于物流服务，及时进行产品更新，积极与电商企业合作，确保了跨境物品寄递的龙头地位。三是对中国邮政开展国际电子商务的现状作了分析。中国邮政邮乐网在国际电子商务运营上，从进口和出口两个向度展开，分别采取不同的运作策略，创新了海外直购模式，与VPOST、淘宝全球购等同类网站开展差异化竞争，具有产品、价格和服务优势，有较好的市场反应，但市场份额不大。在国际电子商务服务上包括物流和金融两个方面陆续推出了有针对性的产品，但尚无面向该市场的整体产品体系设计。总体上来说，中国邮政现有国际电子商务业务在业务经营、服务质量、能力建设、国际合作等方面都还存在一些问题。

第三，对中国邮政切入国际电子商务产业链作了分析。国际电子商务各细分市场在产业链各环节具有不同的特点，如 B2B、B2C、C2C 的平台、物流和支付方式各不相同，应根据自身特点选择细分市场。

中国邮政在运营环节应率先进入 B2C 市场，尽快抢占跨境电商零售市场份额；在跨境物流环节，应优先发展国际快递，同时培育国际货代市场，提供综合物流服务；在结算环节应紧随客户需求，对现有的金融业务进行整合、升级，在支付和融资等方面为国际电子商务提供服务。

第四，关于中国邮政国际电子商务发展战略及其实施路径。中国邮政国际电子商务的发展战略是坚持服务为主、运营为辅，整合各类资源，构建国际电子商务全产业链解决方案。在运营环节方面，重点切入国际电子商务 B2C 市场，尽快抢占跨境电商零售市场份额，在立足进口的基础上拓展出口业务。进口需培育明星产品，突出主营特色，出口应重点推广融入中国文化元素的特色商品。在服务环节方面，以物流服务为核心，立足以国际 EMS、国际 E 邮宝和国际小包为主的基础寄递服务，积极发展包括仓储、包装、配送等综合物流服务，全面覆盖跨境物品寄递市场。根据客户需求，积极开发个人网银业务、第三方支付业务、网络融资业务、供应链金融业务等金融服务。在上述运营、服务基础上整合各类邮政资源与社会资源，构建中国邮政国际电子商务全产业链解决方案。

中国邮政国际电子商务的发展目标是要成为具备较强竞争力的国际电子商务运营商和服务商。在运营方面的实施路径：一是确定发展重点。确立近期以进口业务为主、以出口业务为辅的发展重点；二是确定发展模式。确立以海外购物商城为主要发展模式，引入第三方商家，做大做活该市场；三是推进国际合作。进口合作以美、日、港及其他发达国家和地区为主，出口合作以俄国等电子商务发展水平较低的国家和地区为主；四是商品选择。借鉴 E-BAY、亚马逊等知名电商成功经验，选择商品时应在坚持主营特色的基础上，不断丰富商品内容；五是加强网站建设。借鉴大型购物网站经验，不断完善网站功能，提升配套服务水平。物流服务方面的实施路径：一是优化产品体系，根据国际电子商务市场对跨境物品寄递服务的一般要求，划分消费者需求层次，明晰物品寄递类产品层次，最终形成适应电商市场发展的专业化产品体系；二是打通重点环节。针对目前跨境物品寄递业务存在的问题，打通清关、代缴关税、退货、代收货款、信息查询等五个重点环节，提升跨境物品寄递的效率和服务质量；三是发展综合物流服务，在完善基础寄递服务的基础上，依托强大的全球物品寄递网络，充分利用中国邮政境内外运输资源、仓储资源及多渠道通关能力，以客户需求为中心，将物流服务由基础寄递扩展到仓储、包装、配送等环节，深入到产品生产、流通、分配、消费的大部分环节，提供以仓储管理和物流配送为核心的一体化物流服务；四是市场定位。综合物流服务定位于高端跨境物流市场，服务境外高端客户。其服务模式设计：境外客户采购后发往离岸仓储中心，待其与买家达成交易后，由中国邮政根据其指令直接发货给分销商或是最终消费者。该模式具有节约仓储和关税成本，全程信息管理，满足不同客户多样化需求等特点。金融服务方面实施路径：第一步是近期重点推进传统支付电子化、网银支付和第三方支付业务；第二步是根据市场发展变化，积极开展移动支付和增值服务。

第五，关于中国邮政国际电子商务的配套及保障措施。在建立内部协调机制方面：一是在明确相关部门职责基础上成立协调小组，并制定相应的沟通制度与反馈制度，保证协调小组的工作开展。建议在集团公司领导下，由市场部、国际部联合成立国际电子商务协调小组，职责主要是计划、组织、协调和控制国际电子商务平台建设、业务开展等工作，在协调工作中涉及跨境物流和配送、跨境支付以及信息建设等内容由具体责任部门分别选派人员承担相关职能；二是运营与服务的协调。综合中国邮政作为运营商与服务商两种角色的优势，在保证健康发展的基础上，积极促进相互合作、共赢发展；三是服务内部的整合与协调。服务内部协调的重点是通过整合多样化的寄递产品、物流能力、金融产品，促成综合物流服务的发展。在加强人才队伍建设方面：一是以培养具有国际视野的领军人才为核心，构建合理的人才梯队；二是以培养关键领域专业人才为核心，建设内容广泛的人才储备。在加强信息系统建设方面，包括商户层面、后台层面和用户层面三个层面的信息系统建设：一是运营与服务的协调，综合中国邮政作为运营商与服务商两种角色的优势，在保证健康发展的基础上，积极促进相互合作、共赢发展；二是服务内部的整合与协调。服务内部协调的重点是通过整合多样化的寄递产品、物流能力、金融产品，促成综合物流服务的发展。

黄小平结合中国邮政国际电子商务发展战略，介绍了上海电商市场和电商企业的发展情况，认为中国邮政从事电商，解决了一个发展模式问题，推动邮政企业的转型发展。要进一步做好并细化顶层设计，确定发展模式。此外，邮政要走电商之路，就要加强与地方、与相关单位和企业的合作，以期取得支持。

陆培敏认为，电子商务发展速度与规模扩张都很快，但国内电商企业要做国际电子商务很难、跨境很难，因为这要涉及外汇支付结算、国际运输、航运、报关、通关等，这对邮政来说虽然也有难度，但也有优势。中国邮政是国际邮联成员国，拥有国际邮路，可与130个国家直通，还有相关通关渠道、金融和物流方面的有利条件，这些可以有力支持中国邮政从事电商运作。

朱一翀认为，中国（上海）自由贸易区是当前的一个热点，大家都在研究，邮政也应该作深入的研究，研究邮政在自贸区有什么机会或条件。邮政在自贸区关注的重点是冲关速度，快速通关，因为这关系到相关仓储、国际业务、速递业务等。自贸区对邮政三流合一是否是个机会，对传统的邮政资源要有一个整体的设想。邮政要从事电子商务，就必须要建立平台，这样才能开展电子商务。在进行平台建设时，可否与国外邮政合作建设发展平台。邮政还要与政府和相关单位多沟通，为邮政跨境服务提供便利。

奚益培认为规划可以先试起来。因为电子商务这个事不是想搞单凭邮政一家一地就可以搞起来的，建议与国外邮政合作，如可以先与美国纽约邮政合作开展电子商务业务，探索积累经验，然后再扩展。

高仰止认为，邮政提出的双业融合、双轮驱动的八字方针，双业融合的典型就是电子商务。开展国际电子商务的发展战略课题对市场、产业链的评判到位、正确，所提的建议和措施也是可行的，但也会碰到难题。邮政三业融合有优势，有网点、有信息源，自己可以建平台，自己还有银行，平台、物流、支付都在邮政，是在体内循环，但至今没有做成做大，这要深入思考和研究。当前电子商务蓬勃发展，促进信息消费，拉动经济发展。邮政搞电子商务，要转变观念，在战略、组织体制、商业模式、人员等方面都要转换，要转换基因，要去邮政化。邮政做国际电商的优势是普遍服务，它的市场应是高端技术、低端市场，这是邮政的性质与任务决定的。邮政独立搞国际电子商务可以在三个层面进行合作：一是邮政三大板块之间的协调，加强合作，真正落实；二是与电信合作，进行平台建设；三是与国外邮政合作，联手试水。总的来说，邮政搞电商的路径是自我革命和走合作的道路，在互联互赢的基础上，把竞争对手化为合作伙伴。

上海自贸区建设与中国对外经济发展战略研讨会

11月5日下午，上海市世界经济学会主办的“上海自贸区建设与中国对外经济发展战略”的学术研讨会上海市社联大楼举行。来自上海各高校、研究机构、实务部门等多位专家学者及实务届人士参与了研讨，来自高校、科研院所的数十位师生参加了此次研讨会。

上海社科院世界经济研究所所长、上海市世界经济学会会长张幼文在致辞中指出，上海自贸区是中央的大战略，对于自贸区建设与中国对外经济发展战略的关系，需要做更深入、更冷静的研究，需要给相应的研究以理论支撑。对于自贸区研究而言，主要关注两个方面：其一，是自贸区设立的国际国内背景。国际背景是现行国际贸易体制建设停滞不前，有关国家可能使用更高标准的贸易投资协议来抑制或者排斥中国，中国要拓展未来发展空间需要在机制体制上与国际标准进行进一步协调。从国家的战略意图而言，自贸区设立的直接动因是为中美BIT谈判做准备。国内背景则是改革开放三十多年来，政府与市场的关系发展到了一个关键阶段，如何约束政府的有形之手，发挥市场的无形之手以及决定性作用，需要进一步探索与实践。政府主导型的发展模式如何稳定过渡到市场决定性的发展方式，需要有深入探索。这是自贸区设立的国际国内背景，也是自贸区设立的使命。其二，自贸区设立运行之后可能会出现的各种状况。自贸区是一个试验，试验就有风险，就需要对未来的风险做好防控。进一步的开放，将由贸易领域向投资领域延伸，而投资开放带来的各种不确定因素更多，更加需要深入研究，特别是要深入研究有关国家资本项目放开、投资领域放开之后的各种案例，形成理论总结，供上海自贸区建设参考。

来自复旦大学的干杏娣教授指出，中国经济依靠人口红利、外资引进、土地流转实现的三十年高速发展，目前已经到了一个瓶颈期。人口红利在逐渐丧失，进一步引进生产加工型的外资空间不大，而大城市房地产价格的高企也使得企业的经营成本骤增。自贸区的建设，对于如何突破这些资源要素瓶颈约束具有十分重要的探索意义。目前的自贸区开放，步子迈开了，但还迈得不够大，28平方公里范围太小了，建议未来自贸区能够逐级扩展，从一级区域扩展到二级区域，进一步扩展到整个浦东或者上海。当然，与此同时，其他省市的自贸区也可以同步推进，进一步形成全方位深化改革开放的大格局。此外，自贸区的很多政策，如负面清单管理、一元企业开办等，在拓展民营企业发展空间、降低微小企业创建成本，提升市场经济活力，都是大有裨益的。

上海世界经济学会副会长、上海财经大学教授丁剑平从要素流动性差异的视角，提出自贸区建设会导致区内区外的各类要素流动性差异被放大，这需要通过制度建设使得要素配置达到一个动态优化平衡。并且自贸区建设中的这种制度创新要可复制、可推广。自贸区土地很少,土地要素不可能流动,而资金、人才等则会大量向自贸区流动,如何在这一流动中,解决好流动的稳定性问题,值得进一步探索。

上海社科院金芳研究员指出,自贸区建设是新一轮开放型经济升级的必要手段。目前国际上的经济制度也正在进行转型升级,从贸易协定向贸易投资协定升级,如 TPP、TTIP、BIT 等都是这些升级的具体体现。就中国国内而言,上一轮通过大力引进外资发展对外贸易的方式已经空间有限,接下去一方面,对内需要从依靠外需向依托内需转变,对外,要开展中国的对外投资,要进一步发展起中国本土的跨国公司,开展对外直接投资。在最新的世界 500 强企业排名中,中国已经有 73 家入围,中国也有很多企业开展了走出去的投资,但以跨国公司的标准来看,中国还远远不够,中国的跨国公司还远远落后。培育本土跨国公司,自由贸易区提供了一个很好的契机。通过自贸区建设,建立具有国际水准的投资贸易便利化制度环境。从而推动企业走出去。

上海海关学院副院长石良平教授总结了国外的自贸区建设,大概可分为四种类型:(1)香港新加坡,本身是自由港,不设园区。(2)汉堡港和美国特别经济区,采取境内关外的方式。(3)出口加工区的特别保税区,采取境内关内的方式。(4)海关出口监管区。从这个意义上看,自贸区已经超出了自贸区的本来含义,实际上是包含金融、投资等更宽泛意义上的开放改革区。进一步地,石院长从贸易实务、海关通关实践等方面对自贸区建设提出了建议。他认为,将来,一定要将自贸区的各类通关机构、影响贸易便利化程度的机构进行精简与合并,才能真正起到一个贸易便利化的作用。

来自 WTO 事务中心的张鸿研究员、上海市委党校的鞠立新教授、上海国际经济贸易研究所高级商务师戴桂麟、上海社科院赵蓓文研究员、上海大学沈瑶教授等也都阐述了自己对于自贸区建设与中国对外经济发展战略的见解。

“移动互联网时代运营商的业务应用与发展前景”专题研讨会

11月5日下午，上海邮电经济研究会和上海市通信学会在上海邮电俱乐部议事厅联合召开“移动互联网时代运营商的业务应用与发展前景”专题研讨会。会议由上海邮电经济研究会秘书长杨锡高主持，上海市通信管理局、上海邮电经济研究会、上海市通信学会、中国电信上海研究院、上海电信、上海移动、上海联通、交通大学、复旦大学、贝尔公司、西门子公司、NTT公司、上海通信服务公司、信天公司、公安部研究三所、上海电信科技发展公司、上海建通公司的领导、教授、专家和研发人员共40余人出席。中国电信上海研究院总工程师助理、移动互联网课题组组长胡世良、课题组成员张宝然、交通大学教授罗汉文、贝尔公司战略开发部经理魏文先后作了主题发言和研讨发言。上海市通信管理局局级巡视员、上海邮电经济研究会副会长李振坤出席会议并讲话。

胡世良从四个方面分析阐述了我国电信运营商面对移动互联网时代的挑战与对策。

第一，关于移动互联网的发展机遇。(一)我国移动互联网发展十分迅猛。随着3G智能终端的快速发展和3G网络的不断完善，移动动互联网已成为一种生活形态，有56%的用户每天至少使用智能手机访问互联网一次，92%的用户每天使用智能手机访问社交网站，85%的用户每天使用智能手机看视频，63%的用户每天使用智能手机进行搜索。(二)移动互联网应用普及加快，尤其是移动互联网发展迅猛。截至2011年底，我国移动互联网市场规模达到393.1亿元，同比增长94.1%，2012年市场规模达到737.7亿元，同比增长137.2%。我国移动互联网用户增长迅速，2013年上半年，我国移动互联网用户规模达到4.64亿，用手机接入互联网的网民占比提升到78.5%。电子商务类应用在手机端应用发展迅速，领域内各应用的使用率相较其他类应用涨幅更大，其中手机在线支付使用率的涨幅最大，相比2012年底增长了3.9个百分点，网民规模增长了43.0个百分点。此外，手机购物、手机网上银行、手机团购的使用率相比2012年底分别增长了3.3%、2.7%和2.1%。(三)移动化+社交化+本地化成为移动互联网发展趋势，它们与电子商务、游戏、视频等结合起来，必将涌现更多的创新创业机会。

第二，关于移动互联网企业成功的关键要素。(一)如奇虎360，它的关键要素是安全产品永久免费。奇虎360专注互联网安全，采用安全产品永久免费的策略，目前活跃用户超过4亿，成为中国最大的互联网和移动互联网安全服务提供商，跃上杀毒行业的头把交椅。正是因为基础安全产品实行永久免费，培养了用户忠诚度，做大了互联网安全用户的规模，为平台拓展延伸创造了条件，在此基础上不断推出互联网增值类服务，以安全产品为入口，将海量用户导入其他前端产品，再将浏览器用户进一步转化为导航站及游戏用户，通过给第三方（导航站广告、游戏开发商）带来流量和用户，从第三方获取收入，从而实现流量变现。（二）如 UC 优视科技公司，它的关键要素是定位＋专注＋转型。成立于 2004 年的 UC 优视科技公司，借着移动互联网的东风，率先扛起了手机浏览器的大旗，经过 8 年多的发展，已经在全球范围内取得了超过 15 亿次下载量的成绩，全球用户超过 3 亿，月使用量（PV）超 1 600 亿，成为全球最大的手机浏览器公司。其成功关键要素，自创立以来一直专注于手机浏览器领域，旨在解决用户上网速度慢问题，通过技术创新，创造性地使用了“云计算”技术，实现了流量压缩、速度提升，提高了用户上网体验，引领了浏览器革命，UC 打造了移动互联网的入口服务平台，包括信息服务平台（网址导航）、应用发行平台（UC 应用商店）、移动社交平台（UC 乐园）、移动游戏平台（UC 游戏平台），越来越多地帮助用户满足用户的三类重要需求，即包括获取信息的需求、移动互联网娱乐的需求和电子商务等享受生活服务的需求。（三）互联网公司的七大成功关键要素。一是明确战略定位；二是坚持客户导向；三是打造有吸引力的产品；四是打造有价值的开放平台；五是构建共赢的产业生态系统；六是善用资本经营的手段；七是提升企业持续创新运营能力。

第三，关于移动互联网时代电信运营商面临的主要挑战。（一）电信、移动、联通三大运营商加快新业务发展，初见成效。新业务发展成亮点，是实现收入保持较高增长的主要动因。（二）在拓展新业务上积极推进。一是积极拓展新兴业务市场。三大运营商相继推出了移动视频、阅读、游戏、动漫、音乐、应用商店等，并以智慧城市为契机，大力拓展行业信息化市场。二是加强产业链合作，打造生态系统。如中国移动入股科大讯飞、投资入股浦发银行和凤凰卫视、正式推出 M701、M601 两款自主品牌手机等；中国电信 CDMA 产业联盟、与网易成立合资公司共同推出易信社交产品；中国联通与腾讯合作推出微信沃卡等。三是推进平台开放。中国电信推出 189 天翼开放平台、中国联通推出 WO＋开放平台。四是实施机制体制创新。中国移动成立了九大基地，中国电信成立八大基地及创新孵化基地，基地采用公司化运营，引入外部投资，独立运营，中国电信创新孵化基地探索员工持股等市场化激励机制。（三）电信运营商进入移动互联网面临的挑战。一是电信运营商缺乏移动互联网 DNA 运营经验，缺乏移动互联网专业人才队伍；二是在产业链中的主导地位正在受到服务提供商和终端提供商的影响和削弱；三是全业务竞争加剧，而且面临来自终端厂商、互联网企业的竞争，微信、IM、OTT 发展迅猛，对电信的威胁越来越大；四是面临管道化、边缘化、低值化风险不断加大；五是传统电信市场日趋饱和，话音业务持续下滑，缺乏新的业务增长点，电信持续发展面临压力；六是移动互联网商业模式商业模式尚未形成，有待进一步创新；七是移动数据流量激增，对网络提出更高的要求。（四）电信运营商创新业务发展遇到的五大问题。一是竞争力不强。与行业领先企业相比，电信运营商创新业务市场规模、品牌影响力、客户体验等方面尚有一定的差距；二是品牌影响力不高。品牌经营不够重视，电信运营商的创新业务至今还没有真正叫得响的品牌，品牌知名度不高，品牌影响力不大。三是创新不足。主要体现在研发实力、技术积累和人才队伍还不能适应新形势的要求，自主创新能力不足，关键技术领域缺乏话语权，缺乏一流的技术、管理和营销人才；四是专注不力。在创新业务拓展上，全线出击，分散资源，在创新业务精耕细作上还不够，难以形成差异化的优势；五是体制不活。创新业务发展考核还带有以成熟业务考核的模式。创新业务与成熟之间还存在争资源的现象。创新业务运营缺乏活力，受传统模式影响较大，缺乏灵活性、自主性、用传统方式经营移动互联网必将失败。

第四，电信运营商加快创新业务发展若干对策与建议。(一)创新业务发展要坚持聚焦聚焦再聚焦。对电信运营商来说，就不能为机会所诱惑，宜选择垂直市场为切入点，坚持专注、快速、创新，做精做深，做专，做细。(二)实现商业模式创新，促进创新业务快速发展。对移动互联网，要立足市场，适应市场环境的变化，其商业模式概括为："做响品牌，做大规模，做精产品，做强平台"。(三)加强自身核心能力建设，创新合作模式，打造开放平台。一是打造开放平台的总体要求：强化平台经营、拓展以合作为重点的移动互联网应用、建立合作共赢的合作模式。二是坚持开放原则，不仅与行业领先大企业合作，而且要与广大的中小客户合作，通过提升平台经营能力吸引合作伙伴，要让合作伙伴通过合作能够获得利益和找准其切入点，免收各种进入平台的费用。三是采取积极的收入合作分成的模式，而不是一次性买卖，实现合作共赢，共同做大市场，使合作伙伴在合作中长久受益。四是开展资本经营，探索收购、兼并、投资、成立合资公司等合作模式，提升竞争力。(四)坚持互联网化，在打造队伍、营造创新文化、机制体制创新等实现突破。互联网的精神就是自由、开放、分享、平等和创新，互联网经济的最大特点就是实现企业与用户的零距离，可以实现员工之间、员工与领导之间沟通零距离，互联网在人们日常工作生活和学习中越来越扮演重要的作用。因此，在移动互联网时代，创新业务的经营必须适应新时代的要求，用互联网思维贯穿企业经营的全过程。

张保然认为，互联网、移动互联网的迅猛发展已经改变了人们的生活习惯，提高了人们的生活质量，并极大地促进了社会经济的发展。面对互联网、移动互联网，方方面面都在应用或进入。这对电信运营商来说，既是挑战也是机遇。但电信企业要转型，要做大做强移动互联网业务还有很大的难度。一是在观念上，转型要涉及各个部门，就会有难度。二是机制体制问题。要创新，必定要探索。考核要有区别，如果对定位、运营、营销及其商业模式等的探索，也以业务收入为导向，这不利于业务创新，对探索有影响。

罗汉文认为，当前互联网、移动互联网发展迅猛，市场广大，前景看好。自己有这么几点想法。一是关于业务定位。推出应用什么业务，应考虑不同的使用群体，要有区别，青年、老年的消费观念不一样，所需的内容也不一样。建议在开发新业务的过程中和前提下，也应该对老年群体中做些调研，这对市场的占有率有一定的好处。二是在技术上要有创新。不论是运营、制造、还是消费环节，时时会产生新的概念，抓住了、创新了、推进了，就可能是一次新的机遇，就能拓展新市场、扩大消费群体。三是用户体验很重要。用户体验不够会影响企业声誉，影响用户的忠诚度。四是扩大合作，寻找商机。如为公安监狱、消防等单位设计、开发特殊应用。五是移动互联网的信息安全问题。要加强云计算客户端的安全性，要防止客户信息资料的泄密。

魏文认为，面对互联网、移动互联网的迅猛发展，电信运营商受到了压力，看到了挑战，也看到了机遇。运营商最大的优势是网络的优势，对于微信、微博等等基于互联网的新业务，有条件和能力去竞争，但优势不明显。平台很重要，百度等全是平台型的，它与运营商一样，是一种商业模式。而运营商与宝马公司一样，搭建网络，搭建平台，为用户服务。淘宝网在网上开店免费，通过吸引网店、吸引用户，扩大商户和商品的内容，再通过商户排名、广告来赚钱，这就是商业模式。电信运营商有很强的资源、品牌、技术和人才优势，如电信运营商网点多，这是 OTT 无法相比的。因此，电信运营商要充分运用自身优势资源，创新驱动，打造自身的生态圈，打造好平台模式。此外，互联网、移动互联网越发展，电信运营商越要抓好管道建设、推进网络发展，这是电信运营商的立足之本。

李振坤认为，移动互联网的应用发展体现了通信业、信息业发展的潮流和趋势，对社会的生产、生活、教育、经济等方面带来了很大的推动，但使传统电信运营商受到了冲击。传统电信运营商受到传统体制、机制的限制，尽管意识到问题所在，并在受到强烈冲击的情况下，已经带来观念上的转变，但还没有正确的定位，还没有真正做到提供内容的服务商。如果不变化、不变革，就会远远落后于诸如腾讯等民营企业、互联网企业。事实上，基础电信运营商也在思考、求变，以适应市场的需要。一是要注意发展中的几个问题，主要是安全问题、质量、服务问题、带宽问题、流量与用户问题、投入与产出问题、产业链问题、机制、体制问题。其中最大的问题是机制、体制的问题。电信企业是以行政管理为主的，而不是以市场导向为主的，尤其是当市场环境情况与行政领导思考观点不一致时，就很难推进。二是不管互联网、移动互联网业务有多大的发展，它们都是基本于网络的，是在网络上生存并发展的，因此电信运营商首先要做好网络建设发展工作，这是基础，立足管道网络，做足全面发展的文章。三是拓宽合作渠道，借鉴、创新合作模式。

“上海市社会保险政策法规系统化研究”专题研讨会暨课题成果发布会

11月6日下午，上海市劳动和社会保障学会召开“上海市社会保险政策法规系统化研究”专题研讨会暨课题成果发布会，该研讨会是上海市社联第七届“学会学术活动月”的活动之一，也是上海市劳动和社会保障学会今年的重点课题。

上海市劳动和社会保障学会副会长鲍淡如，上海市劳动和社会保障学会劳动法专业委员会主任、上海交通大学教授董保华，上海市劳动和社会保障学会社会保障专业委员会主任、上海财经大学教授郭士征，上海市劳动和社会保障学会就业促进专业委员会主任、上海华东师范大学副教授王大奔出席会议。会议特邀请了上海交通大学、上海对外经贸大学等各大院校专家学者，上海市社保中心，上海市人力资源和社会保障局相关处室负责人员参加会议。学会下属各专业委员会、分会、区(县)劳动保障学(协)会、会员单位代表70人出席。

该课题今年由上海市劳动和社会保障学会青年学者专业委员会承担。课题组由上海市劳动和社会保障学会青年学者专业委员会副主任、上海对外经贸大学法学院副教授李磊任课题组组长；课题组成员分别是上海交通大学国际关系与公共事务学院副教授张录法，上海市人力资源和社会保障局国际合作处副处长郭磊，上海市人力资源和社会保障局法规处主任科员冯钧。课题组通过开展调研、搜集各类资料，分析大量数据，历时一年的时间形成了63 000字的课题报告。

会上课题组成员向全体与会领导专家简要汇报了课题的完成过程和最终成果。其中，课题组成员上海市人力资源和社会保障局法规处冯钧同志从养老保险、失业保险和外国人在沪参加社会保险三个方面论述了本市社会保险政策法规方面的问题；课题组成员上海交通大学国际关系与公共事务学院副教授张录法汇报了本市医疗保险制度存在的系统化问题及解决方案；上海对外经贸大学法学院副教授李磊系统化角度汇报了生育保险和工伤保险制度的问题和对策。

冯钧认为，在当下，养老保险问题已成为社会焦点的中心。他指出：第一，针对养老保险的法律内容有待进一步完善；第二，现行的养老保险政策体系非常庞杂，各种规定在上百个文件规范当中，缺少一个体例完整、脉络清晰的主干型的文件规范；第三，在向国家制度模式接轨的同时，缺少符合地方实际的创新性的规定。他针对以上问题从及时修订滞后的规章、修改与补充现有的规范性法律文件和加强制度创新三方面提出的对策。失业保险方面，第一，《中华人民共和国社会保险法》（以下简称《社会保险法》）实施后，本市通过市政府规范性文件的方式与之进行衔接，初期可以保证制度的平稳过渡。但从长期看，这只能是应急性的举措，修订已经实施十多年的《上海市失业保险办法》势在必行。第二，在失业保险基金用于促进就业方面，存在立法缺陷。失业保险基金用于促进就业，符合制度设计的初衷，也经过了实践的检验，具有成熟的经验，但是，在立法层面上，目前仍然存在缺失。针对这两方面的问题，冯钧提出，一方面，适时修订《上海市失业保险办法》要做到“扶正”“勘误”“补缺”。另一方面，在地方立法中增加失业保险基金用于促进就业的相关内容。

外国人参保方面，冯钧强调，上位法和下位法之间的冲突，主要体现在上海市地方出台的规范性文件与上位法的不一致——上海市人力资源和社会保障局《关于在沪工作的外籍人员、获得境外永久（长期）居留权人员和台湾香港澳门居民参加城镇职工社会保险若干问题的通知》（沪人社养发［2009］38 号）与《社会保险法》及国家人社部《在中国境内就业的外国人参加社会保险暂行办法》（人社部第 16 号令）的不一致。他针对上述问题提出对策：第一，积极配合国家与相关国家的社保协定谈判，有效消除双重纳保问题。第二，积极与国家人社部沟通，尽快明确相关待遇享受操作细则，增强外籍员工参保积极性。第三，着眼长远，尽快与国家规定全面并轨，并适时出台上海本地实施细则。

张录法在汇报医疗保险政策问题时谈到：第一，《社会保险法》已经确立了医疗保险的三个支柱，在这种情况下，小城镇社会保险已经没有继续存在的必要性；城镇职工医疗保险的缴费太高；城镇居民医疗保险的税收鼓励政策没有涉及。第二，下位法的空白与缺位。国家规定，有条件的用人单位可以对职工家属参保缴费给予补助。国家对个人缴费和单位补助资金制定税收鼓励政策。第三，本市在城镇职工基本医疗保险建立了地方附加医疗保险基金。地方附加医疗保险基金支付范围包括个人账户用完后的职工一般门急诊医疗费用和统筹基金最高支付限额以上的医疗费用。开创了异地就医的多种操作模式；对城镇居民医疗保险的待遇扩展到了门诊。并对城镇居民医疗保险分级就诊进行了引导。他建议：医疗保险个人账户为未成年子女医疗保险缴费；逐步建立药品等参考支付制度；同时，将上海所采取的就医中强制或者经济引导鼓励办法，分别升格为国家的基本政策或者不违规部委规章。

李磊副教授在汇报工伤保险政策研究成果时首先指出了本市工伤保险主要政策的体系性问题：第一，《上海市工伤保险实施办法》（市政府第 93 号令）与《国务院工伤保险条例》的不一致；上海市地方所出台的其他文件与上位法的不一致。第二，对照《社会保险法》，最为缺乏的是工伤保险基金先行支付后，对实际侵权人进行追偿的具体实施细则。第三，下位法的补白与自创。主要有两方面，分别是非全日制用工人员工伤保险和浮动费率。针对以上问题，李磊副教授提出以下对策：第一，可以考虑对《上海市工伤保险实施办法》中的第四十条第三款规定和《上海市人民政府关于贯彻实施〈社会保险法〉调整本市现行有关工伤保险政策的通知》（沪府发［2011］34 号）第二条第二款的规定进行修改；第二，浮动费率条款可以通过升格的方式继续发挥作用；第三，对于本市的工伤保险制度来说，需要对“先行支付追偿办法”进行立法；第四，报请上级部门特许，即此种做法应当报国务院批准后公布生效。

论及生育险问题，李磊副教授指出：第一，《社会保险法》规定失业妇女的生育保险待遇所需资金应当由生育保险基金支付（列支），而根据《上海市城镇生育保险办法》变成了由生育保险基金、失业保险基金和医疗保险基金三方列支。第二，《社会保险法》未对生育医疗费用的数额作出上限，但根据上海市城镇生育保险办法第十六条、生育医疗费用待遇设置了支付标准，人为降低了待遇。第三，生育医疗费用的覆盖面。《社会保险法》规定，职工未就业配偶也可按照国家规定享受生育医疗费用待遇。但根据上海市城镇生育保险办法第二条规定，生育保险待遇只适用于“具有本市户籍并参加本市城镇社会保险的从业或者失业生育妇女”，并不包括其配偶，这与上位法精神显然不一致。李磊副教授提出以下对策：第一，生育保险待遇列支渠道问题。本市可以坚持现行做法，但是前提是获得上级部门的肯定性批复。因此建议市政府就此问题向上级部门请示，获得肯定性批复后即可解决系统性问题。第二，生育医疗保险费的上限问题以及生育医疗费的覆盖面问题，应当进行修改，即与上位法一致。

会议围绕主题“上海市社会保险政策法规系统化研究”展开研讨，对社会保险政策法规的系统化一系列热点问题进行了深入的探讨。会上，来自社会各界的人士提出了恳切的意见：王大奔副会长针对生育保险政策，提出上位法有些问题没有写明，但下位法可否突破的问题。董保华副会长谈了上海地方立法如何与中央立法接轨的问题。上海市交通大学医学院任益炯副研究员提出目前的医疗保险存在覆盖范围狭窄，目录不明确，缴费高的问题。社会保险实务界专家提出自从2009年综合保险与本市城镇社会保险并轨后，工伤保险先行支付制度只适用于交通事故第三方，其他领域无法得到具体的实施。还有专家认为在行政诉讼中，对于养老保险和工伤保险的案件，行政部门适用的文件有些内容与上位法不一致（系统性问题）而难以获得法院的采信，因此，这方面亟需与法院进一步沟通。

最后，上海市劳动和社会保障学会副会长鲍淡如讲话。他首先肯定了此次课题组完成此项课题的成果和意义。他认为该课题有三点可取之处，一是该课题从一个比较高的高度对社会保险政策法规的问题和对策进行了有理有据且层次分明的系统性论证；不仅仅是对社会保险存在的种种现象以独到的见解进行了详尽的剖析，同时还对现行本市的法规赋予了适合的展望。二是课题组从法学角度提出了自己的观点，例如李磊提出的浮动费率条款可以通过升格的方式继续发挥作用，对于本市的工伤保险制度来说，需要对“先行支付追偿办法”进行立法；三是课题组将立法创新的观点引入社会保险政策法规系统化的实践中，对今后的本市社会保险立法有较强的实际意义。

鲍淡如副会长进一步指出，此次将市劳动保障学会的年度重点课题交给青年学者专业委员会完成，是一项创举，目的是为了扶持年轻人的发展和研究，事实证明是正确的。年轻人搞创新要注意：现实是否需要、条件是否具备、上位法是否有空间这三个问题。他同时要求课题组应结合与会者的意见对课题做出进一步完善，并将成果浓缩成表格形式，通过学会报送局相关处室，以作为今后立法的参考。

最后，鲍淡如副会长又针对当前社会上热议的一系列社会保险问题，如延迟退休，养老金并轨等，一一阐述了自己的观点，使大家对这些问题有了更深层次的理解。

“工商行政管理与社会管理创新”专题研讨会

11 月 6 日下午,市工商行政管理学会举办了以“工商行政管理与社会管理创新”为主题的专题研讨会,此活动被列入市社联第七届“学会学术活动月”重要项目。市工商学会、各区县工商学会秘书长及 40 余名理论骨干代表参加了会议,同时邀请市社科院经济研究所研究员陶友之等专家学者参加,并对研讨文章进行了点评。

今年市学会以“工商行政管理与社会管理创新”为主题组织 30 余篇研讨文章,挑选其中 9 篇进行会议交流,11 篇进行书面交流。与会的研讨文章紧紧围绕当前工商职能转变中出现的新问题新情况,从宏观理论和微观实务的角度探讨工商部门社会管理创新的理论基础、实践途径以及创新机制,并且针对工商部门充分履职的特点提出了针对性、建设性的意见。

一是更多的关注工商职能在社会管理创新中的责任和落脚点。黄浦工商学会张鸿安在《工商部门履行社会责任的实践与思考》一文中,提出的社会责任是工商部门充分履行职能必然责任,它应该包括行政责任、服务责任、伦理责任和奉献责任。闸北工商学会钦倩在《从工商行政管理沿革看社会管理创新走向》一文中,从工商部门三十多年的发展历史,分析创新社会管理在法律基本框架下的理念转型和创新走向,提出只有以群众利益为导向,关注民生,才能不断提升工商部门的管理效能,才是工商部门发展的重要方向。

二是更多的关注工商部门转型时期社会管理创新的措施和方法。青浦工商学会许志坚在《工商部门创新社会管理的理论基础、角色定位与具体路径》一文中,阐明社会管理的定义,指出工商部门实施社会管理必须转变观念,确定新的角色定位,弱化政府包揽所有社会管理事务的观念,逐步从一个管理者向一个服务者过渡,从而实现职能的转变。徐汇工商学会全开明在《基于社会管理创新下的网络信用平台建设》一文中,提出构建统一开放的社会信用体系与工商基本职能息息相关,将经营者的社会责任与社会的监督机制结合起来,是实现社会管理创新的有效途径。长宁工商学会李欣在《立足职能化解矛盾,创新管理促进和谐》中,提出工商部门加强和创新社会管理要做到预防和减少社会矛盾的发生,改进和提高社会矛盾化解的效力。静安工商学会陈磊在《探索执法联动新机制,融入社会管理新格局》中,以区域整治无证无照经营工作为例,提出借助执法联动治理模式,解决当前复杂的市场监管和社会难点问题。

三是更多关注工商部门加强社会管理创新机制的建立和完善。松江工商学会陆峰在《基于科学发展观视角下的工商职能转型研究》一文中,提出工商部门应重塑服务理念,倡导主动服务、能动监管模式,建立区域内“大联动”机制,提高社会管理的效率。金山工商学会周永纲在《转型期工商行政管理部门加强社会管理创新机制探析》中，分析了当前社会管理创新中存在的问题，论证公众参与社会管理的必要性，工商部门应积极引导行业自律，督促行业组织建立自我完善、自我提高的机制，推动社会管理创新。机场工商学会郑一飞在《发挥学会智囊作用，助推工商行政管理部门创新社会管理》一文中，提出社会管理创新需要公众共同参与，学会作为沟通政府与社会的桥梁、政策法规的宣传阵地，应积极发挥其智囊作用，为政府部门实施社会管理创建理论调研、文化传播的平台，出谋划策，助推行政部门更充分地履行社会管理的职责。

与会专家对研讨交流文章作了逐一点评，对一些文章的立意、深度以及应用性给予了充分肯定，认为本次专题研讨会内容丰富、题材广泛，具体务实、重点突出、启发性强，有利于解决市场监管、消费维权、诚信体系建设等社会关注的热点、难点问题，对于工商部门进一步转变职能、加强依法行政都具有一定意义。

新型城市化中的交通与环境

——第六届中法可持续发展城市交通系统论坛

11月9日至10日，由同济大学、巴黎高科（法国）、国家发展和改革委员会综合运输研究所和上海城市规划学会共同主办的第六届中法可持续发展城市交通系统论坛（THN2013）在同济大学举行，法国驻沪总领事卢力捷、中国工程院刘友梅院士、巴黎高科驻华代表凯丽女士出席开幕式并致词。本届论坛的主题是“新型城市化中的交通和环境”，来自中、法两国交通运输、交通管理、车辆制造、公共汽车运行管理、城市规划、可持续发展等各方面的专家学者、政府职能部门决策者、相关企业界代表及全国高校交通专业师生代表等200余人参加了论坛。与会者围绕“新型城市化中的交通与环境”论坛主题，进行了相关政策理论、技术方法及经验案例的讨论。

上海城市规划学会副理事长、同济大学副校长伍江教授在致词中指出，当今中国城市化进程飞速发展的背景下，环境日趋恶化的形势更加严峻。选择低碳的交通出行方式、设计先进的交通运输工具、采取新型的交通组织模式、倡导绿色的交通习惯理念，是研究交通发展、提升环境质量的重要课题。

论坛分为总报告、四个专题研讨和一个专场。论坛总报告由法国生态/可持续发展与能源部智能交通工作组组长 Jean-François JANIN、申通集团前总裁朱沪生、台湾交通大学交通运输研究所教授冯正民、中国城市规划设计研究院副总工程师孔令斌、同济大学建筑与城市规划学院教授潘海啸，分别作《电车的历史》、《上海轨道交通基本网的回顾与思考》、《台北市公共交通发展的回顾与展望》、《城市、交通发展的阶段性与规划应对》、《城市机动性创新竞赛》的主题报告；论坛并设“轨道交通与可持续发展”、“政策、规划”、“多模式交通、交通枢纽”和“技术、评价”四个专题及“绿色交通行动：全球环境基金中国城市交通项目专场”。专家学者从更专业的角度，深入研讨新型城市化中的交通问题，为改善城市交通、提高环境质量出谋划策。

“中法可持续发展城市交通系统论坛”是中国住房和城乡建设部与法国生态、能源、可持续发展及海洋部于2007年签署的合作协议具体执行项目之一，自2008年以来，已在同济大学连续举办六届。本届论坛由同济大学和法国巴黎高科、国家发改委综合交通所联合主办，同济大学建筑与城市规划学院、交通运输工程学院、铁道与城市轨道交通发展研究院、中法工程和管理学院与全球环境基金中国城市交通项目办公室联合承办；上海城市规划学会、上海市交通港航发展研究中心、法国动态城市基金会、南车株机电力机车有限公司等单位协办。论坛还得到国家发改委基础产业司等单位支持和法国生态、可持续发展与能源部及法国泰雷兹集团的资助。

双城战略

——长三角新型城镇化和世界城镇群规划调研交流会召开

11月14日,由上海城市规划学会、上海市城市规划设计研究院联合主办的“双城战略——暨长三角新型城镇化和世界城镇群规划调研交流会”在上海设计中心举行。来自市社联领导、上海城市规划领域专家学者共60余人参加会议。

会议按照30个城市的地域分为四个阶段,分别是“近沪城市”(南通、苏州、嘉兴、宁波、舟山)、“浙江8城”(杭州、绍兴、湖州、台州、金华、衢州、温州、丽水)、“江苏11城”(南京、无锡、扬州、泰州、常州、镇江、盐城、淮安、连云港、徐州、宿迁),以及“安徽6城”(合肥、马鞍山、滁州、芜湖、宣城、黄山),每个阶段包括各城市汇报和专家点评部分。各城市调研组代表围绕城市概况、城市特色、经验借鉴,以及对上海和长三角地区未来发展的思考建议等问题进行汇报,与会专家和领导就各城市汇报发表见解、做出点评。

整场交流会精彩纷呈,尽管每个城市都有其各自的发展基础和特征,但是对于下一步发展的设想,以及对于长三角城镇群发展的期待也面临着一些共性的问题,如生态保护、产业转型、竞合关系等。

上海城市规划学会常务副理事长叶贵勋在致辞中指出,党的十八届三中全会对更好地保障和改善民生、建设美丽中国深化生态文明都提出了明确的目标要求,特别是在健全城乡发展一体化、构建开放型经济新体制和加快生态文明制度建设作了具体的部署,也为进一步做好新型城镇化背景下的上海城乡一体化发展规划指明了方向。要认真学习、深刻解读十八届三中全会精神,在长三角新型城镇化和世界城镇群规划调研的基础上,着眼于改革创新,与时俱进,勇于突破禁锢发展的思维定势和利益束缚,努力开创城镇化规划的新理念、新技术和新局面。并加强总结、思考,为社会提供一流的城市规划工作成果。

与会的专家领导们一致认为,在上海新一轮总体规划编制前期,开展如此大规模大范围对长三角地区的调研工作,是上海规划工作一次重要意义的转变。在城市点评环节,各位专家领导们纷纷表示上海要有服务区域的责任和意识,引领全国的抱负和决心,自身的城市定位要准确;建设世界级城镇群是我们的战略目标,要从区域协作、共享联动的视角考虑城市的发展,尤其要注重取长补短、资源整合、错位发展的思路,要站在全区域的角度综合解决交通、生态、产业和文化提升等问题。此外,对于如何建立一种切实有效的长效工作机制问题,专家们表示应该要放开思路,必要的时候要打破行政限制。

张玉鑫院长在总结发言时指出,在“开门做规划”的工作思路下,此次对长三角新型城镇化和世界城镇群规划的调研第一步工作取得了一定成效,下一步工作应站在全区域层面整理思考重点问题和发展思路。我院此次"双城战略"调研交流会的召开,正值十八届三中全会的圆满落幕,会议形成的一些观点与三中全会全面深化改革的要求相契合,不仅对上海的新一轮总规编制有重要意义,对整个长三角城镇群的发展也是一个新起点。

副院长金忠民主持会议,规划学会常务副理事长叶贵勋,市社联相关领导,院领导、顾问,各部门领导、调研城市负责人等出席会议。

上海城镇化的实践与展望

——2013年上海城市发展创新论坛

11月16日下午，由上海市城市经济学会、上海市宏观经济学会、上海城市规划学会、上海市固定资产投资建设研究会、上海市市政公路行业协会联合举办的“2013年上海城市发展创新论坛”在上海展览中心举行。

今年论坛以“上海城镇化的实践与展望”为主题，特别邀请了新加坡国家政府参事、新加坡国立大学刘瑞平教授专程来沪，为本次论坛就“新加坡城镇化进程中大型居住社区建设的成功经验”作主旨演讲，同时还展开了中国城市化进程反思，上海城镇化规划思路，环境保护和老工业基地开发利用，推进城镇化建设投融资创新机制等方面的精彩论文交流和评议。

新加坡国立大学刘瑞平教授的主旨演讲，从新加坡的地理区位、历史与发展进程谈起，全面阐述了新加坡城市规划、建设、管理等方面的经验。特别是围绕公共房屋建设、交通设施规划与管理、城市生态建设等方面，从一个个鲜明生动的具体案例出发，展示了综合化、便利化、生态化的先进经验及其背后深层次的人性化理念。在公共房屋建设方面：一是公共房屋建筑设计体现不同时代的特色；二是对旧的房屋适时进行改造，在保持内在结构的同时，对外立面加以修饰，增加额外面积，并根据老人的需要，改装电梯，使公共房屋一直保持宜居的状态；三是体现种族和谐，公共房屋的样式适应不同种族的风俗习惯，按一定比例加以建造，天主、基督、佛、道、阿拉伯等各种文化、各个种族和谐共处。四是配置有盖人行道，为行人提供便利和安全。五是体现生态理念。公共房屋建设中，通过绿色建设、气动垃圾收集系统、太阳能电池板、屋顶花园、多层停车场等设计，实现了绿色环保的效果。交通管理方面，一是快捷交通。新加坡既有四通八达的地铁线路，又在居民区附近配置了轻轨列车，解决最后一公里的交通问题。二是综合交通系统建设。在规划设计的时候，将公交巴士枢纽、有轨列车站、轻轨站综合考虑，融为一体，既方便了行人，又节约了资源。三是实施错峰收费政策，解决高峰时期交通工具拥堵现象。四是电子收费系统，不但缴费更加容易，也可用于调控不同路网的车辆分布。五是拥车证制度。六是鼓励自行车的政策。设置自行车专用道，并有专门的道路连接各处公园。七是各车站间的无缝交通、有盖行人道及无障碍设施建设。最后，刘教授还介绍了新加坡历史建设保留、保护、保全的一系列政策。

主旨演讲后，五个学(协)会代表进行了交流发言。

上海城市经济学会代表丁健以“中国城市化进程的反思与发展新取向——基于近30多年历程的考量”为题，在梳理了城市化的本质特征和基本规律的基础上，对近30多年来中国的城市化进程进行了总结和评价，并且着重从城市化理念、目标导向、发展战略和操作逻辑方面予以反思，揭示了其中深层次的问题和原因。他认为，尽管近30多年快速城市化为整个中国的发展提供了动力和经济支撑，但是在这个进程中所发生的问题层出不穷。这些问题如果不加以妥善地解决，不仅不能充分体现能力为本的城市化的本质特征，而且将直接影响未来中国的城市化进程。因此需要反思，并从反思中汲取教训。(1)对城市化指导理念的反思——只注重物理形态的城市化(“官本位”城市化理念)，忽略以人为主的城市化。(2)对城市化目标导向的反思——“政绩导向”为主，忽略城市化的基本发展要求，即广大百姓的需求。(3)对城市化发展战略的反思——注重经济战略与贡献，忽略社会、生态的整体发展战略。这种重经济、轻社会和生态的城市化发展战略不仅出现在实务界，还出现在理论界。这样的城市化发展战略，同城市化需要强化四个文明的协调能力的要求是背道而驰的。(4)对城市化推进逻辑的反思——中国各地推进城市化的操作逻辑就是：规划圈地——买地招商——负债建城(开发区)——出城市形态——新城(开发区)内容缺乏，呈空心化——资源浪费，社会不稳定、生态恶化和维护成本高企等。最后，根据全球城市化的大趋势，提出了未来中国城市化发展的若干新取向。(1)以人为本的理念要成为指导未来城市化的准则。(2)以四个文明协调发展的思想指导城市化进程。(3)以低成本推进的策略主导未来中国的城市化。(4)以集约紧凑的方式优化城市的空间布局与集聚环境。(5)以城市群为空间发展单元完善各区域的城镇体系。(6)以制度创新为龙头实现城市社会的公平公正。

上海城市规划学会代表熊鲁霞以“上海城镇化发展的规划思路——若干问题的思考与讨论”为题，提出了城镇化的本质是什么？它始终不变的目标是什么？城镇化推动经济的发展同时，其更深层次的社会意义是什么？当前城镇化面临的问题是什么？等问题，她认为城市化的过程不仅仅是第一产业向第二产业转变的过程，同时是土地等自然资源的利用、生产方式和生活方式从粗放型向节约集约型的转变过程，是城乡二元向城乡统筹的转变过程，核心是每一个人在城市社会中平等地位的获得。同时，针对上海城市化进程中的几个重大问题，提出了自己的观点。(1)人口规模的控制问题。观点一：控制人口规模是上海历次总体规划的目标。观点二：认识城市化进程中的人口流向趋势。观点三：在城市化的趋势中，如何进一步认识关于人口控制的问题。(2)环境视角的空间格局问题。主要特点：城镇建设用地：整体布局上呈现近域蔓延和轴向延伸的态势；中心城呈现无序低效蔓延态势。如何对待中心城的扩展？观点一：完善中心城周边地区的公共设施。观点二：坚持中心城周边的生态空间。(3)区域视角的上海发展中主要的问题。观点一：在产业同构背景下，上海对区域产业升级引领有待加强。观点二：重点水域的跨区域生态维护有待加强。观点三：区域合作机制需要完善。

上海市市政公路行业协会代表高雪峰以“实现环境保护与城镇建设融合发展的目标——青浦区城乡一体化实践与探索”为题，介绍了青浦区城乡一体化发展的经验。按照“1870”城乡体系框架，青浦区将形成以一个新城为核心，八个新市镇为纽带，七十个中心村为基础的城乡体系结构。青浦新城规划面积119平方公里，人口规模70万，东翼有国家级商务区、西翼有世界级湖区，具有6 000多年的历史文化底蕴、产城一体、水城相融的特征。良好的生态环境和可持续发展的潜力是青浦最宝贵的资源，也是吸引人才集聚最具竞争力的优势。在多年建设和发展的实践中，青浦区形成和不断完善了“水城融合”的城乡一体化建设的发展理念，依托生态、宜居、交通便捷等优势，抢占产业发展的制高点，大力引导和培育新兴战略产业、现代服务业、物流商贸业向这里集聚，实现经济发展、优美环境与城镇建设的高度融合。在此基础上，提出了未来努力方向，一是解放思想，坚持改革创新。二是城乡统筹，确立规划引领。三是聚焦发展，优化交通功能。四是制定对策，突破资金瓶颈。

上海市宏观经济学会代表韦栋以“老工业基地二次开发和新型城镇化——兼论闵行区老工业基地二次开发”为题，指出上海新型城镇化的内涵有其独特性，表现在老工业基地二次开发和郊区深度城市化。上海有8大重点产业基地、9家国家级开发区、31家市级开发区。产业基地和开发区多数位于中心城区以外，其中有一批是老工业基地，如闵行老工业基地、吴泾老工业基地等。在产业基地和开发区附近，往往分布着农田地区和农村居住地。这些区域面临深度城市化问题，老工业基地面临二次开发问题，这是上海新型城镇化不同于其他省份的特点。研究上海新型城镇化和产业发展，须深入思考新型城镇化和产业发展的共性问题，更为重要的是，必须认真研究这些个性化特征、差异化问题。需要更多关注老工业基地附近农田地区和农村居住地的深度城市化问题，老工业基地自身的产业提升和二次开发问题，以促进一二三产业加快融合发展。通过分析，他提出了闵行区老工业基地二次开发与深度城市化的思考：(1)加快推进产城融合发展，以产促城以城兴产。(2)盘活存量工业用地，破解城镇化土地资源紧缺。(3)加快老工业基地产业升级，培育发展新兴产业。

上海市固定资产投资建设研究会代表应望江以“发展基础设施产业基金　推进城镇化投融资机制创新”为题，指出随着城镇化战略的推进，现行“政府投融资平台＋土地财政＋土地金融”为主导的投融资模式将难以为继，投融资模式创新成为客观必然。他从推进城镇化投融资机制创新角度，认为“大力发展基础设施产业基金、吸引社会资本投向城镇建设是可供选择的模式之一”。他描述了现阶段基础设施产业基金的若干框架性设计，并在分析存在问题的基础上，充分借鉴国际经验，提出了相关建议。第一，在《产业投资基金管理暂行办法》的基础上，尽快完善基础设施产业基金的相关法规政策。第二，基础设施产业投资基金的发展要由政府主导逐步转变为以市场为主导。第三，完善基础设施投融资配套政策体系，调动社会资本投入城镇基础设施建设的积极性。第四，对社会资本进入城镇基础设施领域提供明确的产业政策导向。第五，完善资本市场体系。完善的资本市场可以保证基础设施资产证券化过程的顺利进行。

“坚持和发展中国特色社会主义”理论研讨征文交流会

11月19日下午，上海市劳动和社会保障学会举办了“坚持和发展中国特色社会主义”理论研讨征文交流会。上海市劳动和社会保障学会常务副会长阎友民、副会长王大奔、秘书长陈卫国出席会议。上海市劳动和社会保障学会陈卫国秘书长主持会议。学会所属各专业委员会、分会、区（县）学（协）会和部分会员单位代表70人参加会议。

会议特邀请了在今年上半年由市委宣传部、市社联、市社科院等单位联合组织开展的“坚持和发展中国特色社会主义”理论研讨征文活动中我学会获优秀征文奖的五位作者进行交流发言。

第一位发言的作者是华东师范大学副教授、市劳动保障学会促进就业专业委员会主任王大奔，他作了题为《对在上海就业的境外人士的调查报告》的征文交流。他结合“六普”资料的分析，从本市不同户籍人口的就业状况、境外人士在沪就业状况、本市失业青年状况以及本市女性就业状况等四大方面对本市户籍人口的结构作了详细的介绍。他根据数据分析，认为目前本市人口结构中呈现流动人口数量急剧增加，在沪就业的外来人口年龄构成轻，外来人口的就业率明显高于本市户籍劳动力等现象；在失业青年状况中本市青年失业率略高于成年人，但明显好于发达国家、女性的失业率略高于男性、毕业后未工作是失业主要原因、郊县失业青年占失业人口的比重更高等。他还详细介绍了在沪的港澳台和外资企业的基本情况以及未来在沪境外就业人口的发展趋势等，并指出人才是上海未来发展最重要的资源，相关政策重心应继续加强从招才引智，同时也应转移到优化环境上来。提升现有教育、医疗、文化服务质量，不断完善公共配套服务，营造有利于人才和企业发展的综合环境。

第二位发言的作者是华东理工大学社会与公共管理学院副教授龚秀全，他作了题为《城镇职工基本养老金待遇调整水平研究》的征文交流，他首先向与会者介绍了自己的选题背景与目的，后围绕职工基本养老金待遇优化模型、职工基本养老金待遇调整的支付能力等几大方面展开了详细的阐述，并提出我国应适当缩小养老金增长率与在岗职工平均工资增长率的差距，以避免导致老年整体贫困；基本养老金待遇调整应综合考虑养老负担系数的改变和职工工资增长率的改变；应采取提高职工基本养老保险累计积累资金收益率和扩大养老保险覆盖面来显著提高基本养老保险的支付能力，实现基本养老保险的可持续发展；在对职工个人进行养老金待遇调整时，应对公平与效率进行权衡，根据基础养老金和个人账户资金的功能定位分别进行调整，综合考虑物价增长、在岗职工工资增长、缴费年限、个人账户和促进公平等因素，不能因养老金待遇调整而扩大老年人的收入差距等策略。

第三位发言的作者是浦东新区劳动保障监察大队法制科的副科长周琼瑛，她作了题为《劳动监察中的调解制度》的征文交流。她首先对调解制度在劳动监察工作中运作的必要性、调解制度在劳动监察工作中运用应遵循的原则、调解制度在劳动监察工作中的具体运作构想等三方面作了详细的介绍，并提出了在劳动监察中合理的运用调解制度将会起到有助于寻求劳动者和用人单位之间的利益最大化、有助于提供劳动监察工作的执法水平和工作效率、有助于缓解劳资矛盾解决的压力，促进社会和谐等作用。

第四位发言的作者是黄浦区就业促进中心职业指导师解予晴，她作了题为《上海市物业行业职业供求状况分析》的征文交流，她通过数据比较和案例调研简述了目前物业行业招聘现状、物业行业人才招聘满足率低的原因、解决物业行业供求不等、人才堪忧的方法，最终提出物业公司沿用“学徒制”培养所需人才，而求职者“错时避峰”拓宽选择面的参考建议，旨在为两者搭桥，达到供求平衡，从而做好公共就业服务机构服务企业和个人、促进就业的本职工作。

第五位发言的作者是普陀区医疗保险事务中心的张维敏，她作了题为《完善基本医疗保险异地就医管理的方略》的征文交流，她首先介绍了异地就医管理的研究背景以及管理的现状，提出分析了异地就医存在的诸如结算滞后、费用审核标准不统一、医疗卫生资源配置不均衡的问题，并结合其普陀区异地就医的情况分析，提出了完善基本医疗保险异地就医管理一系列策略。

最后，上海市劳动和社会保障学会常务副会长阎友民提出几点意见：一、要认真学习贯彻党的十八届三中全会精神，深刻领会精神实质；二、学术研究必须理论联系实际，防止学术研究高谈阔论，言之无物；三、具有操作性的成果将会被推荐给政府相关部门，予以采纳。

房屋质量及安全使用必须有法可依

——房屋质量管理及安全使用法律问题研讨会

11月19日下午，上海市房产经济学会、上海市律师协会在上海市律师协会学术报告厅联合举办“房屋质量管理及安全使用法律问题研讨会”。这是两会连续四年合作举办房地产与法律问题系列研讨。会议由上海市房产经济学会常务副会长、秘书长李国华主持，上海市律师协会盛雷鸣会长致词，四位嘉宾所作演讲分别是：上海市建纬律师事务所主任朱树英的“建议立法建立存量房屋主体结构‘定期体检’制度”、上海市房产经济学会学术委员会市场专业委员会主任田汉雄的“房屋质量管理制度的不足及对策建议”、上海市律师协会房地产业务研究委员会主任季诺的“试论我国不动产质量保护法律体系的不足和完善”和上海市房地产科学研究院副院长陈洋的“从房屋检测看质量管理与安全使用”。

一、目的意义

上海现有各类房屋建筑约10亿平方米，住宅建筑占一半以上。其中，许多建筑目前已到了房屋大修、设备更新年限。房屋建筑正从建设的高峰期转向使用和维修的高峰期。房屋建设中的施工质量问题，以及住户二次装修对房屋结构的损坏等，引发的房屋质量事故屡有发生，如阳台坠落、玻璃幕墙坠落、电梯事故、楼体沉降、墙体裂缝、外墙贴面脱落等，对人们的居住生活造成了危害。召开本次研讨会的意义在于：

1. 房屋质量和安全使用是房地产管理中的重点和难点之一，社会对这一问题的关注程度不亚于当前的房地产调控，它关系到人民生命财产安全；

2. 上海房屋建筑量大面广，房屋质量和安全使用涉及千家万户，必须在房屋建造、使用中，彻底消除房屋和设备的质量隐患；

3. 近年来房屋相关事故频发，有必要加强研究，依法运作，以减少损失，在房屋安全使用上实现质量隐患的“零容忍”，确保房屋使用安全。

二、 存在问题

(一) 房屋质量问题产生的原因

1. 房屋建筑质量问题主要源于建设阶段。如：项目立项论证不充分，在规划设计中存在质量隐患；国家规范标准执行不严，使用不合格的建筑材料和设备；建筑市场无序竞争，工程转发包情况严重，施工质量难以保证；工程监理制度不完善，工程建设监督机制失灵;工程验收制度改革不到位,工程质量验收把关不严;等等。

2. 房屋质量问题频频出现,也由于房屋建筑自身特点所定。如:隐蔽性,在房屋建设中,隐蔽工程对于工程质量影响极大,不严格验收后进行检测十分困难;长期性,房屋建筑使用期限较长,有数十年甚至百年以上的使用寿命,必然出现自然老化现象;派生性,涉及的问题复杂,引发大量的人身伤亡、财产损害甚至社会稳定问题。

3. 私人业主拥有房屋产权,一般不会特意对房屋进行定期维护,即便发现问题也不愿意去及时维修,导致房屋的主体结构质量缺陷问题会越来越严重。

(二) 房屋保修及维护

1. 工程保修制度不完善。大部分施工企业把工程保修责任连同返还保证金的责任一并承包给项目经理部。一旦项目完成、通过竣工验收,项目经理部会转移到新的项目上,因而频频出现有关工程保修的诉讼案件,如:房屋保修联系不到责任人;房屋渗漏等问题屡修不能解决;对保修通知不及时回复、及时保修,不得已另行委托他人保修,其承担费用发生争议。

2. 缺乏对房屋的定期检查制度。原先房管部门对公房有定期大修的规定,随着公房出售和大量商品房的建设,房屋的大修、改建依法由全体业主共同讨论决定。当房屋出现主体结构缺陷必须大修时,如全体业主不予讨论或者经讨论意见不一致,则无法及时维修可能会发生安全事故。

3. 存量商品房屋改建、大修的资金问题难以落实。当居住的商品房使用年限较长、房屋的主体结构出现质量缺陷、小区的维修资金不能承受大修改建费用时,不少业主不同意承担较大的维修费用而不能形成统一的意见,此时的房屋大修或改建会因为资金问题而无法实施。

(三) 房屋质量的立法不够规范

1. 从房屋质量和安全使用立法本身来看,法律和法规体系尚不完善。如:民事法规无专门规定,房屋质量不受《产品质量法》的约束,也无法适用《消费者权益保护法》。

2. 房屋建设和使用中遇到的法律问题。如:在建筑施工监理中,监管制度没有形成制约关系,监管人员往往听命于建设方和施工方;建设方自行验收,使竣工验收流于形式,质监站的作用大大削弱;住宅专项维修资金的使用,需经过业主委员会讨论通过,维修资金动用困难;房屋质量保修存在制度缺陷,缺乏房屋质量缺陷鉴定机构。

3. 商事法律规范的衔接问题。现行的房地产开发均采用项目公司模式,单个项目开发设立项目公司,开发完毕后项目公司注销,房屋出售人消亡,瑕疵担保责任落空;在公司法及破产法里无特殊安排。

4. 房屋质量缺陷救助存在缺陷。房屋质量缺陷的合同责任属开发商,但开发商地位强势,且经营期限较短,很难担负其责任;房屋质量缺陷的侵权责任属设计方、施工方、监理方,但建设过程过于专业,举证责任难以满足。

三、 对策和建议

(一) 分类建立房屋质量保证体系

根据房屋特点,按房屋结构、设备设施和房屋装修三类分别建立质量保证体系。

1. 房屋结构(基础、柱、梁、板、墙等),要求开发商、设计方、施工方、监理方四方签署质量保证书并在政府部门备案,共同负责实行联保。

2. 设备设施(电梯、消防、小区自有电力等),要求开发商、生产商、施工安装三方签署质量保证书并在政府部门备案,共同负责实行联保。

3. 房屋装修,要求附有装修房说明书及质量保证书,各种主要装修、设备等产品名录、产品性能分门别类写明保证单位,各种装修、设备可分为不同类别,设立保修年限。

为了使房屋质量保证体系能够顺利运行,必须有充足的资金作支撑,可有两个方案。

1. 建立住房质量保证基金,由专门机构建立住房质量保证金基金,由开发商、建筑商、设计方、监理方共同筹集。

2. 设立保险型住房质量保障基金,成立住房质量保证保险(保险公司),由保险公司测算制定收费标准和住房质量保险金额,采用商业化运行。

(二) 建立房屋"定期体检"制度

上海市可以先行通过制定地方规章来设立"定期体检"制度,掌握本市房屋主体结构缺陷的"病情"及"病因",妥善解决房屋质量缺陷,让"定期体检"制度成为一个常态的机制。

1. 建立房屋质量缺陷排查的登记备案制度。通过房地产交易登记管理和房屋租赁备案管理等业务系统进行,建议市、区两级政府房屋主管部门会同房屋质量检测专家,组建房屋质量安全排查小组,分批分次深入居民住宅小区,进行全市存量房屋主体结构质量缺陷的全面排查,实行存量房质量缺陷登记备案制度,定期回访。

2. 制定房屋使用一定年限的强制质量检测制度。规定根据不同的房屋结构使用年限已达10年、或者15年房龄的存量房屋的缺陷申报制度,接受主体结构工程强制检测。应及时听取业主意见,组织实施维修或者改建工程,重点要关注居民小区电梯更新及房屋大修、外墙改建等工程。

3. 落实市财政存量房屋使用安全的投资资金。根据实际需要设定城市存量房屋使用安全资金,确定相应的财政拨款数量并落到实处,使全市大规模、大范围的存量房屋的定期检查及实施必要的维修有资金的保证。

(三) 建立房屋全生命周期的立法管理

2011年5月1日起,北京市开始实施国内首部对既有房屋建筑实施"全生命周期管理"的政府规章,要求对房屋建筑从"出生"到"灭失"整个生命周期的使用行为、检查维护、安全评估与鉴定、安全问题治理等各个环节进行36项严格规范。上海也应建立类似规章。

1. 房屋全生命周期管理阶段。将房屋建筑划分三个阶段进行规范管理:首先,是房屋建筑建成后5年,由开发商、建设单位履行保修责任;其次,是维修阶段,由业主对房屋建筑进行养护和管理,使其保持良好的使用状态;最后,是房屋达到设计使用年限时,业主对房屋进行大修,延长其寿命。

2. 明确责任主体,做到权责明晰。房屋建筑的所有人是安全责任人,房屋建筑所有权人应当根据房屋建筑类型、设计使用年限、使用时间等情况,定期委托房屋安全鉴定机构进行安全评估。

3. 加强安全防范，强化监督管理。强化行政部门对公共建筑的管理和巡查力度，及时督促公共建筑的所有权人进行安全评估、安全鉴定、抗震鉴定等。

（四）完善房屋质量管理的立法

1. 制定《房屋质量法》以保障建筑物质量。吸收《建筑法》中关于建设过程中的质量规定，规定房屋建设期间和使用中两个阶段的质量问题，建立不动产质量责任保险及行业担保制度。参照《产品质量法》对开发商、施工方的责任予以明确，建立不动产质量检查机构体制，明确并延长质量瑕疵担保的期限。

2. 建立房屋质量保险管理机构。参考英国模式，以质监站为基础成立全国性不动产质量保险管理机构。该机构推行统一质量标准，保证开发质量，提供权威的质量缺陷鉴定服务，预先赔付，再向责任人追偿。

“寻找中小企业服务突破口”专题研讨会

11月19日下午，由上海市经济学会市场中介研究专委会与上海市中小企业发展服务中心联合举办的“寻找中小企业服务突破口”专题研讨会在上海市中小企业服务大楼举行。会议由经济学会市场中介研究专委会副主任侯忠云博士主持。

本次研讨会重点聚焦中介机构如何走近中小企业，如何建设中小企业服务需求传导机制和载体，如何完善服务规范，如何把握公益性服务和商业性服务之间的关系，政府如何扶持中介机构的发展等议题。

市中小企业发展服务中心副主任丁才庆简要介绍了中小企业服务体系的现状和主要功能。市场中介研究专委会秘书长张平介绍了该专委会在发展市场中介为中小企业服务方面的一些举措和上海中介机构发展的情况。

市促进中小企业发展协调办公室副主任宋晓辉指出，党的十八届三中全会顺利召开，政府会在“法制政府、服务政府、责任政府”的建设上迈出更加扎实的步伐。“政府扶持中介、中介服务中小企业”的理念会更加深入人心。目前，全市共遴选出245家中小企业公共服务机构，通过专项资金奖励形式，支持服务机构发挥示范引领作用，为中小企业提供“找得到、用得起、有保障”的各类公益性和专业服务。

上海社会科学院研究员陶友之做了交流发言，送给广大中介机构四个字——“诚”、“勤”、“导”、“正”，即中介机构要讲诚信，办事勤快，做好引导，收费公正合理。中小企业要过5关：“脑子关”——有创新的思想、“胆子关”——敢为天下先、“体制关”——建立激励机制、“君子关”——保密技术成果、“梯子关”——为年轻人铺好道路。

上海续道企业管理咨询有限公司总裁王象山教授就政府在选择和认定服务机构时提出了3点建议，一是首先考虑机构的社会责任和服务意愿；二是将财力支持和智力扶持相结合；三是将事后奖励转为事前的引导。

上海中小企业风险管理研究所所长金斌表示越是到基层，提供的服务越受到欢迎。同时，现在提供的服务70%可以作为标准化，机构的成本和企业成本都会随之降低，在此基础上，再根据企业的具体需求，提供选择性和个性化的服务。

上海通和咨询管理有限公司总经理郑峥嵘谈到政府可以提升中介机构人员的素质，中介机构如何发现需求，走进需求，推进长效管理机制。

上海百悦律师事务所高级合伙人贾毅冰、上海企业竞争力研究中心主任范林根博士、上海市现代服务业联合会副会长叶黎明也从不同的角度做了交流。

上海市经济学会副会长兼秘书长郝德良做总结发言，“中国梦”的实现需要广大中小企业的崛起，而企业的崛起需要政府主办的服务机构、中介服务机构和行业协会的大力支持，通过整合资源、加大宣传力度，为广大的中小企业提供一个更加优质的服务。

本次研讨会为政府如何更好地服务中小企业打开了一扇思索的窗口，同时让更多的学术界人士了解政府的具体做法，为今后的进一步合作开了一个很好的头，打下了很好的基础。

经济学会市场中介研究专委会主任许学武因时间关系递交的书面发言，专委会其他相关人员、中小企业发展服务中心有关业务部门负责人、部分区县中小企业服务中心代表、部分中小企业代表等共二十余人出席了此次专题研讨会。

环境保护与城市发展转型研讨会暨上海市生态经济学会 2013 年年会

11 月 20 日，由上海市生态经济学会主办的“环境保护与城市发展转型研讨会暨上海市生态经济学会 2013 年年会”在上海社会科学院举行。十届上海市政协副主席、上海市生态经济学会会长王荣华，上海市环保局局长、上海市生态经济学会副会长张全，上海社会科学院经济研究所所长、学会专家委员会主任左学金，上海市人大财经委原主任委员、学会副会长俞国生，上海市政协资环专业委员会原专职副主任、学会副会长孙钟炬，上海社会科学院党委副书记、学会副会长洪民荣，民建上海市委专职副主席、学会副会长张兆安，上海市政府参事、学会常务理事赵国通等常务理事与上海市规划和国土资源管理局政策研究室、上海市城乡建设和交通发展研究院、上海社会科学院生态经济与可持续发展研究中心等机构 50 多位专家学者，围绕着环境保护与城市发展转型面临的现实问题，从多方面多角度展开深入讨论。会议由学会副会长洪民荣研究员、张兆安研究员等领导、专家主持。

学会会长王荣华教授在开幕致辞中，指出环境保护不仅是环境问题，更是发展问题，环境保护要求把环境承载力作为经济发展的基础条件，倒逼行为主体抛弃粗放式经济增长方式，努力进行技术创新和制度创新、形成更强的经济竞争力。发达国家都经历了用严格的环境政策促使经济转型的历史阶段，而那些经过严格环境政策洗礼的企业，都已成为具有强大竞争力的跨国企业。未来，以环境服务业为代表的节能环保产业将得到巨大的发展。虽然上海市的环境保护与经济转型工作取得了很多成绩，但是这项事业仍旧任重道远。

学会副会长、上海市环保局张全局长作了“解决环境问题，根本出路在于转型发展”的主旨演讲。他认为：第一，发达国家解决环境问题，是从经济社会发展本身、产业自身进步的角度研究与解决问题。第二，国内相关产业的发展状况与面临问题，表明我国的经济发展方式转变已经刻不容缓。第三，我国的环境问题表现为压缩型，即发展中国家与发达国家面临的环境问题均在我国出现，这主要是由我国快速工业化造成的。第四，我国环境问题的解决面临很多困难，但根本出路仍在于转型发展。

学会专家委员会主任左学金研究员作了“低碳城市的空间布局研究”的主旨演讲。他强调，解决城市交通环境污染与降低能源消耗，首先必须从源头抓起，减少人们对交通的需求，降低通勤距离。其次，具体措施上应发展公共交通，再加上步行、自行车这些低碳出行方式。再者，郊区的发展方向应瞄准中心城区，建设与中心城区相近的环境，鼓励服务业发展；同时，工业园区应由单一功能园区向多功能园区转变。其他几位专家学者也分别从城市规划、交通发展以及产业转型视角进行交流探讨，与会专家认为，解决环境问题根本出路在于发展转型，发展转型将面临利益格局变动的挑战，而目前技术储备不足，需要鼓励创新、需要探索区域之间的合作机制、需要统筹规划、做好顶层设计。

第二届中国特色商会高峰论坛

11月20日下午，上海市民营经济研究会会同上海市工商联、华东师范大学、中国特色商会研究中心在华东师范大学共同举办了“第二届中国特色商会高峰论坛”。全国工商联副秘书长、中国民营经济研究会常务副会长王忠明应邀出席论坛并讲话。上海市工商联副主席高开云、华东师范大学党委常务副书记曹文泽分别致开幕辞。

本次论坛以“中国商会的特色与使命”为主题，是上海市社联第七届学会学术活动月的活动项目之一，更是学习贯彻落实党的十八届三中全会精神的一次实践活动。

论坛上，中国特色商会研究中心副主任、华东师范大学博士生导师林拓教授，全国政协委员、华东师范大学博士生导师章义和教授，中国民营经济研究会副会长、上海市民营经济研究会会长季晓东先后围绕《民族复兴与商会使命》、《当前中国商会研究的若干热点问题》、《统战性、经济性、民间性是中国特色商会的基本特征》等议题发表主题演讲。论坛由上海市民营经济研究会常务副会长夏斯德主持。出席论坛的还有华东师范大学校务委员会副主任、中国特色商会研究中心主任罗国振等领导以及上海市民营经济研究会的会员单位、各区工商联分管领导和相关商会负责人、华东师范大学相关研究人员，共200余人参加了论坛。

商会发展呈现新特点

中央统战部副部长、全国工商联党组书记全哲洙同志在全国工商联商会建设工作会议上的讲话中提到，培育和发展中国特色商会组织作为一个时代的课题，既是各级党委政府加强和改进新形势下工商联工作的重要任务，也是对工商联在商会建设中坚持、体现、发展中国特色的明确要求。对此，全国工商联副秘书长、中国民营经济研究会常务副会长王忠明在论坛上谈到，目前中国商会数量加快扩张已经成为一个新的阶段性发展特征，全国现有商会已超过6万多家。正所谓“商会建设兴，民营经济兴；民营经济兴，则地区经济兴。”把握中国商会建设的要点就必须深刻理解工商联商会在改革开放以来的生动实践中逐步形成并日益鲜明的中国特色，准确把握中国特色商会组织的时代内涵。王忠明同时强调，促进商会建设日益成为衡量地区经济社会发展的重要变量，如浙江、福建等省的异地商会十分活跃，也为当地经济发展注入了更多活力和动力。同时，规范监管商会组织日益成为新的突出的问题，因此要加强国际比较视野下我国商会协会的职能定位及其行业治理能力研究。

三性凸显中国商会特色

中国民营经济研究会副会长、上海市民营经济研究会会长季晓东在论坛上围绕中国特色商会的三大基本特征——统战性、经济性、民间性，以商会的新生、再生、提升为主线解析了中国特色社会主义商会的发展道路。他说，2010 年颁布的“加强和改进新形势下工商联工作的若干意见”（中央 16 号文件）中明确指出，“三性”是工商联工作的基本特征，这既从本质上指示了我国商会的“中国特色”，也是对我国商会发展道路的深刻总结和前进要求。从我国商会的发展史来看，中国商会既有商会的本质属性和共性，又不同于解放前的旧商会、不同于西方商会，是中国特色社会主义道路的组成部分。

季晓东表示，“三性”就是三个方面的特点和优势，也就是具有其他部门和团体缺少的综合优势。“三性”是相互结合、相互依存的，没有统战性就没有“魂”，没有经济性就没有“神”，没有民间性就没有“根”。牢牢把握统战性关键是把非公经济人士的政治诉求纳入党和国家的政治体制内，坚持正确政治方向；重点是培养建立一支高素质的代表人士队伍；重要任务是加强和改进思想政治工作。充分发挥经济性就是要求商会做好政府管理非公经济的助手；履行商会职能，以服务立会，以服务兴会；参与三方协调，构建和谐劳动关系，释放商会作为经济类社会组织的活力。切实体现民间性就是要开门办会，民主办会，注重企业家的主体作用。

商会助推实现中国梦

论坛上，中国特色商会研究中心副主任、华东师范大学教授林拓从现代商会的诞生及基因孕育、现代商会与国家治理现代化、现代商会与大国经济体成长等方面解读了商会的使命。他认为，现代商会的诞生根植于国家特色，具有不同的基因及其特质。100 多年前，中国商会在成立之初的核心追求就是“民族富强与抗争的使命担当”，因而自诞生之日起就迸发出强大的生命力与影响力，在应对金融市场动荡、收回关税自主权等民族命运的重大历史关头体现了责任担当。改革开放以来，中国商会快速发展，有效促进了经济活力的充分释放与区域转型发展，在助推大国经济体成长中发挥了重要作用。“可以说，中国商会内生于文化传统与群众实践、根植于社会形态与经济形态、着眼于市场经济与企业人士的健康发展，与国家共同成长，成为促进国家治理体系与治理能力现代化，实现民族复兴‘中国梦’的重要动力。”

呼吁商会回归本性

全国政协委员、华东师范大学教授章义和在谈到当前商会研究的热点问题时说，现在正是商会发展的大好时机，但仍需注意商会与政府的关系、商会制度的改革、商会立法、商会建设等诸多问题。他呼吁商会当“回归本性”，同时商会的发展在一定程度上也将倒逼政府某些职能的转变。章义和进一步指出，当前商会制度的改革迫在眉睫，而商会立法的呼声也越来越高。从当前来看，商会组织呈现出三足鼎立的局面即工商联、行业协会和贸促会系统的商会组织较为活跃且影响力较大，而民间商会则在东南沿海等地区较为活跃，地区发展的不平衡较为明显。这也与商会自身建设存在的问题、商会作用发挥不够、管理关系不顺畅等诸多因素相关。“我们必须承认，商会、工会、政府之间存在互动博弈的关系，商会的协调功能机制应当更好地发挥作用。”章义和说，商会史的研究将对中国特色商会今后的健康发展起到重要的借鉴意义，因此，对中国特色商会的研究需要进一步的拓展，要以“走出商会的商会史”的观念看中国特色商会研究。

上海市民营经济研究会将在此次论坛的基础上会同中国特色商会研究中心编辑《2013 年中国特色商会白皮书》，并用两年时间初步形成《中国特色商会研究概论》，为加强中国特色商会的理论研究作出应有的贡献。

保护与共享是集体经济健康发展的重要课题

——“集体经济保护与共享”研讨会

11月20日下午，上海市集体经济研究会在上海纺博大厦召开“上海市社会科学界联合会第七届学会学术活动月——‘集体经济保护与共享’研讨会”。研究会顾问、理事、部分团体会员和个人会员、专家学者及邀请者共计80余人参加了会议，对集体经济保护、利益共享机制的建立和完善等问题进行了深度探讨。会议由副会长、上海市委党校教授黄文忠主持。会长、上海市工业合作联社主任严镇博，上海市生产力学会副会长顾性泉，副会长、上海市城镇工业合作联社监事长陈兆忠，副会长、上海新徐汇(集团)有限公司总经理孙志伟，上海福之来汽车标准件有限公司党支部书记陈卫荣，上海新工联(集团)有限公司党委书记金剑铭围绕研讨会主题进行了演讲。研讨会还印发了5位专家、学者关于深化改革转型，创新发展中国特色社会主义合作经济的论文，供研讨参考。上海市政府研究室副巡视员沈瑞良出席了研讨会并讲话。

完善城镇集体企业法规刻不容缓

上海市集体经济研究会会长、上海市工业合作联社主任严镇博在演讲中提出，当前我国的城镇集体经济正处一个关键时刻。在国有经济不断壮大和非公有制经济迅猛发展的同时，集体经济的改革和发展显得尤为迫切。集体经济在国民经济中的比例过小，与党和国家的要求存在较大差距。我国宪法明确规定“中华人民共和国的社会主义经济制度的基础是生产资料的社会主义公有制，即全民所有制和劳动群众集体所有制”，“城镇中的手工业、工业、建筑业、运输业、商业、服务业等行业的各种形式的合作经济，都是社会主义劳动群众集体所有制经济”。但在实际工作中，许多政府管理部门的同志和从事经济理论研究的同志对集体经济缺乏认识，许多地方对集体经济的指导管理机构常年缺失，有的甚至要求集体企业、集体资产限期退出，集体经济已经出现某种程度的“淡化”和“边缘化”危险。缺乏法律保护成为制约城镇集体经济健康发展的主要桎梏。

他认为，城镇集体经济法律缺失的结果，一是导致公有制经济理论缺失。全民所有制和集体所有制在公有制中具有不可分割的血肉联系，如果没有了集体所有制，公有制就会残缺不全。二是导致集体企业方向迷失。由于没有立法，改革中出现的新的集体企业难以进行工商登记，集体产权不能清晰，集体企业和劳动群众的合法权益受到侵害。三是城镇集体资产流失。由于没有法律规范的保护和规制，因此，平调、侵占集体资产的现象时有发生，最终企业职工利益受到损失。因此，完善城镇集体企业法规尤为迫切。

他强调，随着集体经济的发展和改革，1991 年 9 月发布的《中华人民共和国城镇集体所有制企业条例》不少内容已经滞后，主要有“六个变化”：一是《条例》规定的企业形式发生很大变化。如与《条例》相比现今多种形式集体经济发展中出现的合作制、股份合作制、公司制、员工持股制、混合所有制等企业组织形式相比，成员范围、产权结构、决策方式、利益分配等都有了很大变化和多元化发展的态势。二是企业成员范围发生变化。集体企业产权主体从单一集体资本变为多元投资主体，企业成员除了内部劳动者外，还包括与企业发展相关的外部自然人或法人股东。三是企业治理结构发生变化。企业最高权力机构有职工大会或股东大会，管理机构有理事会或董事会等。四是企业决策方式发生变化。决策方式有“一人一票”、“一股一票”和附加表决权相结合的复合决策方式。五是分配制度发生变化。在岗职工参与企业剩余分配的方式有“按劳取酬”，有劳动和资本要素共享利益机制，部分集体企业还从实际出发为退休员工提供适度福利保障等。六是资产分布发生变化。集体资产从 90％集中在集体企业中变为 50％已经融入公司制等各种企业组织中。

他建议，一要根据现有《宪法》、《物权法》、《乡镇企业法》、《城镇集体所有制企业条例》、《农民专业合作社法》等法律法规，制定城镇集体企业法律法规，保障城镇集体经济得到健康稳定的发展，指导、规范、调节多种形式城镇集体企业发展。二要依法明确城镇集体经济的宏观管理体制，落实政府职能部门加强对城镇集体经济的指导与管理。类似农民合作社发展部际会议制度，可以延伸到城镇集体经济的管理。三要给予各级联社明确法律地位，突出联社服务性。健全和完善城镇集体企业的法规，有助于从事城镇集体经济工作的同志进一步提高搞好集体经济的道路自信、理论自信和制度自信。

上海市生产力学会副会长顾性泉在演讲中强调，为促进和推动劳动群众集体所有制经济的健康发展，必须健全政府对集体经济保护的体制研究。他代表课题组介绍了课题形成的主要观点：一是城镇集体经济代表最广大劳动群众的利益，促进城镇集体经济转型发展是巩固公有制经济、实现劳动者共同富裕的重要途径。与国有经济和其他经济的发展情况相比，政府依法扶持和保护集体所有制经济更为迫切。二是政府有关部门首先要在观念上竖立，履行宪法要求，坚持道路自信，促进集体所有制经济发展。三是全面深化改革，建立协调机构，从制度和体制上推进集体所有制经济发展。四是上海作为全国改革“先试先行”的排头兵，要积极探索建立全面深化改革的领导机构，健全各级政府对集体经济保护和监管的体制，尽快制订出上海市推进集体经济改革发展的指导意见。五是要充分发挥上海工业、城镇、供销、生产服务以及各区县联社的帮手作用，在城镇一体化中，以工促农，以城带乡，优化各种资源组合，积极推进城乡多种形式集体合作经济的发展。六是完善法律法规，适当调整政策，鼓励城乡各类集体合作经济发展。亟需制定《城镇集体企业法》。七是《城镇集体企业法》要给予各级联社明确法律地位，突出联社服务性。使之成为政府与企业联系的重要平台，推动我国城镇集体经济的发展。八是适当拓展合作社的登记范围。城乡出现多种类型的社区合作社，难以“工商登记”，缺乏专项扶持资金。政府部门要加强政策研究，改变目前农村合作社、股份合作搞得红红火火，城市合作社不能登记、股份合作企业不再设立、集体企业“被改掉”的状况。九是分门别类地制定扶持政策。在城乡一体化中，坚持先试先行，要在注册登记、财政、税收、信贷等方面对集体合作经济组织进行正规化、合理化引导。对社区商业、服务、手工艺、养老、物业等各类新型集体经济合作经济组织，可按照合作社法人或社会组织法人注册登记；对以公益性为主的社区集体合作经济组织，需要建立专项扶持资金，给予营业税、所得税的免税或减免的政策扶持，并享有为政府提供服务项目的优先购买权。十是帮助各行业制定政策，鼓励城乡发展合作联合社，抱团闯市场，助力各种符合市场和社区发展需要的小、微合作社的成长；给予社区具有公益性特征的合作社尽可能多的政策扶持，特别是在土地使用、资源配置、技术指导、人员培育、项目扶持、金融服务等方面给予支持。十一是开展集体合作经济带头人的培训，表彰本事集体经济、合作经济先进典型和先进人物，努力将党和国家提出在城乡一体化中壮大集体经济，实现劳动者共同富裕的要求落到实处。十二是加强调查研究，推广典型经验，推进集体合作企业深化改革，制度创新。政府部门应该借鉴农村改革的经验，鼓励城区集体经济组织深化改革，确定集体产权归属和法人主体，界定集体组织成员范围，完善企业职工和经营者股权激励机制，引导建立区街各类集体合作企业的联合经济组织，创新企业制度，为集体资产运行和监管提供法律依据。

上海集体经济研究会副会长、上海市城镇工业合作联社监事长陈兆忠在演讲中指出，不断加强对集体企业内部的监管，也是加强对集体经济保护的一个重要的方面。他通过对市城镇工业联社的发展情况分析，认识到在激烈的市场竞争中，集体经济要生存、要壮大，必须加强资产的监督管理，才能确保集体资产安全运行，实现保值增值。他从集体经济实现形式多样化、集体资产规模不断扩大、全面履行联社职能、坚持反腐倡廉等四方面阐述了必需要加强监管的重要性。介绍了城镇联社近几年加强集体资产监管的“明晰产权、厘清责权健全制度、规范运作盯住存量管好增量”的三个做法。针对存在的对发展集体经济的重要性认识不足、一定程度上重投入轻监管及机制不够健全等问题。提出相关加强集体资产的监管对策：即要从新的角度审视城镇集体经济，提高对集体资产监管的自觉性。集体经济虽占比下降，但绝对额大幅度增加，仍然具有旺盛的生命力。集体经济的产权形式多样化，体制机制更加灵活。集体经济的业态发生了深刻变化，正在从传统手工业、传统制造业向现代先进制造业和现代服务业转变。集体经济在增加就业和解决历史遗留问题方面仍然发挥着重要作用。要扎实做好各项基础工作，建立集体资产监管的长效机制。不断加强集体资产的监管，夯实基础性工作，提高监管的有效性。清产核资，搞清家底。完善财务管理，健全统计体系。指导和帮助企业建立完善集体资产监管的规章制度。建立和完善监事会班子，落实监管责任人员。要明确重点监管的内容，增强对集体资产监管的针对性。抓好企业产权改制过程中集体资产的监管。抓好企业领导的业绩考核和离任审计。抓好参股企业经营分配的监管。抓好企业重大经营决策的监管。通过有效的监管，努力从源头上确保集体资产的安全，促进集体资产的保值增值。

实现利益共享是集体经济发展的内在动力

上海集体经济研究会副会长、上海新徐汇（集团）有限公司总经理孙志伟在演讲中重点介绍了新徐汇集团近几年来积极发展“云洲古玩商城”和社区规范化菜场及幼儿园等服务业组织，运作好集体资产和物业，取得了良好的业绩。在不断深入的企业转型改制工作中，集团始终把以人为本、统筹兼顾，维护好企业的和谐稳定大局作为集团工作的重中之重，注意统筹兼顾好上岗职工与非上岗职工、入股职工与非入股职工、在职职工与退休职工、主要经营者和一般职工、集团长远利益与眼前利益等问题。集团从改制以来严格控制分红水平，把主要精力集中到提高全系统职工的收入水平上。企业经营实现连续六年两位数增长，2008 年起全系统在岗职工收入水平均达到和超过了同年市平工资水平。集团历史上，有近 3 800 名职工签订了新老协保，他们一直以高于全市最低保障水平标准发放托底保障费，并且达到了全覆盖。对协保公积金封存的对象给予退休一次性补贴，并且逐年提高补贴标准。2009 年，集团针对大龄下岗职工就业困难等突出问题，对距退休五年内的大龄下岗职工发放共享生活补贴，月增加 80—400 元不等。在 2012 年底开展的“深化改革、共建共享”的专项改革中，为 1 万多名退休人员专门建立共享制度。每年划出 3 000 万元收益，设立“三费二金”，即：互助医保费。退休职工均参加上海市总工会的职工团体互助保障计划。住院补贴费，退休职工每住一次医院，集团给予相应的经济补贴。大病、重病帮困费，对在医保定点医院个人年度医疗费用自理部分过高的退休人员实施补助。补充共享金，即享受按其在本系统工作的工龄，乘以共享金标准得出的补充共享金额。补充抚恤金，死亡时可按本人不同年龄段享受一次性补偿抚恤金。补贴让本系统为集体经济做出贡献的退休人员共享改革成果。

上海新工联集团党委书记金剑铭在演讲中，介绍了新工联集团通过产权制度改革，经济规模稳定发展，经济效益不断提高，产业结构逐步优化为建立新型集体企业员工利益共享机制提供了根本保障的情况。新工联产权制度改革的重要成果之一，就是成立了职工持股会，使新工联员工真正成为劳动联合和资本联合的新型集体企业的实践者，走上了实现共同富裕的道路。新工联产权制度改革之所以能够成功，就是充分体现了“利益共享”这一理念，充分体现不同层面员工的意愿和利益要求。改革顾及到各方利益，客观公正公平，因此，改革受到了广大员工的理解和支持，极大地激励了在岗员工的积极性，企业经济效益逐年上升，员工收入不断提高，同时也惠及到了全系统退休、协保人员。在职员工工资，随着企业经济效益提高而提高：2012 年底新工联在岗员工年人均工资，比 2012 年的社会平均工资高 75%。十年间，新工联在岗员工年人均工资，从低于社会平均工资水平，到超过社会平均工资水平的 50%。平均年增长超过 10%。员工的福利也有了很大程度的提高，实行员工和女员工年度体检制度，建立门急诊和住院保险制度和企业年金制度等。从 2008 年起，对各子公司经营者实行经营者年薪分类管理。新工联员工通过职工持股会持股投资集团公司每年的持股分红成为其财产性收入的主要途径之一。至 2012 年 12 月底，在 427 名职工持股会会员中，持股数 10 万股以上的会员已占总数的 50%左右；2003 年至 2012 年，十年间每股平均获得含税红利已达 1.75 元，同时还按比例配送了红股。新工联设置退休员工共同共有共享股权，以补偿他们过去长期对集体经济做出的劳动贡献，形成一种有新型集体经济特色的养老补充机制，这是新工联产权制度改革的一大突破。近十年来，共同共有共享股权取得的红利近千余万元，对企业退休人员的补贴，逐步提高，对退休员工每人每年办理大病重病住院医疗保险，对身患大病重病、其家属患有大病重病特困人员进行补助。从2013年1月起对企业退休员工的补贴，正式制定了补贴办法，从制度上得到保障，形成了基本补贴和补充补贴的制度性安排。

他还对新工联进一步完善利益共享机制提出了新的目标：进一步推进深化改革，在企业可持续发展的前提下，按照“和谐、稳定、共享、持续”的原则，既要关心持股员工，又要关心尚未持股的员工；既要考虑在职员工，又要考虑退休员工、协保员工，尊重历史事实，妥善解决各种历史遗留问题，把员工利益的共享机制制度化、规范化。一是进一步完善新工联系统企业分配制度和员工持股制度。使之更加科学、更加规范、更加和谐。二是建立和完善各类退休人员的利益共享制度。在新工联控制经营风险、经济持续稳定发展的基础上，确保退休员工共同共有共享资产的不断增值，努力实现企业收益与退休员工利益共享浮动机制。三是研究建立员工利益共享保障基金，主要用于解决新工联历史遗留的突出问题，既尊重历史，又兼顾现实，坚持适当差异性和公平合理性原则，更好地体现新工联改革成果的共享，促进新工联系统通过继续深化改革，更加和谐和稳定。

上海福之来汽车标准件有限公司党支部书记陈卫荣在演讲中，交流了这家设在上海青浦区从事汽车标准件的制造型小企业，抓住集体企业“利益共享”这一基本理念，在改革中实行员工“人人持股”把员工的收入和企业经营业绩紧密联系在一起。经营者在利益分配上，第一想到的是员工利益的保证。除了员工薪酬的刚性增长之外，在股权分红上，经营者先将所得分红额的5%拿来分给员工，极大地调动了员工的积极性。它虽然只是一个生产不起眼的汽车类紧固件即螺丝产品的小企业，但是这几年，由于稳健经营，艰苦创业，保持了经济效益的持续增长，探索走出了一条富有特色的企业发展之路。这几年福之来公司经济效益和职工收入连续创新高：可用“千万、百万、十万、个万”来概括。“千万”，即公司的销售产值年均千万元增长，年均增长达到1 250万元。“百万”，即公司的利润、税收分别年均百万元增长。其中，利润从年450万元增至2 800万元，年均增长达到300万元；税收从年160万元增至2 100万元，年均增长240万元。“十万”，即公司的员工福利待遇年均十万元增长。“个万”，即公司的员工综合收入（工资＋奖金＋分红）年均万元增长，员工及中层干部（不包括领导层）收入每年增长3万元。

上海自贸试验区的建立为集体企业的转型发展提供新机遇

上海市政府研究室副巡视员沈瑞良在研讨会上，结合党的十八届三中全会精神对明年国际和国内经济形势、深入改革的方向和重点任务谈认识、提看法。他认为，世界经济正缓慢复苏，以美国与日本为代表国家的经济形势也相应好转。今年全国经济增长预计7.5%左右，明年“稳中求进、稳中向好”的态势不会改变。经济增长处在较为合理的区间之内，中央宏观调控也更趋稳健。2013年上海经济运行平稳。目前上海经济结构转型、调整处在全国前列。上海第三产业增长加快，一些新兴业态如电子商务、服务外包等增长较快。但外部经济环境仍然严峻复杂，不稳定因素仍较多，国内外问题同在。国际上美国量化宽松政策的退出，对其他新兴经济体可能造成冲击。部分新兴经济体增长速度放缓，可能影响中国的外需。国内来看，深层次矛盾凸显，主要问题：企业经营依然困难，尤其是中小企业存在成本过高。经济增长动力不足,如传统消费下降。全国转型升级的整体路径尚不清晰。金融财政困难仍比较大,财政的收支矛盾突出。产能过剩。节能减排压力比较大。因此改革任务十分繁重。上海要大力贯彻"十八届三中全会"的精神,以推进自贸试验区建设为抓手,推动各项工作的深入开展。他认为自贸试验区,要试验的主要方面是:投资领域的改革,包括境外投资的改革、商事登记制度的改革、服务业的开放、金融的创新、政府职能的转变等。

与会人员认为,上海自贸试验区的建立也为集体企业的转型发展提供了新机遇。必须抓住机会深化集体企业的创新和转型,加速集体经济的发展。

金融、财税、会计审计、其他经济

改革创新金融服务　加强支持实体经济发展

——市农村金融学会与金融时报社联合举办学术研讨会

4月2日，由上海市农村金融学会、金融时报社联合举办的“改革创新金融服务　加强支持实体经济发展研讨会”在中国农业银行上海市分行举行。研讨会采取金融机构介绍典型经验、专家学者发言以及与记者互动交流的方式，讨论了银行业金融机构应如何在新的经济发展阶段，改革创新金融服务，全面参与支持实体经济发展，并深入分析了未来银行业金融机构面临的机遇与挑战。上海市社联学会处王克梅处长、胡晨寰参加了研讨会。

金融时报社社长汪洋在致辞时表示，发展实体经济既是中国加速崛起的基石，又是未来提高经济增长质量和效益的坚实基础。作为现代经济的核心，金融业肩负着重要使命，金融改革创新的空间很大。金融机构应当以实体经济的发展需要作为改革创新的立足点，以微观经济主体的金融需求作为设计创新的支点，并以是否能推动实体经济有质量、有效益的发展作为检验改革创新成效的标准。

上海市农村金融学会会长、农业银行上海分行行长刘桂平在致辞时指出，实体经济是社会物质财富的创造者，服务实体经济是商业银行的首要任务。农行上海分行近年来积极融入上海实体经济发展，在农行系统内率先设立投资银行部和金融同业部，全力服务上海重大工程建设，全方位参与上海产业结构调整，不断完善小微企业金融服务机制和流程。同时加大对保障性住房建设的参与力度，切实发挥了“三农”金融服务主力军作用，在支持实体经济发展上作出了应有贡献。今后还将更大力度参与上海国际金融中心建设，更大力度参与构建上海新型产业体系，更大力度支持小微企业发展。

中国农村金融学会副会长、中央财经大学副校长史建平教授分析了我国银行业支持实体经济的现状与问题。他认为，我国国内没有太多的金融衍生产品，金融与实体经济的联系比较紧密，但是在资金配置上也存在一定问题。面对将来的挑战，银行应当以市场为导向大力创新，同时打通各种金融市场之间的壁垒，在支持实体经济中寻找更大发展空间。上海市农村金融学会常务理事、上海财经大学奚君羊教授表示，虽然银行在利率定价上有了一定浮动空间，但仍然没有体现出银行服务的差异性。将来银行不仅面临利率市场化的挑战，来自银行业外的其他金融业态的竞争也趋于激烈。目前证券业经营模式发生了很大变化，已经有了很宽泛的拓展业务的渠道。而且以往银行的效益得益于经济的高速增长以及资产规模的扩大。银行业金融机构应当加快转型和创新步伐，以适应经营环境的巨变。此外两位专家还就“三农”金融创新如何突破政策瓶颈，以及金融如何支持新型城镇化等问题与记者、与会人员进行了互动交流。

农行上海分行行长助理孙蔡明在研讨会上介绍了农行支持实体经济发展的典型案例和实际经验，表示农行今后还将契合上海经济转型发展大局，大力支持产业升级、小微企业和民生项目，抓住上海发展现代农业、城乡一体化及农村城镇化的发展机遇，加大金融产品和服务创新力度。

金融时报社副总编辑傅勇主持研讨会并做总结发言。

实施联合国千年发展目标，促进中国和谐和可持续发展

——2013信用管理与可持续发展论坛

4月20日，“实施联合国千年发展目标，促进中国和谐和可持续发展——2013信用管理与可持续发展”论坛在上海财经大学举办，上海财经大学校党委副书记陈宏出席开幕式并致辞，上海市金融学会秘书长李安定先生肯定了此次论坛对于中国信用环境完善和信用体系建设的重要意义，上海财经大学赵晓菊教授对上海财经大学信用管理专业学科的建设作了简单介绍。

中国市场学会信用工作委员会专家委员会主任林钧跃先生作了题为“二十年来社会信用体系相关理论的脉络与传承及第三代企业信用管理理论探讨”的主题报告。报告总结了160多年来信用管理理论发展以及代表性的中外学术和实务著作，介绍了世界三大评级机构和三大个人征信局的实务技术在中国的传播和发展，探讨了中国特色信用管理理论和实践，指出了中国社会征信体系发展的不足和赶超的压力，鼓励我国学者、业界专家在理论和实务方面进行不断创新。

上海财经大学信用研究中心主任、美国宾州州立大学的黄京志教授应邀作了“北美信用风险管理的现状及趋势”的主题演讲。他从AIG保险公司金融产品部门的CDS交易失败案例的教训与启示入手，对北美信用评级模型的理论与方法进行系统性的阐述，提出业界、学术界在信用风险测量与管理领域中的发展趋势与需要关注的问题。

除上午的主论坛外，下午还另设六场平行论坛深入探讨信用管理与可持续发展的具体问题。平行论坛分别聚焦“征信与信用评级研究”、“信用风险管理与信用环境建设研究”等前沿学术问题与实践经验，以邀请重量级嘉宾主题演讲、学术论文报告、专家现场点评等形式对信用管理领域的具体问题进行深入探讨。

征信与信用评级研究

裕利安怡资讯管理有限公司（上海）深圳分公司总经理郑杰博士着重探讨了出口信用保险在中国的产生和现状，肯定了出口信用保险在中国出口方面的正面作用，并提出了立法、监管、市场化和有效估值方面的建议。

上海财经大学陈智华助教授利用雷曼兄弟指数评级再定义这一事件，通过分析变动前后的数据，得出如下结论：债券价格反应与市场分割一致，债券交易活动与需求冲击一致，投资级别评级非常重要，以及评级机构除了产生信息和监管意外还有其他重要作用。

上海财经大学副教授罗丹在DPS框架下构建了LR模型，运用Fama-French三因素模型、S&P500指数等数据库，发现了如下结论：CDX指数的tranche价差在金融危机之前和期间可以由三个违约强度因素来解释；通过将PCA应用于S&P500指数期权的隐含波动率可以提取出三个期权因素；代表公司违约的违约强度因素可以用期权因素和Fama-French因素来对冲；违约强度因素代表的经济灾难和期权波动率微笑相关。

上海财经大学金融学院王安兴副教授利用145支债券发行主体的财务数据进行主成分分析，并应用无序多元Logistic回归构造了信用评级模型，结论发现中国的债券市场的信用评级中，财务数据起到了较大作用，可以解释超过50%的信用评级的结果。

上海财经大学统计与管理学院副教授骆司融等介绍了个人和企业征信数据的分类，及征信数据及其在金融保险中的应用。

上海财经大学金融学院研究生朱柯达通过分析商业银行推出理财产品的动机，理财产品的投资对象，以及理财产品存在的信息披露不完等问题，探讨了目前我国商业银行理财产品业务的现状和风险，并提出了完善相关立法等政策建议。

信用风险管理与信用环境建设研究

中国银行国际金融研修院的邵伟教授从金融工程的角度概述了全球宽松政策下影子银行的规模。他指出，中国与欧美的金融市场环境截然不同，在信用主导的大环境下，商业银行的盈利能力、海外离岸市场投资能力需要向资产证券化方向有所突破。

中国外汇交易中心黄维老师以银行间市场交易系统为例，介绍了新一代金融交易系统中的关于信用风险处理的业务方案，通过系统中后台的风险及额度管理结构图、用户体验设计图解释了中央对手方在不同金融交易中对信用风险进行多层控制的方法。

宝钢股份公司信用管理主任柳正国先生深入剖析了近年来国内钢贸企业信用危机的根源，从钢贸商的信用品质因素、波特竞争力理论与钢贸商融资模式等多角度研究钢贸商的经营现状，揭示信用风险爆发的原因并给出建议。

上海财经大学的吴以雯副教授以中国银行客户数据为样本进行我国商业银行信用卡客户风险收益分级管理的研究，创建了单一持卡人的标准评分，对不同行为特征的信用卡消费群体的收益价值进行描述，进而为商业银行信用卡业务提供更好的价值创造方案。

上海市金融学会的韩文亮教授提出了以信用来主导信息革命的命题，呼吁关注行为信用，建立惩罚性措施解决现实中的切身问题。

上海立信会计学院金融学院的洪玫教授以社会信用环境为视角，重点考察社会信用环境作为金融创新活动的基础性地位。

信用管理专业学科发展研究

上海第二工业大学赵迎东副教授认为在信用管理教学中应深入研究信用评级业，他从次债危机发生后国际上对信用评级业的改革出发，分析了当前我国资信评级业面临的主要问题，探讨了在新形势下，我国资信评级机构的发展机遇，并就发展我国的资信评级业提出了建议。

上海商学院的刘有鹏老师紧扣信用管理教学中的商务信用与可持续发展进行了研究，他认为务信用体系的构建是可持续发展的必然要求，商务信用体系建设应主要抓住商品市场、借贷市场、信用建设、资本市场信用建设三个基本环节。

来自国内十所高校的教师们就信用教学模式的改革进行了探研，大家一致认为，信用管理专业从空白起步，发展中面临了一定的困难，但也有机遇，只要坚持下去，不断研究，互相交流，我国的信用管理人才的培养肯定会取得长足发展。

“货币政策问题与思考”学术讨论会

7月24日，上海市金融学会货币理论和货币政策专业研究部召开“货币政策问题与思考”学术讨论会。会议由上海市金融学会秘书长李安定主持。来自金融管理部门、金融机构、高校的专家学者围绕美联储退出量化宽松货币政策的影响、利率市场化、影子银行和流动性管理等热点问题展开深入讨论。

一、 美联储退出量化宽松货币政策的影响

6月19日美联储货币政策例会后，美联储主席伯南克表示，如果美国经济持续改善，美联储可能在今年晚些时候开始逐渐减少资产购买规模，并将于明年年中结束第三轮量化宽松政策。对美联储削减量化宽松规模的担忧引发全球股市全面下跌。与会专家认为，美联储量化宽松货币政策及其退出具有显著的外部性，对国际资本流动、金融市场和我国的货币政策具有很大的影响。

有专家指出，美联储退出量化宽松货币政策是美元长期“温水煮青蛙”模式的再次体现。美联储一连三次推出量化宽松货币政策后，又声明准备终止并退出意向，这是美元长期调整中惯用的方法。虽然这与美国的实体经济恢复有关，非农就业率好于预期以及金融类各个指数收复原指标，但房地产的反弹还没有到位。其实这是美国经济的最佳状况。继续量化宽松显然会对各国抽回自身在美国的资产产生影响，也不利于美国的长期目标——赖掉欠各国的债务。美联储有必要在长期量化宽松当中的个别阶段提升一下美元价值，让各国“青蛙”继续停留在美国的金融市场上而不至于“跳出去”。

在日本加大量化宽松货币政策力度（两年中货币发行量要比过去十多年还要大）以及欧债危机还没有实质性改善的情况下，美国一家单独退出引领欧日两大经济体都相继退出的可能性不大。中国经济目前也不是“退出”的时机，因为与就业相关的出口和内需企业的业绩不容乐观。中国经济为了避开“硬着陆”，稳定的货币政策已成定局。为此，欧日中三大经济体都不具有退出量化宽松货币政策的条件，美国单独退出也不会走多远，其最终目的是为了减缓各国资产抽出美国的步伐。中国的外汇储备管理还需“警钟长鸣”。美元的升值同时也代表大宗商品的相对疲软，这对新兴市场国家并非是好信号。中国6月份出现的金融市场异常波动，欧洲银行业也会受到流动性紧缩的冲击，世界其他地区经济的下滑也会波及美国，美国长期还是要重复和继续量化宽松政策。

二、 利率市场化

利率市场化改革进一步推进。人民银行宣布,7月20日起全面放开金融机构贷款利率管制,取消金融机构贷款利率0.7倍的下限,由金融机构根据商业原则自主确定贷款利率水平。与会专家认为,本次调整标志着我国利率市场化向前推进了重要一步,但最关键的一步还是取消存款利率上限。

有专家指出,利率市场化的含义不仅是放开利率的管制,更重要的是放开后的利率要能有序波动,规范调控。这就需要规范货币供给机制。因为利率不仅是货币的时间价值,更是资金使用的风险与期限的价格,所以利率的决定不仅是报价的公平合理,风险的承担,社会的可接受程度,更重要的是要规范货币供求,因为利率在本质上是由货币供求决定的。

我国目前买外汇发人民币,发达国家买国债发货币。国债的风险最小,收益率最低,可以处于利率体系的底部,央行买卖国债,调节货币供给,可以有效地调节整个利率体系。而外汇因为风险较大,其收益率处于整个利率体系的中部,而且要受国家政策的制约,所以买卖外汇发行货币不能作为调控利率的抓手。如果我们放开了利率管制,却没有一个可以替代的抓手发挥作用,将来一旦有个风吹草动,央行就只能求助于行政手段,利率市场化的进程就会中断,已经取得的效果也会被葬送,所以我们在推进利率市场化的过程中,一定要将货币发行方式转移到买国债上来。

三、 流动性管理

6月份货币市场出现波动,利率大幅上升,股票市场大幅下跌。国外也高度关注中国的金融市场异常波动问题。进入7月,银行间市场已基本恢复平稳。市场和学者对货币市场波动的评议主要集中在三点:一是中央银行没有及时熨平市场波动,任由拆借利率攀升。二是货币政策操作的透明度不够。三是这次政策没有可持续性,是一次无功而返的尝试,原因是6月25日中央银行一日三次发出稳定市场的信号,向部分机构提供流动性。此外,外界也不乏正面评价,对中央银行控制影子银行扩张、对市场提出警示的努力表示认可。

对此,有专家指出,货币市场利率波动是多重因素叠加的结果。从需求面看,商业银行传统的季末冲时点、端午节假期因素、理财产品集中到期偿付、财政存款缴存等因素叠加,造成市场资金需求上升。特别是,部分规模较小的商业银行对银行间市场拆入资金的依赖程度较大,当6月份市场资金紧张时,面临较大压力。供给面的一个背景是5月份以来,外汇占款增量较年初大幅下降,货币供应源头不足。外汇占款下降,引发市场关于资金外流的猜测,加之美联储6月19日例会就量化宽松政策退出的大致时间及标准做出初步明确,强化了市场对资金回流美国的预期。当然,其中也有中央银行未顺应市场需求、及时投放流动性的原因。当市场流动性紧张,资金价格上扬,部分机构无钱拆入时,中央银行未像往常那样及时释放流动性,影响了资金面及金融机构预期。

中央银行为何没有及时熨平利率波动?首先,一个基本判断是,市场总体不缺流动性,也认为不会出现系统性金融风险。银行体系的超额准备金或备付金率处在历史较高水平。从这个角度说,市场波动并非中央银行银根收得过紧所致,而是银行体系流动性管理出现问题,属于结构性问题。既是结构性问题,首先应该依赖市场自主调节。当微观金融机构出现流动性困难时,如果不足以发生危机,中央银行通常会组织市场自救。其次,全球都在考虑退出,中国货币政策亦有进一步回归常态之必要。总体上看,中国面临的是流动性过多、而不是流动性不足的问题。这次货币市场波动,在很大程度上是在流动性充裕背景下,银行资产负债表扩张、影子银行越滚越大,对流动性需求越来越多造成的。这个趋势需要调整。最后,货币政策操作思路的转变。这次货币市场波动与利率市场化努力有一定关系,货币市场的价格应能及时反映资金面供求。从货币政策调控方式看,这次波动也是从主要依靠数量调控转向更多地依靠价格调控的预演。总之,货币市场明显波动是有成本的,中央银行之所以允许其波动,是认为这么做是值得的,是货币政策转型、控制银子银行发展所需要付出的代价。同时,鉴于市场总体不缺乏流动性,因此不会发生金融危机,市场利率也料将较快下降,这个代价不会太大。

关于货币政策透明度问题,与会专家指出,现行体制下,中国货币政策增加透明度的困难比较大。货币政策是宏观政策的组成部分,货币政策基调通常一年一定,当货币政策需要微调尤其是公开市场操作需要调整时,很难通过发布公告或会议声明的形式向公众明示,这可能会让市场猜测货币政策的基调已发生变化。如何改善与市场和公众的沟通,需要不断尝试。还应看到,当货币政策转向时,通常会不可避免地带来或大或小的波动。美联储独立性较高,历来重视增加透明度,但仍不可能完全避免对市场造成影响。

关于这次市场波动及其影响,有专家指出,在没有发生危机的情况下,对市场起到了必要的警示作用,减少了对中央银行的依赖和道德风险。市场波动之后,商业银行普遍感到需要加强流动性管理,更加注重资产负债的期限衔接,对高风险业务态度应更加审慎。此外,市场波动也改变了过去中央银行会随时提供市场所需的任何流动性需求的判断(有人将中央银行称为“央妈”),这有利于市场树立风险意识,维护中央银行威信,减少道德风险。从长期看,这轮货币政策的转变是可持续的,方向是对的。成熟经济体的流动性管理以公开市场操作为主,特别是主要针对商业银行的流动性缺口加以管理。

四、 货币政策环境的变化

货币政策环境可以从外部环境和内部环境、宏观环境和微观环境等不同层面加以考察。有专家指出,我国货币政策环境发生根本性变化,主要体现为:第一,始于美国次贷危机的发达经济体债务危机,以及由此开启的各发达国家有所不同的“量化宽松政策”从根本上改变了我国货币政策的外部环境;第二,我国持续保持了十多年的双顺差,以及人民币持续升值的货币环境开始或正在开始发生变化;第三,近年来我国加大了人民币国际化的力度,但由于跨境人民币职能上的不完全,人民币沉淀境外的稳定性较差,人民币的汇差、利差及升贬值会导致跨境人民币非正常地、大量地流动;第四,我国的经济增长方式正在由总量高速增长向结构调整低速增长转变已经或正在从根本上改变我国货币政策的内部环境;第五,我国商业银行巨量资金脱离了表内,甚至是脱离了银行系统,彻底改变了我国的社会融资结构。

针对这种变化，有专家提出新环境下我国货币政策框架的改进或改革思路，包括：兼顾多层面的货币流动性指标，即宏观经济层面的货币、微观经济层面的资金，及金融市场交易流动性等多个层面的流动性指标；运用选择性的工具，即包括间接信用控制工具、直接信用管制手段在内的多用途工具；兼用多种手段调控商业银行外的其他社会融资；以价格型工具的调控为主；注重加强国际协调和相机抉择等。

中国对外经济贸易会计学会 2013 年学术年会

10 月 19 日，由中国对外经济贸易会计学会主办，上海市对外经济贸易会计学会协办、上海对外经贸大学会计学院承办的“中国对外经济贸易会计学会 2013 年学术年会”在上海对外经贸大学松江校区举行。本次年会搭建了理论界和实务界交流研讨的平台，受到了全国高校、上海及长三角部分企业界及商务系统的积极响应，来自对外经贸大学、北京师范大学、上海交通大学、东北财经大学、厦门国家会计学院、首都经贸大学、广东外语外贸大学、加拿大曼尼托巴大学等国内外高校的专家学者和上海市商委、上海市社联、宁波市外经贸局、东方集团、上海外经贸集团、上海东浩集团等企事业单位的高管共 150 余名海内外人士参会。会议共分开幕式、论文交流和闭幕式三个部分。大会由会计学院院长李婉丽教授主持。

开幕式上，上海对外经贸大学党委副书记、副校长陈洁在致辞中对专家学者和企业高管的到来表示欢迎，她指出本次会议既是会计学院以“学科发展”为立院之本这一办学宗旨的践行，也为国际经贸背景下的会计学术研究提供了很好的平台。中国对外经济贸易会计学会李凤亭会长对本届学术年会的主题和意义进行了阐释，并对会计学院承办本届学术年会表示了信心和祝愿。对外经贸大学副校长张新民教授、商务部国际司杨正伟处长、财政部会计司王鹏处长及商务部财务司束珏婷处长分别进行了“财务报表分析新框架”、“上海自由贸易区相关政策解读”、“行政事业单位内部控制相关政策讲解”、“国际经济形势与外经贸政策解读”的主题报告。

在论文交流阶段，与会代表们对入选的高校及企事业单位的 24 篇论文进行了报告和点评。上海对外经贸大学会计学院教师向大会投稿 10 余篇，其中，有三位教师的论文在会议上交流。学者和专家们围绕国际贸易背景下的会计准则国际协调、金融与财务管理、对外经贸发展、企业内控与风险管理和审计与社会责任等方面展示了研究成果，并进行了热烈的交流和讨论。

闭幕式上，中国对外经济贸易会计学会委员会向“2013 年度全国商务财会优秀论文”获奖者进行了颁奖。李凤亭会长进行了总结发言，充分肯定了会计学院为成功举办本届学术年会开展了全面且卓有成效的工作，并代表中国对外经济贸易会计学会向会计学院表示了衷心的感谢。最后，大会举行了 2014 年度“中国对外经济贸易会计学会学术年会”承办交接仪式。下届年会将由广东外语外贸大学承办。

推进企业软实力建设:自信·创新·和谐·责任

——市企业发展促进研究会学术年会暨学术研讨会

10月24日下午,“推进企业软实力建设:自信·创新·和谐·责任”上海市企业发展促进研究会学术年会暨学术研讨会在市社联召开。会议由会长方名山主持,研究会老领导名誉会长、顾问,以及会员等95人参加。会议包括二个部分,一是三个企业交流发言,每位企业领导发言后由专家进行点评;二是由上海财经大学王玉教授作“企业软实力研究”的主旨报告。

嘉定区城镇集体工业联合社副主任徐军认为,嘉定区联社作为一个区属集体企业,坚持发展集体经济体制自信,不断加大创新力度,通过发展多元产业,使以往单一的制造业发展成产业分布在制造业、房产租赁业、金融服务业、汽车服务业等多个行业,并通过各产业之间联动,促进企业快速发展。在集体经济发展中,不仅充分发挥企业硬实力的作用,更是充分发挥企业软实力的作用,通过“修炼内功”,创新企业管理模式,完善各项规章制度,加强企业文化建设,积极开展品牌战略,不断提高创新能力,加强人力资源管理,加大奖惩激励力度,营造“竞优”良好氛围等,并以流程化运作保障制度执行,以表格化操作确保流程推进,因此,几年来,企业能够持续快速地发展,经济效益不断提升。

上海服装(集团)有限公司党委副书记、纪委书记宿静认为,在市场竞争十分激烈的情况下,国有老企业要求得生存,必须立足于创新,大胆地进行转型改革。上服集团就是这样走过来的。第一,做精服装主业。聚集自主品牌,大力推出“上服”服装品牌,成立以上服集团品牌注册的电子商务,形成虚拟商店与实体商店并存的格局,并努力形成大地、天嘉爱、三由三大品牌系列,采取各项措施稳定进出口贸易规模,不断扩大内销市场份额,积极开拓职业服市场,加大科技创新力度,研制消防服、各类防护服,不断扩大服装市场份额。第二,做强创意产业。对老厂房加以改造,开发成为创意园区,并对各个创意园区加强相应配套设施建设,进行合理定位,明确招商主题,形成集聚效应,大力开展招商,不断提高企业经济效益。第三,做大现代服务业,加强生产制造业与现代服务业的融合,不断做好售前售后服务,扩大企业影响。第四,深化企业改革。清理三四级企业,缩短投资链;采取集约化经营,实体化发展,建立品牌管委会,加强领导;加强企业科学管理,制定“集团制度汇编”,完善“集团制度手册”,加大重要制度执行监控力度;试行股份制改革,实行“市场退出机制”;探索经营者选拔、激励与管理市场化。改变单一生产服装的格局,形成多元产业共同发展的态势，同时不断完善各项制度，加强内部管理。实践证明，老国企只有紧紧抓住“市场化”这一牛鼻子，根据企业实际实施改革，有的放矢突出重点地进行转型发展，并加强领导抓好落实，就能真正走出一条转型创新之路，使企业始终保持旺盛的生命力。具体来说，可归纳为“五个加强”和“五个提升”：一是加强观念引领，提升事业境界；二是加强自主创新，提升竞争优势；三是加强资源整合，提升市场实力；四是加强制度建设，提升管理水平；五是加强文化凝聚，提升人才效应。

长江企业发展合作公司董事长张素芳认为，党的十八大提出的构建社会主义和谐社会理论是构建和谐企业的指导思想。企业安定团结是构建和谐企业的前提，企业经济发展是构建和谐企业的基础，企业文化建设是构建和谐企业的核心，构建和谐企业不仅是时代的要求，也是企业自身发展的需要，为此，坚持“以人为本”，使企业与员工成为利益共同体，形成员工与企业协力推进企业深化改革加快发展的良好氛围，让员工共享企业改革发展的成果。通过不断增强干部责任意识，营造和谐企业的环境和氛围，进一步增强企业的凝聚力和向心力。

三位企业领导发言后，上海社科院部门经济研究所陶友之研究员，本会常务副会长、高级经济师陈兆忠，本会会长、教授方名山分别点评，既充分肯定了这些企业在“三个自信”引领下，坚持自主创新方面取得的成绩，也提出了需要进一步改进的建议。

王玉教授作了题为“企业软实力研究”主旨报告，从理论和实践的结合上对企业加强软实力建设进行论述。报告主要包括四个部分：第一部分，企业软实力的基本概念。所谓软实力是指通过吸引而非通过强制手段达到目的的能力。第二部分，对企业软实力的系统认识，包括企业软实力的内涵、构成要素、形成过程、与硬实力的关系。软实力与硬实力既有其共有的特性，又有不同之处。其共性是强调影响他人的行为以达到自身的目的；其区别在于，软实力资源是与吸纳性力量结合在一起，是无形的，来自于文化、政治、制度等资源，而硬实力资源是与命令性或资源配置联系在一起，是有形的，来源于资金、土地、自然资源等。在当下资源环境对经济社会发展约束日益强化的情况下，研究软实力建设，具有重要的战略意义和现实意义。第三部分，企业软实力的测评，包括企业案例分析。运用大量数据和实证说明测评对加强企业软实力建设的效果。第四部分，提升企业软实力的要求，以及建立战略导向型企业的 5 条原则。包括层层参与——把战略转变为操作层面的语言；人人参与——使战略成为每个人每天的工作；排除战略阻力——对组织与战略进行整合；创新发展——使战略成为持续发展过程；来自高层的推动力——由高层管理者推动改革。报告内容丰富，层次分明，结合实际，逻辑性强，有一定的深度。

方名山会长说，在中国经济发展处于转型期阶段，推进企业软实力建设将有利于经济发展从主要依靠自然资源和资本等“硬资源”投入向主要依靠知识、技术、创意、文化等“软资源”投入转变，有利于降低单位 GDP 的能耗和物耗，也是实现企业可持续发展的关键所在。推进企业软实力建设必须多管齐下，形成合力，这样才能取得实效。在实施过程中，要把企业文化建设作为提升企业软实力的主要内容；把加强人力资源建设作为提升企业软实力的关键；把不断创新作为提升企业软实力的手段；把塑造企业品牌作为提升企业软实力的载体；把增强学习力作为提升企业软实力的机制；把承担社会责任作为提升企业软实力的责任，使加强企业软实力建设真正落到实处。在市场经济条件下，新形势新情况对加强企业软实力建设提出了新的要求，企业经营者应该保持清醒的认识，采取各项措施，切实加强企业软实力建设，充分发挥软实力与硬实力的融合作用，不断推进企业的持续发展。

金融市场热点问题学术讨论会

10月25日，市金融学会在中国人民银行上海总部召开金融市场热点问题学术讨论会。来自金融管理机构、银行业、证券业机构以及高校的专家学者30余人就当前金融市场热点问题展开深入讨论。上海财经大学商学院副院长、上海市金融学会副会长戴国强主持会议。人民银行上海总部调查统计研究部副主任顾铭德，申银万国证券研究所董事总经理、首席宏观分析师李慧勇，上海黄金交易所交易部总经理石岩峰，工商银行上海市分行管理信息部副总经理徐红分别就中国资本市场对外开放后的前景、股票市场投资、黄金市场、互联网金融作了主题演讲。

与会专家认为，资本项目开放是全局性的，要打破对现有各种改革的恐惧心理，正面宣传改革的好处，以改革来推动中国新一轮经济增长。有专家指出，中国实体经济和虚拟经济相互抑制的循环开始，传统经济会经历长时间的调整，在未来1至2年内新兴经济会进一步发展，需要重点关注医药服务、以证券为代表的泛资产管理机构、新能源和农业。

关于黄金市场，有专家指出，国内金价与国际金价的走势大体一致，总体呈箱体震荡。国内外价差水平扩大主要还是受国内实金供需持续增长的影响。黄金市场以机构为主体，商业银行是黄金市场的主导力量，其自营业务及代理的个人业务一直超过综合类会员占据了市场的领先地位。股份制银行的黄金自营业务成为商业银行中进步最快的一支新生力量，这主要由于经过近两年的业务推进，尤其是对部分股份制银行黄金进口政策的开放，其黄金业务发展逐渐取得成效，且业务上的灵活性和积极性进一步增强，对黄金市场的贡献度不断加大。2013年7月29日，上海黄金交易所与上海证券交易所联合推出了国内首批黄金ETF——华安黄金ETF以及国泰黄金ETF，首创了国内金融产品跨交易所的交易模式。黄金ETF的推出，为投资者提供了一条投资黄金的新渠道。关于互联网金融，与会专家认为，互联网金融不足以对传统银行的地位形成挑战。互联网金融对传统商业银行的挑战：客户信息优势、市场平台优势、销售与支付价格优势、多银行渠道利用优势、监管与政策优势。互联网技术降低了信息获取成本和交易成本，分流了商业银行融资中介服务需求，改变了支付渠道，严重冲击了商业银行支付中介地位。网络借贷将影响商业银行的利差收入。第三方支付服务内容的不断增加将影响商业银行的中间业务收入。商业银行客户服务模式尚需进一步完善，金融服务模式尚需进一步创新，经营互联网化尚待进一步加快。比起机构，零售市场、个人用户的需求对互联网金融的推动力更直接快速。监管始终滞后于创新，而且监管者也乐于推进传统金融机构的创新。这种创新既可以用在组织架构上，也可以用在产品上。

全国行为科学联席会 2013 年会暨二十四届学术研讨会

10 月 26 日全国行为科学联席会 2013 年会暨二十四届学术研讨会在上海交通大学举行。市行为科学学会常务副会长、秘书长田新民，上海市行为科学学会副会长李铮理，上海交通大学校友产业投资俱乐部执行会长卢旭，安徽省行为科学学会会长杨善林，南京行为科学学会会长王鲁捷，山东省行为科学学会会长孙炬，福建省行为科学学会会长张路，以及来自全国行为科学学会、全国行为科学联席会成员单位的近百名嘉宾，共同参加了开幕式及随后进行的主题论坛活动。本届年会主题是“变革领导力与创新行为”。

上海市行为科学学会田新民副会长为本次大会进行了开幕致辞。他认为在新环境下，未来企业必须有战略性思维、战略化创新、强有力的领导力才能在竞争中脱颖而出，并且希望本次大会可以将学术和应用相结合，创新行为研究，推动企业发展。

上海市行为科学学会副会长李铮理以“转型期企业危机管理及应对策略”为主题，结合当今国内外经济发展形势，就后危机时代，中国企业如何凸显自身价值发表了主题演讲。从货币和房产、股市的功能，到信贷的扩张，以及教育和就业问题，李铮理副会长透过一组组翔实的数据和资料，阐释了他眼中当前中国社会面临的诸多经济困境，及中国企业在这一环境下寻求变革和转型的出路。

辽宁省行为科学学会秘书长王磊代表未能亲临现场的辽宁省行为科学学会杨光会长，就“领导素质标准内涵”这一主题向各位嘉宾做了分享。王磊秘书长不仅深入地介绍了杨光会长关于“领导素质”内涵这一课题的研究成果，她还分享了“生物模型”、“星云结构”、“手表理论”、“元素动力论”等领导创新模型。同时，作为下一届全国行为科学联席会的主办方，王磊秘书长代表辽宁行为科学学会向全国各地行为科学学会兄弟单位发出了真诚邀请。

上海交通大学校友产业投资俱乐部执行会长卢旭先生探讨了大时代背景下中国企业转型与创新之路。上海交通大学沈惠璋教授进行了以“我国社会转型期的群体行为与社会心理特征”为主题的演讲，介绍了我国群体性事件的特征与研究方法，从宏观角度及微观角度对我国群体性事件进行了归纳与总结，并以松江电池厂的群体性事件为案例深入探讨了此类事件的预防机制以及处理措施。

年会 2013:再启开放的力量

10 月 31 日和 11 月 1 日,上海金融与法律研究院、刘鸿儒金融教育基金会和布雷顿森林体系再生委员会共同主办、《中国外汇》杂志社协办的“年会 2013:再启开放的力量”在上海金桥红枫万豪酒店举行。此次年会聚焦“G3 货币政策及国际货币体系改革”、“城市化路径与化解地方债务风险”以及“上海自贸区与新一轮改革开放”等诸多议题,试图在正逐步分化的世界经济和金融走势下,探讨世界金融体系的变化和改革方向,为中国进一步地改革提供镜鉴。

土耳其央行副行长 TuralayKenc、法国央行前副行长 Jean Peirre Landau、前 OECD 首席经济学家重原久美春、新布雷顿森林体系再生委员会创始人 Marc Uzan、刘鸿儒金融教育基金会理事长魏本华、中国人民银行金融研究所所长金中夏、中金公司首席经济学家彭文生、中金公司董事总经理黄海洲、国家开发银行研究院副院长曹红辉等 30 余位国内外专家学者和知名金融机构的负责人将出席会议并担任演讲嘉宾。本次年会吸引了《第一财经日报》、《财新》、和讯网等多家媒体进行了报道与图文直播。

一、 全球经济展望、新兴市场风险与金融改革

2013 年世界经济停止了衰退,恢复了缓慢的经济增长。美国经济复苏,GDP 增长达到 2%,没有通胀危险,但失业率依然在 7%以上。欧元区也已然走出最危急的时刻,在救助塞浦路斯银行中,欧盟的“三驾马车”确立了银行濒临破产时的救助顺序、以及隔离银行和政府的机制,通过艰难的谈判,欧元区还通过了《经济货币联盟下的稳定、协调和治理条约》这一财政稳定条约。

当下世界经济面临的最紧迫、最重要的问题是,发达国家经济复苏之后,它们逐步退出宽松的货币政策会对新兴市场国家造成多大的冲击?新兴市场国家能不能经受得住这一被动地通缩?新兴市场国家如何应对这一冲击?

1. 全球经济形势展望

中国的经济形势是喜忧参半。中国人民银行金融研究所所长金中夏指出,中国前三季度的经济增长主要是通过基础建设的投资拉动的,房地产投资和制造业投资的增速下来了,因此中国全年的 GDP 增长实现 7.5%没有任何问题。尽管如此,金中夏指出,中国宏观经济的风险却是在继续上升的,这主要表现为房地产价格的快速上升,企业融资杠杆率较高。国家开放银行研究院副院长曹红辉认为中国经济的主要风险是间接推动产能过剩的债务问题,他认为应该建立互联互通的基础设施来推动亚洲(区域)经济一体化,以此

来消化过剩的产能。

经济发展动力引擎是发达国家和新兴市场国家，全球经济走势看这两类即可。“美国将更美，欧洲正在殴，日本见天日，金砖要填金”，这是中国国际金融有限公司董事总经理黄海洲的判断。他认为，美国基本完成了去杠杆化，欧洲度过了最困难的时候，但没有去杠杆，复苏力度不会大，而新兴市场国家将会遭受很大的压力，甚至有些新兴市场国家会面临金融危机的风险。黄海洲对新兴市场国家提出的建议是，哪个国家愿意做改革、改革力度更大，这个国家成功的可能性就大。

2. 新兴市场风险和金融改革

全球金融市场最明显的特征就是波动性非常大。法国中央银行(法兰西银行)前副行长 Jean Pierre Landau 指出，不同国家之间经济发展严重失衡，这导致了全球资本市场的大幅度波动。他指出，世界市场的利率和汇率存在着正相关性，美国的低利率政策增加了新兴市场国家的风险敞口，提高了新兴市场国家的汇率波动性。

在资本市场波动放大的背景下，新兴市场国家面临着调整经济增长路径和美国提高利率的困境。新兴市场国家如何处理放缓的增长和更紧张的国际金融情况呢？经合组织前首席经济学家 Kumiharu Shigehara 提出多边协调汇率政策和多边监管金融活动的建议。

新兴市场剧烈波动的原因是今年市场预期美国退出 QE3 政策的缘故。国家开放银行研究院副院长曹红辉认为，政策不确定性意味着资本会在全球范围内的调整，意味着资本跨境流动性的增加。

那么，为什么新兴经济国家容易遭受溢出效应呢？高丽大学特聘教授 Yung Chul Park 认为，这些国家太依赖出口，而且没办法摆脱出口导向型的经济结构，它们只能通过不断积累外汇储备来对抗资本跨境流动——资本管制只能管得住资本流入，但很难管住资本流出。他还指出，东亚的四个生产区(东盟，中国，日本，韩国)垂直的贸易结构难以促进贸易融合，因此他们加强合作并不能减少受发达国家货币政策溢出效果的影响。

为了抵制溢出效应，政策制定者就需要重视资本管制的作用。中国社会科学院世界经济与政治研究所副所长何帆认为，对中国而言，其理性的做法是，在国内银行体系存在大量不良资产、利率没有自由化、房地产存在泡沫、同时外溢效应极有可能放大的情况下，谨慎对待资本账户开放速度。

二、 G3 货币政策、外溢效应与国际货币体系改革

复杂且数量巨大的货币政策包含着很大的信息量，这是导致国际金融和货币体系不稳定的一个因素。今年全球经济的动荡，尤其是新兴市场国家国际市场和国内市场风险的同步上升，很大原因是 G3 国家货币政策趋同下外溢效应的影响。与此同时，在当前的货币体系下，新兴市场国家应对外溢效应时的货币政策工具有限，抵抗来自国际货币市场和资本市场风险的能力脆弱。

1. G3 货币政策及外溢效应

土耳其中央银行副行长 Turalay Kenc 探讨了发达国家使用非传统货币政策的方法，

即如何通过调整长期利率促进经济复苏。他指出了三种方法,一是调整短期利率的前瞻指引政策,二是调整中央银行资产负债表规模的政策,三是直接增加流动性的直接借贷项目。

Turalay Kenc 还指出,贸易、融资和预期是外溢效应传导的三种方式。他认为,近期国际贸易的再平衡是周期性的,因此令人担忧;跨国资本主体是短期资本流动,因此金融市场具有潜在的流动性风险。尽管如此,他觉得经过了几十年的经济增长,新兴市场国家无论是在抵抗风险上,还是在金融市场管理能力上,都比之前强很多。

那么,外溢效应的波及面有多广?新兴之星投资集团首席执行官 Chandima Mendis 认为,发达国家这种非传统货币政策使得全球失衡越发严重,中央银行已经成为第一贷款人扰乱了风险溢价。Chandima Mendis 赞同溢出效应在刚开始接触杠杠阶段时会很有用,但在退出阶段则会造成恶性循环。他认为这是由全球货币体系中单一货币体系造成的,同时,他强调传统观念中所认为的浮动汇率并不能确保一个国家独立于外溢效应,国际资本项目在抵御外溢效应中的作用反而更大。

虽然美国的量化宽松(QE)有显著的外溢效应,但是 QE 并没有造成美国国内的通货膨胀。中金公司首席经济学家彭文生对此的解释是,这是由于美国的需求不强的缘故,货币的扩张并不与货币的交易性需求相关,而是与流动性需求相关,同时美国国内贫富差距的扩大也导致 QE 的财富效应有限。

退出 QE 对中国是正面影响,这是清华大学五道口金融学院教授周皓的观点。他认为,美国退出 QE 表示美国经济的好转,这是有益于中国的;其次是历史上,QE 对新兴市场国家的影响从来都是两极化的,不同的实体经济结构、体制结构的国家,溢出效应是完全不同的。他认为出口导向型的经济受到的影响小,依赖消费的经济受到的影响很大,并拿中国和印度举例。

彭文生的观点与周皓相反。彭文生认为,近期中国回升是投资带动的,背后的原因依然是汇率,QE 延迟退出导致资本的流入,因此他的判断是,美国 QE 溢出效应在中国的体现是,中国经济结构的矛盾会增大。

2. 国际货币体系改革

国际货币体系的不稳定性主要来自三个方面,一是国际收支的不平衡,二是流动性的变化,三是特里芬难题,即外国国家对美元的需求与美元信誉保持坚挺是矛盾的。上海交通大学安泰经济与管理学院教授、上海国际金融中心研究会副会长潘英丽认为,国际货币体系最大的矛盾是,经济多极化和国际货币单极化之间的冲突。保德信投资管理公司董事总经理 Ousmene Mandeng 支持了这一观点,他认为现在的全球市场是商品全球化,但是资本市场并没有全球化,局部地区货币的作用被放大了,这种不对称导致国际货币体系不稳定。

特里芬难题的直接后果就是储备多元化,以及全球安全资产供需缺口非常严重。社科院世界经济和政治研究所国际金融研究中心主任高海红解释说,特里芬难题本质上是财政问题,即央行最愿意持有高级别的政府债券,但是它持有得越多,发行的政府偿债能力就越大,此时安全资产的缺口越大,美元资产越是重要,这就是一个悖论。因此,如果要追求持有的政府债券多元化，就必须找到有潜力的货币。

人民币国际化是一些参会嘉宾提出来应对国际货币体系缺陷的方法。高海红认为在资本开放这一问题上，重要的时序问题，即控制风险的问题。她认为核心具体的问题是汇率机制改革问题，即在国内利率自由化和存款保险制度建成的基础上，灵活的汇率不能排在资本开放之后。

区域性货币体系是否可行呢？潘英丽认为，当一个国家特别大的时候，基本上不大可能建成一个共同的货币，因此，构建具有内在稳定机制的多极储备货币体系才是解决之道。

如何解决国际货币体系存在的内在缺陷？何帆反驳了一种激进的观点，即抛弃掉现有的货币体系，回到以 SDR 或者黄金为本位的货币体系。他认为改良现有的金融市场游戏规则才是关键，并提出两点建议，一是美国采取更负责任的态度，二是新兴市场国家之间存在合作，建立一些新制度。

三、 中国城市化与地方债风险

城市化已经成为中国经济增长的一个动力。经济增长的一个隐患就是地方债务的积累。这就对中国的政策制定者提出了两个问题，第一是如何化解当下的地方债务风险，第二是如何继续为城市化提供融资。

1. 化解地方债务风险

地方债是城市化的一个融资方式，而中国城市化一般指的是多造路造桥建水坝等基础设施。虽然这些基础设施成为地方政府的 ATM 机，但这种方式并不是城市化的核心。宏源证券固定收益部研究总监邓海清就提出，中国的城市化是地理空间概念上的城市化，缺乏身份和公共服务上的城市化，而这两个才是城市化的核心。何帆认为，若以后政府更多提供公共服务，政府支出会相应减少，但社会收益反而会提高。

地方债的问题不在于地方政府偿债能力，而在于中央和地方的关系。这是何帆的观点。他认为中国政府创造收入的能力是很高的，但是收入并不是偏向做事的地方政府，这就造成了地方政府通过卖地以及地方融资平台来融资的发展模式。因此，何帆认为地方政府发债合理化是一条化解债务风险的方式。

中国各级省市面对的地方债务压力是不同的。一线城市资源多、被更严厉地控制，而二线城市的负担则比较重，因为它们拥有很多资源，发的债务市场很欢迎，同时，它们受到的约束相对是较低的，因此膨胀得厉害。据此，上海济邦投资咨询有限公司董事总经理张燎指出，地方债务的风险其实非常大，如果出问题，那么首先是涉及地方债务工具出问题，然后是整个地方债务出问题，但是中国的金融体系一定会提供巨大的资金缓冲作用。他提出的建议是必须要有替代土地的财政收入来源，同时债务阳光化和财政支出阳光化。

地方政府债务中被忽略、但又非常重要的是“或有债务”。广晟财富投资管理中心执行合伙人、上海金融与法律研究院研究员刘海影认为，地方债务问题只有技术处理是不可行的，必须要建立一个约束，因为或有债务是中国宏观经济的系统性风险，一旦爆发，一定是非线性显现化，因此地方债最终必须依靠政府改革，以增加对政府的约束。约束地方政府的方式，刘海影提出了三点，一是增加条条竞争，二是增加地方政府债务管理水平的竞争，三是属地约束，在一定程度上从下往上施加一定的约束。

2. 求解城市化融资

城市化是一个金融问题，即如何融资支持增长。通过国别比较可知，金融结构差异是与一国制度、文化相关的，而制度和文化是外生变量，是给定的。因此，立足于中国国情，适合中国的融资方式是怎么样的呢？复旦大学中国经济研究中心教授王永钦指出，因为中国是一个各方面信息不透明、法制不健全的国家，因此能够最大化交易量的债券比股权更适合中国。同时，他也提出，这种方式的弊端是城市化融资风险变成一个系统性风险，而系统性风险是很难预测的。根据这种思路，王永钦提出，在信息不透明、法制不健全的中国，城市化融资可以有三种办法来解决，一是债券，二是增加抵押品的供给，三是证券化。

城市化进程拷问中央和地方财权和事权的匹配度。中央和地方的税收收入的界定有较为明确的权威划分，但事权界定非常薄弱。上海交通大学凯原法学院副教授黄韬指出，中央与地方在事权关系上，基本上实施的是行政性收权或放权机制。如果通过法制化将中央政府行为约束住，那么，用什么替代性的控制机制与约束地方政府呢？在现有体制下，这是一个更难回答的问题。

四、 上海自贸区与新一轮改革开放

上海自贸区改革是当下最重要的改革，一方面它符合中国经济金融改革的内容，另一方面，它也是当下全球贸易的趋势，即由 WTO 体系下的商品贸易自由化转向 TPP 体系下的服务贸易、投资贸易的自由化。上海自由贸易区的内容，及其对中国下一步改革的作用，是相当重量级的问题。

1. 解读上海自贸区

自由贸易区是资本输出和跨国经营的平台，人民币在自由贸易区可以自由兑换，但这并不意味着自由贸易区就代表着资本账户开放。潘英丽指出，货币自由兑换是刑侦管制的退出，这并不意味着资本市场是全面开放的，前者是国际市场的需求，后者则是国家利益的调整。

新一届政府为何空前的注重自贸区呢？中国进出口银行经济研究部总经理代鹏认为，从实体经济的角度，中国现在面临着如何整合国内国外两个市场的问题，这可以从这个角度解读，一是美国发现页岩气开发技术之后，成为了能源输出国，二是由于金融危机中国周边国家的融资源发生了一些变化，三是经济结构升级到服务身材行业的需要，这三点契合了自贸区关注投资贸易和服务贸易的功能。

自贸区的经济意义和作用重大。复旦大学世界经济研究所所长教授华民指出，只有贸易才能促进经济增长，而依靠内需推动经济增长的都失败了。华民认为，金融本身是不创造财富的，它只是个交易，为实体经济服务，离开实体只能成为泡沫，因此，28 万平方公里的自贸区根本不够，它不能容纳做物流的区域，可能只能搞不创造财富的金融。

意义和作用重大，但并不代表自贸区真的名副“自贸区”之实。中国社科院世界经济与政治研究所国际投资室主任张明就指出，上海自贸区的开放力度不会乐观，它有可能只是一个政策红利，而没有改革红利。从实际运行情况看，上海自贸区的两个重点，一个是金融市场开放，一个是服务贸易开放，都没有进展；上海市政府说的四个重点，利率市场化，汇率市场化，资本账户开放，民营金融基本建立，市场依然处于等待细节的状态。

2. 从上海自贸区看中国改革

上海自贸区方案的创新主要是负面清单和金融改革。国泰君安首席经济学家林采宜认为，虽然她不认为负面清单可能并不会有实实在在的措施，但建立一个长长 list 的负面清单已经是一个较大的突破。在金融方面，林采宜认为，由于金融容易渗透的特点，自贸区会引致一个离岸金融市场的发展，甚至会倒逼法律层面上对金融自由化进行追认和确认。

改革的本质是调整利益的分配。中欧陆家嘴国际金融研究院副院长刘胜军认为，中国的改革是政府主导的，因此很有可能不是利益中性。对于中国式改革的上海自贸区，刘胜军认为不要抱有过高的期待。他认为，相对于国企改革，自贸区是一个小的改革，主要是政府用来测试政府可以放权到什么程度，金融自由化能够推进到什么程度。

五、 资产管理变局与投资机会展望

2013 年国债期货再开闸，中国人民银行放出来的利率自由化风声也越来越多，上海自贸区也增加了人们对中国金融进一步自由化的期望，再加上党的十八届三中全会召开在即，深化金融改革的步伐似乎就要大步跨过去。在这种背景下，影子银行的资产管理策略该如何调整呢？这里又存在着什么样的投资机会呢？

1. 资产管理变局

长安国际信托股份有限公司总裁崔进才探讨了利率自由化背景下，信托的资产管理策略如何调整。崔进才认为受利率自由化影响最大的是商业银行，而在信托 10 万亿总受托数额中有 7 亿是与银行有关，因此，信托面临着较为急迫的定位问题。那么，信托该如何在券商、大投行、银行的资产管理活动中存活下来呢？崔进才认为，信托应该与它们有互补和配合，在保值增值、投资产管理、投资银行业务等方向中努力，以此拥有与私募抗衡的能力。

关于资本市场中的对冲交易，弘业期货党委副书记黄兴明表示了很大的乐观。他认为中国资本市场对冲交易的黄金时代即将来临，当下二级资本市场已经变成波幅增加的双向市场，人民币期货产品也会提高跨国市场的资本交易和金融产品。

关于基金领域的投资机会，长安基金管理有限公司总经理黄陈指出，非公募基金依然是热点，公募则会比较困难，而非公募基金的重点是在专户上。黄陈指出，财富专户管理的一个趋势是基金、信托、证券公司之间越来越多地进行合作。

金融非市场化的情况下，实体经济的市场结构也有一个清晰的演变结果，这就是香港亚王能源集团董事局主席赵晓轮指出的，国企利用金融市场的非市场化，提高了垄断地位。在每一次信贷资源充沛的情况下，国企和在彼产业中拥有相当地位的民企都没有问题，而一旦面临较长期产业调整压力时，国企利用银行系统迅速扩大市场份额。从金融市场结构角度出发,这一现象提出了一个问题,即直接融资的规模如何才能提高。

2. 投资机会展望

对于未来有投资价值的行业,上海博道投资管理有限公司董事长莫泰山指出了两个方面,一是与消费、医疗行业,一是新兴的信息消费领域。他认为,与国际平均水平相比,金融、工业、能源占比相比是偏高的,消费、信息、医疗保健等是相对偏低的。同时,由于中国去过剩产能并没有完成,即使中国从 2008 年开始调整,目前依然没有一个系统性投资机会。

昆吾九鼎投资管理有限公司合伙人黄晓捷分享了他对投资的理念,他认为好的投资可以超脱具体政策,理解清楚投资就是想未来换到更多的东西。他所认为稀缺的东西有三个:一是可以用来跑路的黄金,二是城市的土地,三是人才,而人才中最重要的投资对象是自己。

景林资产管理有限公司董事长蒋锦志指出了中国投资的结构性问题。中国直接投资缺乏市场化,配股和 IPO 被严格管制,这导致了想取得固定收益的信托产品大多与房地产和政府平台相关,而风险较大暴利较大的产品就是中小板和创业板,非此即彼。蒋锦志认为,股市缺乏产品且被严格管制的情况下,中国的股票市场整个是泡沫。

对于今后金融市场的风险,从宏观经济整体出发,高华证券研究总监马宁表示了谨慎的悲观。他的逻辑是,金融改革与供给面的结构改革同时进行才可能成功。利率自由化不能解决地方债务平台和国企的隐性担保和杠杆率提高的问题,而后两个问题是马宁认为目前中国体系最大的问题。

“中国(上海)自由贸易试验区的建立与上海资本市场的推进”专题研讨会

11月6日，上海股份制与证券研究会和上海对外经贸大学工商管理学院联合举办“中国(上海)自由贸易试验区的建立与上海资本市场的推进”(以下简称“自贸区”)专题研讨会。上市公司、券商、律师事务所科研单位·高校等团体会员·个人会员以及关心这一主题的其他人员参加了研讨。

上市公司代表发言认为这次自贸区的建立从性质上讲，是一个试验探索的过程。从战略层面上说，这是中国继改革开放这一经济战略决策之后的又一次升级版的科学决策，是中国经济发展面临的又一次发展机遇。主要从以下三个角度解析了自贸区的建立对上海资本市场的推进作用：(1)金融改革方面，目前中国金融开放有限，比如人民币兑换系统还不完善，货币对金融发展的冲击十分小；而自贸区的建立推动了资本市场进一步开放，主要表现在汇率、税率、利率三个方面的改革。(2)自贸区与保税区的差别，自贸区体现的是“境内关外”的贸易领土，即在中国领土上海关管辖外的区域，在税收上给予更多的优惠政策，实现的是完全开放的税收政策；而过去的保税区的要求是企业还要进行税收申报手续，并没有完全在税收上放开。(3)从根本上而言，自贸试验区的建立意味着中国未来将会形成一个新的经济形态，中国将会重新加入一个类似过去的“WTO”的新的贸易协议。

此外，他还重点解读了自贸区的“一线放开、二线监管”，认为一线放开就是进一步向金融机构的放开，通过自由汇率，自由利率政策的实施，自贸账户、外汇账户的建立，解决了过去“境外人民币升值，境内人民币贬值”的这种不正常现象，同时提出建议：自贸区的税收应给予企业更多的优惠，离岸账户、自贸账户的额度应该进一步开放。

券商代表对自贸区未来的发展提出了六点建议：(1)应进一步提高我国石油的定价化，区内金融机构可投资金融市场；(2)充分利用外贸有关规定来实现区内的贸易便利化，以吸引更多的企业；(3)允许区内母公司发行人民币和债券；(4)鼓励证券机构到自贸区开设立营业点；(5)允许区内期货公司进行期货交易；(6)通过负面清单使某些行业享受到在国外的同行业发展的优惠，如动漫行业、融资租赁行业等。

律师代表认为尽管自贸区在国外发展已十分成熟，但在国内还是一个十分新颖的概念。自贸区建立的重要意义有三点：(1)使外资企业能够享受“国民待遇”；(2)让企业获得更多的自由，贸易、投资、结算便利等；(3)出现许多新的优惠政策，如工商总局发布的关于企业登记、注册的进一步放开，证监会发布关于进一步支持自贸区的资本投资的政策；同时还提出了三个建议:(1)应该尽快颁布实施如《期货管理办法》规章进步规范期货交易;(2)尽快完善证券法,以促进证券市场的健康发展;(3)在自贸区建立的实践中,还有许多相关的规章制度与法律需要一步一步地完善与调节。

原外高桥保税区政策研究部门的老领导发言指出,从他过去多年政策研究的经验看,自贸区的建立、发展、到成熟将需要至少 10 年时间,这是一个长期、曲折、反复摸索的过程,需要我们不断实践、认识、再实践、再认识。同时,他还精炼地概括了自贸区建立的宗旨是:实现贸易的自由、便利、通达,“一线放开”要求在一线审核中要充分给予企业足够的自由,“二线监管”要求在二线监管中做到密不透风。并阐述了我们自贸区的建立和香港、国外的自贸区的本质差别是,我们是公有制经济下的贸易发展,而国外以及中国香港地区实现的私有制经济发展。

转型经济下的并购与重组税收实务问题研究

11 月 19 日下午，上海市社会科学界联合会第七届学会学术活动项目之一——“转型经济下的并购与重组税收实务问题研究”学术研讨会在市财政局举行，研讨会由上海市总会计师工作研究会和上海市会计学会共同举办，秘书长应忠芳主持会议。市社联、国资委、财政局、税务局部门的相关领导、50 多家大型股份制企业中的 80 名代表参加了会议。

研讨会首先由上海市国税局、上海市地方税务局所得税处陈华处长对转型经济下的并购与重组相关税收政策和涉税事项先予解读。陈处长首先对资产重组的有关概念予以阐述，资产重组是指一个稀缺性资源的优化配置过程，包括企业的所有权、资产、负债、人员和业务等要素的重新组合和配置，资产重组的形式包括债务重组、资本扩张、资本收缩、资本重组、表外资本经营等。然后陈处长借用国外资产重组的案例，引用凯恩斯理论，将资产重组比喻为阴阳平衡原理。

上海市国税局、上海市地方税务局货物与劳务税处毛向阳处长对涉及资产重组中的有关增值税、营业税问题进行剖析，将《国家税务局关于纳税人资产重组有关增值税问题的公告(2011 年第 13 号)》以及《国家税务局关于纳税人资产重组有关营业税问题的公告(2011 年第 51 号)》予以解读，两个公告是国家税务局第一次将资产重组中纳税人有关税收政策予以明确表述。但毛处长同时介绍，上述两个公告在具体操作中还有很多细化问题未于明确。

随后，国资委产权管理处赵斌处长发言，赵处长认为，自 2008 年市政府《进一步推进上海国资国企改革发展的若干意见》颁发后，上海市推进了核心资产上市和资产整体上市，2008 年完成了继上港集团等企业整体上市后，注入和重组重建资产 1 200 亿元，资本证券化率从 2007 年底的 17.6%上升到 35.24%，期间，离不开财税部门的支持。

企业集团代表也作了交流发言，首先，锦江集团李梅清同志作了讲话，锦江集团在整体上市、海外收购等 5 次重大资产重组中，都得到了财税部门的大力支持，但由于会计准则在前，企业年终所得税汇算清缴政策滞后，给企业财务会计核算带来较大的困惑，希望财税部门能尽快解决这些问题。

上港国际港务(集团)股份有限公司方怀瑾副总裁也做了交流发言，他说，企业在转型发展中碰到了许多问题，这次，十八届三中全会已明确，要稳定税收，改革税负，大家都很期待，希望上海市总会计师研究会在近期阶段性工作中能起一个企业和政府沟通的桥梁作用。

研讨会最后由市财政局企业处张义澎处长做了总结发言，他讲，本次研讨会的主题市委、市政府也非常重视，希望各单位主动适应、顺应改革，积极主动与财税部门沟通，使企业转型经济下的并购与重组得以顺利开展。

规范会计核算管理　发挥涉税中介作用

——2013 年市社联跨学会学术活动交流研讨

随着我国对外开放和经济体制改革的不断深入，如何按照市场经济的规律，进一步深化改革，完善体制、机制，加快制度创新，特别是以财税体制改革为突破口和主线索推动全面改革，已经越来越成为共识。因此，规范政府和市场、政府和社会的关系进而带动全面改革成为了关键的环节。从财政部门来说，如何进一步规范会计核算管理，加快大中型企业的内控机制建设，督促和帮助小微企业建账建制，加强财政监督，强化财税管理；从税务部门来说，如何深入推进依法行政，加强税收执法风险控制，着力提高税收征管质量，创新优化纳税服务手段，加强为纳税人特别是中小企业的纳税服务，提升各类企业的纳税遵从度，这些都是亟须加以研究的课题。

市国际税收研究会、市税务学会、市财政学会、市会计学会、市注册税务师协会、市税收科学研究所联合举行“规范会计核算管理，发挥涉税中介作用”学术研讨会，观点综述如下：

1. “营改增”的试点提高了企业财务会计核算的规范化水平。

现代增值税彻底排除了重复征税的因素，将纳税人与负税人分离，使所有经营单位不再担负增值税税款，将增值税税款的计算与企业经营成本分开，使税款计算准确简便和有利于降低纳税成本，有利于经济发展和聚集财力，具有税制简化、机制严密和管理成本低三大优势。在上海“1＋6”行业(交通运输业、研发与技术、信息技术、文化创意、物流辅助、有形动产租赁、鉴证咨询)进行的“营业税改征增值税”(以下简称“营改增”)试点以及随后的扩大范围，是推动产业结构调整、促进经济发展转型的重要举措，是一项意义深远的重大税制改革。“营改增”的改革无疑适应了经济全球化特别是服务贸易全球化比重日益提高的需要，既可以将现行第三产业尤其是现代服务业中不完整的改征增值税转到符合市场经济规范的增值税轨道上来，又可以加快与国际征税规则接轨的步伐。

随着现代服务业的发展和政府公共管理模式的变化，社会涉税中介将成为保障国家税收利益和维护纳税人合法权益的重要社会力量。“营改增”激活了企业的政策效应和适度的涉税监管与服务，两者不可或缺并相得益彰。一方面，企业将原来营业税税制下“各自为政”的分散管理模式，转变为与增值税税制相适应的一体化的集中管理模式，因而可以切实提高财务会计核算的规范化水平，同时，由于“营改增”政策鼓励了企业的专业化分工，一些研发、设计和营销等业务迅速从主业中分离出来，成为专业分工更细、服务范围更广、创新效率更高的独立法人主体，长期困扰先进制造业企业发展的“大而全”、“小而全”问题得到有效解决，有力地推动了现代服务业和先进制造业的深度融合发展，进一步使得生产性服务业做大做强。另一方面，“营改增”试点扩大了涉税中介机构的用武之地，寓管理和监管于服务，涉税中介机构成为政府和企业间的桥梁，同时，通过着力健全制度、完善机制、加强监管，可以有效防范“营改增”试点中可能出现的各种税务管理风险，确保“营改增”试点的平稳健康运行，加快建立和完善财税管理制度体系。

2. 贯彻实施企业内部控制规范，加强财务会计信用等级管理。

（1）贯彻实施企业内部控制规范。通过切实加强组织领导和深入调查研究，加强与国资、审计等相关部门的协调联系，充分利用电视、网络和报刊等媒体向全社会进行广泛宣传，营造一种重风险防范、强化责任意识、崇尚诚实守信、积极履行社会责任的内控文化。选择36家试点企业进行跟踪，邀请相关专家开展内部控制系统培训。通过加强工作指导和经验总结，树立典型，推广先进案例，扩大示范效应，激发企业实施内部控制的积极性。经过宣传、培训和示范，提升了企业科学管理的水平，提高了企业抵御风险的能力，推动了企业文化建设。针对试点中存在的问题，如企业层面对内部控制认识存在偏差，企业对风险控制意识不强，企业员工对内部控制的认识不足，应当加大对企业层面特别是企业高层管理层面的宣传和培训，加强企业管理层对内控规范和企业风险防范、控制的意识，同时，也要注意突出内控体系建设中的企业个性化发展问题，支持企业在工作流程再造、互不兼容岗位设置、风险控制措施等方面实施个性化方案，逐步形成企业自有的、独特的内控体系。

（2）加强财务会计信用等级管理。根据加强会计管理工作的要求，本市各级财政部门以宣传贯彻会计制度、建设会计诚信体系为中心，围绕实施《上海市财务会计信用等级管理试行办法》，以指标化管理为核心，以评定和年度鉴定为重点，以后续管理为手段，着力营造“不做假账”的会计诚信氛围。通过开展对68 738家企业、行政、事业单位、社会团体进行财务会计信用等级评定，促进其财务会计基础工作进一步规范。初步形成了比较系统的评定指标体系，实现了财务会计信用等级信息的统一维护管理、统一存储数据、各区县终端操作，强化了对纳入系统各单位相关信息的管理，同时，进一步扩大管理范围，覆盖所有类型单位和组织。通过有效运用评定成果，不断提升财务会计信用等级管理的激励效能，逐步完善守信收益、失信惩戒的激励约束机制。积极探索将财务会计信用等级管理工作与公共管理活动及财政性资金使用相结合，拓宽评定成果的应用范围，将评定成果作为贷款贴息、中小企业贷款担保、财政扶持等相关财政管理工作的重要参考，起到了很好的效果。探索部门联动，加强与税务、银行、工商、海关等部门的诚信信息沟通，探索将财务会计信用等级管理纳入全市信用管理工作中，特别是会计信用等级评定与纳税信用等级评定的联动，放大信用等级的社会效应，提升财务会计信用等级的社会关注度。

3. 发达国家税务代理机构、社团组织的经验。

税务代理制度是当今世界各国通行的税收征收管理制度，不仅发达国家普遍采用，而且许多发展中国家也纷纷实行和推广。经过几十年甚至百多年的发展，美国、英国、日本、澳大利亚、韩国等发达国家在税务代理方面已具有完善的体制、机制和成熟的管理制度和措施。从这些发达国家税务代理行业发展的情况来看，一方面是随着各国税法的日趋复杂，纳税人既缺乏相关的专业知识，又无法熟悉和掌握税收法令条文，从而使纳税人有很强的税务代理动机和愿望，另一方面也是税务机关专业化管理和税务机关加强征管、纳税服务的需要，使得税务代理这种社会化服务有了很大的发展空间。近年来，美国进行了税务代理改革，他们认为，发展好税务代理行业，预示着税务机关将从传统的零售纳税服务方式向批发纳税服务方式转型，也就是把税务部门的资源从主要用于与上亿名纳税人进行一对一的交流，转变为用于与数千家或者数万家税务中介机构的交流，从而帮助数百万、甚至数千万纳税人准确、及时地进行纳税申报。可见，美国税务机关也在转变思路以适应税收管理的需要。

纵观发达国家税务代理行业的发展，完善的法律体系是至关重要的条件。税务代理机构和代理人作为市场主体有明确的法律地位和完全的独立性，因而具有很大的执业权威和社会信誉，确保其在执业过程中可以依法进行涉税服务。日本以《税理士法》为核心，配以《税理士法施行令》、《税理士法施行规则》以及其他各类辅助法律为补充，在税务代理的功能定位、业务范围、服务宗旨、资格审查、业务开展甚至具体的收费标准上都有法律制度予以保障和统一，形成了一套从实体法到程序法的完善的税务代理法律体系。

在发达国家税务代理行业发展的过程中，还有一点是十分重要的，就是通过税务机关和行业协会对税务代理行业进行双重监管。韩国对税务代理的行政监督管理由政府部门进行，财政经济部资格审查委员会主要负责从业人员的资格审查，国税厅则负责提请对税务士的处罚、税务代理报酬率的确认、税务士调账计税资格的确认等；行业监督管理则由全国性行业自律性社会团体组织——税务士会进行，主要负责对税务士进行业务指导、教育和培训，监督税务士遵守法律制度和执业道德，对争议纠纷进行调解，建立会员风险基金，促进税务士制度改革，开发税务士应用技术，对违反法律制度的税务士进行惩处，开展调查研究并向政府提出建议，进行学术研讨与交流等。

借鉴发达国家的经验，结合我国的现状，应当加快税务代理行业法制化建设的步伐，并在完善法律体系的过程中，有意识地建立和健全包括行业监管和外部监管在内的完整的监管体系，除了通过立法明确政府税务机关、行业协会进行监督的职责外，还要注重建立对税务代理从业人员的监督机制，规范税务代理从业人员的执业行为，防范税务代理风险。

4. 不断推进税务代理行业规范发展。

随着纳税人自主申报制度的推行和税务机关征管事务的公开透明，税收管理社会化推动了注册税务师行业的发展，赋予了注册税务师涉税鉴证与涉税服务的双重职能，确立了注册税务师行业在经济建设和社会发展中的重要作用，减少了企业涉税风险，培养了企业纳税遵从度，降低了税收征管成本，增进了和谐征纳关系。当前，注册税务师行业作为一个新兴行业，在发展过程中也面临着法律、理论、社会和操作等多个层面的问题，主要是法律层级不高，人员结构面临转型，后续人才短缺，行业集中度高，发展参差不齐，市场对行业认可度偏低，市场竞争性强，规范执业有待提高。针对这些问题，如何推进上海注册税务师行业的发展？一是要提高法律层次，有效发挥两项职能。如果《中华人民共和国税收征收管理法修正案》获得全国人大通过，注册税务师行业的法律层级将大大提高，在法律地位逐渐提高、市场逐渐规范的有利因素下，注册税务师行业应当适应和拓展市场需求，有效发挥涉税鉴证和涉税服务两项职能，在税务机关的依法支持下，利用专业优势，大力宣传辅导税收法律法规，提高整个社会的诚信纳税意识和纳税人的税法遵从度，助力税务机关提升税收征管水平，履行保障国家权益、维护企业利益的行业使命。二是认清市场定位，实现错位发展。根据大、中、小型税务师事务所执业领域各有侧重、市场定位各有特色的思路，实现在行业内大所服务龙头，小所面向小微，错位竞争，共同发展。三是加大经费投入，激励更多会员参加业务培训。进一步加强注册税务师的继续教育工作，充分发挥行业协会在培训中的主导作用，不断改进继续教育方式，注重提高师资和授课质量、效果，强化对继续教育的检查和考核，促使继续教育在提高人才素质上发挥更大作用。四是集聚后备人才，推进人才建设。重视对于新生代高素质人才的培养，积极实施行业人才培养战略，完善多渠道人才培养机制，吸引更多优秀人才加入注册税务师行业。五是推进信用建设，强化行业监管。坚持开展A类信用等级评定活动，增强社会对注册税务师行业的信任感，为行业发展打好坚实的信用基础。进一步完善诚信执业评价机制、失信惩戒机制，树立注册税务师行业诚实守信、执业规范的社会形象。着力于完善行业监管制度，强化行业监管措施，规范整顿执业秩序，提高监管水平和监管效率。六是拓展服务领域，提高行业社会认知度。要形成在拓展行业服务领域中提高行业社会认知度、在提高社会认知度中进一步扩大业务范围的良好环境，积极参与政府购买服务，探索开展志愿者服务活动，加强行业信息化建设。

5. 发挥涉税中介和社团组织作用，主动为民营中小企业开展纳税服务。

民营中小企业在促进就业、发展外贸增加出口、维护社会稳定、上缴税费等方面对社会都有较大的贡献，因此，政府各部门和全社会都要进一步完善促进民营中小企业发展的公共服务政策和措施，税务部门也要转变“重管理轻服务”的观念，让民营中小企业享受与税源大户同等的政策辅导、法律保护和纳税服务，财政、金融、信贷、工商行政、行业协会、中介机构等部门和社团组织也应关心和支持民营中小企业的发展。目前，民营中小企业存在着数量多规模小、经营多变和盈利低负担重的经营特征，财会基础管理较差，纳税申报率及申报正确率较低，发票管理不严；财务人员业务水平较低，财务核算不实；涉税事项繁杂，涉税种类较多，税种核定不全，申报差错时有发生，造成纳税申报不准确；涉税事项发生频繁，办理手段落后；征纳双方沟通不够，税务违章较多。

民营中小企业的特点和现状使得其在纳税服务需求上主要有：辅导培训需要更多个性化服务，辅导培训的及时性、实务性比较缺乏；涉税事项办理存在报送资料重复、不必要的现象，在办理注销税务登记、发票清算、所得税年度清算及其他各类税款清算上缺少有针对性的简易处理办法；涉税事项的代理需求不大；亟需法律援助。为此，应当建立符合征管改革新模式的纳税服务体系，做到服务对象全方位，执法过程全覆盖，提高纳税服务的工作技能，丰富纳税服务的载体与方式、方法，同时，进一步发挥社团组织沟通征纳双方的桥梁作用，培育符合中国国情的涉税中介市场，探索涉税中介机构开展各类事务双重代理的新途径和为民营中小企业开展法律援助的新机制，从而真正为民营中小企业的健康、持续发展提供支持和帮助。

几点建议：

1. 加快税务代理行业法制化建设步伐。

市场经济是法治经济，制定严格的税务代理制度并用法律、法规形式确立下来，这是保证税务代理顺利推行和健康发展的必要条件。从国外税务代理行业发展经验来看，往往通过立法来确立税务代理机构和代理人的法律地位和业务，进行强有力的约束和保护，一方面为行业规范化管理奠定法制基础并对其时刻进行监督、指导，另一方面也合理保护了执业者的合法权益，通过认定其法定义务，有助于发挥税务代理的积极作用，特别是通过法律明确税务代理作为社会中介组织，在其开展代理业务时必须独立、客观、公正，既不能代表税务机关行使税收执法权，也不能违反国家税收法律法规帮助纳税人偷逃税款，只能在国家法律和政策规定的代理范围内从事税务代理服务，只有使"法"贯穿始终，才能有真正的"依法代理"。建议尽快制定并实施《税务代理法》或《注册税务师法》，从而建立起全国统一的、独立的、完善的、规范的注册税务师法律制度，健全行业管理体制，约束税务代理行业，规范税务代理活动中纳税人、税务机关和税务代理人三方的行为，使税务代理机构真正成为独立的市场主体，税务代理人依法、公正地为纳税人提供各种服务项目，树立执业威信和信誉，从而提高税务代理行业的社会认知度，为税务代理行业的持续健康发展提供一个完备的、良好的法律环境。同时，在法律地位逐渐提高、市场逐渐规范的基础上，税务代理行业可以适应和拓展市场需求，利用专业优势，提高社会诚信纳税意识和纳税人的税法遵从度。

2. 加快推进税收服务社会化的步伐。

从发达国家税务代理行业的情况来看，各国委托税务代理机构从事涉税事宜的比例均较高，特别是近年来美国进行的税务代理改革，给我们带来有益的启示：通过将大量事务性、专业性工作让位给税务代理机构和社团组织，使得税务机关从繁琐的日常事务中解放出来，专司税源监控、税款征收、税务稽查和税务风险管理等执法工作，从根本上提高了税收管理质量，降低了税务机关的管理成本，同时，通过税务代理行业的发展，可以使纳税人依法诚信纳税的主动性和自觉性大大提高，既可以提高纳税人的税法遵从度，又可以提高整个社会的诚信纳税水平。随着加快建立法治政府、服务政府，势必对税务机关及其工作人员的执法水平提出了更高的要求，通过税务代理行业的规范执业，可以提高纳税人涉税业务的可信度，建立起征纳双方的磋商平台和沟通渠道，减少征纳双方的矛盾，压缩寻租空间，对和谐征纳关系具有重大的现实意义。因此，建议有关部门进一步开展调查研究，科学合理地界定税务机关职能，厘清社会服务与专业管理的边界，确立税务代理作为税收服务社会化的重要力量，充分发挥其职能作用，如税务机关在减少涉税审批后，可以通过税务代理机构的鉴证类中介服务来帮助税务机关加强税收管理，再如税务机关在征管改革取消专管员“户管制”后，面对大量的企业特别是民营中小企业，在税收政策宣传和辅导方面无法做到原来专管员保姆式的一对一，可以借助行业协会等社团组织开展税收政策宣传、辅导和培训，既解决了税务机关人手不够的困难，又提高了针对性、专业性和有效性。此外，还可以在税收政策调研、税收执法督查方面借助社团组织的力量，进一步提高税务机关的税收管理水平。

3. 发挥中介机构和社团组织的桥梁作用。

企业的成长和发展离不开健全、有序的社会环境，中介机构和社团组织作为政府与企业之间的桥梁，应当发挥更大的作用。许多社团组织包括学会、行业协会、企业联谊会等都有企业成员参加，建议社团组织主动履行好社团章程规定的权利义务，积极开展咨询、培训、辅导讲座、交流调研、学术探讨等活动，向有关部门反映企业特别是民营中小企业发展中存在的普遍性问题，提供调研结果，提出意见和建议。同时，通过政府采购财政招标的方式，依靠会计师事务所、注册税务师事务所的力量为税务机关开展特定的各类鉴证或委托专项培训等业务，帮助企业特别是民营中小企业健康发展。此外，当民营中小企业遇到涉税事件需要法律援助时，由于经济原因使得一些企业无法维护正当权益的，可否由财政建立法律援助基金，发挥涉税中介各类事务所的作用，帮助民营中小企业尤其是困难微利企业得到法律援助。

4. 制定支持和鼓励中介机构发展的政策。

中介机构和社团组织目前尚处于适应社会主义市场经济发展的初级阶段，需要各方面的政策予以支持。在当前“营改增”的税制改革中，建议扩大涉税中介服务机构的增值税扣除范围，减轻服务型中介事务所的增值税税负；监管部门在对各类涉税中介机构进行资质审核、信用等级评定时，对积极为中小企业提供纳税服务业务的机构给予肯定和鼓励；税务机关也要支持中介机构为民营中小企业开展涉税服务，及时传递税收政策和征管措施的变动信息，保证政策贯彻的透明度和政策掌握的及时性，并对中介机构反映民营中小企业意见较大的普遍性问题开展政策调研，政策不合理的要积极向上级部门反映。

5. 完善税务代理行业监管体系。

发达国家都无一例外地建立起一套包括行业监管和外部监管在内的完整的监管体系，通过加强对税务代理行业的监督、管理和指导，保证了整个行业的正常、有序、健康发展。除了借鉴发达国家通过立法明确政府税务机关、行业协会进行监督的职责外，加快推进信用建设也是十分重要的，诚信执业是税务代理行业的立业之本、创业之基、兴业之源，近年来开展的税务师事务所 A 类信用等级评定活动，对增强社会对税务代理行业的信任感起到了很大的作用。在现有A类信用等级评定实施办法的基础上，建议进一步完善诚信执业评价机制、失信惩戒机制，不断提升税务代理行业的诚信度和公信力，使注册税务师事务所逐渐成为受社会尊重和服务对象信赖的专业服务组织。与此同时，要着力于完善行业监管制度，强化行业监管措施，健全注册税务师会员审批、管理、备案、检查、公告制度，加大对鉴证报告质量的检查和违规行为的惩处力度，规范整顿执业秩序，提高监管水平和监管效率。

6. 加强税务代理行业风险防范。

税务代理是一项政策性强、专业技术要求高的工作，必须是具有财税、会计、审计、法律等方面知识的专业人员才能担任。税务代理人自身素质的高低，直接影响和决定着税务代理事业的质量及其发展。提高税务代理人员的业务素质，抓好继续教育是重要的途径。建议进一步加强注册税务师的继续教育工作，充分发挥行业协会在培训中的主导作用，不断改进继续教育方式，在鼓励、支持税务代理人员积极参加业务培训上多想新办法，注重提高师资和授课质量与效果，强化对继续教育的检查与考核，促使继续教育在提高税务代理人才素质上发挥更大作用。同时，针对人员年龄结构老化、执业注册税务师增速减缓、行业人员结构调整、股东队伍结构有待改善的问题，重视对于新生代高素质人才的培养，积极实施行业人才培养战略，完善多渠道人才培养机制，可以通过建立大学生实习基地、产学研一体化活动等为大学生就业搭建平台，以吸引更多优秀人才加入税务代理行业，此外，还应优化股权结构，加大对劳务人员的分配权重，吸纳更多具有多项专业知识的复合型人才进入到税务代理行业中来。

7. 建立财政部门会计信用等级评定和税务部门纳税信用等级评定的联动机制。

财政部门会计信用等级评定和税务部门纳税信用等级评定是关联性很强的两项信用管理工作，建议改变因目前两个部门分别开展，各不联系而造成评定在时期规划、评定范围、标准参照、考评方式、后续管理等方面存在的不相适应的状况，建议建立两个部门信用等级评定的联动机制，具体办法可以采取建立评审机构间相互沟通，信息共享的联络制度。及时提供各自的工作动态，包括评定时期、关联指标的评定标准、相应的考评方式等，供对方参考，做到有分有合，从而使会计信用等级和纳税信用等级这两项信用管理工作相互促进相互借鉴，同时减轻因考评给企业带来的重复应对反复检查的负担。这一联动机制也为建立系统化的社会信用等级管理工作创造经验。

国际问题、涉港澳台、其他

学习落实党的十八大精神　深入开展对台研究

1月8日下午，上海市台湾研究会于上海图书馆召开2012年度学术年会，台研会领导、理事及120余名会员与会。会议上半场为会务报告，会长俞新天就2012年工作及2013年计划向与会人员报告。下半场为学术报告会，由副会长章念驰主持。市台办主任李文辉出席会议并讲话。

上海社科院副院长黄仁伟、上海国际问题研究院院长助理严安林、台研会会长俞新天、秘书长倪永杰及复旦大学美国研究中心副主任信强分别作了“国际形势对两岸关心的影响”、“2012年台湾政局回顾与展望”、“学习落实十八大精神，深入开展对台研究”、“马英九当局东海、南海政策及两岸合作前景”及“美国TPP战略及台湾的策略应对”报告。

（一）学习落实党的十八大精神，深入开展对台研究

俞新天在报告中提出对台研究工作者学习党的十八大报告精神要从总体出发、全面理解，在此基础上落实对台研究工作。从总体上理解十八大精神，可以从五方面着手：一即是“一条道路”，要坚持走中国特色的社会主义道路；二即是两个“百年”，习总书记提出，到2020年我国要全面建成小康社会，恰是为2021年建党一百周年献礼。到2049年，我国要基本实现现代化的目标，也响应了新中国建立一百周年的伟大复兴的心愿；三即是三个“自信”，报告中提到道路自信、理论自信和制度自信。当下虽然还在摸索中前进，但已逐渐摸索出一些规律，未来进一步创新要从自信开始；四即是四个“特色”，坚持实践特色、理论特色、民族特色、时代特色，不仅是党和国家进步的方向，也是对台工作者的研究指引；五即是“五位一体”的发展目标，从政治、经济、文化、社会、生态五方面全方位发展，是社会全面进步，现代化升级转型的表现。我们要以科学发展观统帅，重视并治理社会发展过程中的不平衡。

要深入领会十八大报告中对台四项方针政策，对台工作者要从准确认识以下三方面：

1. 要把握大有作为的战略机遇期，准确判断内涵和条件的变化。近年来，中国的综合国力、国际影响力上了新台阶，社会变革与发展推动着两岸走向和平统一；国际力量的对比朝着有利于和平发展的方向前进；中国在价值观体系上有所突破，这些都是重要的变化信号。

2. 要领会十八大报告中对和平发展阶段提出的完整的思想、方针、路线。十八大精

神中明确提出了如何看和平统一和和平发展的关系、两岸政治互信的主要内容以及深化两岸大交流,大合作的重要性。

3. 要解放思想,实事求是,与时俱进,求真务实。

(二) 国际形势对两岸关系的影响

黄仁伟的报告针对不断恶化的国际环境下两岸关系向好的趋势,分析了在国际形势中影响两岸关系的几大要素:一是美国战略重心向亚太转移。台湾作为第一岛链的关键环节,在美国亚太再平衡布局中具有不可或缺的战略地位;二是亚洲的海上争端。东海南海主权争端令台湾看到两岸联手的可能。忌惮于美日同盟,台湾只敢在"宣示南沙主权"上有所作为,而在钓鱼岛问题上严重退缩;三是中日关系的变化。钓鱼岛的争议加之日本右翼势力占据上风,成为当前中日矛盾激化的主要原因,日本正试图以"渔权换主权"诱降台湾;四是亚洲的合作机制。原本稳定的"10+1"、"10+3"模式受到了美国所倡导的TPP影响,台湾为增加国际话语权,以及减少对大陆的经济依赖,也对加入TPP寄予厚望。但TPP设定的高标准增加了台湾加入的阻力,若强行推动会将使台当局前途失色。目前,大陆方面对台湾加入TPP持反对态度,台湾可能因此推迟签订TPP的步伐;五是美国在两岸关系由经转政的转变中拖后腿。美国试图以批准台湾的免签待遇、对台出售F16C/D战机,以及加强在台部署战略导弹防御系统等多项利益牵制台湾,岛内国民两党亦极力推进与美国的互动;六是台湾的自身因素。岛内政治不稳定,民生问题突出。此外,台湾正以蚕食政策不断向大陆讨要国际空间。

(三) 2012年台湾政局回顾与展望

严安林围绕2012年台湾政局的演变与特点及2013年台海形势展望作了报告。2012年,台湾政局的发展演变沿着五条轨迹展开:一是国民党掌握台湾政局演变的主导权,国民党在年初选举中保住了执政地位,后续力量消长需视2014年"七合一"选举结果而定;二是马英九领导权威的缺失,面临"执政无能"的批评与"执政难为"的窘境;三是民进党权力重新划分组合;四是台湾政治的中心舞台依然在"立法院",呈现国民党、民进党与亲民党、台联党四党团合纵连横的崭新局面;五是陈水扁案仍是牵动台湾政局中蓝绿对立与社会、族群和谐的敏感神经。

上述轨迹中反映出台湾政局发展的四个特点:一是蓝绿矛盾依然是台湾政局中的主要矛盾;二是台湾政局的发展演变与两岸关系之间的密切度提高;三是蓝绿两大正营内斗明显;四是马英九团队执政能力不足,民进党表现同样不佳。

2013年台湾政局的走向将会有以下三个趋势:一是随着2014年"七合一"选举的临近,国民两党的矛盾将有所突出;二是党内初选将激化国民党与民进党各自内部的矛盾斗争;三是台湾政局的变动将影响两岸关系和平发展的程度。蓝绿政党对岛内政治的高度关注将使两岸关系的重要性降低,马团队政绩不彰也会对两岸关系和平发展产生一定的负面影响。

（四） 马英九当局的东海、南海政策及两岸合作前景

倪永杰针对日前备受关注的东海、南海议题分析了马英九当局的东海、南海政策及两岸合作前景。2012 年，钓鱼岛、太平岛的主权争议成了影响两岸和平稳定发展的变数，马英九因应东海问题的政策有六大特点：一是维护主权，捍卫疆域；二是保护渔权，积极护渔；三是搁置争议，和平互惠；四是以“东海倡议”为行动纲领；五是两岸不联合对抗日本；六是希望美国保持中立。

马英九的南海政策呈现以下五个特点：一是强调南海是“中华民国”的固有疆域。强硬面对越南等国的挑战；二是增加太平岛军事防卫力量；三是派多名高官视察太平岛；四是谋求参与国际多边磋商机制；五是把南海作为筹码，与美国等国进行军事情报信息的交换。

马英九之所以对东海与南海有上述政策考量，主要基于五个担忧，其一是担忧来自美方的压力。美国实施“重返亚太”战略想拉拢台湾，且美日形成同盟，故未免影响台美军事、安全关系，马英九唯有选择不联合大陆、不对抗日本；其二是担忧东海、南海议题上的强势态度可能有损中国台湾地区与日本、与东盟之间的关系；其三是担忧台湾被边缘化，试图借东海南海问题增加国际话语权；其四是担忧“台独”势力与民进党借此攻击其“亲中卖台”、“联中保钓”；其五是担忧被大陆统战。

分析马英九的东海南海政策，其中既存在积极面，也存在消极面。积极面在于马当局强调对钓鱼岛和太平岛的“主权所有”，且未全面配合美国“重返亚太”的“再平衡”政策，以防影响两岸关系；消极面在于马英九意图利用美国“重返亚太”的战略谋求军事安全、政治经济上的利益。尽管如此，马英九的东海、南海政策在本质上有别于民进党，马以实际行动保钓、守卫南海、“宣示主权”、争取渔权，并在南海军事上与大陆互为后盾，也没有完全封杀两岸联合保钓空间。

东海、南海问题上的争议给岛内带来一系列政治效应：首先对岛内民众产生冲击，使之认清美日侵害台湾利益的不良企图；其次两岸联手是台湾安全、利益的重要保障和战略筹码；再次，钓鱼岛、南海事件使台湾民众产生两岸一家的认识，逐渐培养出两岸合作的意愿。目前来看，两岸官方联手保钓尚有难度，但民间合作无法阻止。今后，两岸还可以在东海、南海进行生态保护、渔业合作、能源开发、旅游观光等多领域合作。在此基础上，两岸的政治、军事安全领域的合作可能也会提升，将有助于增强两岸政治互信，深化两岸和平发展。

（五） 美国 TPP 战略及台湾的策略应对

信强以台湾谋求加入 TPP 的动因对策及前景为研究课题，对美国的 TPP 战略及台当局的应对进行解析。马英九在 2012 年就职演说中明确提出争取在未来 8 年内加入 TPP，此言得到美国的支持。台湾之所以对加入 TPP 有浓厚兴趣，主要基于三方面原因：一是融入亚太地区经济一体化，可为提高台湾经济的国际竞争力服务；二是抗衡大陆对台湾经济的影响，减轻对大陆经贸的依赖；三是改善和提升与美国的实质关系。此外，台湾亦有借 TPP 扩展其国际空间的用意。

而美国对台湾有意加入TPP持欢迎态度，主要是这可为美国带来重大的战略和经济双重收益。一方面，美国可借此在地缘战略上牵制东亚经济一体化进程，制衡中国大陆的迅速崛起；另一方面，促进美国对台出口，有助于美国经济复苏和增长。

至于台湾加入TPP的前景，将受到多方面的制约。其一是中国大陆的态度和政策。就近期而言，中国大陆不会予以同意或默许；其二是美国的台海政策考量。在将台湾纳入TPP谈判之前，美国会充分考虑对中美关系造成的影响和冲击；其三是台湾自身的制约因素。TPP设立了一系列高标准的准入要求，对台湾的市场开放、产业政策、劳工权益、环境保护等多个环境均提出考验。所以，未来台湾加入TPP的过程势必困难重重。

第八届“鲍大可—奥克森伯格中美关系讲座”

5月14日，上海市美国学会、美中关系全国委员会联合举办了第八届“鲍大可—奥克森伯格中美关系讲座”，学会邀请前美国国家安全委员会亚洲事务主任、布鲁金斯学会高级研究员杰弗里·贝德就中美关系作演讲。在讲座中，杰弗里·贝德剖析了“中美新型大国关系”的概念，同时，就中美之间的战略合作与美国对亚洲的“再平衡”政策进行了解惑释疑。中国社科院美国研究所所长黄平评论。会议由上海市美国学会会长黄仁伟主持。来自相关领域的专家学者近300人与会。

贝德在演讲中指出，“中美新型大国关系”提出的背景反映了在当今国际社会中，新兴国家在融入现有国际秩序中所面对的一个固有逻辑。贝德认为，既往的历史经验显示，在权力转移过程中，主导国际秩序的西方国家总是将“后来者”新兴国家视为一种威胁，而在新兴国家看来，前者则是其融入国际秩序的最大障碍。因此，对抗与冲突在所难免。

贝德认为，“中美新型大国关系”提出的目的就是要在中美之间寻求一条新的相处之道，从而避免既往的对抗与冲突。其中，双边经贸关系、热点问题、亚太地区政治安全领域以及涉及气候变化、网络安全、金融货币政策等方面，都是贝德认为中美未来能深入战略合作的领域。但是，贝德也强调必须正视合作中存在的摩擦与立场的差异。

尽管中美战略合作是两国关系的主基调，但在发展进程中，关于中美之间战略互疑的声音历来不绝于耳。贝德也在演讲中提及了中美在战略合作中存在互不信任的现象。“由于美国目前在政治、经济以及军事领域占有绝对的主导权，因此，总有一些声音以怀疑和消极的态度来解读中国在国际上的行为。”贝德说道。

贝德曾于2009—2011年间在奥巴马政府内担任国家安全委员会亚太事务高级主任，是奥巴马第一任期负责制定美国战略重心东移政策的核心成员。回忆起2009年制定该政策的时候，贝德表示，当奥巴马团队在审视美国的全球战略时，他们发现，“亚洲地区是被低估的”。因此，美国此后将战略重心转移到亚洲，并不是如外界所言要“遏制中国”或者“对中国别有用心”。

“在奥巴马第一届任期的开端，我们都清楚将战略重心转向亚太是我们应该要做的事情，这不是针对中国，而是对整个亚洲。我们知道亚太地区是世界上增长最快的地区，全球力量和影响力正在向亚太转移。”贝德表示。

贝德强调，中国是亚洲的中心，亚太充满活力的经济增长也反映了中国经济的成功，这个政策的意图并不是针对中国。当然，在打造与中国的建设性关系时，贝德也指出，美国不会忘记兼顾与亚太地区传统盟友之间的紧密联系。因此，维护这两大关系是美国在亚太地区的核心任务。

同时，针对美国目前积极推动的跨太平洋伙伴关系协议（TPP），贝德表示，奥巴马政府正在寻求更多的自由贸易协定，而多哈回合的僵局给自由贸易带来巨大冲击，因此，兜售 TPP 则成为美国经济外交的主轴。在被问及中国加入 TPP 的问题时，贝德也表示，作为一个高门槛的多边自由贸易协定，奥巴马政府始终欢迎中国加入 TPP。

“中国梦的国际主义特质与实践”研讨会

6月29日，上海市国际关系学会、上海市世界史学会、上海市欧洲学会、《国际观察》杂志社和《国际展望》杂志社联合召开“中国梦的国际主义特质与实践”学术研讨会。来自复旦大学、华东师范大学、上海国际问题研究院、上海社会科学院、同济大学、上海交通大学、上海师范大学、上海对外贸易大学、华东政法大学等高校和研究机构及《解放日报》理论部、《文汇报》理论部相关负责同志近50位学者与会。开幕式阶段，潘光教授代表各主办单位致词。与会学者们围绕中国梦的时代背景，中国梦的内涵、爱国主义与国际主义、中国梦的国际主义特质等展开了深度研讨。

一、关于中国梦的内涵

与会学者指出，对中国梦的全面理解需要把握其当代时空环境下所特指的符合性理念，需分层解析。学者们认为，中国梦首先是中国国内层面的梦，是近代以来中华儿女为实现民族复兴对未来产生的一种憧憬和期望，是中华民族的民族理想，追求国家富强与人民幸福。第二个是从国际层面来看，中国梦是世界梦的一个组成部分，是维护世界和平与促进世界可持续发展并最终实现共赢的梦，是与世界各国凝聚共同理想，圆世界和平的梦。

与会者认为，解决好中国自身问题实际就是对世界在做贡献，也即是在圆世界的梦，蕴含着时代精神，体现了经济社会发展与人的发展相统一的价值理念。学者们认为，中国梦和其他国家梦有相通之处，是通而不同。学者们强调，任何国家必须通过发展才能实现国家的富强，当然这个发展要均衡发展，可持续发展，这是共通性。对公正的追求、正义的实现，也都具有相通性，这是国际主义(新国际主义)的一种新表现。中国梦作为世界梦的一部分，为世界梦注入正能量，这体现出了中国的大国风范，是中国发展自己与推动人类文明发展的和谐统一。

有学者认为，当前国际规范正在重新调整，国际社会与思想界也都在探讨人类发展方向。在这个迷茫的时代，福山写过《历史的终结》，亨廷顿也写过《文明冲突》等，但世界上并不赞同。尽管从经济发展路径看，中国模式在多大程度上具有普遍意义还不能过早下结论，但中国梦所体现的中国人民在探索发展道路上的进取精神，则为国际社会开辟了一个光明前景，对世界梦实现路径有重要启示，主要表现在三个方面：第一，中国13亿人口圆梦对世界提供榜样，中国这种新的路径更具有启发性，根本意义在于表明世界各国可以走自己的路，必须走适合自己的路。第二，中国选择这条道路丰富了发展路径，充实了多元模式。第三,中国梦核心内容是民族复兴,以“和而不同”中国文化作为价值内涵,是文化中国之梦,文明中国之梦,对世界具有吸引力。

二、 中国梦的国际主义特质与理论创新

2013 年 3 月 25 日,习近平作为国家最高领导人在拜谒坦桑尼亚援坦中国专家公墓时,称颂长眠于此的中国专家“用生命诠释了伟大的国际主义精神”。与会者指出习近平将国际主义作为国家意识概念的使用,向世界表明中国梦既是爱国主义又是国际主义的。因此需要我们用科学的世界观诠释国际主义的中国梦,使伟大的国际主义精神薪火相传。

学者们认为,国际主义不仅是一个哲学范畴,历史范畴,也是个政治范畴。国际主义作为社会主义中国的国际观念(或国家意识)是基于人类社会命运共同体意识。党的十八大报告说:“人类只有一个地球,各国共处一个世界。历史昭示我们,弱肉强食不是人类共存之道,穷兵黩武无法带来美好世界。要和平不要战争,要发展不要贫穷,要合作不要对抗,推动建设持久和平、共同繁荣的和谐世界,是各国人民共同愿望”。这个判断为当代世界的人类社会命运共同体如何共处、共存、共生、共长提供了方向,也是当代“世界人民大团结万岁”共同的梦想。据此,社会主义中国的国际主义旗帜上写着八个大字:和平、发展、合作、共赢。基于人类社会命运共同体意识的社会主义中国国际主义正在引领着中国对外关系的发展。

有学者则认为,中国梦的国际主义特质显示了一种国际公共精神与人类关怀。第一,中国坚持走和平、发展道路,为世界各国发展提供更多机会和机遇。第二,在国家关系层面上坚持和平共处五项基本原则,是以尊重他者为前提。第三个是承担力所能及的中国责任。中国作为世界级大国,正在对地球、对人类作出自己的贡献,涉及环境保护、非传统安全领域治理等各个方面。第四是要美各国之美,各美其美。有学者提出我们要在外交上举三面大旗:东亚稳定大旗,坚决反对颠覆其他国家合法性的大旗,与新兴国家和发达国家共同发展的大旗。

与会者强调,现在中国共产党是中华民族的先锋队,是建立在民族认同上,是一个执政党,因此中国梦的爱国主义和国际主义的有机结合与统一是一个完整的国家意识。

三、 中国梦提出的特殊时空背景

与会学者认为,当前中国梦命题的提出,与中国特殊的地缘空间和文化传承相关。该命题实际涉及的是人类文明发展的两个向度问题,即文明发展的普遍性向度和从低级到高级发展的时间向度。而关于中国梦语义下的中国发展路径恰恰是建立在中国这个特殊的远东地域与东方文明环境下。文化与时空地缘构成中国梦本质属性的两个侧面。从世界历史角度看,公元 1500 年以后的历史主要是普遍性占主导,正是西方国家的崛起,西方的现代性主导了人类的普遍性,体现在时间维度上是走在历史前面的先进民族主导落后民族,体现在国际体系维度上是西方霸权国家占据支配地位。而今天,中国梦这个命题回应的是中国要实现从落后到先进国家的发展,中国梦是走向先进的过程。而关于是否要重复以往先进国家走过的道路,是否有可能超越,20 世纪的历史实践表明,共产主义运

动，社会主义运动，苏联的替代选择都没有实现从落后到先进，即使曾经出现过表现出先进性的时候但最后还是没有成功。当前中国面临的国际环境更加复杂，对全球如何治理与如何走出治理困境面临着更多挑战。在我们中国实现赶超的同时，中国梦能否指导中国走出一条超越现代性的路，包括国家意识形态能否获得国际社会认同，是否是与其他国家具有相通的路径，与会学者普遍认为这具有世界历史意义。

四、 中国梦的实现离不开世界人民的支持

与会学者认为，中国的发展与中国梦的最终实现离不开国际支持，离不开世界人民的支持。第一，从历史上看，1840 年以来，为实现中国富强的梦，中国引进了很多外国先进科技文化，国际友人也同时来到中国，这为中国早期的洋务运动等开展提供了很多帮助。第二，十月革命后，国外很多革命人士来中国支持中国革命，中国共产党的成立并最终发展成为马克思主义的政党，这与国际友人的帮助分不开。第三，国际友人参与反法西斯战争，包括俄罗斯、美国在内的国际友人都发挥了很大作用。第四，新中国成立后，各国友好人士支持中国发展，特别是改革开放 30 年来，很多国外专家来到中国，推动了中国经济的腾飞与发展。

全球化条件下，当下中国实现中国梦，离不开各国支持。当前中国面临的国际环境主要表现在四个方面：第一，中国周边的政治环境在复杂化，比如钓鱼岛问题、中印边境问题等，这些问题的解决需要相关国家的相互理解和支持。第二，经济领域中国与世界各国相互依赖加剧，我们在反对贸易保护主义和推动中国经济发展方面，只有得到各国人民支持才能最终实现互利共赢。第三，中华文明的崛起需要世界各国人民支持。中俄文化年、中国孔子学院的成功都说明了在各个国家支持下，多元文化发展能够实现共同繁荣。第四，生态环境方面，比如印尼焚烧植被，新加坡上空遭到雾霾侵袭，而中国雾霾有时也难免会影响到周边国家和地区。目前，中国要实现中国梦，营造良好的周边生态环境，也要靠我们争取包括中国周边邻国在内的世界各国人民来支持。

总之，中国梦是为世界人民福祉而来。中国梦的实现，不会给其他国家带来威胁。中国梦是世界梦的一部分，有利于全球的发展，有利于世界的发展。

“德国新政府的内政外交走向”学术研讨会

10月26日下午，由上海欧洲学会与同济大学德国问题研究所联合主办的“德国新政府的内政外交走向”学术研讨会在同济大学召开。学会会长徐明棋教授及来自上海社科院、上海国际问题研究院、同济大学、上海外国语大学、复旦大学、华东理工大学、华东师范大学及上海政法大学的学会会员等60多人出席了会议。同济大学李乐曾教授、学会名誉会长伍贻康教授分别主持了研讨会的主题发言与问题讨论。同济大学郑春荣教授就“德国大选结果以及组阁形势分析”、同济大学伍慧萍教授就“德国新政府内政外交展望”、上海欧洲学会张祖谦教授就“德国大选后的德法关系与欧美关系”作主题报告。各位专家学者就“德国大选对欧洲及中欧关系的影响”以及德国未来在世界中的角色及定位进行了交流与讨论。

郑春荣教授指出此次德国大选结果基本上在意料之中，但也出现了三个小意外。第一，全民党恢复强势。联盟党借助政策向中间靠拢、“社民党化”的定位等策略赢得了超过40%的选票，而基社盟在巴伐利亚州得票超过了48%。社民党虽然没有赢得大选，但作为小全民党，在定位上有意向右靠，其得票亦有所上升。第二，自民党跌出议会，成为议会外的反对派，使联盟党失去了天然的伙伴。自民党作为没有议题的功能性政党，在2009年的大选中依靠“借票”等手段以较高得票率进入议会，但今年大选其“借票”未成，无法再次进入议会。这对其未来参政也是严峻的挑战。第三，德国选择党异军突起。选择党作为批评欧元的单一议题政党，于2013年初刚刚组建，此次选举虽然没有进入联邦议会，但取得了4.7%得票率的不俗成绩，其在东部地区得票率甚至超过了5%。该党党员以学者为主，而支持选民具有相当大异质性、得票率在东西部差异较大，今后在德国与欧洲政坛发挥何种影响力有待进一步观察。郑教授还就组阁形势提出，社民党出于长远考虑，在加入执政联盟程序上引入党内公投、更多听取普通党员意见的环节，给组阁前景增加了不确定性。

伍慧萍教授认为，不管本届德国政府最终如何组成，德国外交的理念和重点将得到延续。在民事强权、多边主义的理念基础上，欧洲一体化、德美关系以及德国与新兴经济体关系成为德国外交的三大重点。德美关系的重要性在基民盟的2013年竞选纲领中得到进一步明确：美国是德国在欧洲以外最重要的朋友和伙伴。德国与新兴经济体关系中新兴经济体是一个比较宽泛与动态的概念，新兴国家中谁发展得好就把谁放进去。德国没有太多关注中国，这可能意味着德国将延续原来对华合作与竞争并存的基调。伍教授还分析了德国在福岛核灾后的“能源转向”、所得税税率发展趋势等主要内政议题。

张祖谦教授提出，首先，新政府领导下的德国将是一个自行其是的德国。美国前总统肯尼迪曾谈到，美苏有许多不同点，不过有一个共同点，那就是不允许出现一个自行其是的德国。这次德国选举使欧洲产生了自2008年金融危机后第一个赢得大选连任的执政者，而默克尔领导下的德国将对把权力交给布鲁塞尔继续保持高度警惕，欧洲一体化建设进程可能受到影响。其次，哈佛大学霍夫曼教授指出过，美国对欧洲一体化的态度一向是时而推动时而阻碍，而现在正处于美国愿意推动欧洲一体化、早日解决欧元危机的时候，同时希望德国对欧洲一体化和美欧关系贡献更大的力量。美国副总统拜登将美欧关系比作双方承担世界义务的支柱，具体来说，就是美国希望德国与欧洲自己解决好其周边问题，以使美国腾出手来顺利实施亚太再平衡战略。再次，新政府领导下的德国对欧洲外的关注可能甚于欧洲内的关注。一个简单的事实是中德贸易量已经大于德法贸易量。同时，法国看到了法德合作的局限性，已经作出加强法美关系的决策。

主题发言后，与会学者展开了热烈讨论。伍贻康教授指出，第一，德国从其国家利益考虑，今后自行其是会多一些。但只要德国在欧洲及在世界称不了霸，那么德国自行其是就不要紧。对于中国、俄罗斯等力量来说，应该是乐见一个自行其是、不对美国百依百顺的德国。第二，新德国崛起的底线只能是做欧洲的德国，而不会将欧洲变成德国的欧洲。在当前全球化继续展开、国际格局发生转型、多极化铁板钉钉的情况下，欧洲一体化总体倒退不可能，因为这样做只会使欧盟及其成员国的力量与世界其他主要力量相比更为削弱分散，所以德国的自行其是应该是相当有限的。第三，德国怎么样起主导作用对欧洲一体化进程影响重大。默克尔对欧债危机的政策基本上是正确的。德法关系，包括此次大选后德法关系能否很快稳定成型还是处于长期摸索的状态，仍然是解决欧债危机和推进欧洲一体化的关键。

上海外国语大学王志强教授就德国的自行其是提出，不能称霸已经成为德国的主导价值观，同时德国新领导人有着新的价值取向，德国对非洲政策确立了价值观为基础、以利益为导向的核心原则正是反映了这一点。李乐曾教授认为，德国在阿富汗问题的态度首先是德国作为文明国家，不主张暴力，其次是要求北约国家在撤军上应该共进退。此外，近期美国对德国及欧洲其他国家进行大规模窃听的事件，可能一定程度上会促进欧盟内部在该领域开展合作的紧密度。曹子衡博士提出，社民党因感到在上次大联合政府中被联盟党抢了风头、吃了亏，现在再次参加大联合政府，它可能会更加突出自己的政策，强化自己的存在，其对未来大联合政府的政策走向的影响值得观察。

最后，会长徐明棋教授作了总结发言。他提出，随着欧洲经济的总体复苏，欧盟各国对德国的依赖度开始下降，而德国此时如果不愿意进一步付出，推动一体化，那么其他国家对德国的不满自然会有所上升。今后欧洲一体化的走向如何，德国在面临新压力的情况下作出何种调整，这些问题都值得我们学者继续观察研究。

衍纸艺术的市民文化推广和教育探索

10 月 29 日下午 2 时，在徐家汇街道文化活动中心举办“衍纸艺术展”和研讨会。“衍纸艺术的市民文化推广和教育探索”展览会和研讨会在市社联和上海工艺美术学会指导下，学会纸艺专委会和徐家汇街道办事处合作策划、由社区教育委员会、区文化局、教育局、汇师小学、市民代表联合举办一次由朱立群纸艺艺术馆设计、市民文化和基础教育实验相结合的衍艺创意文化活动。参加会议的有市社联学会处、街道党政领导、教育系统领导和教师、工艺美术学会、民间艺术家协会、创意产业协会、视觉艺术学院领导、艺术家、教授以及市民代表 30 人左右。

徐家汇街道党工委书记顾锡培从徐家汇地域的昨天、今天、明天的规划、以及对朱立群纸艺艺术馆的支持，介绍了街道对推广市民文化的具体做法。

上海工艺美术学会纸艺专委会副主任、徐家汇朱立群纸艺术馆馆长姚晓嫣围绕衍纸与创新的关系，介绍了她在徐家汇衍纸艺术的市民文化推广和教育探索中的具体做法；上海民间艺术家协会副主席、上海工艺美术学会民间艺术专委会主任李守白强调了衍纸艺术是上海“纸上谈兵”的重要艺术形式，还也希望能够在衍纸艺术的美学功能基础上，进一步开发出衍纸艺术的商业价值，比如作品可以作为政府礼品、环保用品等；上海工艺美术学会副会长兼秘书长周南介绍了纸艺发展的历史，探讨了如何进一步推广衍纸艺术，他也强调这种艺术形式可以在更多的材质中进行运用；《上海经济》杂志主编卢明明围绕“徐家汇衍纸是基层政府与创意精英的合作创新”的主题，强调了衍纸艺术要加强创新，争取把艺术、想象力和创造力融合起来，要推广这种艺术形式，需要进一步扩大教育的受众面；上海市非物质文化遗产保护专家组、上海工艺美术博物馆副馆长方阳则从朱立群先生的个人经历来谈他的作品内涵，他认为朱立群先生的作品充满艺术天真，是一种快乐创作；上海汇师小学陈敏校长助理则介绍了汇师小学利用衍纸艺术拓展素质教育的具体做法及成效，选择一个班级进行了艺术素质教育的试点，进行基础教育阶段“纸创意课程”的探索实验；市民创作者钱彩娣则从自己参加社区学校纸艺班学习的经历，认为徐家汇衍纸艺术开启了市民的创作潜能，通过学习衍纸艺术从而拓展对纸艺的了解和认识，从看、思考、琢磨到学会了变化等艺术欣赏的提高。

与会专家学者和艺术爱好者充分肯定了朱立群纸艺艺术馆的成绩和贡献，对如何进一步发展和扩大艺术馆的外延和内涵，提出了很好的思路和建议。

市俄罗斯东欧中亚学会2013年学术年会暨青年论坛

11月14日，上海市俄罗斯东欧中亚学会2013年学术年会暨青年论坛在上海大学国际会议中心隆重举行。本次会议由上海市俄罗斯东欧中亚学会和上海大学上海合作组织公共外交研究院联合举办。出席本次会议的有上海大学的主管领导、来自学会各会员单位的会员、青年学者和博士硕士研究生。会议共分两部分组成，上午是主题为《中亚、上合组织与大国关系》的学术研讨会，下午是主题为《俄罗斯、东欧中亚的地缘政治》的青年论坛。

上海大学党委副书记、纪委书记忻平致开幕词。忻平代表上海大学祝贺年会召开，并对到场的各位专家学者表示欢迎。接着，学会副会长兼秘书长杨烨教授作了学会2013年度工作报告。

范军会长主持了学术研讨会，有五位专家做了专题发言。

上海社会科学院欧亚研究所学术委员会主任余建华研究员发言的题目是“中亚安全形势”，他认为，中亚安全形势稳中有忧，伊斯兰极端主义问题表现突出，发展态势与伊斯兰复兴运动相关，受外部影响比较明显，并表现出多方勾连的综合性，呈现峰谷相间的阶段性态势并成为各方国际力量关注的焦点。

余建华研究员以中亚伊斯兰极端主义作为切入点，分析了中亚地区极端组织活跃的原因及目前中亚的安全态势的特点，他认为中亚维稳因素在上升。

华东师范大学国际关系与地区发展研究院俄罗斯研究中心副主任杨成发言的题目是“中国的中亚研究：范式转移的机遇与挑战”，首先他认为要明确目前中国的中亚研究的核心问题到底是什么？其次，他介绍了中国的中亚研究（中亚学）简史。第三，从国际比较的视角分析了中国中亚研究的主要问题。第四，分析了中国中亚研究范式转移的可能性。最后，他认为，中国的中亚研究有可能进行范式转移，需要重建学科史，并且有必要在中亚研究中去脉络化、去政治化、去权力化、去商品化和去明星化。

上海大学上海合作组织公共外交研究院副院长张丹华教授发言的题目是“哈萨克斯坦城市化发展战略研究”，张丹华以阿斯塔纳城的城市化过程为例，介绍了哈萨克斯坦城市化与现代化过程中出现的问题以及哈地区发展规划城市群战略价值。

华东师范大学国际关系与地区发展研究院王海燕副研究员发言的题目是“丝绸之路经济带区域经济发展”，她认为，促进中亚区域经济合作的主要领域包括区域产业分工体系、贸易投资便利化、法律法规协调与制定和科技合作等方面，建设“丝绸之路经济带”的倡议极具创造性和可行性，为上合组织区域经济发展提出了新思路、新模式和新的发展前景。

上海国际问题研究院俄罗斯研究中心副主任强晓云副研究员发言的题目是“亚信会议的发展前景”，她介绍了亚信会议的基本情况，针对亚信会议未来的安全合作问题做了专题发言，认为亚信会议在安全合作领域面临着海洋争端、朝核问题、大国挑动、非传统安全威胁、资源问题和宗教冲突等诸多挑战，虽然目前发展前景比不上上合组织，但在中国担任主席国期间，可以发挥亚信会议的积极作用。

杨烨和张恒龙分别主持了青年论坛。

上海大学上海合作组织公共外交研究院博士研究生连雪君、复旦大学国际问题研究院俄罗斯中亚研究中心副研究员徐海燕、上海社会科学院欧亚研究所副研究员戴轶尘、华东师范大学国际关系与地区发展研究院博士后阎德学、上海大学上海合作组织公共外交研究院博士赵金龙、同济大学法学院政治与国际关系学院博士研究生彭丹丹、华东师范大学国际关系与地区发展研究院硕士研究生孙超、上海外国语大学俄罗斯研究中心研究人员博士韦进深等八位青年学者围绕“传统的再发明：‘新丝绸之路经济带’观念与实践”、“丝路经济带建设与中亚地区水资源问题研究”、“欧盟与上海合作组织的非正式对话及其机制化前景”、“未来日本的上合组织战略构想”、“上合组织自由贸易区对中俄两国经济的潜在影响研究”、“国际法在中亚地缘政治中的作用”、“塔吉克斯坦的认同政治学”、“俄罗斯叙利亚化武危机斡旋外交评析”等主题分别作了专题发言。

发言人与在座的学者进行了热烈的交流。从中亚战略出发，就中亚地区、上合组织和大国关系进行了突破性的讨论，分析了中国在中亚问题上可以有所作为的领域和关注点。参会会员普遍感觉到从中受益良多。尤其是，本次会议青年学者和研究生的参与度很高，会议给本学科领域更多的青年学者提供了展示自己学术观点的舞台，同时也为学会队伍的不断壮大提供了现实可能。

学会会长范军教授为青年论坛论文获奖者颁发奖状，肯定和鼓励中青年学者的学术研究。本次研讨会与青年论坛，为本学科领域更多的青年学者提供了展示学术研究成果的舞台，是一次发表自己学术观点和相互交流的极好机会。

“欧债危机后的欧洲转型”国际研讨会

11月15日，由上海社科院世界经济研究所、上海社科院欧洲研究中心、上海市世界经济学会主办，上海欧洲学会协办的“欧债危机后的欧洲转型”国际研讨会在社科院小礼堂召开，社科院副院长谢京辉、世经所所长张幼文、德国公共政策研究所所长 Thorsten Benner 出席会议并致辞，会议由上海社科院欧洲研究中心主任、世经所副所长、上海欧洲学会会长徐明棋研究员主持。来自捷克、法国、匈牙利等国的外宾，和来自复旦大学、上海外国语大学、同济大学、上海国际问题研究院等科研机构的专家学者，以及世经所科研人员和研究生共计60余人参加了会议。

会议围绕欧债危机对欧洲未来一体化的影响、欧洲在政治层面、经济层面和其他视角的转型表现等议题展开讨论。

关于欧债危机，与会专家认为，在欧洲中央银行承担最后贷款人角色后，狭义的欧债危机已经结束，危机国的国债收益率下降并已重返资本市场。但从广义上来看，现在还很难说欧洲已经完全走出了债务危机的阴影，欧洲的经济仍然停滞不前，各国的财政赤字和债务占比达标也还存在不确定性。德国思想上的障碍，经济发展上的不平衡感、只顾欧洲内部而缺乏国际视野，以及缺乏欧洲梦，在一定程度上影响了欧洲应对危机的能力。但与会专家也指出，不应过高估计德国在欧洲的角色，德国不可能也不愿在欧洲担任领导人角色。在领导力方面，欧洲也缺乏二战后那样有远见卓识的领导人。

对于欧洲一体化，与会专家认为，欧债危机固然暴露出欧洲一体化过程中在体制机制、经济竞争力、发展模式等方面存在的众多问题，但欧洲一体化的过程是不可逆转的，当前的问题也不足以颠覆和否定欧洲一体化。应该肯定，欧洲一体化给欧洲带来了60多年的和平和较高的生活水平，欧盟对很多国家还有吸引力。事实上，欧洲在市场高度一体化的同时，忽略了制度、再分配和人民这三个层面的一体化，所以欧洲现在的一体化还不是成功的一体化。有专家指出，欧洲甚至可以通过让国家和民族脱钩，才能获得政治上可行的一体化基础。

关于欧洲国家的竞争力差距，与会专家认为，多样性、多元性并不一定成为欧洲一体化发展的障碍。其实中国、美国这样的主权国家内部各个地区间也存在较大差距，但仍可共存于同一货币区。差距是客观存在的，欧洲需要在其他方面推进改革并逐步完善一体化。

在欧美 TTIP 谈判上，双方会搁置争议达成一致。与会专家指出，欧洲应对债务危机采取的都是技术层面的措施，如建立财政纪律、银行联盟、欧洲稳定机制等，战略层面的问题却交给美国,如美国主导的 TTIP 谈判。尽管双方目前在谈判中存在多种分歧,如农业政策、市场开放、信息安全和政府采购等方面,但最终可能会在知识产权等具有共识的层面达成一致,并逐步深入合作。

在中欧经济合作方面,中东欧国家将会成为积极的参与者。与会专家指出,匈牙利等中东欧国家在应对债务危机方面较为出色,财政赤字和债务有效降低,通胀率较低。这些国家不仅在欧盟具有一定的决策地位,也在经济上具备增长潜力。来自中国的投资解决了其危机后在资金上的短缺,双方还会在化工、通信和基础设施等方面展开合作。

民营非企业组织

"新型城镇化与房地产发展"研讨会举行

2月21日,"新型城镇化与房地产发展"研讨会在上海举行。来自上海易居房地产研究院、华东师大东方房地产学院、上海市发展战略研究所房地产与城市管理政策研究工作室的专家、教授、学者,就有关新型城镇化与房地产发展的专题,畅谈研究思路,发布研究报告,很多都是近期形成的新鲜成果。

著名房地产经济学家张永岳教授在主持论坛时强调,新型城镇化是未来中国经济发展的重点,也是房地产发展的重要机遇,城镇化将引领中国房地产业的新格局。研究新型城镇化下房地产业如何发展,既是对现有的城镇化进行系统研究的需要,更是为城镇化与房地产业发展的实践工作提供支撑与指导。

新型城镇化的"新",不是简单的人口在城镇的集聚,而是要在产业支撑、人居环境、社会保障、生活方式等方面帮助农村人口实现由"乡"到"城"的转变,真正使城镇成为农村转移人口的宜居之所。同时,新型城镇化既要发展房地产,又要在新型城镇化推进的背景下,走出一条中国房地产业持续发展的道路。

国际经验:三种模式与两种路径

王元华博士在其研究报告中指出,根据主导因素考虑,城镇化有三种发展模式:以西欧、日本为代表的政府主导型、以美国为代表的自由发展型以及以拉美和部分非洲国家为代表的无序发展型。在西欧、日本等国家中,一方面大力发展工业,为城市的发展注入了强劲动力;另一方面政府在城镇化过程中发挥着不可替代的作用,建立和完善了住房保障、城市规划、土地开发等法律法规,来推动城市化进程。以美国为代表的自由发展型城市化国家中,城市低密度蔓延,政府的调控手段比较薄弱,主要依靠技术经济发展来推动城镇化进程,走的是内生型城镇化模式。以拉美和部分非洲国家为代表的无序发展型,政府调控乏力,农业经济落后,工业化滞后于城镇化,城镇化质量比较低。

他认为,根据国情特点,城镇化有其内在发展规律,是一个循序渐进的社会转型过程。我国处于城镇化快速发展的通道上,要发挥市场主导力量,形成要素资源流动机制,达到资源的有效配置,同时,还应加强政府的有效调控,促使产业结构调整优化、户籍等制度完善,形成并强化新型城镇化的动力机制,促使新型城镇化协调稳步向前推进。

易居研究院流通研究所所长崔裴通过对美英德法日五国的城市化发展历程进行对比

研究得出，两种城市化发展路径：以美英日为代表的大都市为中心的城市化路径以及“均衡城市化”路径，前者是城市化到一定程度后，社会规律被迫对城市化进行矫正的一种客观现象，是城市化的被动选择；后者是在“在全境内形成平等的生活环境”的指导思想下所采取的一种城市均衡发展的城市化手段，是城市化的主动选择。

崔裴通过两种城市化路径的比较分析，认为对中国发展城镇化有三点启示：一是需要重新思考中国城市化的路径，建议走均衡城市化的道路；二是认为城镇化是均衡城市化的必然要求，“农村就地城镇化”是最具有中国特色的城镇化模式；三是均衡城市化需要全方位的制度改革（土地制度、户籍制度、教育体制等等），只有实现城乡土地性质、人口性质、受教育机会的一体化，才能真正实现城乡建设的一体化。

新型城镇化对房地产市场发展影响

东方房地产学院常务副院长华伟认为，新型城镇化的重点不在北上广深等大城市，而在全国的腹地，在广大的中小城市。新型城镇化既要发展房地产，又要和传统的房地产撇开关系。在中小城镇发展房地产，其具体措施包括两个方面：一是大城市的产业有序的向中小城市转移；二是地方政府完善基础设施投融资平台以及构建保障性住房资金来源与平衡体系。

新型城镇化对房地产市场产生了不同影响。就此话题，崔霁、刘卫卫、肖诗杜、郑红玉等与会研究者从不同角度进行了讨论和交流。

从中小城镇发展房地产来说，中小城镇面临着住宅市场需求不足，价格机制不规范以及土地市场粗放利用，部分地区供应过量等问题，但中小城镇房地产市场也存在发展机遇，如浙江加速强镇扩权改革，27个强镇变身小城市；天津乡镇政府主导的以宅基地换房集中居住；以及新乡建设新型农村社区等等。因此，在中小城镇发展房地产，首先需要规范市场机制与调整产业结构以创造良好投资环境和提供房地产发展的潜在需求。其次遵循中小城镇建设规划。最后，进行土地制度、户籍制度等相关配套改革。

从发展商业地产来说，新型城镇化对商业地产的发展带来四个方面的变化：一是人口驱动型中小城市未来消费观念升级，中小城市发展商业地产应切合当地居民消费需求，不仅仅满足自我生存所需要的消费，更应该考虑自我发展和享受型消费比重的提升，以及精神方面的消费需求；二是东部城市群的中心城市人口导入快，商业地产郊区化成常态；三是商业地产开发企业需要针对不同的城市制定不同的商业产品；四是网购冲击传统零售，“休闲＋社交＋体验＋娱乐”的商业模式将成商业地产发展的新趋势。

新型城镇化下的房企战略应对

在新型城镇化发展过程中，标杆房企如何看待新型城镇化带来的机遇与挑战？众多房企如何进行战略选择与应对？李然博士在参与上海市房协组织的房企调研得知，标杆房企对于新型城镇化对企业发展带来的机遇持谨慎态度。新型城镇化对于企业的影响主要在于区域拓展、区域产品结构调整以及土地储备和融资机会等方面。但是，在当前三四线城市有效需求不足所导致的库存去化压力逐步凸显的风险，以及大型房企在销售状况回暖导致的资金改善，从而纷纷回归一二线城市的情况下，房企的区域拓展战略已经更为谨慎。未来，除了政策等利好条件之外，是否具有产业支撑和有效的市场需求，将是标杆房企评价区域投资价值的首要因素。

基于调研以及对企业战略的深入研究，李然建立了房企拓展目标城市的评价机制，即结合企业的需求特征和战略目标选择评价指标，建立城市筛选模型，对重点区域城市进行筛选；筛选后的城市进入城市比较模型，挑选出企业优先进入的城市。接着对优先进入的城市的宏观环境、市场环境、行业竞争及客户需求进行分析，从而全方位深入了解该城市房地产市场的投资机会及未来的发展空间。最后对优先城市的不同类型采取不同的进入战略，如核心城市考虑深耕；机会城市可考虑以同城操作或者投资的方式进入。

其团队对新型城镇化下中小城镇房企产品结构布局、房企城市运营模式、新型城镇化下房企创新融资方式等方面的研究也在有序开展中。

城镇文化：乡村文化和城市文化的过渡形态

易居研究院地产文化研究所长金雨时强调，新型城镇化是“人”的城镇化，谈人的城镇化，最容易想到的是城市文化，因此从文化的角度来研究新型城镇化，对房地产的开发具有重大的创新和价值。

该所代表祖东峰对城镇文化的嬗变和发展进行了梳理与分析。认为城镇文化是介于乡村文化和城市文化之间的一种过渡形态。它一方面，具备城市的基本功能，如分工与协作；另一方面，新城镇人从农村中来，具备农村文化的特质，如农村的乡土气息、生活习惯、思维形式。初级阶段的城镇文化具有明显的乡村文化的印记，但随着时间的推移，随着生存空间和习惯的改变，城市文化必将成为主导性的文化形态。

在城镇化推进的过程中，城镇建设超前性与文化建设滞后性的矛盾，已在中国出现，这种矛盾也决定了中国的城镇化之路是一个长期的过程。因此，解决这种矛盾，从政府角度来说，首先应确立以人为核心的价值取向，其次政府职能从“横暴权力”向“同意权力”倾斜，再次需要打造富有特色的多层次城镇文化体系。从房地产开发的角度来说，房产开发商要在城镇化中找到清晰的站位，应配合政府和相关部门，打造宜居、宜生活、宜工作的城市文化空间；在房产开发中，摈弃三大主义：拿来主义，虚无主义，霸权主义；倡导适度原则：适度超前，适度引导、适度提升，防止过于超前或落后，同时，应着眼于未来，把握发展趋势，吸收借鉴优秀成果，适度超前、引导与提升。

诸多新问题面临深入研究与决策

王盛博士认为，中小城市的新型城镇化是否符合效率，在经济学上有研究，比如说城市集聚经济效应。如果一个城市投入了更多的资源，能产生的效益更高。那么从市场机制来说，是符合市场机制效率的。城市集聚效应，是滚雪球效应。一开始雪球的大小，城市的规模，肯定也是因素。有些研究确实证明了城市的资本存量，城市的经济密度，确实会影响的。来看城市化发展阶段，更多的或者说是城市发展的资本存量，或者说是空间经济密度到了一个程度，所以产生了一个反哺的效应。所以从这两个途径出发，一个是规模，一个是质量。人均资本存量，空间资本存量，可以视为城镇化引进过程中的因素。

胡金星博士认为，在新型城镇化背景下，现有的住房保障体系还是很不完善。深层原因是：首先，地方政府从切身利益出发，与中央政府存在博弈，使得中央政府和地方政府在住房保障体系建设上很难达到一致。要解决这个问题，就要把相关的利益主体纳入住房决策过程中，同时这种决策体系要有开放性，能与实际相结合。其次，就是顶层设计的缺失。发达国家一直是福利国家模式，把住房看作是一种福利。而这种不同的福利，有不同的模式，不同的主体系统，我们不能照搬。我国对于顶层设计是比较模糊的。在这种背景下，地方政府对住房保障体系的解读就不一致，解读的偏差就造成了执行上的偏差。

胡金星指出，上海市政府完善住房保障体系，就是要把农民工纳入到现有的住房保障体系，保障的模式肯定要发生根本的变化。也就是说，上海现有四大保障模式，无法支撑上述需求，这也是对上海的住房保障体系提出新的思考。

与会者还围绕新型城镇化背景下产业布局与房地产发展、新型城镇化综合发展指标、新型城镇化住房发展潜力、农村就地城镇化过程中土地资本化等展开了热烈讨论，为新型城镇化下的房地产发展提供了可资借鉴的研究思路。

现实与未来

——小额贷款公司前景研讨会

4月10日，由刘鸿儒金融教育基金会与上海金融法律研究院联合举办的“现实与未来——小额贷款公司前景”的讨论会在上海举行，本次活动系“鸿儒论道”第4期。中国人民银行金融消费权益保护局焦瑾璞局长作主题报告，上海松江骏合小额贷款股份有限公司董事长张玉峰、上海市金融办地方金融管理处俞燕、上海绿地小贷公司的王唯涛副总经理和杭州德弘资产管理有限公司的陈宇副总裁担任评议人。

焦瑾璞局长在其报告中梳理了小额贷款公司的产生与发展，并展望了小贷公司发展的现状。小贷公司的摸索始于1998年中国开始希望建立多种所有制的社区银行，并在2005年开始试点，到2008年正式开办小额贷款公司，始终在政策扭曲中发展。截至2013年2月末，全国总共有6 416家小贷公司。焦局长认为，小贷公司之所以能够快速发展，关键在于小额贷款公司有明晰的产权，并在此基础上建立了较为完善的公司治理机构。焦局长认为，目前需要对小额贷款进行评估，适时地升级换代，这样才有长远的发展。

结合焦瑾璞的主题演讲，上海松江骏合小额贷款股份有限公司的张玉峰以小贷公司发起人的身份讨论了该行业的未来，上海市金融服务办公室的俞燕则是从监管机构的角度讨论了小贷公司的现状，上海绿地小额贷款股份有限公司的王唯涛则从管理层的角度讨论了小贷公司的的治理结构和日常运营，来自杭州德宏资产管理有限公司的陈宇则是从小贷公司面对的市场风险等角度讨论了小贷公司的未来。与会者同时还就小贷公司的定位、市场发展和监管环境等问题展开了激励的讨论。

本次活动由刘鸿儒金融教育基金会秘书长沈丹义主持，共有三十余位业界人士参加了此次研讨会。“鸿儒论道”是由刘鸿儒金融教育基金会与上海金融与法律研究院联合发起的公益性论坛，双周定期举行。论坛关注中国金融与宏观经济中的各种问题，并致力于为优秀学者、政府及市场机构之间搭建跨界交流的平台。

中国基建融资创新与资产证券化

9月29日，上海金融与法律研究院举办了2013年度第14期“鸿儒论道”，主题为“中国基建融资创新与资产证券化”，邀请上海市浦东路桥建设股份有限公司董事长葛培建等专家学者就当下中国基建融资方面存在的问题和解决策略作了探讨。

9月16日，国务院办公厅公布《国务院关于加强城市基础设施建设的意见》（国发〔2013〕36号）。《意见》明确推进投融资体制和运营机制改革。建立政府与市场合理分工的城市基础设施投融资体制。根据有关研究机构估算，未来10年新型城镇化需要投资40万亿元。

面对基础设施建设资金的巨大需求，如何突破对融资平台的种种限制而筹措建设资金，又要规避地方政府的债务风险，就显得尤为迫切。作为一家在证券市场、银行间市场、保险资金市场同时开展直接融资的公司，葛培健董事长认为“破产隔离、真实出售”是资产证券化的核心，其优点主要在于可以盘活存量、加快资金周转和提升企业经营效率。由于基建项目现金流稳定、可预测性强，适合构建基础资产池，因此这是适合资产证券化的最好对象。

葛培健认为，当下基础设施建设资产证券化也遇到一些问题，主要是企业专项计划的法律地位不能确保“破产隔离”，尤其是基建类项目大多涉及地方政府的债务，现在尤其敏感；关联方的担保不能实现产品与原始权益人的信用隔离；产品流动性仍然不强，增加融资方成本负担等原因。

葛培健认为，目前很多高层领导的讲话和文件都体现了政府在极力缩减地方政府债务，在基建领域有转移公共服务项目投资、运营压力的思路，未来在某些公共服务领域，财政自有资金、举债建设、BT模式会逐步向BOT甚至国有资产转让等方式演变，因此基建类企业可密切关注市场上BOT、TOT以及国有资产并购转让（涉及公共服务部分）的机会。

在随后的评议环节，上海市政府发展研究中心的朱咏调研员在评论中指出，地方政府的投融资模式、投融资平台的创新，是中国模式最精髓的内涵。兴业证券首席策略分析师张忆东认为，盘活存量就是要关注中国经济运行中的现金流量表，而资产证券化在未来几年是一个充满希望的领域，因为它是一个渠道，从政府到企业都可以受益于盘活存量，并现金流量表来改善情况。

复旦大学中国经济研究中心王永钦教授和上海财经大学公管学院郑春荣副教授也针对地方政府融资平台和地方政府问题发表了意见。

经济运行的逻辑

10月16日，上海金融与法律研究院召开2013年第15期“鸿儒论道”，邀请安信证券股份有限公司首席经济学家高善文主讲，以同名畅销书“经济运行的逻辑”为主题，解析中国宏观经济运行逻辑和通胀机制，与在座嘉宾分享过去十几年间他在宏观经济数据分析中积累下来的宝贵经验和方法感受。

高善文以“猪周期和宏观周期”为例开始讨论中国的通过膨胀和宏观周期。关于宏观周期，一个众所周知的事实是，通胀必定导致物价上涨，但物价上涨并不一定是通胀的原因，还有可能是成本加成等原因，为此，清价格上涨对研判宏观周期意义非常重大。高善文认为，因为中国的CPI受食品价格影响很大，而食品价格周期又受到猪肉价格的明显影响。高善文以2006年以来的食品价格周期为例对此进行说明。

通过对猪周期和宏观周期的思考，高善文还分析了中国通胀模式和发达国家的区别，以及这种差别的深层次原因。中国通胀的模式因为中国的可贸易部门在经济中具有非常大的比重，食品价格对通胀影响较大。中国生产资料价格变化的背后主要反映着企业生产能力的余缺和资本存量的多寡；而成熟经济体产品和服务价格变化的背后更多地反映着劳动力市场的松紧和工资增长的快慢。

绝大多数的市场人士都愿意将经济波动解读为总需求方面的变化，并进一步通过净出口、投资和消费等支出法的分解来推断其背后的原因。高善文对此提出了自己基于国际收支变化的供求方法。在他看来，因为中国资本形成的速度并不稳定，使得在一些时候，总供应稳定的假设无法成立，并由此影响基于总需求分析的有效性。他比较研究了2005—2007年中国经济总量数据，以及对于当时巨额经常账户盈余的解释，普遍地基于总需求的分析框架，可能就存在比较明显的瑕疵。考虑到基于总供应不变框架的局限性，他发展了基于国际收支平衡去分析总供求变化的框架。其优势在于可以对称地处理总需求和总供应的变化，从而改善分析的有效性。

本次鸿儒论道由上海财经大学商学院教学研究部主任钟鸿钧教授、广晟财富投资的投资总监刘海影和新浪财经专栏作家向小田担任评议人。在评议环节，与会嘉宾就“食品生产与价格上升的关系方面的证据”、“短期货币高速的增长有可能会导致通货膨胀的原因”等问题展开了激烈的讨论。

本次活动由上海金融与法律研究院执行院长傅蔚冈主持，一百多位业界人士参加了此次研讨会。“鸿儒论道”是由刘鸿儒金融教育基金会与上海金融与法律研究院联合发，并由长安国际信托投资股份有限公司独家支持，双周定期举行。论坛关注中国金融与宏观经济中的各种问题，致力于为学者、监管者和业界专家搭建跨界交流的平台，为中国经济和金融提供专业意见。

中国坠下债务悬崖?

11月14日,东方证券首席经济学家、首席策略师邵宇博士应邀担任第16期鸿儒论道主讲嘉宾,作了题目为“中国坠下债务悬崖?——中国五级政府债务估算与评论”的演讲,与在座嘉宾分享了他对中国地方债务的运行情况、逻辑和应对政策的思考。

通过区分三种债务,邵宇博士指出中国政府债务最显著的特点,即偿债存在流动性风险。邵宇区分的三种债务分别是:福利债务,军事债务,建设性债务。福利债务和军事债务都不能确保一定可以还债,但建设性债务可以保证还债能力。建设性债务是以土地为抵押带动各种贷款,由于是基础建设类的投资,所以偿还时间特别长。正是很长的偿债时间导致了建设性债务的偿债流动性风险特点,而这正是中国地方债最令人担心的地方。

由于中国政府债务存在着“举新债还旧债”现象,邵宇认为中国正在玩一场可持续的“庞氏游戏”。他估算了中国政府债务近三年的流动性风险,即偿债缺口:2014年为1.67万亿,2015年为2.6万亿,2016年为1.64万亿。但他同时也指出,处于经济发展阶段的中国,将会在很长的时间内处于“货币幻觉”中:只要经济能够增长,政府还债数额和土地收入增长之间依然能够 trade off 而保持均衡。

关于中国政府的债务结构,邵宇也给出具体的统计数据。他指出,2013年中央政府债务数额是12万亿,地方政府接近20万亿,同时,由于中央政府的债务主要集中在铁路总公司,而铁路投融资机制正在改革,因而中央政府的债务不需要担忧,地方政府的债务堪忧。据此,邵宇指出,中央政府可以“加杠杆”,但是地方政府要“移杠杠”,即地方债转移给中央,政府债务转移给居民,国内债务转移给国外——他尤其强调了居民的资产负债情况,居民资产180万亿,而债务只有10万亿。

中国政府还债来源的结构,可谓触目惊心。邵宇指出,中国政府债务还款的80%来自于出让土地的预期收入,财政资金还款只有5%,而令人担忧的是,土地出让金只有20%是可支配收入,财政收入只有30%有可偿债性。邵宇预估,即使土地供给保持现有的体制,政府也只剩下15年的卖地时间,因此,以土地拉动投资的模式偿债能力有限,甚至据此可以倒逼中国财政体制改革。

邵宇对如何化解政府债务风险提出两点建议。他指出,短期内,中国政府融资规模不能缩减,否则会发生流动性风险,但政府必须调整融资结构,原因是,中国影子银行(如信托)的资金价格高于银行,这不符合使用影子银行资金以降低资金成本的原始目的。长期内,政府变卖基础建设资产、实现PPP模型、甚至直接民营化才是真正解决政府债务的方法。

本次鸿儒论道由上海财经大学公共政策与治理研究院副院长郑春荣、复旦大学管理学院副教授李治国担任评议人。

本次活动由上海金融与法律研究院执行院长傅蔚冈主持，八十多位业界人士参加了此次研讨会。“鸿儒论道”是由刘鸿儒金融教育基金会与上海金融与法律研究院联合发，并由长安国际信托投资股份有限公司独家支持，双周定期举行。论坛关注中国金融与宏观经济中的各种问题，致力于为学者、监管者和业界专家搭建跨界交流的平台，为中国经济和金融提供专业意见。

美联储如何制定货币政策

11 月 25 日，美联储达拉斯联邦储备银行高级经济学家兼政策顾问王健博士做客第 18 期鸿儒论道，以“美联储如何制定货币政策?”为题和在座嘉宾分享了他对美联储的性质、治理结构和功能理解。

王健博士从坊间广为流传的阴谋论谈起，对美联储的历史、性质和功能作了较为详细的介绍。美国联邦储备系统分为联邦储备委员会和 12 个联邦储备银行，联储委员会是政府组成部门，联邦储备银行则是非政府组织(NGO)。公开市场委员会是联储的最高决策机构，它是由 7 位总统任命的联邦储备委员会委员和 5 位联邦储备银行行长构成。联储储备银行存在股东，但这些股东不能参加政策制定——政策制定由公开市场委员会制定——盈利性也是固定的，是每年 6%的利息。更有趣的是，每一个联邦储备银行的董事是由当地商业精英组成的，它们可能是来自任何行业，甚至是大学校长，可以广泛的代表着每一个州实体经济(而不仅仅是金融机构)的利益。

王健认为，联储的诞生结束了金本位导致的金融市场过度动荡的场景，这是纸币货币体系胜于金本位的地方。黄金的价格容易遭到外生各种冲击的影响，虽然其实际价格变化不大，但动荡的名义价格不利于金融稳定。相反，纸币货币体系短期内只要保持一个较低的通货膨胀率，短期内的名义价格稳定，更重要的是，纸币赋予了中央银行实现最后贷款人的工具，据此中央银行可以捍卫银行的稳定。自美联储建立以来，除了早期大萧条之外，美国将近百年的历史上再也没有出现过银行挤兑风险。

此外，王健博士还探讨了次贷危机和量化宽松这两个重要的金融话题，进一步阐述美联储是如何制定货币政策的。他指出，次贷危机的爆发考验着美联储作为最后贷款人的职责，联储出手拯救 AEI、房地美等具有系统性风险的金融机构，避免了风险的进一步蔓延，而流动性风险之后，联储并没有损失。同时他强调，在经济上行的时候，即使格林斯潘警告投资银行等非商业银行系统的金融机构，称其风险太大，但美联储作为中央银行并没有权力对这些机构进行监管，国会立法跟不上金融结构的变化，这些责任不能全部归结到联储身上，联储也只是边干边学。另一方面，量化宽松的政策目标则是经济复苏(或者就业)。当前联储银行行长对经济是否复苏有着不同的意见，这是对是否应该退出 QE 的争论，但联储官员认为经济复苏是联储的一个责任，这是没有异议的。

本次鸿儒论道由东方证券首席经济学家、首席策略师邵宇和中国人民银行上海总部调查统计部童士清博士担任评议人。与会嘉宾还就人民币国际化、银子银行监管和美联储的量化宽松政策等其他感兴趣的话题进行了交流。

本次活动由上海金融与法律研究院执行院长傅蔚冈主持，一百多位业界人士参加了此次研讨会。“鸿儒论道”是由刘鸿儒金融教育基金会与上海金融与法律研究院联合发，并由长安国际信托投资股份有限公司独家支持，双周定期举行。论坛关注中国金融与宏观经济中的各种问题，致力于为学者、监管者和业界专家搭建跨界交流的平台，为中国经济和金融提供专业意见。

山寨网络游戏知识产权问题专家研讨会在沪成功举行

12月19日，由上海知识产权研究所主办，上海盛大网络发展有限公司、上海文化创意产业知识产权法律服务平台、上海创意产业协会知识产权专业委员会协办的“山寨网络游戏知识产权问题专家研讨会”在上海举行。会议邀请到上海市工商局商标处商标监督管理处林海涵处长、上海市版权局武幼章处长、华东政法大学知识产权学院副院长黄武双教授、华东政法大学竞争法研究所主任徐世英教授、上海大学知识产权学院常务副院长徐春明教授、上海财经大学知识产权研究中心主任魏玮博士、上海创意产业协会知识产权专业委员会主任游闽键、上海知识产权研究所常务副所长袁真富博士、上海市协力律师事务所合伙人傅钢律师等专家、学者以及网络游戏企业的代表，对山寨网络游戏相关的知识产权问题进行了深入的研讨和交流。

会议首先介绍了讨论主题的相关背景情况，即目前在网络游戏界不断泛滥的热门网络游戏遭受山寨网页游戏和手机游戏侵权的现状。接着，与会嘉宾围绕山寨网络游戏可能涉及的知识产权议题，进行了热烈的讨论和发言，主要从山寨游戏可能涉及的知识产权问题尤其是不正当竞争问题展开。专家讨论的重点主要有：第一，山寨游戏可能涉及的知识产权问题侵权问题，特别是著作权问题、商标权问题有哪些；第二，山寨游戏涉及的不正当竞争问题，以及山寨游戏在运营、推广过程中是否存在虚假宣传等不正当竞争行为；第三，网络游戏中的任务名称、场景、形象等，是否构成《反不正当竞争法》意义上的“知名商品特有名称、包装装潢”问题；第四，当著作权侵权、商标权侵权和不正当竞争行为竞合情形下的诉讼案由问题；以及第五，在不正当竞争案件中应如何确定合理的赔偿标准。

经过热烈讨论，与会专家认为，网络游戏是一种特殊的作品，同时也是不正当竞争法意义上的商品，山寨游戏“搭便车”瓜分原运营商市场的恶意十分明显。单从知识产权特别法的角度分析，只要举证得当，就研讨会所列举的一些情节看，应该是构成著作权侵权和商标权侵权的。但是从根本上说这些山寨游戏的开发者和运营者使用权利人的商标和著作权的目的还是为了造成消费者的混淆，将山寨游戏认为是知名客户端游戏的网页版或者手机版，从而瓜分知名网络游戏的市场，是典型的不正当竞争行为。研讨会所列举的《热血传奇》等网络游戏构成知名商品没有问题，在此前提下，根据《反不正当竞争法》第二条一般条款，山寨游戏的开发者和运营商违反了自愿、平等、公平、诚实信用的原则，背离了公认的商业道德，其在广告语、游戏中所使用的图片、短语等素材的虚假宣传、搭便车行为损害了原知名游戏作品的商业外观，即“商业标识”，既侵犯了正版网络游戏经营者的法益，也损害了消费者的利益，从整体上可以认定山寨网络游戏具有不正当竞争行为。在损害赔偿方面，可以被侵害的知名网游经营者的损失来计算，也可以以侵权人在侵权期间因侵权所获得的利润来计算；并应当承担被侵害的经营者因调查该经营者侵害其合法权益的不正当竞争行为所支付的合理费用。按照山寨游戏动辄月流水几千万的现状，考虑市场因素，正版网络游戏的权利人可提起较大数额的索赔。

该研讨会所取得的成果对廓清目前网游产业中甚嚣尘上的山寨网游所存在的法律问题及应该承担的责任有指导意义，对净化公平有序的网络游戏产业环境有非常积极的意义。

大　事　记

DA SHI JI

1月

1月4日 市社联举行全体干部大会。市委宣传部副部长朱英磊主持会议并宣读了市委关于桑玉成同志兼任社联副主席(专职)、刘世军同志提任社联副主席(专职)的通知。市委宣传部副部长李琪出席会议并对新任领导和社联工作提出要求。市社联党组书记、专职副主席沈国明出席会议并讲话。会上,桑玉成同志和刘世军同志先后发表了就职感言。

1月4日 市社联收到来自新华社上海分社总编室的感谢信,对市社联及市美国问题研究所在维护国家海洋权益,积极为中央领导决策建言献策方面的成绩给予了高度评价。市社联、市美国问题研究所与新华社上海分社调研部紧密合作,针对中菲黄岩岛争端、中日钓鱼岛危机等热点事件,多次召集各领域专家研讨会,取得了丰硕的成果。

1月7日 市房产经济学会召开会员代表大会暨第八届理事会第三次会议。市社联党组书记、专职副主席沈国明出席会议并讲话。大会审议并通过了上海市房产经济学会八届三次理事会工作报告,表彰了2012年度优秀分会(专委会、工委会)、优秀学会工作者和优秀论文获奖者。普陀分会、科教专委会等代表在会上作交流发言。

1月7日 市社联在七楼本真堂召开首场沪上学人思想系列茶座。来自华东师范大学终身教授叶澜,原上海师范大学校长杨德广,上海师范大学教育学院院长陈永明,上海大学邓伟志,华东师范大学陈卫平、卜玉华,复旦附中黄玉峰及《文汇报》、《社会科学报》等多位学者和记者,围绕“问题意识与价值取向:中国当代教育改革研究”的主题深度交流。市社联党组书记、专职副主席沈国明出席会议并讲话。本次茶座由市社联党组副书记、专职副主席桑玉成主持。

1月8日 市台湾研究会举办2012年度学术年会。会议的上半节由学会秘书长倪永杰主持。会长俞新天向会员报告了学会2012年的工作和2013年的计划,市台办主任李文辉回顾了2012年上海对台工作形势和2013年上海对台工作的谋划。会议的下半节暨学术研讨会由学会副会长章念驰主持。黄仁伟、严安林、倪永杰、信强、俞新天等专家学者分别作了“国际形势对台海关系影响”、“2012年台湾政局回顾与展望”、“马英九当局东海、南海政策及两岸合作前景”、“美国TPP战略及台湾的策略应对”、“学习落实十八大精神、深入开展对台研究”等主题报告。来自相关高校科研院所的专家学者及会员100多人与会。

1月9日 市社联召开年度工作述职会。王克梅、徐中振、何畏、吴伟余、张勇、田卫平、秦维宪、应毓超、俞融等9位同志先后报告了2012年度部门工作开展情况,并进行了个人述职。市社联党组书记、专职副主席沈国明主持会议并对新一年工作提出要求和期望。市社联党组副书记、专职副主席桑玉成及社联全体干部参加会议。会上,全体干部进行了民主测评。

1月10日 上海金融与法律研究院举办“美国高速公路公私合营问题”研讨会。明尼苏达大学汉弗莱公共事务学院副教授赵志荣博士及市人民政府发展研究中心朱咏则在会上发言。与会人员还就民企是否有能力承担基础设施建设、收费高速公路公益性以及我国公路建设模式等议题展开讨论。

1月12日 市社联举行2013年工作务虚会。市社联党组书记、专职副主席沈国明主持会议，市社联主席秦绍德，党组副书记、专职副主席桑玉成，专职副主席刘世军，以及处以上干部出席会议。会议就如何办好“‘创新驱动、转型发展’大讨论”等重大学术活动，进一步提升“学术年会”、“东方讲坛”与“社联学术茶座”等品牌含金量，不断完善公共文化服务平台建设，进行了深入的谋划。

1月12日 上海市邓小平理论研究会举行第三次会员代表大会暨“坚持和发展中国特色社会主义理论”研讨会。中共上海市委常委、市委宣传部部长徐麟出席会议并讲话。

1月12日 市伦理学会、市宗教学会和市哲学学会在社联联合举行“当代中国社会信仰困境和价值追求”学术研讨会。研讨会聚焦当前中国社会的信仰和价值追求问题，从当前我国社会信仰困境和价值追求的现状出发，对这一重要的社会实践和理论前沿问题深入展开了交流和讨论。来自三家学会的复旦大学吴晓明教授、华东师范大学陈卫平教授、上海社会科学院晏可佳研究员、华东师范大学李向平教授、同济大学邵龙宝教授和复旦大学高国希教授先后作主题发言。

1月13日 市社联“四个中心建设”学术茶座第三次活动在社联本真堂举行。茶座主题为“突破瓶颈、改革创新——进一步推动上海国际航运中心建设问题与对策研讨”。市人大常委会副主任胡延照，市社会科学界联合会党组书记、专职副主席沈国明，市高级人民法院副院长盛勇强，市城乡建设和交通委员会副主任袁嘉蓉出席会议并讲话。会上，来自市人大、市城乡建设和交通委员会、上海海事局、市交通运输和港口管理局、市高级人民法院、上海航运交易所等十余家单位代表，以及航运、金融、贸易、法律领域的二十余位领导、专家围绕上海国际航运中心建设的目标与定位、优势与劣势、机遇与挑战等问题展开讨论。

1月13日 市政治学会联合上海社科院政治与公共管理研究所，举行题为“三个‘更加注重’:中国政治发展的新理念、新路径”的市政治学会2012年年会。上海社科院党委副书记洪民荣和市政治学会名誉会长王邦佐先后致辞。会长桑玉成作学会2012年度工作报告。在理论研讨阶段，与会的十余位学者作交流发言。学会秘书长曾峻主持会议。

1月14日 市俄罗斯东欧中亚学会举行第五次会员大会暨2012年学术年会。会议审议并通过了第四届理事会工作报告、财务报告和修改后的学会章程，选举产生了第五届理事会。第五届理事会第一次会议选举了新的学会领导班子，范军当选会长，汪宁、李新、余建华、杨烨（兼秘书长）、赵华胜、唐朱昌、潘光当选副会长。市社联学会处处长王克梅参加会议。在随后举行的学术年会上，唐朱昌、杨成、李新、潘光等分别作“2012 年俄罗斯经济发展回顾与趋向”、“后苏联时期中亚国家身份认同的生成与巩固”、“瓦尔代会议：俄罗斯经济的未来”、“上海合作组织近期发展情况”等专题报告。

1 月 16 日　市企业发展促进研究会召开理事会暨迎春联谊会。理事会由会长方名山主持，秘书长唐宗洲作研究会 2012 年工作总结和 2013 年工作要点的报告，40 余位理事对研究会新一年工作提出了意见和建议。在随后举行的迎春联谊会上，会员们表演了丰富多彩的迎新年文艺节目。

1 月 17 日　上海宋庆龄研究会在宋庆龄陵园举行宋庆龄诞辰 120 周年谒陵仪式和纪念大会暨专题片《底片》首播式、宋庆龄书信捐赠仪式和《回忆宋庆龄》纪念文集、《宋庆龄致陈翰笙书信》等书籍首发式。

1 月 17 日　上海工艺美术学会举行第五届会员代表大会暨 2012 年年会。会议审议并通过了第四届理事会工作报告和财务报告、修改后的学会章程，选举产生了第五届理事会。第五届理事会第一次会议选举产生了学会的领导班子，张心一当选会长，李遊宇、屠杰、宣才三、王敏、周南（兼秘书长）当选副会长。市社联学会处处长王克梅参加会议。在随后举行的学会年会上，来自学会的玉工作委员会、大铜章工作委员会、工艺美术博物馆等单位的代表进行了工作交流。

1 月 18 日　市社联科普处与市委党校科研处共同召开“上海局处级干部人文社会科学知识与素养调研报告”专家咨询会。市社联党组副书记、专职副主席桑玉成，市领导科学学会会长奚洁人等 7 位专家对调研报告提出了修改建议。

1 月 19 日　市世界语协会举行会员代表大会暨学术年会。近 50 名会员代表及市社联学会处相关同志出席会议。会议通过了第五届理事会工作报告、协会章程修改说明以及第六届理事会产生和组成说明，并选举产生了新一届理事会理事。在随后举行的第六届理事会第一次会议上，选举产生了新一届领导班子，会长汪敏豪，副会长宋炳辉、许德基、周天豪，秘书长周天豪（兼），聘请魏原枢教授任名誉会长。

1 月 20 日　市演讲与口语传播研究会举行全体理事会暨 2013 年迎新会。

1 月 20 日　市新四军历史研究会召开“以党的十八大精神为指导，推动共建工作创新发展”经验交流会。

1月20日 市社联召开“弘扬知青精神，建设社会主义新农村暨徐桔桔、贾爱春返乡当村官事迹座谈会”，就如何贯彻落实党的十八大关于加快发展现代农业，构建新兴农业经营体系的要求开展研讨。市现代服务业联合会会长周禹鹏、上海东北经济文化发展促进会常务副会长齐路通出席会议，市社联党组书记、专职副主席沈国明主持会议，黑河市市委常委、组织部长李文华，逊克县委书记张晓燕，上海第二工业大学党委书记、上海市知青历史文化研究会会长阮显忠分别致辞。徐桔桔与逊克县另一返乡当村官的田玉成介绍了在乡村工作的情况。来自黑河市和逊克县的领导、市人大财经委、市农委、文新集团、上海社科院、华东理工大学等单位的领导、专家学者，部分老知青以及《人民日报》、新华社等媒体的新闻工作者共60余人参加了座谈会。

1月21日 上海市新四军历史研究会在社科会堂召开了“以党的十八大精神为指导，推动共建工作创新发展”经验交流会。上海理工大学外语学院、晋元中学、市未成年管教所、武警真光消防中队等共建单位与学会各分会会员做了交流发言。学会副会长张锦新主持会议。

1月21日 市社联、环保部环境与经济政策研究中心联合召开“绿色金融创新上海圆桌会议”。会议由市法学会银行法律实务研究中心理事会副主任、同济大学法学院副教授刘春彦主持，环保部环境与经济政策研究中心副主任原庆丹、英国驻华大使馆能源与气候处长 Nicola Willey 到会并致辞。与会代表就政策创新、金融机构产品创新、技术创新等方面进行研讨交流。市金融学会副秘书长、上海财经大学金融学院常务副院长赵晓菊教授作会议总结。

1月25日 市社联召开领导班子和领导干部（绩效）考核会议。会议由市委宣传部副部长李琪主持。市社联党组书记、专职副主席沈国明，党组副书记、专职副主席桑玉成分别进行了领导班子述职、个人述职、述德、述廉报告。市委组织部和市委宣传部有关领导对考核工作进行了指导和监督。市社联专职副主席刘世军及处以上干部，各党支部书记、委员对党组和党组领导进行了民主评议。

1月25日 《探索与争鸣》编辑部与华东师范大学社会科学创新基地（核心价值体系）课题组联合举办了“坚持公平正义，反对特权”研讨会。来自华东师范大学、上海交通大学、南京师范大学、上海大学、中共上海市委党校等单位的10位学者，围绕“反对特权，实现公平正义”的主题展开讨论。

1月25日 为学习和贯彻党的十八大精神，市宗教学会在上海社会科学院举办学术讨论会。与会人员围绕十八大后的宗教发展形势及走向、十八大报告在宗教问题上的重要阐述等议题展开讨论。

1月26日 市社区发展研究会举行第三届会员代表大会。市社联党组书记、专职副主席沈国明出席会议并讲话。大会审议并通过了学会第二届理事会工作报告、财务报告及新章程，选举产生了新一届学会理事会。在随后召开的第三届理事会第一次会议上，与会理事选举产生了新一届常务理事会及学会领导集体。施凯担任会长，冯小敏、马伊里、赵卫星、陈振民、吴信宝、孙甘霖、林尚立、李友梅、卢汉龙、徐永祥、徐中振担任副会长，叶月萍担任秘书长。华东理工大学曹锦清教授为大会作“中国特色社会主义的新境界新发展”专题报告。

1月28—29日 市社联召开“创新驱动、转型发展”专家座谈会，就上海如何在创新驱动、转型发展的关键时期保持忧患意识，进一步解放思想、攻坚克难，推进全面建成小康社会展开专题座谈。华东师范大学王家范教授、复旦大学姜义华教授、上海社会科学院副院长黄仁伟研究员、上海大学副校长李友梅教授、市政府发展研究中心副主任朱金海、华东理工大学曹锦清教授、上海师范大学萧功秦教授、上海社会科学院杨建文研究员、上海交通大学陈宪教授、复旦大学竺乾威教授、同济大学诸大建教授等近二十位专家学者围绕上海在创新驱动、转型发展的进程中如何秉持忧患意识，结合党的十八大提出的“五位一体”总布局，进一步完善体制机制建设、释放改革红利的主题进行了深入讨论。市社联党组副书记、专职副主席桑玉成，专职副主席刘世军出席会议并讲话。

1月29日 市社联召开迎春文艺晚会。市社联党组书记、专职副主席沈国明主持晚会并发表新春致辞。市社联主席秦绍德，党组副书记、专职副主席桑玉成，专职副主席刘世军及市社联部分副主席、常委、委员和社科界专家学者逾千人出席晚会并欣赏了大型舞蹈诗剧《天边的红云》。

1月 《探索与争鸣》改扩版青年学者座谈会在上海社联举行，来自复旦大学、华东师范大学、上海社科院等高校和科研院所的近20位青年学者围绕《探索与争鸣》的风格定位、选题策划、栏目设置特别是青年人才的培养等话题发表了建设性意见。市社联党组书记、专职副主席沈国明出席会议并就学术生态与青年学者成长发表讲话，市社联刊业中心主任张勇向与会的青年学者介绍了刊业中心的情况。

2月

2月3日 市社联开展“创新驱动、转型发展”大讨论第二场活动。本次活动由市社联与市社区发展研究会、市民政局、中共黄浦区委、区政府联合主办，主题为“社会转型与社区自治——‘居委会自治家园’实践创新调研会”。会议围绕基层民主政治与社会自治的主题，梳理总结上海群众自治制度建设的实践经验，深入探讨发展难题及对策思路。市区领导冯小敏、孙甘霖、潘世伟、周振华、马伊里等与会并发言。会议由市社区发展研究会会长施凯主持，市社联党组书记、专职副主席沈国明出席会议并致辞，市社联专职副主席刘世军出席会议。

2月4日 市社联召开六届七次主席会议暨常委会会议。市社联主席秦绍德，市委宣传部副部长、市社联副主席李琪出席会议并讲话，市社联党组书记、专职副主席沈国明就市社联2012年主要工作与2013年工作要点作报告，市社联党组副书记、专职副主席桑玉成主持会议。市社联专职副主席刘世军及部分市社联副主席、常委出席会议并对市社联2012年度工作进行审议，对2013年度的工作提出建议。市社联各处室负责同志列席会议。

2月21日 市社联召开“上海房地产与经济社会发展”研讨会。市住房保障和房屋管理局局长刘海生出席会议并作主旨发言。刘局长围绕上海房地产与经济社会发展主题，分析了当前住房的主要问题，梳理总结了上海住房保障政策的工作实践及其工作体会。市区领导及左学金、朱金海、陈宪、潘英丽、于海、沈关宝、顾骏、朱志荣等与会并作发言。会议由市社联党组书记、专职副主席沈国明主持，市社联党组副书记、专职副主席桑玉成及市社联部分处室负责同志出席会议。

2月21日 上海现代企业经营管理研究会召开四届四次会员代表大会暨“卓越第二十四期高级职业经理人班”结业典礼。会议由副会长盛焕烨主持，副会长兼秘书长金国志汇报研究会四届八次理事会关于增补理事、常务理事的决议，副秘书长陈志诚作卓越第二十四期高级职业经理人培训班总结。会上还颁发了“卓越创新企业”、“优秀同学会”、“卓越论文”等奖项。市委宣传部原副部长朱匡宇、市职业技能鉴定中心主任顾卫东、上海现代企业经营管理研究会会长徐志毅到会并讲话。

2月21日 “新型城镇化与房地产发展”研讨会在上海举行。来自上海易居房地产研究院、华东师大东方房地产学院、上海市发展战略研究所房地产与城市管理政策研究工作室的专家、教授、学者，就有关新型城镇化与房地产发展的专题，畅谈研究思路。

2月23日 市马克思主义研究会2012年年会暨马克思主义与中国特色社会主义研讨会在市委党校举行。市社联党组书记、专职副主席沈国明，市委党校常务副校长王国平，市委党校原常务副校长吕贵，市委党校原常务副校长严家栋出席会议并讲话。市委党校副校长郭庆松，市马克思主义研究会副会长周锦尉，副会长石磊以及130余名理事和会员与会。与会理事选举王国平为会长，吕贵为名誉会长。本次研讨会主题是深入学习贯彻党的十八大精神，运用马克思主义哲学基本立场观点方法研究中国特色社会主义的重大理论和实践问题。相关领域专家黄力之、陈学明、顾钰民等20余人先后发言，研究会秘书长王建国作会议小结。

2月26日 市社联举行2013年度学术团体负责人暨党建工作会议。市社联党组书记、专职副主席沈国明到会讲话并布置2013年度工作。会议由市社联党组副书记、专职副主席桑玉成主持。桑玉成同志宣读了获得第六届学会学术活动月优秀组织奖、组织奖的学会以及2012年《社联通讯》“十佳”学术活动综述和积极投稿奖的学会名单。市社联学会处处长王克梅介绍了2013年度学术团体年报和达标申报等具体工作。市民俗文化学会会长仲富兰，市房产经济学会常务副会长、秘书长李国华分别就跨学会学术活动和学会内部制度建设作交流发言。来自市社联所属学会及民办社科研究机构的200多位负责人参加了会议。

2月28日 东方讲坛基层举办点需求调研会在崇明县图书馆举行。会议由市社联科普处处长何畏主持。来自崇明县委宣传部、县文广局、县图书馆的有关负责人以及有关乡镇举办点的负责人出席会议，与会人员就东方讲坛在崇明的工作情况进行了交流研讨。

市会计学会召开理事会。会长夏大慰主持会议并对学会2013年工作提出要求，秘书长顾宏祥作会计学会2012年工作总结和2013年工作计划的报告。市财政局副局长、会计学会副会长袁白薇及近百位理事出席会议。

市老年学学会举行第六届会员代表大会。市老龄办副主任、市民政局副局长高菊兰参加会议并致辞，会长左学金主持会议。大会审议并通过了第五届理事会工作报告、财务报告及新修改的学会章程。与会代表选举产生了由75名理事组成的学会第六届理事会。在随后召开的第六届理事会第一次会议上，与会理事选举产生了由12名常务理事组成的第六届常务理事会及新一届学会领导集体。左学金连任会长，桂世勋、孙常敏、陈积芳、张钟汝、蔡向东、翁文磊、袁俊良、钟仁耀任副会长，孙鹏镖任秘书长。会上，左学金会长作了题为“21世纪中国人口老龄化的挑战和相关政策设计”的学术报告。

2月 市教师学研究会举行全体理事会会议暨迎新座谈会。

3月

3月1日 市辞书学会举行全体理事会议。会议由副会长庄智象主持，会长彭卫国作2012年度学会工作报告，秘书长徐祖友汇报了学会财务收支情况。会上，全体理事讨论了下半年的工作安排、会费缴纳和新会员发展以及增补副会长等事项。

3月1日 市社联召开青年干部座谈会。市社联党组书记、专职副主席沈国明围绕社联青年干部赴基层挂职锻炼等议题，同与会的20余名青年干部进行了座谈。会上青年干部表达了基层挂职锻炼可以落到实处的希望。部分青年干部在发言时还就加强处室团队意识与业务培训等提出了意见和建议。

3月2日 市日本学会举行理事会暨新年研讨会。会议由学会常务副会长兼秘书长陈永明主持。会长吴寄南代表理事会总结了学会2012年度工作，部署了2013年度学会的主要工作。在随后举行的题为“安倍复出后的内政外交及中日关系的走向”学术研讨会上，日本东洋学院教授、日本华人教授会代表朱建荣教授作“安倍内阁处理钓鱼岛争端的结构性矛盾及我对策”演讲，新华社记者张建松作“随海监船队春节巡航钓鱼岛见闻”演讲，学会领导陈子雷、吴寄南、王少普、谭晶华等分别做了“安倍新经济学剖析”、“日本政治生态的新变化”、“中日关系如何走出困境”、“2013 年中国日语教学改革的新动向”等主题报告。来自上海各相关科研院所的专家学者 60 多人与会。

3 月 5 日 “坚持和发展中国特色社会主义”理论研讨征文重点学会组稿会在市社联举行。市社联科研处处长徐中振出席会议，市思想政治研究会、市马克思主义研究会、市统战理论研究会等 30 家相关学会的负责人与会。与会人员对 2013 年主题征文的情况进行了讨论和交流。本次征文工作 6 月中旬结束。

3 月 8 日 浙江省社科联党组成员、副主席邵清，《浙江社会科学》杂志社主编俞伯灵，副主编董希望等 8 人到访市社联。上海市社联刊业中心主任张勇，办公室主任吴伟余，《学术月刊》主编田卫平等与浙江省社科联领导及有关杂志社同志就如何办好学术类期刊进行了座谈和研讨。

3 月 11 日 市社联举行中心组专题学习会议，传达《习近平、刘云山同志在新进中央委员会的委员、候补委员学习贯彻党的十八大精神研讨班上的讲话》主要内容，社联党组书记、专职副主席沈国明主持会议，党组副书记、专职副主席桑玉成及处以上干部出席会议。与会人员还围绕习近平和刘云山的讲话精神作了交流发言。

3 月 13 日 市社联召开“食品安全执法问题”研讨会。市食品安全委员会办公室主任阎祖强、市人民政府法制办公室副主任刘平等出席。市社联党组书记、专职副主席沈国明主持会议。

3 月 15 日 市远距离高等教育学会举行第七届会员代表大会。华东理工大学副校长陈英男、上海市教委高教处副处长许涛到会致辞。会议审议并通过了第六届理事会工作报告、财务报告及新的章程，选举产生了第七届理事会。第七届理事会第一次会议选举应卫勇任会长，应建雄、张伟、倪斌、闫寒冰、孙莉萍、王宏任副会长，钱自强任秘书长。会上还举行了学会课题成果颁奖仪式，表决通过会费缴纳及使用办法。市社联学会处相关同志代表市社联祝贺新一届理事会成立。在随后举行的学术报告会上，祝智庭教授作了题为“智慧教育，教育信息化的新境界”的学术报告。

3 月 19 日 上海市社会科学界第十一届（2013）学术年会筹备工作会议在社联群言厅举行。市社联主席秦绍德、市委宣传部副部长李琪出席会议并讲话。会议由市社联党组书记、专职副主席沈国明主持。市社联党组副书记、专职副主席桑玉成介绍了本届学术年会的工作设想。来自学术年会组织委员会、学术委员会、各学科专家组及部分高校科研处等近 50 位专家学者出席会议并讨论了本届年会的工作方案和大会主题。

3 月 19 日 中央社会主义学院、市社会主义学院、市统战理论研究会联合召开“统一战线学学科建设论证会”。会议分别由担任市统战理论研究会副会长、市社会主义学院副院长的张颖和姚俭建主持。中央社会主义学院李小宁教授介绍了统一战线学学科建设的论证提纲。会上，来自北京、上海、江苏和浙江相关领域的专家学者作讨论发言，李小宁教授作总结。

3 月 22 日 市社联一行 20 余人在党组副书记、专职副主席、机关党委书记桑玉成，机关党委副书记张勇，机关党委副书记、工会主席吴伟余的带领下前往宝山烈士陵园开展祭扫活动。在烈士纪念碑前，市社联干部职工代表敬献了花圈，凭吊了革命烈士墓区并参观了上海解放纪念馆。市社联一行参观了上海长江河口科技馆和上海宝山国际民间艺术博览馆。

3 月 23 日 市信息学会召开第三届会员代表大会。会议审议并通过了第二届理事会工作报告和财务报告、修改后的学会章程，选举产生了第三届理事会成员和第三届理事会领导班子，黄晖任理事长，王世伟、蒋昌俊、盛焕烨、陈良尧、徐佩莉、胡炎生、郑经纬任副理事长，李农任秘书长。市社联学会处处长王克梅参加会议并讲话。

3 月 26 日 市社联召开中心组专题学习会议，传达贯彻宣传系统干部队伍建设大会精神。社联党组书记、专职副主席沈国明主持会议，社联处以上干部出席会议。社联党组副书记、专职副主席桑玉成传达了市委常委、宣传部部长杨振武在市宣传系统干部队伍建设大会上的讲话，并布置了社联 2013 年度党风廉政建设工作。沈国明书记就党风廉政建设和干部队伍建设提出了要求。与会者就如何按照中央、市委要求，高标准、严要求履职尽责，交流了学习体会。

3 月 26 日 中国人民大学人文社会科学学术成果评价研究中心发布《2012 年度我国人文社会科学学术创新力分析报告》,《探索与争鸣》发表的文化研究类论文的创新指数超过 0.8，位居 2012 年度文化研究创新力指数第一名。

3 月 27 日 市社联召开上海市食品安全执法问题研讨会。市食品安全委员会办公室副主任顾振华、市人民政府法制办公室副主任刘平介绍了本市食品安全问题现状。市社联党组书记、专职副主席沈国明主持会议并讲话。市工商局，市质监局，市食药监局，杨浦、嘉定、奉贤区食安办等职能部门，邹荣、杨寅、张淑芳、李瑜青等法学专家分别发表了意见。

3 月 27 日 市社联召开“推进社会发展与创新社会管理”专题系列学术茶座策划会议。来自市委组织部、市民政局、复旦大学、上海交通大学、上海市委党校等单位的专家学者对该系列学术茶座的年度选题进行了策划，初步拟定了本年度“推进社会发展与创新社会管理”专题系列学术茶座的年度计划与主题，提出了“社会治理的比较研究”、“二代农民工情况调查”、“社工产出效益测算”、“公益组织培育发展机制研究”等研究选题，并对合作举办学术茶座的事宜进行了讨论。

3月27日 市新四军历史研究会召开“学习弘扬南京路上好八连精神”研讨会，纪念“南京路上好八连”命名50周年。

3月27日 市民防协会举办2013年度会员大会。会议由协会副会长孙晓波主持。会议听取并审议了协会2012年度财务情况报告、部分理事调整事项和协会2012年度工作报告和2013年度工作计划。

3月29日 上海科学社会主义学会、华东师范大学党委宣传部和政治学系联合召开了“马克思主义与中国历史命运——纪念马克思逝世130周年”学术研讨会。会议上下半场分别由华东师范大学宣传部副部长孙健和上海科学社会主义学会副会长吴解生主持。来自市委党校、上海交通大学、华东政法大学、华东师范大学、上海商学院、南京政治学院上海校区等高等院校的学者董瑞华、陈锡喜、张明军、韩长青、陈志强、李海平、杨高彦等作学术交流发言。华东师范大学教授周尚文、郝宇青做了点评。最后，上海科学社会主义学会会长夏军作会议总结。

3月28日 市终身教育研究会举行2012年度会员大会暨学术报告会。会议由学会常务副会长王民主持。秘书长杨平作2012年度工作总结和财务报告，宣读了关于表彰2012年度先进个人的决定，介绍了2013年工作要点。华东师范大学教授、上海终身教育研究院执行副院长黄健，上海大剧院院长、艺术中心总裁张哲分别作了题为“终身教育发展趋势及上海终身教育研究院建设进展”、“上海文化建设发展”的专题报告。

3月28日 市高等教育学会第八届大学校长沙龙在上海开放大学会议中心举行。会议由中国高教学会副会长、上海市高教学会会长张伟江主持，上海开放大学校长蒋红到会并致辞。来自上海交通大学、上海中医药大学、上海工程技术大学等高校的专家学者，就如何深化教育综合改革进行了深入的研讨。张伟江会长作会议总结。

3月28日 市交通会计学会举行第七届会员代表大会。大会审议并通过了学会第六届理事会工作报告和财务报告，选举产生了新一届学会理事会。在随后召开的第七届理事会第一次会议上，与会理事选举产生了新一届常务理事会及学会领导班子。苏敏任会长，邓黄君、邵瑞庆、张剑兴、彭陆强、高晓丽、王林华、巫珊玲、黄培莉、董仲棣任副会长，董仲棣兼任秘书长。市社联学会处处长王克梅参加会议并讲话。

3月28日 上海市高等教育学会在上海开放大学举行第八届大学校长沙龙。主题为“深化综合改革,推动高教内涵发展——聚焦高校加强学科建设的思路与举措”。来自上海中医药大学、上海交通大学、上海应用技术学院、上海工程技术大学、复旦大学等高校的40余位校长、专家与会。校长专家们深入探讨上海高校学科建设面临的形势和挑战,提出了有针对性的对策和建议。会议由上海高教学会会长张伟江主持,上海开放大学校长蒋红致辞。

3月29日 上海科学社会主义学会、华东师范大学党委宣传部和政治学系联合召开“马克思主义与中国历史命运——纪念马克思逝世130周年”学术研讨会。会议分别由华东师范大学宣传部副部长孙健和上海科学社会主义学会副会长吴解生主持。来自市委党校、上海交通大学、华东政法大学、华东师范大学、上海商学院、南京政治学院上海校区等高等院校的学者作学术交流发言。华东师范大学教授周尚文、郝宇青作点评。上海科学社会主义学会会长夏军作会议总结。

3月30日 市政治学会、市行政管理学会、华东师范大学、《光明日报》社联合举行“深化行政体制改革与转变政府职能”学术研讨会。市委宣传部副部长李琪,市社联党组副书记、专职副主席、市政治学会会长桑玉成,华东师大党委书记童世骏,《光明日报》社记者部主任张碧涌出席会议并先后致辞。桑玉成、竺乾威、曾峻、蒋云根作主旨发言。曹沛霖、孙关宏也作了发言。会议围绕“大部制改革与政府职能转变”、“公共服务与服务型政府建设”等议题作了深入探讨。周敏凯、唐亚林、程竹汝、顾定国、陈道银、浦兴祖、孙力、唐兴霖、吴志华、毛力熊等作了精彩发言。华东政法大学张明军、吴新叶,上海社科院尤俊意,华东理工大学俞慰刚作点评。

4月

4月2日 市知识青年历史文化研究会和黑河知青博物馆在上海市图书馆展览厅共同举办《与共和国同命运》知青博物馆全国巡展上海首展。市社联党组书记、专职副主席沈国明出席活动。

4月2日 由《金融时报》社主办、市农村金融学会承办的“改革创新金融服务,加强支持实体经济发展”研讨会在中国农业银行上海市分行举行。会议由《金融时报》社副总编辑傅勇主持。《金融时报》社党委书记、社长汪洋,中国农业银行上海市分行党委书记兼行长、市农村金融学会会长刘桂平,中国农业银行企业文化部副总经理陈继军到会并先后致辞。中国农业银行上海市分行党委委员、行长助理孙蔡明作题为“积极推进城乡联动,倾力服务实体经济”的主旨演讲,中央财经大学副校长史建平教授、上海财经大学现代金融研究中心副主任奚君羊教授分别就金融如何服务实体经济、当前银行业面临的挑战等问题作交流发言。

4月2日 上海金融法律研究院举办主题为“中国家庭金融调查:实证与规范”的沙龙活动。活动邀请了西南财经大学《中国家庭金融调查报告》课题主持人甘犁担任主讲,上海金融与法律研究院执行院长傅蔚冈主持沙龙。

4月3日 市社联举办沪上学人思想系列学术茶座的第二场活动,召开“张仲礼学术思想座谈会”。市社联党组书记、专职副主席沈国明主持会议。93岁高龄的张仲礼先生出席会议并简要介绍了自己的学术生涯和治学体会。本市资深学者王家范等就张仲礼先生的学术贡献作了交流发言。

4月3日 第二届中瑞终身学习论坛在上海开放大学会议中心举办。论坛由上海市终身教育研究会、上海开放大学开放教育国际研究院联合主办,《开放教育研究》杂志协办。上海开放大学党委书记、研究会会长张德明,上海开放大学副校长、研究会副会长王宏,研究会常务副会长王民,研究会副会长、学术委员会主任叶忠海,研究会副会长王震国,研究会秘书长杨平等,以及瑞典大众成人教育全国联合会秘书长布里顿·曼森·沃林(Britten Mansson-Wallin)率领的8人参访团出席论坛。

4月6日 《探索与争鸣》编辑部与华东师范大学社会发展学院在市社联共同举办“转型期中国式婚姻焦虑”专题圆桌会议。来自中国社会科学院的吴小英研究员和陈午晴研究员、南京大学的陈友华教授、澳大利亚国立大学的Nicholas Tapp教授、华东师范大学的丁金宏教授和魏伟副教授、上海大学的沈关宝教授、华东政法大学的孙沛东博士及媒体代表20余人围绕中国式婚姻焦虑之表征、中国式婚姻焦虑之原委、中国式婚姻焦虑之求解进行研讨。

4月9日 市社联召开《上海市马克思主义理论研究2011年度报告》出版座谈会。会议由市社联党组副书记、专职副主席桑玉成主持。市委宣传部副部长李琪,市社联党组书记、专职副主席沈国明出席会议并讲话。市社联专职副主席刘世军就《上海市马克思主义理论研究年度报告》的立项情况作了说明。年报主编、上海交通大学教授陈锡喜作《上海市马克思主义理论研究2011年度报告》的编撰情况说明。上海市马克思主义研究论坛组织委员会、学术委员会及年报的作者代表等40余位学者与会。

4月10日 上海金融与法律研究院和刘鸿儒金融教育基金会联合举办“现实与未来——小额贷款公司前景”研讨会。中国人民银行金融消费权益保护局局长焦瑾璞出席会议并作主旨报告。

4月11日 市社联召开全体干部大会。市社联党组书记、专职副主席沈国明总结市社联2013年第一季度工作并布置了下一阶段的重点工作。市社联党组副书记、专职副主席桑玉成主持会议。市社联专职副主席刘世军介绍了当前国内理论界关注的热点问题。

会上，桑玉成同志还宣读了2012年度社联干部考核结果、各类单项奖获奖情况及2012年度社联获得本市各类表彰的名单。

4月12日 上海市美学学会在上海大学召开“电影审美批评与价值重建”研讨会。会长朱立元主持会议并对学会换届事宜作了部署。

4月15日 由上海交通大学文学院承办，上海社联《探索与争鸣》杂志社协办的第三届“中英马克思主义美学双边论坛”在上海交大召开，与会学者围绕“马克思主义与未来”的主题，展开了深入热烈的讨论。本届论坛吸引了80多位来自美国加利福尼亚大学圣芭芭拉分校、杜克大学，英国伦敦大学、切尔西艺术学会、奥斯顿大学、利兹大学、曼彻斯特大学，瑞士欧洲研究院，斯洛文尼亚科学与艺术研究院，比利时鲁汶大学、根特大学，俄罗斯圣彼得堡大学、韩国庆尚国立大学、澳大利亚莫纳什大学等17所国外高校与研究机构及香港科技大学、中国社会科学院、北京大学等国内高校、科研院所、学术机构的中外专家学者与会。

4月16日 上海人大工作研究会举行第二次会员大会暨课题优秀成果表彰会。市人大常委会党组副书记、副主任钟燕群出席大会并讲话。刘云耕、陈铁迪、叶公琦、姚海同、龚学平、姚明宝等领导出席。副会长甘忠泽主持会议。大会听取了《上海人大工作研究会2012年工作报告及2013年工作计划》和关于《章程(修订草案)》的说明，并通过了新章程。副会长孙运时通报了研究会2012年度课题优秀成果的评奖情况及专家点评意见，宣布了获奖名单。获奖代表周锦尉、李邦俊、陈士维作交流发言。

4月18日 市思想政治工作研究会举行第十二次会员大会。市委常委、宣传部部长、市思想政治工作研究会会长杨振武，中国思想政治工作研究会秘书长、中宣部思想政治工作研究所所长王学勤出席大会并讲话。市委宣传部副部长燕爽代表市思想政治工作研究会作工作报告。大会表彰了2011—2012年度市优秀思想政治工作者、市思想政治工作优秀调研成果获奖者并颁发了荣誉证书和奖牌，通报了首批12个上海市人文关怀心理疏导示范点。大会由研究会秘书长尼冰主持。来自各区县单位会员和国资系统、建设交通系统、科技系统等团体会员的代表500余人出席会议。

4月19日 市社联召开《上海思想界》工作座谈会。华东师范大学赵修义教授、上海师范大学萧功秦教授、上海大学董乃斌教授、上海交通大学王杰教授、上海社科院权衡研究员和徐觉哉研究员，以及《解放日报》、《文汇报》等单位的专家学者与会，对《上海思想界》工作提出了宝贵意见。

4月20日 市金融学会、上海财经大学与联合国千年发展目标公益活动组织委员会联合举办“2013信用管理与可持续发展论坛”。会议由上海财经大学金融学院常务副院长、市金融学会副秘书长赵晓菊主持，上海财经大学党委副书记陈宏、市金融学会秘书长李安定、联合国千年发展目标公益活动组织委员会首席主任张财根、联合国经济与社会执委会特别顾问饶宇安、中国市场学会信用工作委员会主任赵凤梧在论坛开幕式上致辞。中国市场学会信用工作委员会主任林均跃，美国宾州州立大学教授、上海财经大学信用研究中心主任黄京志在会上作“二十年来社会信用体系相关理论的脉络与传承及第三代企业信用管理理论探讨”和“北美信用风险管理方法的现状及趋势”的演讲。与会的 150 位国内外专家学者就“征信与信用评级研究”、“信用风险管理与信用环境建设研究”、“信用管理专业学科发展研究”三个主题进行研讨。

4 月 24 日 宣传系统机关工作组在部领导晁玉奎同志带领下，来到市社联开展工作调研。市社联党组书记、专职副主席沈国明就市社联贯彻落实宣传系统干部队伍建设大会情况以及党建、纪检、干部等方面工作向工作组作了汇报。市社联党组副书记、专职副主席、社联机关党委书记桑玉成，市社联党组成员、专职副主席刘世军等人出席调研会议。会上，工作组组长、部研究室主任王锦萍就此前工作组在市社联召开支部书记座谈会，进行党员访谈，了解市社联基层党组织建设、基本制度落实等调研情况给予反馈，并对进一步做好社联党建工作提出建议。

4 月 24 日 首届上海市民文化节、第二届上海民俗文化节理论研讨会“古镇文化的活态保护与民俗文化的传承发展论坛”在浦东三林镇三林老街举行。上海市社联党组书记、专职副主席沈国明到会讲话并出席了启动仪式。上海市群众艺术馆馆长、上海市群众文化学会副会长、秘书长萧烨璎主持会议。浦东新区三林镇党委书记储明昌致欢迎词。上海市文广局副局长、市群众文化学会会长王小明致开幕词。来自同济大学、华东师范大学、上海大学、上海社科院、中国民俗学会、上海市民俗文化学会等高校和研究机构的民俗专家围绕上海古镇文化的保护这一主题进行交流，并对如何保护上海的民俗文化资源提出对策。

4 月 24 日 由上海交通大学文学院承办，上海社联《探索与争鸣》杂志社协办的第三届“中英马克思主义美学双边论坛”在上海交大召开，与会学者围绕“马克思主义与未来”的主题展开讨论。本届论坛吸引了 80 多位来自美国加利福尼亚大学圣芭芭拉分校、杜克大学，英国伦敦大学、切尔西艺术学会、奥斯顿大学、利兹大学、曼彻斯特大学，瑞士欧洲研究院，斯洛文尼亚科学与艺术研究院，比利时鲁汶大学、根特大学，俄罗斯圣彼得堡大学、韩国庆尚国立大学、澳大利亚莫纳什大学等 17 所国外高校与研究机构及香港科技大学、中国社会科学院、北京大学等国内高校、科研院所、学术机构的中外专家学者与会。大会围绕詹姆逊的《Valences of the Dialectic》和莫言的《酒国》展开讨论。会议结束后论文集将由中央编译出版社出版。第四届论坛将在英国曼彻斯特大学召开。

4 月 24 日 宣传系统机关工作组在部领导晁玉奎同志带领下，来到市社联开展工作调研。市社联党组书记、专职副主席沈国明就市社联贯彻落实宣传系统干部队伍建设大会情况以及党建、纪检、干部等方面工作向工作组作了汇报。市社联党组副书记、专职副主席、社联机关党委书记桑玉成，市社联党组成员、专职副主席刘世军及相关同志出席调研会议。会上，工作组组长、部研究室主任王锦萍就此前工作组的调研情况给予反馈，并对进一步做好社联党建工作提出建议。晁玉奎同志充分肯定了市社联各项工作取得的成果。

4月25日 市法治研究会举行2013年年会，纪念研究会成立十周年，表彰优秀调研成果，并举办"转型视角下的法治及传播"主题论坛。会议由常务副会长施凯主持。会长金国华作2012年研究会工作报告。副会长顾肖荣宣读了《关于表彰第十一届(2012年)上海市民主法治建设课题研究成果获奖单位和个人的通知》。副会长徐秉治宣读了组建微博俱乐部的决定。副会长兼秘书长包志勤介绍了《东方法治文化百宝箱》编发工作概况并举行了首发式。在主题论坛阶段，夏万宏、沈望云、杨华、王浩等有关专家作交流发言，刘平和周智强分别作点评。约80名会员出席会议。

4月25日 市工商行政管理学会召开第七届会员代表大会。大会审议并通过了第六届理事会工作报告、财务报告以及《章程》修正案，选举产生了新一届理事会。在随后召开的第七届理事会第一次会议上，选举产生了新一届领导班子：陈学军任会长，丁晓东、罗国振、沈瑞良、徐枫、钟民、杜贵根任副会长，徐上任秘书长，聘请张文蔚、顾仁达为顾问。市社联学会处处长王克梅和中国工商行政管理学会副秘书长王磊出席大会并讲话。市工商行政管理局党委书记、局长吴振国到会祝贺并讲话。来自各区(县)学会会员单位代表和市工商局机关学会小组长等近120人参加了会议。

4月25日 "东方讲坛进军营"系列讲座暨上海市社会科学普及读物漂流进军营活动现场会在92681部队讲座现场举行。

4月26日 市社联与上海市核电办公室的党建共建结对签约仪式在秦山核电站举行。市社联党组副书记、专职副主席、社联机关党委书记桑玉成，市核电办主任吴正扬分别代表各自单位，签署机关党建共建结对协议书。市社联办公室主任吴伟余、组织人事处处长张勇、《学术月刊》总编田卫平等四十余人出席签约仪式。仪式当天，市社联一行参观了秦山核电站，聆听了市核电办副主任刘伟瑞的讲座。

4月27日 市地方史志学会在社联群言厅召开理事扩大会议，全国人大代表、民建上海副主委张兆安作"全国两会热点议题述评"主题报告，会长朱敏彦主持会议并汇报了学会近期工作情况。

4月 上海市房产经济学会举办"建立房地产发展长效机制"笔谈会。市房产经济学会常务副会长李国华、市房地产科学研究院副院长严荣、市发展改革委员会副处长郁鸿元、河南洛阳市市委党校偃师分校刘雪峰等根据新“国五条”提出加快建立和完善引导房地产市场健康发展长效机制的要求，阐述了各自的见解。

5 月

5 月 3 日　市社联办公室联合支部与淮中社区青年座谈会在上海团校举行。市社联党组副书记、机关党委书记、专职副主席桑玉成出席会议并讲话。市社联机关党委副书记、组织人事处处长张勇主持活动。原长宁区区委书记、长宁区关工委常务副主任李仁杰以“我对中国梦的认识”为主题进行演讲。上海青年管理干部学院教授闵小益以“五四青年节的由来和当代青年的责任”为题向与会者作了报告。市教卫工作党委办公室副主任赵靖茹、黄浦区瑞金街道团委书记毛洪波、市社联办公室联合支部青年代表、淮中社区青年代表先后发言。市社联机关党委副书记、市社联办公室联合支部书记、办公室主任吴伟余等有关同志，青年党员代表及淮中社区干部、联建单位代表近四十人参加座谈会。

5 月 6 日　市政府办公厅副局级巡视员王永鉴应邀来到市社联，作有关公文写作与处理的专题辅导报告。王永鉴同志结合《党政机关公文处理工作条例》，为与会者深入解析公文要素、写作技巧以及公文的归档程序。市社联党组书记、专职副主席沈国明主持报告会，党组副书记、专职副主席桑玉成，以及社联机关、事业单位等三十余人出席会议。

5 月 7 日　上海市国际关系学会、上海社科院国际关系研究所、上海市世界史学会、上海国际战略问题研究会、上海市俄罗斯东欧中亚学会等联合举行学术报告会，邀请美国赫德逊研究所政治—军事分析中心主任、美国国防部国防科学委员会高级顾问理查德·魏茨作主题为“奥巴马政府的阿富汗政策和欧亚战略”的学术报告。来自本市科研院所的相关专家学者 30 余人与会。会议由中国中东学会副会长、上海国际问题研究中心理事会副主席潘光主持。会上与会专家还就中俄与美国在阿富汗问题上的合作可能性、美国“亚太再平衡”对中、俄的影响等问题进行了讨论。

5 月 8 日　由市社联机关党委、机关工会主办的“庆祝上海市社联成立 55 周年”主题知识竞赛在本真堂举行。市社联党组书记、专职副主席沈国明，党组副书记、专职副主席、机关党委书记桑玉成出席活动并讲话。机关党委副书记张勇，机关党委副书记、工会主席吴伟余担任比赛裁判。参加比赛的有人事处办公室联合支部、市美国问题研究所、科普处、办公室、刊业中心联合支部、科研处、学会处共 7 支队伍，最终由科研处代表队夺冠。

5 月 8 日　上海金融与法律研究院与刘鸿儒金融教育基金会联合举办第 5 期“鸿儒论道”论坛，主题为“渐行渐远的红利——寻找中国经济的新平衡”，会议邀请中国国际金融有限公司首席经济学家彭文生博士作主题报告。

5月11日 上海市历史学会在上海师范大学举行“日常与非常——社会史视野下的中国和世界”暨第三届上海市历史学会青年论坛。会长熊月之主持会议。

5月11日 上海科学社会主义学会、江苏科学社会主义学会、浙江省科学社会主义学会、上海师范大学比较政党研究中心联合召开“人类文明多样性与中国特色社会主义”学术研讨会。会议开幕式由上海科社学会常务副会长吴解生主持。上海师大党委书记陆建非致辞。来自两省一市科社学会的负责人蓝蔚青、孙力、布成良、詹真荣及有关学者汪青松、陈锡喜、何云峰作学术报告。上海科社学会会长夏军作会议总结。

5月12日 上海市逻辑学会在华东政法大学举行了第四届上海青年学者逻辑论坛。两位青年学者获得本次论坛一等奖。

5月12日 上海市外文学会在上海立信会计学院召开题为“经济全球化背景下复合型外语人才的培养”的学会第十五次专题研讨会。会议由立信会计学院承办，来自本市高校外语院系的30余名领导和教师参加了研讨会。立信会计学院党委副书记楼军江教授、外文学会会长叶兴国教授分别在会上致辞。会上，立信会计学院外语学院副院长叶丽华、上海电力学院外语学院副院长庄起敏、上海工商外国语学院副校长朱士昌分别以“经济全球化背景下复合型外语人才的培养——从就业谈起”、“大学英语教学改革的现状和趋势”、“高职高专复合型人才的培养”为题作主旨报告。

5月14日 市华侨历史学会在华侨大厦举行第六届会员大会。市侨联党组书记沈敏到会祝贺。大会审议并通过了第五届理事会工作报告、财务报告及学会新章程，并选举产生了第六届学会理事会。在随后召开的第六届理事会会议上，与会理事选举产生了新一届学会领导班子，张癸为会长，吴前进、吕静、李克欣、吴瑞君为副会长，华洁蓉任秘书长。

5月14日 市年鉴学会在上海社科院分院举行第三届会员代表大会。大会审议并通过了第二届理事会工作报告、财务报告及学会新章程，并选举产生了新一届学会理事会。在随后召开的第三届理事会会议上，与会理事选举产生了新一届学会领导班子，莫建备为会长，张兆安、张福康、田骅、丁惠义、盛懿、张文良为副会长，王继杰任秘书长。市社联专职副主席刘世军出席会议并讲话。

5月14日 上海市美国学会、美中关系全国委员会联合举办了第八届“鲍大可—奥克森伯格中美关系讲座”，学会邀请前美国国家安全委员会亚洲事务主任、布鲁金斯学会高级研究员杰弗里·贝德就中美关系作演讲。中国社科院美国研究所所长黄平评论。会议由上海市美国学会会长黄仁伟主持。来自相关领域的专家学者近300人与会。

5月15日 市社联与中国浦东干部学院科研部举办“信息时代的民意表达、甄别和吸纳问题”研讨会。本次会议是上海市社联“创新驱动转型发展”与“全面建成小康社会”专题系列研讨会之一，来自中国浦东干部学院、复旦大学、上海交通大学、上海市委党校等院校的王石泉、钱海红、谢云耕、张志海等近10位学者在会上发言。市人大研究室、市政协研究室、市政府新闻办公室研究室、市文明办调研处、上海人民广播电台《市民与社会》等单位部门的领导与会并作交流。市社联专职副主席刘世军出席会议并讲话。

5月16日 市社联举行经济类学会座谈会。市社联主席秦绍德与市经济学会轮值常务副会长张广生，市世界经济学会会长张幼文，市农村经济学会常务副理事长兼秘书长顾吾浩，市宏观经济学会常务副会长陆国梁、秘书长周兴昌，市民营经济研究会会长季晓东，市金融学会秘书长李安定等学会代表座谈交流。学会代表介绍了各自学会今年的主要工作，并对当前经济形势状况提出各自的看法。秦绍德主席认真听取了学会介绍的情况，要求经济类学会发挥专业优势，为上海的转型发展提供决策建议。

5月17日 市劳动教养学会举行第四届会员大会，进行换届选举。大会由第三届理事会秘书长赵文志主持。第三届理事会会长章荣喜做学会工作报告。与会会员代表选举产生了由44名理事组成的第四届理事会。在随后召开的第四届理事会第一次会议上，与会理事选举产生了由8名常务理事组成的第四届常务理事会及新一届学会领导集体。市劳教局党委书记、局长刘建华担任会长，张祎、赵敏担任副会长，蒋丰荣担任秘书长。刘建华代表市劳教局党委及新一届理事会作了讲话。

5月17日 市社联与上海交通大学国际与公共事务学院合作举办“共产党领导下的可控民主化——政治改革、民主发展与党的建设的联动”理论研讨会。中共中央编译局副局长俞可平教授作主旨演讲。上海学者胡伟、萧功秦、林冈、陈映芳、彭勃等在会上发言，来自上海市纪委研究室的领导也参与了会议交流。市社联党组副书记、专职副主席桑玉成出席会议并讲话。70余位上海交通大学的师生代表参加会议。

5月17日 市社联与复旦大学城市环境管理研究中心联合召开“环境、生态与可持续发展研究”专题研讨会。本次研讨会是市社联“创新驱动转型发展”与“全面建成小康社会”专题系列研讨会之一。来自复旦大学、同济大学、市政府发展研究中心以及世界自然基金会等单位的十多位学者与会，共同就我国环境与生态问题向经济、社会、政治、文化等领域的溢出影响，以及如何在十八大提出的“五位一体”总布局下推进生态文明建设等话题展开深入研讨。课题组领衔专家、复旦大学城市环境管理研究中心主任戴星翼教授作主旨发言，市社联党组副书记、专职副主席桑玉成出席会议并讲话。

5月18日 由《探索与争鸣》杂志社和浙江师范大学省高校人文社科教育学重点研究基地联合主办的“社会变革视野下的现代大学制度建设”高峰论坛在浙江师范大学召

开。国务院学位委员会学科评议组成员和国内知名高教研究专家北京师范大学原副校长王英杰教授、厦门大学教育学院院长刘海峰教授、南京师范大学副校长吴康宁教授、南京大学高教研究所所长龚放教授、浙江农林大学党委书记宣勇教授等学者围绕现代大学制度内涵、大学治理与大学章程、社会变革与现代大学制度在论坛上发表主旨演讲。

5月19日 上海市社联社会建设系列学术茶座举办“发展社会组织与社区自治共治”专题研讨。本期茶座围绕社区公益服务社会化机制创新与形成社区自治共治新格局等议题展开深入研讨。上海市社区发展研究会会长施凯主持本次专题研讨会，杨浦区民政局局长王莉静和延吉新村街道办事处主任邱红作了实践经验交流。上海市社区发展研究会常务副会长徐中振和复旦大学国际关系与公共事务学院副院长敬乂嘉教授在会上发言。上海市社区发展研究会顾问林炳秋、中共上海市委组织部副部长冯小敏、上海社会科学院党委书记潘世伟、上海市民族宗教委主任赵卫星、上海市民政局局长施小琳等出席会议并作点评发言。

5月22日 市人民政协理论研究会召开二届一次会员大会暨理论研讨会。市政协主席、党组书记吴志明出席会议并讲话。大会听取并审议通过了由研究会第一届理事会会长陈海刚所作的工作报告、财务情况报告及研究会新章程。与会会员选举产生了由149名理事组成的第二届理事会。在随后召开的二届一次理事会会议上，与会理事选举产生了研究会新一届领导集体。市政协秘书长贝晓曦担任会长，徐海鹰担任常务副会长，张喆人、李琪、潘世伟、桑玉成、林尚立、齐全胜、吴中耀、曾峻、周智强、姚俭建、陆加平、徐梅担任副会长，齐全胜兼任秘书长。大会还向2012年度优秀论文获奖者颁发了证书。在理论研讨阶段，复旦大学林尚立教授、华东师大齐卫平教授分别作学术发言。约200名会员出席了会议。

5月24日 市社联召开“社会多元、社会矛盾与公共治理研究”专题研讨会。市社联专职副主席刘世军出席会议并讲话。研讨会专题负责人、复旦大学国际关系与公共事务学院唐亚林教授介绍了课题研究的主要内容和进展情况。来自经济日报社、中央财经大学、复旦大学、同济大学、华东理工大学和上海市委党校等高校的专家学者围绕社会矛盾的生成机理与化解的制度基础、公共参与和社会共识的形成等话题展开了深入研讨。

5月25日 第12届上海市社会科学普及活动周开幕式暨东方讲坛·经典艺术系列讲座特别活动在上海贺绿汀音乐厅举行。市社联党组书记、专职副主席沈国明主持开幕式。市社联主席秦绍德致辞并宣布活动周开幕。700多位专家学者、学会干部和市民听众参加了开幕式活动。

5月27日 市社联召开“国际金融体系变革与上海金融中心建设研究”专题研讨会。本次会议是上海市社联“创新驱动转型发展”与“全面建成小康社会”专题系列研讨会之一。来自华东师范大学、复旦大学、上海对外贸易大学、上海银监局、上海市发展改革研究院等单位的十余位专家学者与会，围绕上海建设全国海外投资中心、上海金融中心建设研究的新趋势等问题进行了深入研讨。课题组负责人华东师范大学李巍教授做主旨报告，市社联科研处、市文明办调研处等部门的领导与会并参与交流研讨。

5 月 27 日 市社联开展沪上学人思想系列学术茶座第三期活动，召开“刘放桐学术思想座谈会”。座谈会由市社联专职副主席刘世军主持，市社联党组副书记、专职副主席桑玉成首先简要介绍了沪上学人思想系列学术茶座的开展情况。刘放桐先生与会并系统介绍了其学术生涯和治学体会，复旦大学哲学学院教授孙向晨、袁新、俞吾金、汪堂家、莫伟民以及中国浦东干部学院常务副院长冯俊、市委宣传部理论处处长季桂保、上海社会科学院俞宣孟研究员、华东师范大学郁振华教授，就刘放桐先生作出的卓越学术贡献展开了深入研讨。

5 月 29 日 社联纪检组召开会议，学习传达中央纪委和市纪委关于在全国、全市纪检监察系统开展会员卡专项清退活动的精神，并就社联纪检监察系统贯彻落实活动精神作出部署。

5 月 29 日 亚洲协会名誉会长卜励德(Nicholas Platt)出席在市社联群言厅举行的《中美关系中的“中国男孩”——卜励德回忆录》中文版首发式，并作“中国的过去和现在”专题报告。本次报告会暨回忆录首发式由市社联与市人民对外友好协会、上海社科院等共同主办。市社联党组书记、专职副主席沈国明，上海社科院副院长王振、市友协副会长周亚军、上海人民出版社总编辑王为松出席会议。

5 月 30 日 市社联召开“社会组织的培育与发展研究”专题研讨会。市社联党组书记、专职副主席沈国明出席会议并讲话，专题负责人、上海大学社会学系副教授黄晓春介绍了课题研究的主要内容和进展情况。上海大学党委副书记、副校长李友梅教授，华东理工大学范斌教授、市委研究室党群处处长唐颖、市民政局基层政权处处长竺亚、市建设交通党委宣传处处长张东苏、市精神文明办调研处处长陈麟辉等十多位专家学者与实践部门领导与会。与会者围绕上海当前社会组织发展的制度环境及其特征、社会组织发展的态势与面临的深层瓶颈问题以及推进上海社会组织发展的战略思考等议题展开了深入研讨。

5 月 30 日 市审计学会举办审计学术报告会暨特约研究员培训讲座。审计署审计科研所所长、中国审计学会副会长崔振龙应邀到会作了题为“当前审计理论研究的热点问题”的学术报告。会议还颁发了市审计学会 2011—2012 年度优秀审计论文获奖证书和特约研究员聘书。

5月31日 市领导科学学会、市委党校、上海《支部生活》编辑部联合举行"教育管理创新与提升学校领导力"研讨会。会议由市委党校科研处处长梅丽红主持。解放日报社党委副书记周智强致辞。来自本市高校、市委党校、市教委和区教育局、教育学院的专家学者郅庭瑾、李学红、倪闽景、刘功润、宋保平、陆国民、陈尤文作学术交流发言。市领导科学学会顾问陈熙春作会议述评，会长奚洁人作会议总结。

5月31日 市社联与华东师范大学公共管理学院举办"干部竞争性选拔的制度优化与程序规范"研讨会。本次会议是市社联"创新驱动转型发展"与"全面建成小康社会"专题系列研讨会之一。华东师范大学公共管理学院课题组专家，与来自市金融党委干部人事处、市司法局政治部的领导，共10余位与会者做了研讨交流。

5月31日 市社联办公室联合支部与黄浦区人大常委会机关党支部党建共建结对签约仪式在市社联本真堂举行。市社联党组书记、专职副主席沈国明出席仪式并讲话。会议由黄浦区人大常委会副主任张武平主持。黄浦区人大常委会办公室主任、机关党支部书记曹云明，市社联机关党委副书记、办公室主任、办公室联合支部书记吴伟余分别代表各自支部，签署机关党建共建结对协议书。黄浦区人大常委会副主任陈琪、陈菊珏，市社联机关党委副书记、组织人事处处长张勇，社联部分处室支部书记，黄浦区人大常委会和市社联办公室支部党员干部50多人与会。

6月

6月3日 市社联举行党组中心组学习扩大会，中欧国际工商学院院长、市政协原副主席朱晓明作了题为"数字化服务经济年代的上海：'大云平移'助力转型与创新"的专题报告。社联党组书记、专职副主席沈国明主持会议。朱晓明教授对第三次工业革命给上海创新和转型带来的新机遇、新挑战进行深入的阐释并进行互动讨论。社联党组副书记、专职副主席桑玉成，专职副主席刘世军，社联副主席潘世伟、李友梅，社联常委马伊里、张云、徐永祥，社联部分所属学会负责人，社联机关刊业中心负责同志出席会议。

6月3日 上海炎黄文化研究会、市历史学会、市哲学学会、市文史馆联合举行"上海城市精神和中国梦"学术研讨会。市社联党组书记、专职副主席沈国明到会讲话。会议由上海炎黄文化研究会常务副会长杨益萍主持。沈祖炜、熊月之、陈卫平、陆晓禾、戴鞍钢、李家珉、朱荫贵、陆兴龙、张忠民和潘君祥等专家学者围绕上海近代工业对城市精神的塑造以及上海市城市精神与中国梦的关系等主题作了学术发言。

6月5日 市社联召开"腐败新情势与反腐新战略"专题研讨会。市社联党组副书记、专职副主席桑玉成出席会议并讲话。来自华东政法大学、上海商学院等单位的十余位专家学者与会，围绕当前腐败问题以及反腐败体制机制建设等问题进行研讨。课题组负责人、华东政法大学杨鸿台教授做主旨报告。市纪委研究室、市文明办调研处、市金融党委干部人事处等部门的领导与会并参与交流研讨。

6月5日 上海市台湾研究会举行青年论坛活动。来自上海科研院所等相关领域的青年学者40多人参加。

6月5日 上海金融与法律研究院联合刘鸿儒教育基金会举办了2013年第七期“鸿儒论道”，邀请中国证券金融有限公司总经理聂庆平作题为“资本市场改革顶层设计的思考”的报告。

6月6日 市社联与上海交通大学马克思主义学院举办“社会风尚与道德领域突出问题专项治理研究”专题研讨会。本次会议是市社联“创新驱动转型发展”与“全面建成小康社会”专题系列研讨会之一。来自上海交通大学、复旦大学、上海人民出版社等单位的十余位专家学者围绕当前社会道德领域存在的突出问题及治理对策、民族文化与传统文化的凝聚力等问题进行了深入研讨。

6月6日 市基本建设优化研究会与上海立信会计学院投资建设研究中心在上海社会科学会堂联合召开2013年年会。中国第七建筑工程局副局长、立信会计学院投资建设研究中心兼职教授易继平高工主持会议。市基建优化研究会常务副会长兼秘书长、投资建设研究中心主任黄汉江教授作2012年度工作总结，并对2013年工作做了安排。会议新增上海市基建优化研究会理事、常务理事。

6月7日 “东方讲坛在郊区”系列讲座获2012年度上海群众文化表彰奖励，入选“群众文化优秀活动项目”。

6月7日 市社联与上海社会科学院经济研究所举办“社会公平与收入分配问题研究”专题研讨会。来自上海社会科学院、复旦大学、上海交通大学、上海财经大学等院校的袁恩桢、沈开艳、陈宪、张晖明、常进雄、陆铭等近20位学者与会发言，市政府发展研究中心上海发展战略研究所的同志与会作了交流。会议由市社联专职副主席刘世军主持，市政府发展研究中心主任周振华、上海社会科学院党委书记潘世伟出席会议并讲话。

6月8日 市社联与市委党校政治学部举办“深化司法体制改革”专题研讨会。本次会议是市社联“创新驱动转型发展”与“全面建成小康社会”专题系列研讨会之一。市社联党组副书记、专职副主席桑玉成出席会议并讲话。来自市委党校、华东政法大学、上海师范大学的学者和一线法律工作者共20余人围绕司法权保障制度改革和司法权运行制度改革等问题进行了深入交流和研讨。

6月8日 市社联举行“东方讲坛‘中国梦’宣讲活动备课会”。会议由市社联党组书记、专职副主席沈国明主持。市委党校袁秉达教授、市委党史研究室袁志平处长、上海交通大学胡涵锦教授、同济大学李占才教授、普陀区桃浦镇紫藤苑居民区党总支部书记杨兆顺作交流发言。市委宣传部副部长李琪出席并对宣讲工作提出要求。

6月16日 市社联与中国浦东干部学院图书馆举办“地区差异与地区平衡发展研究”研讨会。来自中国浦东干部学院、上海社会科学院、华东师范大学等院校的张益平、王友明、郁鸿胜、宁越敏、汤建中等近10位学者发言，市委研究室区县处的同志与会作了交流。

6月19日 市统战理论研究会举行第六届会员代表大会暨2012年学术年会。市委常委、市委统战部部长沙海林出席会议并作重要讲话。市社联党组副书记、专职副主席桑玉成到会并讲话。研究会第六届会员代表大会由第五届理事会副会长兼秘书长张颖主持。与会理事和会员代表审议并通过研究会第五届理事会工作报告、财务报告和新章程。大会选举产生了由109名理事组成的第六届理事会。在随后召开的第六届理事会第一次会议上，与会理事选举产生由32名常务理事组成的第六届常务理事会和新一届研究会领导集体。沙海林任会长，卢汉龙、李群策、张颖、林尚立、周汉民、郑惠强、姚俭建、徐海鹰、徐卫、商红日、蔡建国、瞿国梁任副会长，姚俭建兼任秘书长。市统战理论研究会2012年学术年会由市委统战部秘书长、研究会副会长李群策主持。刘杰、齐卫平、方荣、殷啸虎、肖存良等学者围绕“统一战线与社会主义协商民主”等主题作学术交流发言。

6月20日 市经济法研究会以“企业、政府与社会”为题，举行“国际金融中心建设背景下的企业发展与法制保障研究”研讨会。市政府法制办主任刘华、市经济法研究会会长乔宪志分别致辞。市政协副主席周汉民、市经济和信息化委员会副主任傅新华、兴业银行上海分行副行长马大军、锦江国际(集团)副总裁王杰、新跃物流管理公司总经理吴军、上海社科院研究员陆晓禾在会上作演讲。市金融纪检委书记石琦、市社联党组副书记、专职副主席桑玉成、市工商联秘书长杨茜、中伦律师事务所总所联系管理合伙人乔文骏点评。来自本市企业单位、商会和行业协会、高等院校和研究机构、律师事务所、政府机关和管委会的代表共100余人参与研讨。

6月22日 市社联与中国浦东干部学院经济管理教研部举办“‘第三次工业革命’与上海产业布局研究”研讨会。中国浦东干部学院、上海社会科学院等院校的朱瑞博、赵泉民、李伟等10余位学者与会发言。来自市政府发展研究中心、国务院研究室工交贸易研究司、工业和信息化部规划司、市委研究室综合处等单位部门的同志作交流发言。

6月22日 市会计学会、市会计学会证券与期货市场工作委员会举办“当前我国的金融形势与货币政策取向”专题讲座，邀请中国人民银行统计调查部副主任顾铭德就当前我国经济走势以及如何进行新一轮货币政策实践作专题演讲。

6月23日 上海市社联开展“四个中心”建设系列学术茶座第四次研讨活动。上海市社联党组书记、专职副主席沈国明出席会议并致辞，上海市政协副主席周汉民、中国海上搜救中心总值班主任智广路、商务部反垄断局崔书锋处长、上海市城乡建设和交通委员会副主任袁嘉蓉、上海市高级人民法院副院长盛勇强等领导与会并主旨发言。

6月25日 市社联举办沪上学人思想系列学术茶座的第四场活动，召开“张薰华学术思想座谈会”。市社联主席秦绍德出席会议并讲话，复旦大学文史研究院院长、文科科研处处长杨志刚与会并致辞。张薰华先生亲临会场并介绍自己的治学体会。本市相关学科的资深学者洪远朋、尹伯成、严法善、焦必方、李慧中、龚晓莺、黄文忠、鞠立新等就张薰华先生的学术贡献作交流发言。

6月26日 市房产经济学会、市建科老年用房研究中心、市老龄科学研究中心、市老年学会、市老年基金会、易居房地产研究院联合举行“上海既有住宅适老性改造”研讨会，就本市既有住宅适老性改造的现状、经验、难点等问题进行研讨。

6月27日 部分省市社科联办公室工作交流会在上海举行。北京、天津、重庆、江苏、浙江、安徽、福建、江西、山东、新疆等省区市派员参会。上海社联党组书记、专职副主席沈国明，党组副书记、专职副主席桑玉成，专职副主席刘世军出席会议并讲话。会议围绕社科联办公室主要工作情况和下一阶段工作打算，并结合社科联办公室工作如何贯彻落实中央“八项规定”、如何做好经费预算科学编制工作等议题进行了交流。

6月27日 市社联与上海师范大学商学院举办“创新驱动转型发展中的地方政府”专题研讨会。市社联党组副书记、专职副主席桑玉成出席会议并讲话。来自上海师范大学、上海社科院、市委党校、上海对外经贸大学以及市政府参事室、市政府发展研究中心、安徽郎溪县委等单位的十余位专家学者和政府部门的同志与会发言，围绕城市建设与管理中地方政府的作用、深化政府职能改革、地方政府在促进城镇化过程中的实践等问题进行了深入研讨。

6月28日 市社联举办“马基雅维利和现代国家”学术报告。来自那不勒斯东方大学教授Carlo VECCE全面解读了由马基亚维利的《君主论》。市社联党组书记、专职副主席沈国明出席会议。市社联专职副主席刘世军作点评。意大利驻沪总领事馆文化处文化专员卡萨齐以及市社联机关干部、社科院师生近四十人出席会议。

6月29日 由上海市伦理学会、复旦大学哲学学院主办，复旦大学应用伦理学研究中心承办的“马克思主义与社会主义核心价值观问题”研讨会于复旦大学举行，来自上海市伦理学界、马克思主义学界和相关学界的近20位学者参加了会议。

6 月 29 日 上海市国际关系学会、上海市世界史学会、上海市欧洲学会、《国际观察》杂志社和《国际展望》杂志社联合召开“中国梦的国际主义特质与实践”学术研讨会。来自复旦大学、华东师范大学、上海国际问题研究院、上海社会科学院、同济大学、上海交通大学、上海师范大学、上海对外贸易大学、华东政法大学等高校和研究机构及《解放日报》理论部、《文汇报》理论部相关负责同志近 50 位学者与会。

7 月

7 月 1 日 社联召开以“凝共识、汇力量，党旗引领中国梦”为主题的纪念建党 92 周年党员座谈会，党组领导沈国明、桑玉成、刘世军与机关全体在职党员、离退休党员代表、党外干部一起共同庆祝党的生日。会上，对被评为“先进党支部”、“优秀共产党员”、“优秀党务工作者”的团体和个人进行了表彰。各支部党员代表围绕实现“中国梦”与发挥支部和党员作用进行了交流发言。

7 月 4 日 市人大常委会殷一璀主任、吴汉民副主任，市人大法制委主任委员林化宾、常委会法工委主任丁伟、常委会副秘书长林荫茂、法工委副主任施凯、市政府法制办副主任刘平、法工委的其他组成人员以及市人大各专门委员会、常委会工作委员会办公室的负责同志听取了市法治研究会关于五年立法规划建议项目初步筛工作进展情况的报告。会上，市法治研究会会长、上海政法学院院长金国华首先致辞。市法治研究会副会长兼秘书长包志勤汇报了市法治研究会承担五年立法规划建议项目初步筛选工作的总体进展情况，并对今后工作提出了建议。市法治研究会副秘书长施伟东、黄立群，市法治研究会微博俱乐部主持人金海民作专题汇报。殷一璀主任、吴汉民副主任对下一步的筛选工作和今后立法工作提出要求。

7 月 5 日 《探索与争鸣》编辑部与华东理工大学联合召开了“法律实施保障机制研究”学术研讨会。市社联党组书记、专职副主席沈国明出席会议并讲话。来自华东理工大学、同济大学、华东政法大学、上海大学、上海市法制办、虹口区法院的专家学者参加了研讨。

7 月 5 日 上海市经济学会所有制结构研究专业委员会举行了“坚持‘两个毫不动摇’方针与上海‘创新驱动、转型发展’”专题研讨会。

7 月 6 日 市社联举办上海市马克思主义研究二季度论坛。本次论坛的主题为“社会主义核心价值观培育:维度与领域的拓展”。市委宣传部副部长李琪出席会议并讲话。市社联党组书记、专职副主席沈国明和南京政治学院上海校区主任王忠分别代表主办单位致辞。来自复旦大学、华东师范大学、上海交通大学、同济大学、市委党校及南京政治学院的 70 多位学者与会，围绕社会主义核心价值观培育的主题进行研讨。

7 月 10 日 市社联召开党风廉政建设联席会议，机关各处室、刊业中心相关工作责任人参加会议，就执行《社联贯彻中央八项规定实施细则》的情况进行汇报。党组副书记、专职副主席桑玉成主持会议，听取工作汇报并提出工作要求。

7 月 10 日 市社联组织召开“坚持和发展中国特色社会主义”主题征文评审工作会议。本次征文活动是根据市委宣传部统一部署，市社联组织开展的所属各学会推荐论文工作，共收到征文 682 篇。来自本市马克思主义研究、政治、法律、经济、社会等学科的 19 位专家学者参加了评审，共评出优秀论文 97 篇。

7 月 12 日 市社联举行《上海局处级干部人文社会科学知识与素养调查》项目成果研讨会。市社联党组副书记、专职副主席桑玉成，市领导科学学会会长奚洁人，市委党校副校长郭庆松出席并讲话。市社联专职副主席刘世军主持会议。会上，市委党校社会学部主任马西恒教授汇报调查成果，市委宣传部理论处处长季桂保、上海党建文化研究中心常务主任张克文、市委党校三分校校长朱亮高、市公务员局综合处处长翁春来、市委组织部干教处窦德才、《组织人事报》总编李微等作专家点评。

7 月 12 日 市延安精神研究会召开第二届会员代表大会，进行换届选举。副会长王群主持会议。大会审议并通过了会长叶骏所作的第一届理事会工作报告、常务副会长黄晞建所作的财务性说明。与会会员代表审议并通过了新章程。根据新章程，与会会员代表选举产生了由 36 名理事组成的第二届理事会。在随后召开的第二届理事会第一次会议上，与会理事选举产生了新一届的常务理事会及领导集体。上海海洋大学原党委书记叶骏连任会长，王莲华、王群、刘道平、朱坚强、朱健、何建中、忻平、黄晞建、谢幼书为副会长，黄晞建连任秘书长。中国延安精神研究会副会长、全国总工会原副主席倪豪梅出席大会并讲话。

7 月 13 日 市社联与复旦大学经济学院、复旦大学企业研究所联合举办“创新转型：国资国企的角色与功能”专题研讨会。市社联党组副书记、专职副主席桑玉成出席会议并讲话。来自复旦大学、上海社科院、市社科规划办的专家学者与市国资委、市发改委、市经信委、市商委等政府部门的同志以及国资国企管理者等约 30 人与会，并进行深入研讨和交流。

7 月 15 日 上海市社联召开第十一届学术年会学科专场、主题专场筹备工作会议。市社联党组书记、专职副主席沈国明出席会议并讲话。会议由市社联党组副书记、专职副主席桑玉成主持。本届年会入选学科专场的 12 个承办单位负责人、入选主题专场的 10 位项目申报人，以及协办单位代表近 30 人出席会议。会上协调了会务筹备工作事宜，并签订了项目协议书。

7 月 15 日 《上海思想界》创刊号正式出版。《上海思想界》由上海市社联主管主办，是一份立足上海，面向全国学术界和意识形态部门的一份思想性月刊。《上海思想界》是上海市社联为思想理论界和学术界积极参与中国改革历程、参与国家急迫需要的基础理论建设提供的一个重要的平台。主要栏目包括“专稿”、“思想沙龙”、“专家视点”、“焦点探源”等。

7 月 15—18 日 市社联召开了群众路线教育实践活动科普工作者座谈会、专家学者座谈会、学会负责人座谈会和机关干部座谈会。党组书记、专职副主席沈国明，党组副书记、专职副主席桑玉成，专职副主席刘世军分别主持会议，并认真听取服务对象对社联工作的意见建议。

7 月 17 日 市领导科学学会以“党的群众路线与领导力提升”为主题，举行“党领导下的群众自治工作”研讨会。会议上下半场分别由学会党政领导工作研究会专业委员会副主任陈永弟、梁海虹主持。来自基层社区党组织的负责人奚德强、罗建川、罗玫芳、王小芳、宋春辉、梅丽红、朱建忠、李国弟作交流发言。有关专家苗挺、黄晓春作点评。学会副会长陆沪根作会议述评。学会会长奚洁人作会议小结。

7 月 19 日 市粮食经济研究会召开第八届会员大会。会议审议通过了第七届理事会工作报告和财务报告；审议通过了修改后的新章程；选举产生了第八届理事会成员。在随后举行的第八届理事会第一次会议上，选举产生了理事会领导班子，安培为会长，迟家平为常务副会长，梁鸿、叶谦逊、曹建安为副会长，张志萍为秘书长。

7 月 23 日 市美国问题研究所与中西书局联合主办的《在上海的美国人》新书发布会在上海图书馆举行。市委宣传部纪委书记、上海书法家协会副会长晁玉奎，市社联党组书记、专职副主席沈国明，《新民晚报》党委书记吴芝麟，上海图书馆副馆长周德明，上海图书馆历史文献中心主任黄显功，《东方早报》执行主编刘永钢，原市委宣传部副部长、前上海广播电视局党委书记孙刚，原上海人民广播电台党委书记、上海老记者协会副主席任大文等莅临发布会现场。美国驻上海总领事馆官员、上海美国商会以及书中人物代表出席了发布会。本书主编、市美国问题研究所所长吴心伯主持发布会。

7 月 24 日 市金融学会货币理论和货币政策专业研究部召开“货币政策问题与思考”学术讨论会。会议由市金融学会秘书长李安定主持。来自金融管理部门、金融机构、高校的专家学者围绕美联储退出量化宽松货币政策的影响、利率市场化、影子银行和流动性管理等热点问题展开深入讨论。

7 月 24 日 市社联成立党的群众路线教育实践活动领导小组及办公室。领导小组由市社联党组书记、专职副主席沈国明担任组长，党组副书记、专职副主席桑玉成，专职副主席刘世军担任副组长。组织人事处处长张勇担任办公室主任。

7月26日 市会计学会、市总会计师工作研究会联合上海上市公司协会、上海证券同业公会共同举办“IPO会计造假相关机构的责任及治理探讨”专题研讨会。

8月

8月2日 市委宣传部群众路线教育实践活动督导组组长张止静、副组长沈卫星一行莅临市社联，听取市社联党组书记、专职副主席沈国明关于社联教育实践活动前期准备工作的情况介绍。督导组就如何进一步做好筹备和动员工作，确保实践教育活动开好局、起好步，向市社联提出意见建议。市社联群众教育实践活动领导小组及领导小组办公室成员参加会议。

8月7日 市社联召开处以上干部参加群众路线教育实践活动动员暨年中工作务虚会。社联主席秦绍德，党组书记、专职副主席沈国明，党组副书记、专职副主席桑玉成，专职副主席刘世军及社联处以上干部出席会议。会议重点围绕社联如何开展好群众路线教育实践活动进行动员，并对上半年社联主要工作和下半年工作的安排作总结谋划。

8月9日 市社联召开深入开展党的群众路线教育实践活动动员大会。市委宣传部第一督导组组长张止静出席会议并作重要讲话，市社联党的群众路线教育实践活动领导小组组长、党组书记、专职副主席沈国明作动员讲话。会议由市社联党组副书记、专职副主席桑玉成主持。会议对社联领导班子和领导干部进行民主评议。市委宣传部第一督导组成员、社联全体党员干部、社联离退休老同志代表、社联所属单位主要负责人共48人出席会议。

8月10日 市社联主席秦绍德，党组书记、专职副主席沈国明，党组副书记、专职副主席桑玉成，专职副主席刘世军等冒酷暑前往华东医院探望李储文、王生洪、张仲礼、王邦佐、巢峰、姚锡棠等本市社科界老领导，并听取他们对市社联开展群众路线教育实践活动的意见。

8月10日 由上海市社联与上海市政府发展研究中心、上海现代服务业联合会等共同承办的“中国经济50人论坛(2013·上海)研讨会”在上海科学会堂举行。本次论坛的主题是“上海加快开放促改革的重点任务与路径”。市委副书记、市长杨雄出席并致辞。市社联主席秦绍德，市社联党组书记、专职副主席沈国明，党组副书记、专职副主席桑玉成，专职副主席刘世军出席会议。中国经济50人论坛学术委员会委员许善达主持研讨会。会上，中国经济50人论坛学术委员会委员、国务院发展研究中心研究员吴敬琏作主旨演讲。王一鸣、张燕生、隆国强、郑秉文、曹远征、周振华作专题演讲。研讨会交流对话环节由上海现代服务业联合会会长周禹鹏主持，市政协副主席王新奎发言。

8月13日 上海市社会科学界联合会在上海书展上举行赠书仪式。市社联党组书记、专职副主席沈国明向本市区县图书馆、企事业单位职工图书室及市民代表，赠送了一批由市社联组织编撰的社科普及读本。

8月15日 上海民营经济研究会与上海市工商联举办“上海市首届民营企业党建论坛”。中共上海市委统战部副部长、上海市工商联党组书记赵福禧，上海市社会工作党委副书记王希俊，中国民营经济研究会副会长、上海市民营经济研究会会长季晓东，中共闸北区委常委、统战部部长石宝珍，中共闵行区委常委、统战部部长李梦麟参加了论坛活动。均瑶集团党委书记陈理，复星集团党委副书记刘为群，奥盛集团党委副书记顾耀华，中发集团党委副书记、董事长陈邓华，市北高新服务园区综合党委书记张青发表演讲。参加论坛的还有普陀区、奉贤区、徐汇区、闸北区、长宁区、闵行区50多位民营企业党组织的负责人。

8月15日 市法治研究会在上海社会科学会堂召开了“新媒体与法治宣传”青年学者论坛，会议由市法治研究会副会长兼秘书长包志勤主持。会上，闵行区司法局金海民局长介绍了微博法宣的工作情况，交通大学禹卫华副教授介绍了“新媒体与法治宣传”课题的研究情况，交通大学姚君喜教授、复旦大学孙祥飞博士、上海政法学院章友德教授等青年学者就新媒体与法宣工作的内容作了发言，与会者进行了讨论交流。

8月16日 市法学会、市法治研究会、市行政管理学会联合举行“法治完善及指标化”研讨会。会议由市法学会、市法治研究会、上海大学、华东理工大学、上海社科院、市委政法委的有关专家学者包志勤、仇立平、汤啸天、施伟东、范斌、史建三、解庆刚作交流发言。市政府法制办副主任刘平、市高院副院长邹碧华作点评。

8月16日 市工商行政管理学会、市法治研究会、市人大工作研究会联合召开“网络经营与法制规范”专题研讨会。市工商行政管理学会秘书长徐上主持会议。市法治研究会常务副会长、市人大常委会法工委副主任施凯，市人大工作研究会、市人大常委会法工委立法二处处长阎锐，市法治研究会副会长兼秘书长包志勤，杨浦区人民法院法官黄真伟，《上海法治报》副总编王霄岩，上海纽迈律师事务所律师方正宇以及阿里巴巴上海办事处主任沈丽、1号店法务部主任彭述刚、高哥鞋业总经理竺毅等专家学者及行业代表作为嘉宾参与研讨。市工商局市场处、法制处、市广告监测中心以及闸北、徐汇、静安等学会的分管领导或理论骨干代表参加了会议。市工商局市场监管处副处长徐立鹤通报监管部门依法对网络经营进行管理的情况。市法治研究会副会长兼秘书长包志勤代表主办方单位作了研讨会小结。

8月16日 上海金融与法律研究院邀请中国保险监督管理委员会前主席魏迎宁就“保险资金运用与资本市场”作了精彩演讲，魏迎宁对当前保险资金运用新政、寿险费率市场化、偿付能力新标准等几个热点问题进行剖析，并对当前保险业的热点、保险资金在资本市场的运用等话题进行深入阐述。

8 月 22 日 市社联召开学习全国宣传思想工作会议精神座谈会。原《人民日报》副总编辑周瑞金、原社科院院长尹继佐、原社科院副院长夏禹龙、华东师范大学党委书记童世骏、原社科院社会学所所长周建明、上海交通大学国际与公共事务学院院长胡伟、市委党校科研处处长王建国、复旦大学哲学系陈学明、上海师范大学萧功秦、《上海思想界》主编许明等专家学者围绕习近平同志在宣传思想工作会议上的讲话精神进行了交流发言。市社联党组书记、专职副主席沈国明主持会议，专职副主席刘世军出席。

8 月 22—23 日 为了多角度、多学科审视城市问题，由上海市社联《探索与争鸣》编辑部主办，《城市文化评论》编辑部协办的“城市治理、城市精神与中国梦——城市问题多元反思”学术研讨会在上海召开，市社联党组副书记、专职副主席桑玉成出席会议并致辞。来自中国人民大学、南京大学、复旦大学、华东师范大学、东莞理工学院等高校和科研院所的 30 多位学者围绕中国新型城镇化理论与实践创新、特大城市的户籍改革、农民工的城市融入、城市美学的缺失、城市治理的路径和方向等问题展开探讨。

8 月 23 日 上海市辞书学会举行以“学生工具书”为主题的第四届中青年辞书工作者学术沙龙。与会学者围绕学生工具书的设计和编纂、市场情况和发行策略、面临的机遇和挑战以及发展前景等问题进行了深入的探讨。

8 月 28 日 由社联举办的“双百愿景”与“三个自信”：上海市社会科学界 2013 年主题征文研讨会在社联召开。社联党组书记、专职副主席沈国明研究员出席会议并讲话，会议由社联党组副书记、专职副主席桑玉成教授主持。会议结合对“坚持和发展中国特色社会主义”这一主题展开了深入研讨。齐卫平等 8 位优秀论文作者作了交流发言。会议还对在本次主题征文活动中组织工作突出的学会进行了表彰，本市应征论文作者和相关学会负责人 120 余人与会。

8 月 29 日 社联召开保密警示教育专题会议，观看专题电视片《全国窃密泄密案例警示教育展》、《涉密经济数据泄露警示录》。社联党组书记、专职副主席、保密委主任沈国明出席会议，并就进一步增强保密观念，严守保密工作纪律，做好社联保密工作提出要求。社联党组副书记、专职副主席、保密委副主任桑玉成，社联干部职工出席会议并观看专题片。

8 月 30 日 社联举行群众路线教育实践活动系列党课首讲，由社联教育实践活动领导小组组长、党组书记、专职副主席沈国明主讲，主题为“坚持党的群众路线　守土有责负责尽责　扎实做好社联工作”。社联教育实践活动领导小组副组长、党组副书记、专职副主席桑玉成主持会议。

8月30日 社联举办“沪上学人思想”系列学术茶座的第五场活动，召开“王运熙学术思想座谈会”。社联党组书记、专职副主席沈国明出席座谈会并致辞，社联党组副书记、专职副主席桑玉成主持会议，社联专职副主席刘世军出席座谈会并作会议总结。座谈会先由复旦大学中文系王宏图教授简要介绍了王运熙先生的学术生涯。王运熙先生的学生和同行王水照、黄霖、杨明、吴兆路、归青、董乃斌、朱迎平、曹旭、杨焄等就先生的学术贡献作交流发言。

8月31日 市美学学会在华东师范大学举行“陈伯海先生生命体验美学研讨会”，会上陈伯海先生做了主题发言，副会长祁志祥主持会议，会长朱立元出席会议并做了点评，来自上海各高校、科研单位的30多名美学学者参加了研讨会。

8月 上海现代服务业联合会会长周禹鹏一行莅临社联调研，社联党组书记、专职副主席沈国明与到访嘉宾举行座谈。参加座谈的还有上海现代服务业联合会副会长周伟民、副秘书长陈虎祺，社联办公室主任吴伟余。

9月

9月4日 社联组织理论界、学术界老中青代表召开座谈会就习近平总书记在全国宣传思想工作会议上发表的重要讲话精神进行学习探讨，会议由社联专职副主席刘世军主持。原《人民日报》副总编辑周瑞金、原上海市社会科学院副院长夏禹龙、原上海国际问题研究所所长陈启懋、华东师范大学哲学系教授赵修义、复旦大学哲学学院教授余源培、复旦大学哲学学院教授陈学明、复旦大学哲学学院副教授吴新文、中国浦东干部学院机关党委专职副书记刘靖北、上海交通大学特聘教授陈锡喜、《上海思想界》主编许明等家学者与会发言。

9月4日 市房产经济学会、市会计学会、上海易居房地产研究院联合召开“上海房地产税制与金融改革研讨会”。

9月5日 市社联举行群众路线教育实践活动系列党课第二讲，由社联教育实践活动领导小组副组长、党组副书记、专职副主席桑玉成主讲，主题为“当前党群关系特征分析”。

9月6日 由市国际税收研究会牵头，市税务学会、市财政学会、市会计学会、市注册税务师协会、市税收科学研究所在宛平宾馆共同举办题为“发挥涉税中介社团组织作用，规范会计管理为纳税人服务”的跨学会交流研讨会。

9月6日 市世界经济学会在市社联后乐厅召开社联学会学术活动月预备会议暨上海自贸区设计方案讨论会。学会会长张幼文研究员、副会长丁剑平教授、秘书长徐明棋研究员等多位学会领导，以及数十名学会会员出席会议。会上，张幼文会长对上海自贸区的设计方案进行介绍，与会副会长、常务理事、会员就上海自贸区的影响展开讨论。会议讨论决定，于10月中旬举办“上海自贸区建设与中国对外经济发展战略”学术研讨会，邀请理论界与实务界人士参与研讨。

9月4—6日 社联党组书记、专职副主席沈国明，副书记桑玉成，专职副主席刘世军，带领群众路线教育实践活动领导小组办公室成员走访了复旦大学、华东师范大学、华东政法大学、市委党校和上海社科院，听取服务对象对社联工作的意见建议。

9月11日 市社联召开教育实践活动学习交流会。市委宣传部第一督导组到会指导，组长张止静对社联教实活动提出要求。市社联党组书记、专职副主席沈国明，党组副书记、专职副主席桑玉成，专职副主席刘世军在会上发言，交流了第一环节的学习体会。市社联全体处以上干部参加会议。

9月11日 市社联举办“沪上学人思想”系列学术茶座的第六场活动，召开“雍文远学术思想座谈会”。市社联党组书记、专职副主席沈国明出席座谈会并致辞，上海社会科学院经济所所长左学金简要介绍了雍文远先生的学术生涯和主要学术贡献，上海社会科学院经济所副所长权衡主持座谈会。雍老的同行及学生袁恩桢、童源轼、周建明、石磊、沈开艳、周晓庄等就先生的学术贡献作交流发言。

9月11日 市社联召开学术茶座，高校学者、政务微博负责人、新媒体企业相关负责人围绕如何通过政务微博建设增强互联网密切联系群众、化解社会矛盾、引导主流舆论的能力，探索网络时代的“新群众路线”等内容进行了热烈的研讨。

9月12日 上海联合国研究会在西郊宾馆召开成立大会，会上筹建小组成员作《关于上海联合国研究会筹建情况报告》，通过了研究会章程，并选举产生了第一届理事会理事。在随后举行的一届一次理事会全体会议上，选举产生了学会领导班子，潘光任会长，郭峰铖、陈东晓、刘鸣、沈丁立、张贵洪（兼秘书长）、胡伟、夏立平、林燕萍、张磊任副会长，市社联主席秦绍德出席会议，市社联党组书记、专职副主席沈国明出席会议并致辞。外交部国际司孙旭东参赞在会上做了题为“上海、中国与联合国”的主题发言。

9月12日 市工商行政管理学会在沪主办江浙沪工商学会第十届年会。中国工商行政管理学会副秘书长王磊、浙江省工商局纪检组长夏建勇、市工商局总经济师杜贵根、上海工程技术大学校长丁晓东、市社联学会处处长王克梅等出席会议并讲话。本市有关专家学者以及江苏、浙江、上海工商行政管理学会秘书长和论文作者近80人参加了会议。

9月13日 市社联机关党委与奉贤区青村镇南星村进行第三轮结对签约仪式。南星村村委会成员在新任书记、主任的带领下来到社联，与社联机关党委的同志们座谈，共商新一轮共建工作。

9月13日 上海市社会科学界第十一届学术年会社会学科专场在上海大学举行。社会学科专场由市社联主办，市社会学学会、上海大学社会学院承办，主题是“当代中国治理转型与社会组织发展”。市社联党组副书记、专职副主席桑玉成教授出席会议并致辞。会议围绕当代中国治理转型的机遇与挑战、当前社会组织发展的特征与面临的深层次问题等问题进行了深入研讨。上海大学副校长李友梅教授、中国社科院社会发展战略研究院副院长渠敬东研究员、清华大学王名教授、清华大学沈原教授、恩派(NPI)公益组织发展中心主任吕朝、上海大学黄晓春副教授等6人作主题发言，市社会学界的180余位学者参加会议。

9月14日 上海市社会科学界第十一届学术年会历史学科专场在上海社会科学院举行。历史学科专场由市社联主办，上海社科院历史所承办，主题是“中国梦与中华复兴之路”。市社联专职副主席刘世军出席会议并致辞。会议围绕中国梦的历史阐释、中华复兴之路等问题进行了深入研讨。复旦大学姜义华教授、上海历史学会会长熊月之教授、上海师范大学苏智良教授作主题报告，来自复旦大学、华东师范大学、上海财经大学、市委党校、上海社科院等学术单位的十余位专家学者做专题发言，市历史学界的近百位专家学者参加会议。

9月14—15日 首届中国(武汉)期刊交易博览会在武汉国际博览中心举行。来自全世界的近5万种期刊将亮相，图书、报纸、音像、数字、网络、移动多媒体、动漫游戏等相关产品也一并展销；海内外业界权威人士齐聚一堂，参与期刊媒体国际创新发展论坛、国际版权高峰论坛、全国报刊发行峰会等论坛活动。上海新闻出版局组团参加展览会，市社联刊业中心所属《学术月刊》和《探索与争鸣》杂志社参加博览会，并就学术期刊的采编和发行、学术期刊的数字化传播等问题与参会的同行做了交流。此次期刊博览会上，国家新闻出版广电总局发布了“2013年全国百强社科期刊”评选结果，《学术月刊》光荣入选。

9月15日 上海蔬菜经济研究会召开第六届会员代表大会。会议审议通过了第五届理事会工作报告和财务报告；审议通过了修改后的上海蔬菜经济研究会章程；选举产生了第六届理事会成员。在随后举行的六届一次理事会会议上，选举产生了理事会领导班子，衣开端为会长，顾晓君(常务)、朱为民、赵京音、黄丹枫、王永芳、魏华、张瑞明为副会长，俞菊生为秘书长。

9月17日 市领导科学学会、市社区发展研究会、市社会心理学学会、闸北区大宁社区(街道)党工委联合举行“社区党建创新引领群众自治”研讨会，来自大宁街道的负责人与有关专家学者进行了对话和研讨交流。会上，闸北区政协主席陈永弟致辞。大宁街道党工委书记章康平及该街道何静、张琦、方学丽等领导也作了专题发言。市社区发展研究会副会长卢汉龙作专家点评。有关专家和学者于洪生、薛春芳、贺善侃、周智强作交流发言。市社会心理学学会副会长陆沪根作会议述评，市领导科学学会会长奚洁人作会议总结发言。

9 月 22 日 市中共党史学会、市新四军历史研究会、市毛泽东思想研究会、市政治学会、市社会学学会联合举办“当代中国共产党历史方位研究”学术研讨会，会议围绕党的历史方位的转变与党的建设、新形势下的群众工作的再定位与创新、中国道路的历史方位等多种角度进行了研讨，社联党组副书记、专职副主席桑玉成出席会议并做了学术点评。

9 月 23 日 第九届全国人大常委会副委员长彭珮云同志莅临市社联，调研人口计生工作。上海社科院经济研究所所长、研究员左学金，市人口计生委原主任谢玲丽，市人口学会会长、市计生协会副会长孙常敏，市社联副主席、复旦大学公共管理与公共政策研究基地主任、教授彭希哲，复旦大学人口研究所所长、教授王桂新，复旦大学人口研究所副所长、教授任远，华东师范大学人口研究所终身教授、市老年学学会副会长桂世勋，上海社科院城市与人口发展研究所副所长、副研究员周海旺，市计划生育科学研究所研究员高尔生参加座谈。市社联党组书记、专职副主席沈国明主持会议，市社联党组副书记、专职副主席桑玉成，专职副主席刘世军及社联处以上干部列席了会议。

9 月 23 日 上海科学社会主义学会、市领导科学学会在浦东新区区委党校联合召开“学习型、服务型、创新型执政党建设规律”研讨会。中共浦东新区区委党校副校长毛力雄致辞。上下半场主题研讨发言分别由上海科社学会会长夏军和副会长周智强主持。上海海事大学教授刘泽雨、浦东区委党校副校长黄钟、潍坊街道纪工委书记王云峰、东华大学教授贺善侃、苏州大学教授田芝健、同济大学马克思主义学院院长丁晓强作学术交流发言。市领导科学学会会长奚洁人作会议小结发言。

9 月 24 日 社联召开六届八次主席会议暨常委会会议。社联主席秦绍德出席会议并讲话，社联党组书记、专职副主席沈国明报告社联前一阶段主要工作和四季度工作安排，社联副主席桑玉成、刘世军、张济顺、李友梅、彭希哲、冯俊、胡伟，社联常委杨洁勉、张幼文、张云、熊月之、俞新天出席会议。

9 月 24 日 上海文物博物馆学会举行第五届会员代表大会。市社联党组书记、专职副主席沈国明出席会议并讲话。本次会议由学会第四届理事会副理事长、秘书长陈克伦主持。会议审议通过了第四届理事会工作报告和财务报告，审议并通过了学会新章程，选举产生了学会第五届理事会。学会第五届理事会第一次会议选举陈燮君任理事长，陈克伦、李竞业、王小明、徐云根、陆建松和王辉任副理事长，陈克伦为秘书长。

9月26日 上海市社会科学界第十一届学术年会国际关系学科专场在同济大学中法中心举行。会议主题是“新型大国关系的内涵与发展趋势”。同济大学党委副书记马锦明出席会议并致辞。会议围绕新型大国关系的内涵、构建新型大国关系的挑战和实践路径等问题进行了深入研讨。来自中国人民大学、同济大学、复旦大学、上海社科院、上海交通大学、上海外国语大学、上海国际问题研究院、市国际关系学会的20位专家学者做了专题发言和评论，本市国际关系学科领域专家学者80余人参加了会议。

9月26日 上海金融法制研究会召开第五次会员代表大会，进行换届选举。大会由研究会学术委员会主任李克渊主持。第四届理事会会长倪维尧作工作报告，秘书长夏青作关于修改章程的说明，副秘书长许慧诚作财务状况报告。与会会员代表审议并通过了上述事项。随后，李克渊作关于《第五届理事会理事候选人建议名单》的说明并宣读理事候选人建议名单。与会代表选举产生了由85名理事组成的第五届理事会。在接着召开的第五届理事会第一次会议上，选举产生了由43名常务理事组成的第五届常务理事会及领导集体。沈国明任会长，顾国明、沙笑春、张鲁华、林晓东、林骅、商红波、刘济南、丁晓云、黄杰、张渝、朱宁、肖银涛、叶青、石琦任副会长，许慧诚任秘书长(兼法人代表)。

9月27日 上海市社会科学界第十一届学术年会法律学科专场在华东理工大学举行。法律学科专场由上海市社会科学界联合会主办，华东理工大学法学院、华东理工大学法律社会学研究中心承办，会议主题是“当代法治发展与传统中国法律文化价值”。市社联党组书记、专职副主席沈国明研究员，华东理工大学党委副书记沈炜教授出席会议并致辞。会议围绕当代中国法治发展模式、中国传统法律文化的当代价值和意义等问题进行了深入研讨。来自华东理工大学、复旦大学、同济大学、华东政法大学、上海大学、上海师范大学、宁波大学等学术机构的十余位专家学者做专题报告，上海市法律学界的专家学者近80人参加会议。

9月27日 上海市社会科学界第十一届学术年会管理学科专场在上海师范大学会议中心举行。会议主题是“政府职能转变与企业管理创新”。市社联党组副书记、专职副主席桑玉成教授出席会议并致辞。会议围绕中国(上海)自由贸易试验区功能探索、中国改革环境与企业创新战略等问题进行了深入研讨。来自上海师范大学、上海WTO事务咨询中心、上海交通大学、华东师范大学、上海对外经贸大学、上海大学、华东理工大学等单位的20余位专家学者做了专题发言和评论，本市管理学科领域专家学者160余人参加了会议。

9月27日 上海东方青年学社在市社联举行第二次会员代表大会。市社联党组书记、专职副主席沈国明到会并讲话，40余名会员代表出席。大会审议并通过了第一届理事会工作报告、财务报告及新章程，选举产生新一届学会理事会。在随后召开的第二届理事会会议上，与会理事选举产生了新一届学会领导班子。李琪为理事长，刘世军为常务副理事长，季桂保、权衡、苏长和、顾红亮为副理事长，刘世军兼任秘书长。同时宣布刘世军任中共上海青年学社党的工作小组组长，季桂保任副组长，权衡、苏长和、顾红亮为小组成员。

9月27日 上海宋庆龄研究会在青松城举行"远东反战会议80周年纪念座谈会"，纪念宋庆龄1933年9月联合世界进步人士共同举办的远东国际反战会议，与会的专家学者和当年亲历者的后人做了发言，会长许德馨出席会议，副会长秦量主持了会议。

9月28日 由上海市总工会、上海市工运研究会主办，劳动报社、工会管理职业学院协办的"工会枢纽型社会组织建设专家研讨会"在劳动报社举行。

9月29日 上海市社会科学界第十一届学术年会经济学科专场在上海社会科学院举行。专场会议由上海市社会科学界联合会主办，上海社会科学院、市经济学会承办，会议主题是"中国经济与民族复兴的中国梦：长期增长的趋势、动因与表现"。市社联党组书记、专职副主席沈国明，上海社会科学院党组书记潘世伟出席会议并致辞。市人民政府发展研究中心主任周振华、市政协经济委员会常务副主任张广生出席会议并讲话。会议围绕未来中国经济的潜在增长、中国(上海)自由贸易区建设及其对长期经济增长的影响等问题进行了深入研讨。来自上海社会科学院、复旦大学、上海财经大学、上海经济学会的近10位专家学者做了专题发言和评论，本市经济学科领域专家学者80余人参加了会议。

9月29日 上海金融与法律研究院举办了2013年度第14期"鸿儒论道"，主题为"中国基建融资创新与资产证券化"，邀请上海市浦东路桥建设股份有限公司董事长葛培建等专家学者就当下中国基建融资方面存在的问题和解决策略作了探讨。

9月30日 市社会科学界联合会携手市旅游局、黄浦区人大等联建单位共同主办"迎国庆书香传递接力赛"。来自市社联、市旅游局、黄浦区人大、黄浦区旅游局、黄浦区瑞金街道、《上海社会科学报》、《支部生活》编辑部、上海书城淮海店、上海武警一支队的六支队伍参加比赛，最终上海武警代表队获得比赛冠军。

9月 市信访学会、市信访办联合召开"调动社会力量参与信访矛盾调处"专题研讨会。市联席办、市信访办主任，市信访学会常务副会长王剑华出席会议并讲话，全市信访干部代表、社会组织代表和信访学会专家学者等50余人参加会议。

10月

10月11日 上海工艺美术学会举办的"上海绒绣、顾绣"经典作品荟展暨传承发展研讨会在浦东新区东海岸艺术空间拉开帷幕。

10 月 12 日 市新四军历史研究会学术委员会在交大医学院科教楼 205 会议室召开“新民主主义革命时期保持党的纯洁性历史经验研究”学术研讨会，20 余人出席了会议。

10 月 15 日 市社联召开党的群众路线教育实践活动第一环节专题讨论会。宣传部第一督导组组长张止静同志出席会议并作工作部署。部第一督导组成员、社联领导班子、处级干部、机关在职党员、所属单位负责人、服务对象及群众代表 50 余人参加会议。市社联党组书记、专职副主席沈国明对第一环节开展的各项学习教育活动作了总结，并通报了社联领导班子查找四风突出问题和即知即改工作的情况。市社联党组副书记、专职副主席桑玉成对第二环节的工作进行布置并提出要求。专题讨论中，服务对象、机关干部、群众代表等 12 位同志作交流发言，围绕突出问题展开讨论。

10 月 16 日 上海金融与法律研究院召开 2013 年第 15 期“鸿儒论道”，邀请安信证券股份有限公司首席经济学家高善文主讲。

10 月 18 日 上海市历史学会在上海社联召开了“纪念爱国实业家穆藕初先生逝世 70 周年座谈会”，会议由浦东文史学会会长唐国良主持，市社联领导沈国明到会致辞祝贺，上海市历史学会会长熊月之作主题发言，穆藕初先生哲嗣穆家修代表家属致谢词，沪上社科学界、各文化部门等 60 余位代表参加会议并发言。

10 月 19 日 由中国对外经济贸易会计学会主办，上海市对外经济贸易会计学会协办、上海对外经贸大学会计学院承办的“中国对外经济贸易会计学会 2013 年学术年会”在上海对外经贸大学松江校区举行。

10 月 19 日 由上海海洋大学和韩国水产经营学会、中国农林牧渔协会渔业分会、中国水产加工与交流协会市场分会、上海市渔业经济研究会、上海市水产学会，共同主办的 2013 年中韩海洋水产经营合作国际研讨会在上海海洋大学举行。

10 月 20 日 市社联举行第七届学会学术活动月开幕式。市社联党组书记、专职副主席沈国明致开幕词并主持随后举行的学术报告会。市社联党组副书记、专职副主席桑玉成也参加了会议。市社联所属 170 多家社会科学学术团体以及民办社科研究机构的负责人和专家学者参加会议。在随后举行的学术报告会上，上海社科院院长王战，上海文物博物馆学会会长、上海新学科学会理事长、上海博物馆馆长陈燮君，上海市历史学会会长熊月之，上海市生态经济学会副会长、同济大学可持续发展与管理研究所所长诸大建分别以“关于上海创新驱动转型发展的思考”、“大数据时代对社会科学的新挑战”、“为什么重启《上海通史》的修订”、“生态文明与上海发展”为题作了学术报告。

10 月 20 日 由上海市教育学会主办的“上海市基础教育‘引入境外课程的新思考’

研讨会”在上海市教育科学研究院召开。

10 月 21 日 由上海大学影视学院、上海市美学学会、上海影视戏剧理论研究会联合主办的“新中国电影美学史研讨会”在上海大学举行，来自上海学界的各位专家同仁以及《电影新作》、社科联的负责同志出席了本次会议，围绕金丹元教授的新著《新中国电影美学史》展开了热烈的讨论。

10 月 22 日 上海市档案学会在上海音像资料馆召开“音像档案资源建设与档案文化传播”学术研讨会。会议围绕“音像资料的收集和整理”、“音像资料的保存与数字化修复”、“口述历史的拍摄与资料保存”等议题进行交流研讨。

10 月 23 日 市国际关系学会和华东师范大学国际关系与地区发展研究院联合举办了“新型国际关系”青年学者论坛。

10 月 23 日 上海市固定资产投资建设研究会召开了“城镇化进程中的投资与管理”学术研讨会。会议由研究会副秘书长杜静安同志主持，本市从事投资与建设的理论工作者及研究会团体和个人会员 50 余人参加了会议。

10 月 24 日 市统战理论研究会、市哲学学会、市经济学会、市人民政府理论研究会联合召开“中国道路与中国梦”研讨会。来自上述学会的学者齐卫平、权衡、黄力之、范志海分别就“实现中国梦必须坚持正确的政治发展道理”、“中国经济长期增长与中国梦”、“习近平 8・19 讲话:中国梦的文化阐释”、“中国特色社会建设道路与和谐社会之梦”专题作学术交流发言。

10 月 24 日 上海社会科学普及研究会、中共虹口区委宣传部联合举行“树立法治意识，增强道路自信”高端论坛。中国法学会法理学研究会副会长沈国明作了关于运用法治思维和法治方法来处理社会矛盾的报告。

10 月 24 日 “推进企业软实力建设:自信・创新・和谐・责任”学术年会暨学术研讨会在市社联召开。会议由会长方名山主持，研究会老领导名誉会长、顾问，以及会员等 95 人参加。

10 月 25 日 市金融学会召开“金融市场热点问题”学术讨论会。会议由副会长、上海财经大学教授戴国强主持，申银万国证券研究所董事总经理李慧勇、上海黄金交易所交易部总经理石岩峰、工商银行上海市分行管理信息部副总经理徐红、中国人民银行上海总部调查统计研究部副主任顾铭德分别就股票市场、黄金市场、互联网金融、中国资本市场的前景等问题作主题发言，市金融学会秘书长李安定作会议总结。

10 月 25 日 朝鲜战争停战协议签署 60 周年及半岛局势讨论会在上海市社科院小礼堂准时召开。会议由上海国际战略问题研究会、上海市世界史学会和上海市日本学会联合举办。

10 月 25 日 市演讲与口语传播研究会、市语言文字工作者协会、市语文学会在华东师范大学联合召开“赵启正公共外交对话艺术研讨会”。会议由华东师大传播学院协办。市社联主席秦绍德教授到会并讲话。

10 月 26 日 市经济学会所有制结构研究专业委员会在上海市发展改革研究院举行黄文忠文集《社会主义经济问题探索》首发式暨年会。本次年会以“中国特色社会主义经济实践问题的理论探索和创新”为主题，著名经济学家袁恩桢、黄文忠、郝德良、鞠立新、唐珏岚、孙仲彝、朱国栋、张占耕、陈承明、莘小龙、傅尔基、易辛麟、周耀龙、张咏梅、杨光、於乾英、杨绍波、周庠怡、李英俊等专家学者出席会议，洪远朋和俞忠英提供书面发言。专业委员会副主任兼秘书长傅尔基主持会议。

10 月 26 日 “上海经济转型发展和城市生态建设”学术研讨会召开，来自全市高校、党校、政府研究机构和媒体的领导学者参加了主题研讨。上海科社学会副会长吴解生和市委党校经济学部主任王志平主持会议。上海科社学会会长夏军、普陀党校常务副校长蔡建勇和忻霞芬副教授、市委党校刘志广、上海科社学会副会长吴解生、市政府发展研究中心、华东师范大学沈玉芳教授、《探索与争鸣》杂志社秦维宪、上海生产力学会会长周瑞金在会上发言。

10 月 26 日 上海欧洲学会与同济大学德国研究中心联合举办第五届欧洲青年论坛暨学术研讨会，活动由上海欧洲学会青年论坛项目协调人杨海峰博士主持，来自同济大学、复旦大学、华东师大、华东理工大学、上海外国语大学以及上海国际问题研究院、上海社科院等沪上高等院校、研究机构的青年学者 80 余人参加了论坛活动。

10 月 26 日 由上海蔬菜经济研究会主办，市蔬菜办、上海交大农学院、市农科院、市农技推广中心联办的“上海绿叶蔬菜生产发展方式研讨会”活动在上海交通大学七宝校区举行。

10 月 26—27 日 全国行为科学联席会 2013 年会暨二十四届学术研讨会在上海交通大学举行。市行为科学学会田新民副会长致开幕辞。市行为科学学会副会长李铮理以“转型期企业危机管理及应对策略”为主题发表主题演讲。辽宁省行为科学学会秘书长、上海交通大学校友产业投资俱乐部执行会长卢旭、上海交通大学沈惠璋教授先后作了报告。

10 月 27 日　由中共上海市委党史研究室和上海市新四军历史研究会共同主办的"新四军与上海"学术研讨会在锦江小礼堂举行。市新四军历史研究会副秘书长施立立、办公室主任黄伟代表上海市赵朴初研究会出席。

10 月 27 日　市世界语协会举行 2013 年学术年会。会议由副会长兼秘书长周天豪主持。会长汪敏豪、前副会长崔之骎、常务理事张涵分别作了关于如何加强学会工作推动世界语运动的发展、结合本职工作学习和应用世界语、从网络数据看世界语的发展等主题的报告。

10 月 28 日　上海工艺美术学会、上海工艺美术职业学院、市民俗文化学会、上海炎黄文化研究会联合举办主题为"城市文化发展与工艺美术传承研讨会"的跨会活动，来自相关领域的专家学者 50 多人与会。

10 月 29 日　上海邮电经济研究会和上海市通信学会联合召开"促进信息消费，推动经济发展"专题研讨会。

10 月 29 日　上海工艺美术学会纸艺专委会在徐家汇街道文化活动中心举办"衍纸艺术展"和研讨会。

10 月 30 日　中国浦东干部学院科研部组织举办了"中国道路与中国梦"研讨会。冯俊常务副院长到会致辞。上海市委宣传部副部长李琪教授，上海市社联党组书记沈国明教授，学院原常务副院长奚洁人教授，上海市社联专职副主席刘世军，复旦大学姜义华教授，加拿大女王大学梁鹤年教授，华东师范大学赵修义、齐卫平、郝宇青教授，学院刘昀献教授等著名学者共议"中国梦"的理论内涵和现实意义，深入探讨中国梦与中国道路的关系。

10 月 30 日　上海物流论坛——2013 产学研合作成果发布会隆重举行，来自本市大专院校物流师生和物流企业代表共 120 余人参加。

10 月 30 日　上海市国际贸易学会在上海对外经贸大学松江校区召开了中国（上海）自由贸易试验区建设学术研讨会。

10 月 31 日　社联召开第六届委员会第六次全体会议。社联主席秦绍德出席会议并讲话。市委宣传部副部长李琪主持会议。社联党组书记、专职副主席沈国明作工作报告。社联党组副书记桑玉成传达了市委《关于王国平等同志任职的批复》。上海市城市规划设计研究院周文娜高级工程师介绍了"面向未来 30 年的上海发展战略大讨论"上海城市发展课题前瞻情况。社联副主席陈昕、冯俊、童世骏、李友梅、谈敏、吕贵和 150 余位社联委员及委员代表出席会议。大会投票表决市委党校副校长王国平同志、上海师范大学校长张民选同志、上海市教委副主任高德毅同志当选第六届社联副主席。

10月31日至11月1日 上海金融与法律研究院、刘鸿儒金融教育基金会和布雷顿森林体系再生委员会共同主办、《中国外汇》杂志社协办的“年会2013：再启开放的力量”在上海金桥红枫万豪酒店举行。

11月

11月1日 上海邮电经济研究会、中国邮政集团上海研究院联合召开中国邮政国际电子商务发展战略专题研讨会，会议由上海邮电经济研究会副会长、中国邮政集团上海研究院院长周焕德主持，上海邮电经济研究会、上海市通信学会、中国邮政集团上海研究院、上海电子商务行业协会、上海邮政设计院、上海师范大学的领导、专家共30余人出席。

11月1日 复旦大学泛海书院与上海市经济学会资本论专业委员会在复旦大学联合举办了“马克思经济思想在当代——纪念马克思逝世130周年研讨会暨《论〈资本论〉》新书发布会”。

11月1—4日 上海社会科学界合唱团在市社联党组副书记、专职副主席、合唱团团长桑玉成教授的带领下，赴武汉与华中师范大学天空合唱团、中南民族大学天乐合唱团开展交流演出，并举办音乐艺术讲座等合唱艺术交流活动。

11月3日 上海科学社会主义学会与中共上海市委党校联合举办“习近平中国特色社会主义战略新思想”学术研讨会。市社联专职副主席刘世军、上海科社学会会长夏军、市委党校副校长郭庆松与来自上海高校、党校系统的多名学者以及《解放日报》、《文汇报》、《探索与争鸣》、《社会科学报》、《支部生活》等媒体参加了研讨会，郭庆松副校长和科社学会副会长吴解生联合主持了研讨会。上海交通大学陈锡喜教授、市委党校袁秉达教授、华东师范大学郝宇青教授、市委党校王公龙教授、南政院上海分校孙力教授、市委党校马西恒教授围绕主题展开深入研讨。

11月5日 上海发展研究基金会隆重举行“上海发展研究基金会成立20周年研讨会”。开幕式上，上海市副市长时光辉、国务院发展研究中心副主任张军扩发表了致辞。上海市社会科学界联合会主席秦绍德到会致辞祝贺。

11月5日 由上海市世界经济学会主办的“上海自贸区建设与中国对外经济发展战略”学术研讨会在社联举行。来自上海各高校、研究机构、实务部门等多位专家学者及实务界人士参与研讨。上海社科院世界经济研究所所长、上海市世界经济学会会长张幼文、上海世界经济学会副会长、上海财经大学教授丁剑平、上海社科院金芳研究员、上海

WTO 事务中心张鸿研究员、上海市委党校鞠立新教授、上海国际经济贸易研究所高级商务师戴桂麟、上海社科院赵蓓文研究员、上海大学沈瑶教授先后致辞。

11 月 5 日 市辞书学会、上海辞书出版社召开舒新城诞辰 120 周年暨《舒新城日记》出版学术研讨会。复旦大学、华东师范大学、上海师范大学、上海新闻出版博物馆(筹)等单位的有关专家学者,湖南省政府驻沪办的代表,以及舒新城之子舒泽池先生出席会议。

11 月 5 日 上海邮电经济研究会和上海市通信学会在上海邮电俱乐部议事厅联合召开“移动互联网时代运营商的业务应用与发展前景”专题研讨会。

11 月 6 日 上海股份制与证券研究会和上海对外经贸大学工商管理学院联合举办“中国(上海)自由贸易试验区的建立与上海资本市场的推进”专题研讨会。上市公司、券商、律师事务所、科研单位、高校等以及相关人员参加研讨。

11 月 6 日 上海市社会科学界第十一届学术年会大会在上海展览中心隆重举行。中共上海市委宣传部副部长李琪出席开幕式并讲话。市社联主席秦绍德致开幕词。市社联党组书记、专职副主席沈国明主持开幕式。市社联党组副书记、专职副主席桑玉成,市社联专职副主席刘世军出席会议。开幕式上,颁发了本届年会优秀组织奖和优秀论文奖,并发布了上海市社联“年度推介论文”。

11 月 6 日 市社联发布十篇“年度推介论文”(2012—2013):《现代国家认同建构的政治逻辑》、《城市规模与包容性就业》、《决定论与自由意志关系新探》、《“聊为友谊的比赛”——从陈垣与胡适的争论说到早期中国佛教史研究的现代典范》、《唐诗与意象艺术的成熟》、《教育神经科学:创建心智、脑与教育的联结》、《新中国法学发展规律考》、《〈自然〉(Nature)杂志科幻作品考——Nature 实证研究之一》、《结构实力猜想:逻辑与命题》。

11 月 6 日 市金融学会在中国人民银行上海总部举办第四届“青年金融论坛”。

11 月 6 日 上海市劳动和社会保障学会召开“上海市社会保险政策法规系统化研究”专题研讨会暨课题成果发布会。

11 月 6 日 市工商行政管理学会举办了以“工商行政管理与社会管理创新”为主题的专题研讨会。

11 月 7 日 市信息学会在上海社会科学会堂开展了一场“大数据技术与上海诚信建设和管理”的高级论坛。

11月7日 上海市社会科学界联合会第七届学会学术活动项目之《企业债务融资工具与创新》主题研讨会召开。会议邀请新世纪资信评估公司评级总监张明海研究员、中国总会计师协会理事林小镛、申银万国证券股份有限公司分析师吴华丕作主题报告。

11月7日 上海市民防协会按照市社联第七届(2013)“学会学术活动月”系列活动安排,会同本市相关院校、科研机构共同组织了“城市地下空间安全管理标准化建设研讨会”。

11月8日 市远距离高等教育学会“远距离教育与学习型社会建设”学术论坛暨2013年年会在华东理工大学逸夫楼演讲厅举行。

11月8日 上海炎黄文化研究会举行“传承历史文脉与中国梦”学术研讨会。上海社科院研究院余治平、市委党史研究室副处长吴海勇、华东师范大学教授陈勤建、上海历史博物馆研究员张明华、上海滑稽剧团副团长钱程、上海大学教授胡申生、研究会孔子文化专业委员会主任孔良、甲骨文书法专家韩志强等专家学者围绕传统文化、上海文脉与考古、上海方言、非物质文化遗产、孝道文化等问题进行了深入的研讨。

11月8日 市形势政策教育研究会举行“党的群众路线教育与实践”研讨会。华东理工大学党校常务副校长陈荣武、上药集团党校常务副校长顾云台、上海经济管理干部学院党群处处长周志勤、中交三航设计院党委书记沈明达分别就“党群关系建设的时代诉求与优化途径”、“从问题视角认识三个自信”、“从执政的视角看党的作风建设”、“构建新形势下党的群众工作长效机制”作主题发言。

11月8日 市宏观经济学会、上海市信息协会、上海市创投协会、上海市价格学会、上海市工程咨询协会在上海图书馆联合举办“2013年高层学术报告会”,特邀请上海市政府参事、上海社科院经济研究所所长、上海市宏观经济学会副会长左学金研究员作《深化上海改革开放、推动转型发展》专题报告。

11月8日 市审计学会举办“中国审计发展30年——历程、成就与未来”学术报告会,邀请审计署审计科研所副所长、中国审计学会副秘书长刘力云作专题学术报告。

11月9日 “当前中国美学文艺学理论建设暨纪念蒋孔阳先生诞辰90周年学术研讨会”开幕式在复旦大学举行,复旦大学张德兴教授担纲主持,杨玉良校长致欢迎辞,中文系朱刚教授致辞怀念蒋孔阳先生。北京师范大学教授童庆炳先生致辞。濮之珍先生为“蒋孔阳美学基金”获奖代表颁奖。朱立元、曹顺庆等知名学者相继发言。来自全国各地的170余名专家学者与会。

11月9日 上海科学社会主义学会、市法学会、上海行政学院联合召开“党的群众路线和当前社会稳定”研讨会。上海科学社会主义学会顾问王邦佐、会长夏军致辞。上海科学社会主义学会副会长张明军、孙力，上海行政学院容志、潘鸿雁，市法学会专职副主席陈金鑫，市政法委虞浔等学者作主题研讨发言。

11 月 9—10 日 由同济大学、巴黎高科（法国）、国家发展和改革委员会综合运输研究所和上海城市规划学会共同主办的第六届中法可持续发展城市交通系统论坛（THN2013）在同济大学举行，法国驻沪总领事卢力捷、中国工程院刘友梅院士、巴黎高科驻华代表凯丽女士出席开幕式并致词。

11 月 10 日 当代世界讲坛第五场系列演讲在市社联大楼群言厅举行，演讲的主题为“中国和中东欧国家的关系”。此次演讲嘉宾是克罗地亚前总统梅西奇。中方演讲嘉宾、中共中央对外联络部当代世界研究中心副主任胡昊阐述了深化中克两国友谊与合作的重要性。市社联专职副主席沈国明主持了此次演讲，中共上海市委宣传部副部长李琪致欢迎辞。来自本市以及长三角城市的政府机关、学术界以及企业界高管等百余人一起聆听了演讲，并展开互动讨论。

11 月 10 日 上海现代企业经营管理研究会、上海卓越管理中心联合举办“实干圆梦”论坛。论坛由研究会副会长盛焕烨主持，上海卓越管理中心名誉理事长王宗光致词。研究会会长徐志毅作“实干圆梦”主题报告，上海自贸区管委会副主任王辛翎介绍“上海自贸区建设和发展情况”，卓越管理中心历届学员代表作交流发言。

11 月 11 日 上海社会科学普及研究会、中共上海市委党校与中共闵行区委党校联合召开了“中国道路与中国梦”研讨会。此次研讨会主要围绕“中国梦提出的现实与理论价值”、“中国梦的国家视角”、“中国梦的民生指向”与“中国梦的国际视野”等议题展开深入研讨。

11 月 12 日 上海市价格学会（协会）、上海市商业联合会联合举办反价格垄断法规政策宣讲报告会。

11 月 14 日 在建平中学举办了《教育论理与教育价值——“基于学科教学的理论与实践”主题论坛》，论坛由上海市教师学研究会政治德育教师专业委员会、伦理学会、建平中学联合举办。

11 月 14 日 由上海城市规划学会、上海市城市规划设计研究院联合主办的“双城战略——暨长三角新型城镇化和世界城镇群规划调研交流会”在上海设计中心举行。

11 月 14 日 上海市俄罗斯东欧中亚学会 2013 年学术年会暨青年论坛在上海大学

国际会议中心隆重举行。本次会议由上海市俄罗斯东欧中亚学会和上海大学上海合作组织公共外交研究院联合举办。

11 月 14 日 东方证券首席经济学家、首席策略师邵宇博士应邀担任第 16 期鸿儒论道主讲嘉宾，作了题目为"中国坠下债务悬崖？——中国五级政府债务估算与评论"的演讲，与在座嘉宾分享了他对中国地方债务的运行情况、逻辑和应对政策的思考。

11 月 15 日 日本早稻田大学教授田山辉明在社联作"日本老龄化问题研究"专题讲座，市社联专职副主席沈国明主持会议。市劳动和社会保障局社会保险科学研究所副所长戴律国、华东师范大学钟仁耀教授围绕"科技新技术对养老服务的改善优化"、"国外经验借鉴必须与国内实际情况相结合"、"如何构建市场化的养老护理体系"等内容与主讲人进行了沟通交流。甘维刚、李子苇等专家学者与政府部门工作人员聆听讲座。

11 月 15 日 上海市社会科学界学习党的十八届三中全会精神座谈会在社联群言厅举行。座谈会由社联党组书记、专职副主席沈国明主持，社联专职副主席刘世军，本市社科界相关领域专家学者、学会代表 60 余人出席会议。中欧国际工商学院名誉院长刘吉教授等 8 人做了交流发言。

11 月 15 日 上海市渔业经济研究会举行 2013 海洋主要产业发展学术研讨会。

11 月 15 日 "第十三届上海商业论坛——2013 上海商业竞争力报告"在上海社科会堂召开。

11 月 15 日 由上海市老年学学会、上海市法治研究会、上海市人口学会共同主办的"独生子女与老龄化时代的养老服务研讨会"在华东理工大学社会与公共管理学院会议室举行。本次论坛由华东理工大学社会与公共管理学院、上海市老年学学会青年学者工作部、老年心理学专业委、老年社会学专业委、老年社会保障专业委共同协办。

11 月 15 日 由上海社科院世界经济研究所、上海社科院欧洲研究中心、上海市世界经济学会主办，上海欧洲学会协办的"欧债危机后的欧洲转型"国际研讨会在社科院小礼堂召开，社科院副院长谢京辉、世经所所长张幼文、德国公共政策研究所所长 Thorsten Benner 出席会议并致辞，会议由上海社科院欧洲研究中心主任、世经所副所长、上海欧洲学会会长徐明棋研究员主持。

11 月 16 日 上海市第三届马克思主义研究青年论坛在市委党校举行，论坛主题为"坚持和发展中国特色社会主义"。来自本市高校、社科院、党校系统、研究机构的马克思主义青年学者及有关专家 120 余人与会。论坛为本届征文获奖作者颁发了证书，同济大学马克思主义学院李振教授等 9 位青年学者围绕主题作交流发言。市社联党组书记、专职副主席沈国明,市委党校常务副校长、市马克思主义研究会会长王国平出席论坛并致辞,市委党校副校长郭庆松主持开幕式。

11 月 16 日 由上海市比较文学研究会主办、上海师范大学比较文学与世界文学研究中心承办的"2013 年第十一届沪上高校比较文学博士生论坛"在上海师范大学徐汇校区会议中心举行。

11 月 16 日 市古典文学学会与华东师范大学中文系共同主办的"多重视角下的古代文学研究——上海古典文学学会 2013 年年会"在华东师范大学中北校区举行。

11 月 16 日 由上海市城市经济学会、上海市宏观经济学会、上海城市规划学会、上海市固定资产投资建设研究会、上海市市政公路行业协会联合举办的"2013 年上海城市发展创新论坛"在上海展览中心举行。

11 月 19 日 上海市民俗文化学会、上海炎黄文化研究会在上海长宁民俗文化中心举办了第二届上海"文化资源保护与利用"研讨会。会议由上海民俗学会会长、华东师范大学民俗学研究所教授仲富兰教授主持,与会的专家、学者和企业代表云集,共同为上海市文化资源的保护和利用献计献策。

11 月 19 日 上海市劳动和社会保障学会举办了"坚持和发展中国特色社会主义"理论研讨征文交流会。上海市劳动和社会保障学会常务副会长阎友民、副会长王大奔、秘书长陈卫国出席会议。

11 月 19 日 上海市房产经济学会、上海市律师协会在上海市律师协会学术报告厅联合举办"房屋质量管理及安全使用法律问题研讨会"。

11 月 19 日 由上海市经济学会市场中介研究专委会与上海市中小企业发展服务中心联合举办的"寻找中小企业服务突破口"专题研讨会在上海市中小企业服务大楼举行。

11 月 19 日 《转型经济下的并购与重组税收实务问题研究》学术研讨会在市财政局举行,研讨会由上海市总会计师工作研究会和上海市会计学会共同举办,秘书长应忠芳主持会议。

11 月 20 日 市固定资产投资建设研究会召开了"城镇化进程中的投资与管理"学术研讨会。会议由研究会副秘书长杜静安主持,本市从事投资与建设的理论工作者及研究会团体和个人会员 50 余人参加了会议。会上,赵如松、章备、叶方等三位代表围绕会议主题作了交流发言，上海财经大学发展规划处处长应望江教授作了题为《从千村调查看城镇化建设》的主旨演讲，市固定资产投资建设研究会理事长孙熙宁在会上向与会者致词。

11 月 20 日 上海市社会科学界联合会第七届学会学术活动项目之——《券商、基金业“营改增”》主题研讨会在上海期货交易所举行。

11 月 20 日 由上海市生态经济学会主办的“环境保护与城市发展转型研讨会暨上海市生态经济学会 2013 年年会”在上海社会科学院举行。

11 月 20 日 上海市民营经济研究会会同上海市工商联、华东师范大学、中国特色商会研究中心在华东师范大学共同举办了“第二届中国特色商会高峰论坛”。

11 月 20 日 上海市集体经济研究会在上海纺博大厦召开“集体经济保护与共享”研讨会。

11 月 23 日 由市毛泽东思想研究会、上海师范大学、市中共党史学会、市延安精神研究会联合主办的“纪念毛泽东同志诞辰 120 周年”学术报告会在上海师范大学会议中心隆重举行。

11 月 24 日 上海市外文学会在社联举行 2013 年年会。本次年会的主题为“新形势下外语教学改革和发展”。来自本市各高校外语院系的领导和教师 70 余人参加了年会。

11 月 25 日 美联储达拉斯联邦储备银行高级经济学家兼政策顾问王健博士做客第 18 期鸿儒论道，以“美联储如何制定货币政策?”为题和在座嘉宾分享了他对美联储的性质、治理结构和功能理解。

11 月 26 日 上海市社会科学界第十一届(2013)学术年会召开总结交流工作会议。会议对本年度学术年会的基本情况、工作特点、推进方向进行了分析和总结。承办单位及《中国社会科学报》上海记者站负责人共 20 余人出席会议。上海市社联党组副书记、专职副主席桑玉成出席会议并讲话。

11 月 27 日 市委书记韩正和市委常委、宣传部部长徐麟等市领导莅临市社联调研工作。市社联主席秦绍德就当前学习落实党的十八届三中全会精神提出了建议。市社联党组书记、专职副主席沈国明汇报了市社联的基本情况和主要特点。市委副秘书长、研究室主任张道根，市委副秘书长王为人，市委宣传部副部长李琪等领导出席会议。社联党组副书记、专职副主席桑玉成，社联专职副主席刘世军，本市社科界经济、金融、社会、政治等相关学科领域的学者参加座谈。

11月28日 市社联举行《中国(上海)自由贸易试验区150问》新书发布会。市社联党组书记、专职副主席沈国明,市社联党组副书记、专职副主席桑玉成,格致出版社总编范蔚文,上海社会科学院世界经济研究所所长张幼文研究员介绍新书创作背景和主要内容。会议由社联专职副主席刘世军主持。

12月

12月3日 市社联召开群众路线教育实践活动领导班子专题民主生活会情况通报会。社联党组副书记、专职副主席桑玉成代表党组通报专题民主生活会情况。党组书记、专职副主席沈国明主持会议并提出工作要求。市委宣传部第一督导组组长张止静、副组长沈卫星莅临指导。社联专职副主席刘世军,机关、刊业中心干部职工,离退休老同志代表,所属事业单位负责人,服务对象及群众代表出席会议。

12月9日 社联召开上海市社会科学界联合会第六届委员会第七次全体会议,学习贯彻党的十八届三中全会精神,传达韩正同志在社联调研时对新一年全市社科工作提出的要求和期待。社联主席秦绍德致辞。市委宣传部副部长李琪出席会议并讲话。社联党组书记、专职副主席沈国明传达了韩正同志来社联调研时重要讲话精神。社联党组副书记、专职副主席桑玉成主持会议,并通报了市社联党的群众路线教育实践活动情况。

12月17日 东方讲坛办公室在市社联召开"东方讲坛座谈会",全市各区(县)相关领导出席会议,市社联专职副主席刘世军主持会议。市社联科普工作处处长应毓超汇报了2013年东方讲坛工作总结及2014年工作要点。市社联专职副主席刘世军对东方讲坛的现状作了分析概括。

12月19日 由上海知识产权研究所主办,上海盛大网络发展有限公司、上海文化创意产业知识产权法律服务平台、上海创意产业协会知识产权专业委员会协办的"山寨网络游戏知识产权问题专家研讨会"在上海举行。

12月20日 社联举办三中全会精神宣讲报告会,由社联专职副主席刘世军作题为"全面深化改革的纲领性文件——具有里程碑意义的马克思主义光辉文献"的宣讲报告。社联组织人事处处长张勇主持会议。社联机关、刊业中心全体干部,本市部分学会代表聆听了宣讲。

12月24日 市社联召开信息工作专题会议。社联专职副主席刘世军主持会议,各处室负责人与信息员参与座谈。会议围绕社联网站建设与信息采编工作展开探讨,确定了相关整改措施。

12月24日 上海市社会科学界纪念毛泽东同志诞辰120周年理论研讨会在市社联

举行。会议由市社联党组副书记、专职副主席桑玉成主持，市社联主席秦绍德、市社联专职副主席刘世军出席会议，市社联党组书记、专职副主席沈国明出席会议并做总结。复旦大学教授姜义华、华东师范大学教授齐卫平、上海市中共党史学会会长张云、上海社科院世经所研究员刘杰、《大江南北》主编杨元华、中共上海市委党史研究室副主任徐建刚等 6 位专家学者做主旨发言。上海社科界的专家学者和相关学会代表 100 余人参加会议。

12 月 25 日 上海市公共文化服务工作协调小组办公室主任、市文广局副局长王小明一行莅临进行东方讲坛工作专题调研，市社联专职副主席刘世军、科普处有关同志参加了调研会。

12 月 25 日 由上海市社联《探索与争鸣》编辑部主办的“毛泽东与理想信念”青年学者沙龙在社联大楼举行。来自复旦大学、上海交通大学、华东师范大学、解放军南京政治学院上海分院、上海对外经贸大学、上海政法学院的青年学者围绕毛泽东思想的当代价值、毛泽东与中国梦、理想信念如何落实展开了热烈讨论。

12 月 28 日 2012 年上海金融审计研讨会日前召开。市审计局总审计师林忠华主持会议。会议围绕“金融审计在上海国际金融中心建设中的作用”、“金融机构主要负责人任期经济责任审计”、“金融审计与金融机构风险管理”三个主题展开研讨。市审计局副局长江小民、审计署驻上海特派员办事处副特派员黄建宇，市金融服务办、人民银行上海总部、上海证监局、上海保监局、立信会计学院有关专家及市审计学会部分常务理事、理事、会员等 90 人参会。

12 月 31 日 社联党组书记、专职副主席沈国明赴黄浦区第四、第五房屋征收事务所看望在此挂职锻炼的社联两位青年干部，机关党委副书记、办公室主任吴伟余以及办公室和组织人事处有关同志陪同。

附　　录

FU LU

《学术月刊》2013年总目录

第 1 期

·特别推荐·

·学界观点·

·哲学关注·

·经济学前沿·

·文学艺术论评·

·史学经纬·

·学人记忆·

·中青年专家访谈录·

第 2 期

·对话与交锋·

·哲学关注·

·经济学前沿·

·文学艺术论评·

·史学经纬·

·学人记忆·

·中青年专家访谈录·

第 3 期

·学界视点·

·哲学关注·

·经济学前沿·

·文学艺术论评·

·史学经纬·

·中青年专家访谈录·

·信息综缆·

第 4 期

·学界视点·

· 哲学关注 ·

· 经济学前沿 ·

· 文学艺术论评 ·

· 史学经纬 ·

· 中青年专家访谈录 ·

·史学经纬·

·中青年专家访谈录·

·学人记忆·

第　6　期

·学界视点·

·哲学关注·

·经济学前沿·

·文学艺术论评·

·史学经纬·

·中青年专家访谈录·

·信息综缆·

第 7 期

·学界视点·

·哲学关注·

·经济学前沿·

·文学艺术论评·

·史学经纬·

·中青年专家访谈录·

第　8　期

·学界视点·

·哲学关注·

·经济学前沿·

·文学艺术论评·

·史学经纬·

·中青年专家访谈录·

第 9 期

·中青年专家访谈录·

第 10 期

·学界视点·

·哲学关注·

·经济学前沿·

·文学艺术论评·

·史学经纬·

·中青年专家访谈录·

第 11 期

·学界视点·

·哲学关注·

·经济学前沿·

·文学艺术论评·

·史学经纬·

·中青年专家访谈录·

第 12 期

·特　　稿·

·学界视点·

·哲学关注·

·经济学前沿·

·文学艺术评论·

·史学经纬·

·学术综述·

·学人记忆·

·信息综览·

《探索与争鸣》2013 年总目录

第　1　期

第 2 期

第 3 期

第 4 期

第　5　期

第 6 期

第　7　期

第 8 期

第　9　期

第 10 期

第　11　期

第 12 期

《上海思想界》2013 年总目录

第 1 期

·焦点探源·

第　2　期

·思想沙龙·

·专　　稿·

·国外信息·

·专家视点·

·历史钩沉·

图版
封二　上海交通大学人文学院
封三　上海大学学报(社会科学版)

第 3 期

稿约

·思想沙龙·

·专　　稿·

·专家视点·

·他山之石·

·历史钩沉·

第4、5期

·专　　题·

·思想沙龙·中青年专家谈社会建设·

·专　　稿·

·他山之石·

第 6 期

·思想圆桌·

·专　稿·

图版
封二 中共中央政治局委员、上海市委书记韩正莅临上海市社联调研工作
封三 《学术月刊》、《探索与争鸣》

上海市社联所属学会一览表

序号	学会名称	成立日期	会长	秘书长	地址	邮政编码	电话
1	哲学学会	1950.3	吴晓明	李家珉	淮海中路622弄7号(乙)	200020	35121060
2	经济学会	1950.8	周振华	郝德良	淮海中路622弄7号(乙)	200020	53069258
3	历史学会	1952.1	熊月之	章　清	淮海中路622弄7号(乙)	200020	53067079
4	法学会	1952	陈　旭	毛坚平	昭化路490号	200050	62525800
5	语文学会	1956.9	游汝杰	胡范铸	复旦大学中文系	200433	65254873
6	外文学会	1957.2	叶光国	汪敏豪	淮海中路622弄7号(乙)	200020	58731045
7	教育学会	1957	张民生	许象国	淮海中路622弄7号(乙)	200020	53063517×3206
8	国际关系学会	1957.3	杨洁勉	金应忠	淮海中路622弄7号(乙)	200020	53063517×3206
9	会计学会	1979.7	夏大慰	顾宏祥	中山西路2230号1312室	200235	64388936
10	科学社会主义学会	1979.7	夏　军	吴解生	淮海中路622弄7号(乙)	200020	53063517
11	财政学会	1979.8	宋依佳	孙建龙	肇嘉浜路800号2107室	200030	54679568×21076
12	马克思主义研究会	1979.9	王国平	王建国	虹漕南路200号	200233	22880000×80313
13	社会学学会	1979.9	李友梅	张钟汝	上大路99号	200444	66134142
14	逻辑学会	1979.11	冯　棉	邵强进	复旦大学哲学学院	200433	55665070
15	世界经济学会	1979.11	张幼文	徐明棋	淮海中路622弄7号(乙)	200020	53069064
16	高等教育学会	1979.11	张伟江	谢仁业	陕西北路500号3号楼	200041	62565350

（续表）

序号	学会名称	成立日期	会　长	秘书长	地　　址	邮政编码	电　　话
17	伦理学会	1980.1	陆晓禾	周中之	上海师范大学法商学院	200234	64835515
18	金融学会	1980.6	张　新	李安定	陆家嘴东路181号	200120	20897082
19	统计学会	1980.7	潘建新	金慧莲	四川中路220号806室	200002	63237470
20	物流学会	1980.9	周纪东	陈　震	北京东路255号502室	200002	63231140
21	农村经济学会	1980.9	王东荣	顾吾浩	仙霞西路779号1号楼附2F	200335	64368202
22	人口学会	1980.12	孙常敏	胡　琪	陕西南路122号7楼	200040	54031532
23	美学学会	1981.1	朱立元	张宝贵	复旦大学中文系	200433	65653292
24	城市经济学会	1981.3	江绵康	袁　钢	宣化路300号北塔1503室	200050	62176370
25	房产经济学会	1981.5	庞　元	李国华	江西中路170号(福州大楼)3楼	200002	63210193
26	家庭教育研究会	1981.6	王荣华	陈建军	天平路245号311室	200030	64330001×6316
27	政治学会	1981.10	桑玉成	曾　峻	市委党校教务处	200233	22880518
28	新四军历史研究会	1981.10	王春瑞	颜　宁	中山南二路777弄1号1503室	200032	54248683
29	档案学会	1981.11	朱纪华	王春楣	仙霞路326号	200335	62193016
30	中共党史学会	1981.12	张　云	唐莲英	淮海中路622弄7号(乙)	200020	53062936
31	农村金融学会	1981.12	刘桂平	庄　湧	徐家汇路599号1702室	200023	53961520
32	邮电经济研究会	1981.12	张林德	杨锡高	南崇明路甲1号807室	200085	63629248
33	宗教学会	1982.3	晏可佳	葛　壮	淮海中路622弄7号宗教所	200020	53060606
34	婚姻家庭研究会	1982.5	翁文磊	李苏华	天平路245号	200030	64330001
35	辞书学会	1982.7	彭卫国	徐祖友	陕西北路457号	200040	62472088×383
36	管理教育学会	2007.9	朱建国	苏宗伟	斜土路2601号嘉汇广场T1-20C	200030	64260977
37	商业经济学会	1982.9	方名山	周麟昌	新闸路945号311室	200041	62727200

（续表）

序号	学会名称	成立日期	会　长	秘书长	地　　址	邮政编码	电　　话
38	世界语协会	1982.11	汪敏豪	周天豪	淮海中路 622 弄 7 号(乙)	200020	58731045
39	成本研究会	1982.11	沈立群	傅永尧	中山南路 315 号 406 室	200010	64420995
40	犯罪学学会	1983.2	何勤华	肖庆平	万航渡路 1575 号	200042	67790236
41	人类学学会	1983.5	金　力	卢大儒	邯郸路 220 号复旦大学遗传部	200433	65643714
42	卫生经济学会	1983.6	夏　毅	金春林	北京西路 1400 弄 21 号	200040	62471420
43	人才研究会	1983.7	毛大立	张子良	高安路 25 号	200031	64710552
44	钱币学会	1983.10	张　新	于英辉	陆家浜路 285 号 1407 室	200011	63137681
45	统一战线理论研究会	1983.12	沙海林	张　颖	天等路 469 号	200237	65253568
46	华侨历史学会	1983.12	张　癸	华洁蓉	延安西路 129 号华侨大厦 1011 室	200040	62497520
47	写作学会	1984.7	陈思和	郑斯雄	中山北路 3663 号华东师范大学理科大楼 A 座 219 室	200062	62232427
48	渔业经济学会	1984.7	黄硕琳	陈文银	军工路 318 号综合楼 201 室	200090	65699520
49	建设交通系统思想政治工作研究会	1984.8	许德明	杭财宝	斜土路 1175 号 1005 室	200032	63219326
50	劳动和社会保障学会	1984.9	张剑萍	陈卫国	安远路 45 号 1 号楼 4 楼	200041	62666172
51	农垦经济学会	1984.9	王　伟	童锐志	华山路 263 弄 7 号	200040	62474500×2033
52	保险学会	1984.9	高志缨	赵　雷	中山南路 1228 号 8 楼	200011	63155989
53	社会心理学学会	1984.5	金国华	陈　校	外青松公路 7989 号	201701	39225416
54	思想政治工作研究会	1984.12	徐　麟	尼　冰	高安路 17 号 401 室	200031	24022222×2330
55	粮食经济研究会	1984.12	安　培	张志萍	张扬路 88 号滨江大厦 1203 室	200122	58889299
56	监狱学会	1984.12	桂晓民	于旭光	长阳路 111 号 4802 室	200082	65127042

（续表）

序号	学会名称	成立日期	会　长	秘书长	地　　址	邮政编码	电　　话
57	经济法研究会	1985.1	乔宪志	赵卫忠	人民大道 200 号 704 室	200003	23119767
58	比较文学研究会	1985.3	谢天振	宋炳辉	大连西路 550 号上外文学研究院	200083	65311900×2625
59	科技系统思想政治工作和人才管理研究会	1985.4	陈克宏	吴德葵	大沽路 100 号 2112 室	200003	23119517
60	价格学会	1985.5	沈念东	程大选	四平路 710 号广益大厦 8 楼	200086	63212182
61	审计学会	1985.5	田春华	潘菊良	陆家浜路 1388 号 9 楼	200011	63128013
62	编辑学会	1985.6	贺圣遂	郝明鉴	打浦路 433 号荣科大厦 17 楼	200023	60878390
63	秘书学会	1985.7	李　锐	赵建平	虹漕南路 200 号市委党校	200233	22880714
64	行为科学学会	1985.8	徐　飞	田新民	法华镇路 535 号 1 号楼 112 室	200052	52301083
65	群众文化学会	1985.8	王小明	潇烨璎	古宜路 125 号	200233	54244156
66	经济体制改革研究会	1985.10	浦再明	胡雄飞	肇家浜路 301 号 1912 室	200032	54236187
67	日本学会	1985.10	吴寄南	陈永明	上海师范大学教育学院	200234	64322852
68	集体经济研究会	1985.11	严镇博	姚康镛	周家嘴路 786 弄 67 号	200082	33010185
69	国际贸易学会	1985.12	孙海鸣	沈大勇	古北路 620 号	200336	52067210
70	固定资产投资建设研究会	1985.12	孙熙宁	柴荣华	人民路 875 号 1605 室	200010	63730598
71	老年学学会	1985.12	左学金	孙鹏镖	巨鹿路 892 号 2 楼	200040	62480427
72	服务经济研究会	1985.12	方名山	段福根	福州路 107 号 320 室	200002	63215206
73	教师学研究会	1986.4	李骏修	朱耀庭	陕西北路 500 号 4 号楼 109 室	200041	62538351
74	研究生教育学会	1986.4	印　杰	束金龙	茶陵北路 21 号 1 号楼 226 室	200032	64184922
75	基建优化研究会	1986.5	陈康民	黄汉江	军工路 516 号 476 信箱	200093	65684314

（续表）

序号	学会名称	成立日期	会 长	秘书长	地 址	邮政编码	电 话
76	投资学会	1986.6	赵 欢	余 峰	陆家嘴环路900号	200120	68491837
77	行政管理学会	1986.6	姜 平	薛晓峰	高安路19号	200031	64379707
78	语言文字工作者协会	1986.7	薛喜民	张日培	陕西北路500号	200041	62555270
79	妇女学学会	1986.8	张丽丽	余伟星	天平路245号	200030	64330001
80	生态经济学会	1986.10	王荣华	周冯琦	淮海中路622弄7号526室	200020	53066233
81	数量经济学会	1986.10	左学金	朱平芳	淮海中路622弄7号	200020	53060606×2509
82	工商行政管理学会	1986.11	陈学军	徐 上	肇嘉浜路301号2601室	200032	54236953
83	青年运动史研究会	1986.12	褚 敏	黄洪基	西江湾路574号	200083	65405700×3037
84	交通会计学会	1986.12	苏 敏	董仲棣	黄浦路110号609室	200080	63074627
85	古典文学学会	1987.2	黄 霖	奚彤云	瑞金二路272号	200020	64371213
86	俄罗斯东欧中亚学会	1987.3	范 军	杨 烨	同济大学政治与国际关系学院	200092	62238737
87	医学伦理学会	1987.3	黄 红	王 彤	世博村路300号4号楼901室	200125	23117967
88	世界史学会	1987.3	潘 光	余建华	淮海中路622弄7号欧亚所	200020	53060606
89	远距离高等教育学会	1987.3	应卫勇	钱自强	梅陇路130号八教205室	200237	62452306
90	工人运动研究会	1987.5	周志军	崔校军	中山东一路14号	200002	63211939
91	宏观经济学会	1987.7	蒋应时	周兴昌	威海路128号702室	200002	52300772
92	蔬菜经济研究会	1987.5	衣开端	俞菊生	华池路58弄5号1203室	200061	52808150
93	总会计师工作研究会	1987.9	王 岚	应忠芳	陆家浜路1054号14楼	200011	63788111
94	中山学社	1987.10	高小玫	项斯文	陕西北路128号	200041	62678028×1013
95	外经贸会计学会	1987.11	王晓华	徐立峰	汉中路158号11楼1124室	200070	63540082
96	工艺美术学会	1988.6	张心一	周 南	汾阳路79号	200031	64746003

（续表）

序号	学会名称	成立日期	会　长	秘书长	地　址	邮政编码	电　话
97	国际战略问题研究会	1988.9	杨洁勉	杨　剑	田林路195弄15号上海国际问题研究院	200233	54614900×8319
98	土地学会	1988.9	史家明	吕华青	海伦路306弄8号	200086	65877739
99	毛泽东思想研究会	1988.12	李　进	单冠初	桂林路100号	200234	64328931
100	民俗文化学会	1988.12	仲富兰	陈　江	华东师大传播学院	200062	65273580
101	股份制与证券研究会	1988.12	左学金	韩华林	南京东路61号新黄浦金融大厦1101室	200002	53821458
102	社会科学普及研究会	1989.1	武克全	宋　杰	淮海中路622弄7号(乙)	200020	53063517-3206
103	海峡两岸学术文化交流促进会	1989.2		王世伟	淮海中路1555号上海图书馆内	200031	64455555×8355 64455501
104	企业发展促进研究会	1989.4	方名山	唐宗洲	淮海中路622弄7号(乙)	200020	53063517×3307
105	新学科学会	1989.12	陈夑君	胡　江	人民大道201号上海博物馆	200003	63580546
106	形势政策教育研究会	1989.12	谢中全	殷勤夑	淮海中路622弄7号(乙)	200020	53063517×3307
107	民防协会	1990.3	刘南山	陈　亮	复兴中路593号民防大厦2101室	200020	24028833
108	宋庆龄研究会	1991.5	许德馨	匡成鸣	姚虹路680号三楼	200032	62750029
109	预算与会计研究会	1991.6	钟景秋	孙倚文	东湖路56弄52号	200031	54048253
110	城市金融学会	1991.6	沈立强	成善栋	浦东大道9号	200120	58885888×2419
111	台湾研究会	1991.12	俞新天	倪永杰	永福路251号	200031	64372884
112	市场学会	1991.12	贺　涛	应介一	福州路355号707室	200001	63283339
113	刑事侦察学学会	1992.2	郭建新	袁友根	中山北一路803号	200083	22028061
114	供销合作经济研究会	1992.4	王建翔	王伟星	大木桥路247弄2号2楼	200032	64813952
115	欧洲学会	1992.5	徐明棋	曹子衡	威海路233号803室	200041	63276919
116	商业会计学会	1992.8	吕　勇	朱健敏	新闻路945号309B室	200041	62712152
117	地方史志学会	1992	朱敏彦	黄晓明	斜土路2567号A2楼5楼	200030	54891110
118	监察学会	1992.11	顾国林	邱耀明	虹漕南路158弄杨家桥100号5号楼	200031	64741095

（续表）

序号	学会名称	成立日期	会 长	秘书长	地 址	邮政编码	电 话
119	财务学会	1992.12	朱平芳	韩 清	中山北一路369号	200083	65361954
120	终身教育研究会	1992.12	张德明	杨 平	大连路1541号1301室	200086	25653963
121	庭院经济与文化研究会	1993.1	张 燕	黄长江	大木桥路600弄江南一村26号102室	200032	64036495
122	国际商务法律研究会	1993.8	顾肖荣	成 涛	陆家浜路1141号707室	200011	63453103
123	地名学研究会	1993.9	满志敏	周春玉	南丹东路25号311室	200030	63193188
124	中西哲学与文化比较研究会	1993.11	杨国荣	顾红亮	华东师大哲学系	200062	62232796
125	太平洋区域经济发展研究会	1993.12	郑成良	庄建中	上海交通大学国际与公共事务学院	200030	62821607
126	文物博物馆学会	1993.12	陈燮君	陈克伦	武胜路188号240室	200003	63723500×260
127	现代企业经营管理研究会	1994.2	徐志毅	金国志	江宁路838号富容大厦6楼C座	200041	62273194
128	炎黄文化研究会	1994.4	周慕尧	姚树新	漕溪北路28号17楼C座	200030	54240782
129	退休职工管理研究会	1994.5	万石清	周惠明	北京西路1068号9楼	200041	62534615
130	中国特色社会主义理论体系研究会	1994.6	徐 麟	季桂保	高安路17号	200020	24022222
131	演讲与口语传播研究会	1994.12	王 群	林伟民	华师大传播学院	200062	54343992
132	当代人物研究会	1995.1		郑胜国	海潮路3号612室	200011	63162559
133	民营经济研究会	1995.2	季晓东	王志华	延安东路55号1808室	200002	63374377
134	金融法制研究会	1995.3	沈国明	许慧诚	罗阳路388号	201100	64760967
135	海外华人经济研究会	1995.9	林同华	罗元德	莘庄康城67号202室	201100	64397152
136	食文化研究会	1996.2	杨卫武	张文虎	福州路107号320室	200002	63219676
137	社区发展研究会	1996.11	施 凯	叶月萍	淮海中路622弄7号(乙)	200020	53063517

（续表）

序号	学会名称	成立日期	会 长	秘书长	地 址	邮政编码	电 话
138	生产力学会	1997.3	周瑞金	真 虹	浦东华开路50号213室	200135	58215399
139	未来亚洲研究会	1998.1	陈东晓	刘 斌	胶州路699号25层	200040	52281797
140	劳动教养学会	1998.12	刘建华	蒋丰荣	吴淞路333号	200080	64740762
141	美国学会	2000.1	黄仁伟	潘 锐	大连西路550号上外538信箱	200083	53063517×414
142	年鉴学会	2002.6	莫建备	王继杰	斜土路2567号A2楼5楼	200030	54891056
143	法治研究会	2002.8	金国华	包志勤	吴兴路225号	200030	64749051
144	国资企业思想政治工作研究会	2004.3	吕永杰	王耕地	凯旋北路1305号5007室	200063	62317496
145	领导科学学会	2004.3	奚洁人	罗 欣	虹漕南路200号	200233	22880411
146	信息学会	2004.4	黄 晖	李 农	浦建路145号强生大厦1003室	200127	58309596
147	信访学会	2006.5	张示明	周国邦	人民大道200号综合楼	200003	23119239
148	延安精神研究会	2007.1	叶 骏	黄晞建	军工路334号	200090	61900275
149	人民政协理论研究会	2007.11	贝晓曦	齐全胜	北京西路860号	200041	23188348
150	城市规划学会	2008.11	毛佳梁	曾林龙	铜仁路331号704室	200040	63369020
151	东方青年学社	2008.12	李 琪	刘世军	康平路66号108室	200031	54655282
152	廉政研究会	2009.10	董君舒	刘纪舟	宛平路7号	200030	64314046
153	知识青年历史文化研究会	2011.3	阮显忠	张 刚	宜昌路575号2207室	200060	62270011-8067
154	经济和信息化企业文化研究会	2011.4	周国雄	傅 敏	北京东路356号801室	200001	60801626
155	文史资料研究会	2011.11	朱敏彦	陈汝南	北京西路860号	200041	62531033
156	人大工作研究会	2012.4	姚明宝	林荫茂	人民大道200号	200003	62117377
157	公共事务管理研究会	2012.6	竺乾威	顾丽梅	邯郸路220号美国研究中心	200433	65642561
158	思维科学研究会	2012.9	冯嘉礼	王晓峰	临港新城上海海事大学信息工程大楼219室	201306	38282800
159	上海市税务学会	2012.9	许建斌	龚炳生	中山南路1088号	200011	63771212

序号	学会名称	成立日期	会　长	秘书长	地　　址	邮政编码	电　话
160	上海市国际税收研究会	2012.10	周振家	龚炳生	中山南路1088号	200011	63771212
161	上海联合国研究会	2013.9	潘　光	张贵洪	吴兴路45号	200030	64172307
162	上海市WTO法研究会	2013.11	张乃根	梁　咏	华山路1954号浩然高科技大厦1601—1603室	200030	51630153
163	上海市信用研究会	2014.3	洪　玫	刘海龙	沪松公路1399弄68号20层7室	201615	24117707

上海市社联主管的民办社科机构一览表

序号	机构名称	批准登记日期	法人代表	负责人	联系人	地 址	邮政编码	电 话
1	上海环太国际战略研究中心	2000.7.15	郭隆隆	郭隆隆	金应忠	武定路1135弄1号楼2103室	200060	62768910
2	上海华夏社会发展研究院	2002.3.15	鲍宗豪	鲍宗豪	葛玉兰	浦建路1288弄10号102室	201204	50454702
3	上海东方研究院	2002.7.1	刘 吉	严家栋	卞学范	衡山路696弄2号301室	200030	64455941
4	上海金融与法律研究院	2002.10.29	柳志伟	傅蔚刚	聂日明	民生路1199弄证大五道口广场1号楼1902室	200134	68545701
5	上海世界观察研究院	2003.4.1	刘 波	刘 波	邹梅玲	柳营路305号15楼	200072	66288697
6	上海社会经济文化发展研究中心	2004.7.2	尹继佐	尹继佐	张腾腾	淮海中路622弄7号308室	200020	63851711
7	上海管理科学研究院	2004.7.9	章建文	章建文	张孝平	中山西路1610号725室	200235	64866244
8	上海易居房地产研究院	2005.9.1	张永岳	张永岳	郭亦木	广延路140号	200072	56388686
9	上海知识产权研究所	2006.4.3	游闽健	袁真富	高欣莹	陆家嘴路958号华能大厦31楼	200120	68865899
10	上海东亚研究所	1995.7.1	章念驰	张继波	沈铭远	汉中路158号701室	200070	63531746
11	上海国防战略研究所	2000.11.6	胡杰生	方 敏	王文正	江苏路488号	200050	62521101
12	上海实业综合研究院	2006.5.26	钱启东	钱启东	吴婷婷	淮海中路98号金钟广场21楼	200031	53828866×2266
13	上海国际金融研究中心	2005.2.1	李 俭	李 俭	裴 旸	新华路543号1号楼	200052	52540356
14	上海党建文化研究中心	2007.9.1	张克文	张克文	张泽民	梅陇路161号1号楼1010室	200237	64768312
15	上海东方法治文化研究中心	2009.5.20	周叶军	金国华	秦丹凤	华开路50号208室	200135	58218560
16	上海世纪后世博成果与发展研究中心	2010.12.18	漆启泰	漆启泰	漆启泰	华山路690号	200040	62487731

上海市社会科学界联合会 2012 年度达标学会名单

教育、文化类学会：

上海市语文学会
上海市语言文字工作者协会
上海市外文学会
上海市世界语协会
上海市辞书学会
上海市古典文学学会
上海市比较文学研究会
上海市教育学会
上海市高等教育学会
上海市研究生教育学会
上海市终身教育研究会
上海市教师学研究会
上海市家庭教育研究会
上海社会科学普及研究会
上海炎黄文化研究会
上海市民俗文化学会
上海市演讲与口语传播研究会
上海食文化研究会
上海文物博物馆学会

哲学、史学类学会：

上海市哲学学会
上海市美学学会
上海市伦理学会
上海市逻辑学会
上海市宗教学会
上海中西哲学与文化比较研究会
上海市医学伦理学会

上海市历史学会
上海市世界史学会
上海市中共党史学会
上海市新四军暨华中抗日根据地历史研究会
上海中山学社
上海宋庆龄研究会
上海市地方史志学会
上海市地名学研究会
上海市档案学会
上海市年鉴学会
上海东方青年学社
上海市知识青年历史文化研究会
上海市文史资料研究会

政治、法律、社会、行政类学会：
上海市马克思主义研究会
上海市毛泽东思想研究会
上海科学社会主义学会
上海市政治学会
上海市统一战线理论研究会
上海市思想政治工作研究会
上海国资企业思想政治工作研究会
上海市建设交通系统思想政治工作研究会
上海市形势政策教育研究会
上海市领导科学学会
上海市延安精神研究会
上海市信访学会
上海市人民政协理论研究会
上海市法学会
上海市法治研究会
上海金融法制研究会
上海市犯罪学学会
上海市监狱学会
上海市劳动教养学会
上海市社会学学会
上海市社区发展研究会
上海人类学学会

上海市人口学会
上海市妇女学学会
上海市婚姻家庭研究会
上海市老年学学会
上海市工人运动研究会
上海市退休职工管理研究会
上海市社会心理学学会
上海市监察学会
上海市行政管理学会
上海廉政研究会

理论经济、综合经济、产业经济类学会：
上海市经济学会
上海市世界经济学会
上海生产力学会
上海市数量经济学会
上海市统计学会
上海市宏观经济学会
上海市价格学会
上海市工商行政管理学会
上海市劳动和社会保障学会
上海市集体经济研究会
上海市民营经济研究会
上海市国际贸易学会
上海市商业经济学会
上海市物流学会
上海市供销合作经济研究会
上海市粮食经济研究会
上海市土地学会
上海市城市经济学会
上海市房产经济学会
上海邮电经济研究会
上海市固定资产投资建设研究会
上海市生态经济学会
上海市农村经济学会
上海蔬菜经济研究会
上海市渔业经济研究会
上海城市规划学会

金融、财税、会计审计、其他经济类学会：

上海市金融学会
上海城市金融学会
上海市农村金融学会
上海市投资学会
上海市钱币学会
上海市保险学会
上海股份制与证券研究会
上海市财政学会
上海市会计学会
上海交通会计学会
上海市商业会计学会
上海市对外经济贸易会计学会
上海市预算与会计研究会
上海市总会计师工作研究会
上海财务学会
上海市审计学会
上海市卫生经济学会
上海市行为科学学会
上海管理教育学会
上海市企业发展促进研究会
上海现代企业经营管理研究会
上海市经济和信息化企业文化研究会

国际问题、涉港澳台、其他类学会：

上海市国际关系学会
上海国际战略问题研究会
上海欧洲学会
上海市俄罗斯东欧中亚学会
上海未来亚洲研究会
上海市太平洋区域经济发展研究会
上海市日本学会
上海市美国学会
上海市台湾研究会
上海市新学科学会
上海市民防协会
上海工艺美术学会

后 记

回首过去的一年，市社联在市委、市委宣传部的领导下，紧紧围绕坚持和发展中国特色社会主义，深入学习贯彻党的十八大和十八届一中、二中、三中全会精神，以邓小平理论、"三个代表"重要思想和科学发展观为指导，围绕市委十届三次、四次全会提出的目标和任务，深入开展党的群众路线教育实践活动，进一步完善"五大公共平台"，团结凝聚社科界"五路大军"，巩固马克思主义在意识形态领域的指导地位，推动中国特色社会主义理论体系创新，服务上海"四个率先"与"创新驱动、转型发展"工作大局，取得了一定的成绩。本年鉴力求客观、全面地反映社联在2013年的主要工作。

2013年，市社联坚持推进中国特色社会主义理论体系创新，为实现"中国梦"提供理论支持和精神动力。按照市委、市委宣传部的各项部署和要求，积极推动宣传思想文化工作，以实现中华民族伟大复兴的历史使命，团结引领上海社科界广大专家学者，着力巩固马克思主义在意识形态领域的指导地位，巩固全党全国人民团结奋斗的共同思想基础。本年鉴对有关情况进行了梳理。

2013年，市社联发挥"大平台"作用，集聚各路人才，服务科学决策。聚焦市委市政府重大战略决策，坚持问题导向、需求导向、项目导向，精心设计工作载体，着力发挥专家库、智囊团作用，以务实与创新并重的积极态度，引导专家学者与实务工作者打破单位、学科、行业界限，为解决上海经济社会发展进程中出现的具体问题群策群力，各展所长。本年鉴对有关情况进行了专题论述。

2013年，市社联履行枢纽型社会组织职能，引导学术社团服务中心工作。围绕十八大报告中关于社会组织建设的一系列新要求，努力推进社科类社会组织健康有序发展，对本市学会与民办社科机构进行精细化管理，推动本市近两百家学术社团在建言资政、引导舆论、凝聚共识、创新哲学社会科学、搭建中外民间外交桥梁等工作承担更多职能。本年鉴对有关情况进行了介绍。

2013年，市社联扎实推进社会化宣教工作，使社科普及平台成为传播先进文化的重要阵地。大胆创新工作载体，开拓社科普及新阵地，以东方讲坛为例，全年举办各类讲座1 900多场，直接听众近30万人次；播出广播版讲座近80场，二次传播受众超过1 300万人次；新增社区文化活动中心举办点26家，举办点总数达378家；增补讲师100人，讲师总数达647名；更新选题195个，更新率达65%。本年鉴对有关情况有所反映。

《上海社联年鉴2014》由吴伟余统编，刘世军审定。参加编辑的有王心红、许峥嵘、陈放明、张勇、梁玉国、胡赟、王虹、俞亚赞、黄谷雨、盛丹艳、杜运泉、何佳等。本书在组稿、编辑过程中,得到了市社联所属各学术社团、社联各部门以及全市社科工作者的大力支持,在此表示衷心的感谢。这里也一并向为本书编辑出版倾注了辛勤汗水的上海人民出版社编辑曹怡波同志表示衷心感谢。本书如有疏漏、不当之处,还望广大读者指正。

图书在版编目(CIP)数据

上海社联年鉴.2014/上海市社会科学界联合会编.
—上海:上海人民出版社,2016
ISBN 978-7-208-13776-9

Ⅰ.①上… Ⅱ.①上… Ⅲ.①社会科学-联合会-上海市-2014-年鉴 Ⅳ.①G262.51-54

中国版本图书馆CIP数据核字(2016)第098317号

责任编辑 曹怡波
封面设计 夏 芳

上海社联年鉴2014
上海市社会科学界联合会 编
世 纪 出 版 集 团
上海人民出版社出版
(200001 上海福建中路193号 www.ewen.co)
世纪出版集团发行中心发行 浙江新华数码印务有限公司印刷
开本787×1092 1/16 印张28 插页24 字数614,000
2016年9月第1版 2016年9月第1次印刷
ISBN 978-7-208-13776-9/C·514
定价 128.00元